JN186256

翻訳のダイナミズム

時代と文化を貫く知の運動

スコット・L・モンゴメリ
大久保友博 訳

白水社

翻訳のダイナミズム——時代と文化を貫く知の運動

Scott L. Montgomery: Science in Translation. Movements of Knowledge through Cultures and Time

装丁　伊勢功治

いつもいちばんに偲ばれるＤＯＭへ

目次

序章　叡智の転移と影響関係

訳語を読み解く

テクストそのものを考えるなら、あるひとつの言語における科学史には、造語つまり語彙の創出の問題が多分に関わってくる。一分野（さらに言えば一用語）とは、そうしたものの発展の果てにあるものだと言えよう。用語ひとつを取っても何か意識的な選択の結果である場合がほとんどだ。となれば当たり前のことだが、その選択には何らかの影響がそれなりに及んでいることも少なくないはずで、また何よりもその選択をすべきだと考えた人物の嗜好が、時代の制約を受けた形で反映されているはずである。事物の命名とは、こうした幾千もの選択から成り立つものであるから、何をつぶさに捉えても歴史が見えてくるのだ。

たとえば元素周期表を考えてみよう。この化学知識の基礎となるものが、各言語でどう違うのか。よくよく見れば、どのような多様性が見つかるのか。ひとつのヒントがここにある。

日本の元素名はかなり複雑な構造をもっている。水素・酸素・炭素などの「素」の字のついた元素名のほかに、金・銀・銅・鉄のように［中国に倣った］漢字一字の元素名もある。そうかと思えば、水銀・亜鉛・白金などのように［表意的な］漢字二字から成り立っていて、字面だけからすると元素名には相応しくなさそうな元素名もある。そして、そのほかに、アルミニウム・ナトリウム・ウラン・タングステンなどのようなカタカナの元素名もある。しかも、その［カタカナの］原語は、ラテン語・ドイツ語・英語がまざっているように思われる。これは今日の中国の元素名がすべて一字の漢字で表されているのと大きな違いである。(1)

言い換えれば日本語の周期表には、互いにぶつかり合う文化および言語の一面が現れているのである。英語の元素名にも同じような複雑性があることを言うべきではないのか。そこにある名称も、ラテン語・ギリシア語・アラビア語・ドイツ語・ロシア語のほか、科学者の人名などに由来するのではないのか。確かにそうだ。だが、日本語の場合にははっきりとした違いがある。それと同等のものを英語の場合について考えてみるなら、まったく新しい科学英語を想定しなくてはならなくなるのだ。すなわちそれぞれの用語が、元々のギリシア語やアラビア語の記法のままであったり、または今の英語の語源まで遡った名称やアングロ゠サクソン語やフリジア語の文字で書かれたりしている——そんな英語を想定しなければならないのだ。それでいてある語では、その中世の綴りと近代の綴りを、［漢字やカタカナのように］それぞれ独自の図形が保たれたままで使うなどということまで受け入れることになる。つまりは、あらゆる語源が〈そのまま可視化〉されていなければならないというわけだ。どう見てもこれは、英語圏で知られている周期表とは別物である。それ以外の何かであるが、我々にはどう呼んでよいかわからない。

知が伝わる

知識というものが、中身は様々ながら、これまでずっと文化を伝えてきた。一連の事実や仮説、何かしらの努力の成果、支配の手段——それはいかようにも定義できるが、歴史全体を通じて人や場をつなぐ役割を幾度となく果たしてきたのが、人文ないし自然に関する人類の叡智なのである。こうした知の伝播は、戦争侵略・商業貿易・改宗・移民・発見といった事象のすぐあとに現れる。そして、遍歴学者・巡礼者・冒険家が裕福なパトロンに雇われて、あるいは自分の好奇心や野心から旅した結果として出てくるものでもあることは、先に劣らず重要である。知の伝播は、歴史上のごく短い時期に突如として生じるが、それでいて実にそっと、おそらくはずっと深く、文化内・文化間で、国家や言語の境界線に沿うかたちで、日常生活の根幹をなすものとして、何千年ものあいだずっと続いてきたことなのだ。

学芸の転移が、社会の構築に不可欠であったことは間違いなく、それこそがいわゆる〈近代〉と呼び習わされるものである。幾度となく新しい考え方ややり方が持ち込まれ——たとえばローマ法・アラビア数字・ソネット・ニュートン物理学・線遠近法などがあるが——それが新しい可能性の源泉となり、その指し示す先を向くことで人間はその存在を拡張してきたのである。そしてある人々の知恵を別の人々の手に渡すことで、何かしらの力もまた移ってゆくことになる。文芸や芸術の知識の場合は表現力、政治・法律・宗教観の場合は人生を形作ってゆく力、さらに学知の場合は物理世界に対する想像力や実行力ならびにその活用となるだろう。ゆえにこうした伝播は、歴史上のある重要なプロセスを定義づける。これこそ、学者が時代と時代、社会と社会のあいだの〈影響〉として〈頻繁に〉言及する際に、念頭にあるものなのだ。

　ならば問いはこうなる。知識はどのようにして伝わるのか。時間・場所・言語の境界を越えさせるものとは何なのか。答えは簡単に思えるが、つまるところおそらくはそう単純でない。

〈翻訳〉とは、すぐにわかることだが、何か単一の活動を言い表した言葉ではない。著述に関しては二番目に古い職業として、ごく普通の意味では、ある言語の言葉を別の言語の言葉に直すこと（できれば少しも意味を漏らさずに）だと一般には考えられている。とはいえこれではほとんど定義になっていない。説明の仕方によってはもう少しそれらしくなるが、それでもこの伝播そのものの計り知れない多様性・複雑性はまったく捉えられない。

　日常会話で用いられるにしても、〈翻訳〉とは膨大な現象の集まる天蓋のようなものである。厳密な意味で〈翻訳〉とされてきたものには、たとえば口頭のやりとりも文字のやりとりも含まれる上、同時に行われることさえある。またその行為の主体も、個人・チーム・集団・コミュニティ全体、ましてや機械のこともある。その材源にしても、オリジナルのテクストのほか、コピーされたもの・改変されたもの・再構成されたもの・盗まれたもの・捏造されたもの・偽造されたもの・架空のものまである。さらにこうしたテクストには考え得る限りの分類があり、人間社会でよく知られた散文・韻文のほか、歌・物語・記憶・映像といったものもある。一方で手法においても、訳出にあたって便宜的な意訳（リベルタス・ウティリス）にはまったり、忠実な逐語訳（ウェルブム・プロ・ウェルボ）に縛られながら励んだり、そのあいだの大平原を模索したりすることがある。したがって生み出される作品は、まったくの書き直しであることもあれば、巧みに改作されたもの、またはイデオロギーから再構成されたもの、理解不明で役に立たないほど文字通りに置き換えられたものなど、様々であったわけだ。

それどころかこれでは不十分だと言わんばかりに、材源や手法の話どころでない多様性がさらにある。作品の選択や具体的な編成という点を考えれば、翻訳がある種のイデオロギーの大義というものを、しばしば矛盾する形で幾度となく支えてきたことを示すのは簡単である。たとえばローマ帝国や〈白人の重荷〉といった概念だけでなく、ハイカルチャー・詩形・〈適切な科学的スタイル〉といった考えの周りにある正統性などを信じさせるという形で。さらには実際のコンテクストもある――何を、どのように、誰が、どこで、なぜ、いつ訳したのか。少しでもその問題を覗いてみればわかることだが、歴史上、それこそ膨大な伝播が（時に中央集権的な）しっかりとした文化政策として行われ、命じられた専門家たちも他ならぬ〈進歩〉という思想のもとに取り組んだ、そういう時代があるのである。かたや別の時代の翻訳運動を見ると、ばらばらにいた個人や集団がこれといった援助もなしに、どうも当てにならぬ名誉のためにその担い手となっていたこともある。ともあれこうした出来事は、一方では数十年間という期間で、とりわけ単一国家において起こったと言ってもよいし（十六世紀イングランド・十八世紀日本・十九世紀初頭ドイツ）、あるいは、一世紀以上にわたって何百という人が何百というテクストに関わり、結果として大陸全土を挙げてある文化の〈叡智〉を別の文化の〈発展〉のために手に入れる大運動になるなど、まさに画期となることもあろう（いわゆるヨーロッパの十二世紀ルネサンス）。

こうした出来事や画期をなしえた翻訳者とはいったい何者なのか。これがまたとんでもなく多様なのである。文芸に劣らず科学の場合でもこうした仲介役がおり、たとえば少し挙げるだけでも、修道士・学者・傭兵・学生・探検家・兵士・船長・地主商人・外交官・筆写人などがいる。こうした文化の担い手たちの言語能力はどうであったか。今日の私たちは、翻訳者というと外国語に精通している必要があると考えがちである。ただしその考えも千年以上時代を遡ると当てはまらないことを、歴史が教えてくれる。全西洋史を見ても、驚くほど多産だった翻訳者たちでも――たとえばアラビア世界からきわめて難解な科学テクストを数十作も十二世紀ヨーロッパにもたらしたクレモナのゲラルドゥスも――言語を仲介してくれる協力者を普段からかなり用いていたという。

本書で取り上げるのが、何か比喩的な意味での〈翻訳〉ではないことを明らかにしておこう。この用語の当てはまる範囲を大きく広げてみて、たとえば文化間のありとある違いを乗り越えること一般を言い表すとしてみても、歴史という観点からはそこまで建設的なものになるとも思えない。これまでにもその定義は幾度も採用され、それなりに有効とされているが、結果として言語の伝播にある豊かさそのものからは注意がそれてしまい、その豊かさは現在あまりにも顧みられなくなってしまっている。本研究の目的のためにも、本書では〈翻訳〉を、上記の様々な活動・関心をすべて含みうる形で定義しようと思う。そこで大枠としては、ある言語の具体的な作品（通例ある種のテクスト）を別の言語に変換するプロセスだとする。どこか野暮ったいとしても、それでもこの定義には利点がある。なぜなら実際の文化的所産の創出を強調し、ある重要な問いを提示するからだ――知にまったく新しい声とコンテクストが与えられたとき、その知に起こったこととは何なのか、という問いを。

以下の章ではこの線に沿って、多くの実例とともに言葉を尽くしてゆくつもりである。しかし基本的な出発点はもう出来上がっているかと思う。〈翻訳〉とは、些細な交流ひとつでさえもみな、書くことそのものと同じくらい多様で、いわゆる〈文明〉と呼ばれるもの、ある人々から別の人々へ知識が動くことで構築されるものにとって、まさしく不可欠であることを明確にするのである。

響きと怒りの挿話

前三世紀半ば、アリストテレスの弟子のなかでもその名を知られたデメトリオス・パレレオスは、アテナイを統治していたこともある人物でありながら、その市を逃れてアレクサンドリアへ赴き、当地の大図書館長となったという。出立のきっかけとなったのは、胎動する逍遙学派を襲った政治上の陰謀と逆境であった。当該事件の詳細はさておくとして、アレクサンドロス大王の後継者アンティパトロスの直系たる、エジプトのプトレマイオス一世ソテル（2）は当時、アリストテレス思想の積極的な庇護者となって、その派の提唱に従って、そのときわかっていたあらゆる分野の知識を集めようとしていた。アリストテレスは、古代で初めて真の図書館を築こうとした人物として知られており、真の知識は収集——世界の事実と他者の知恵の収集——から生じるとした彼の根幹にある持論をもとにして、まさしくアレクサンドリア大図書館が創立されたのだった。これを具体的な文言で言い換えると、この〈全知（ユニヴァーサル）〉の図書館の一大使命は、アレクサンドリアに〈世界のあらゆる人の書いた書物〉をもたらし、果てにこの都市をその帝王の名に違わず、史上最大級の帝国の中心とすることであった。ゆえにアリストテレスの直弟子がこの大計画の立ち上げ時に責任者となったのは時宜にかなったことだった。

その館長時代のある折にデメトリオスが思いついたのが、この図書館を自分の新たなる支援者のために役立てるという大案だった。その案とは、様々な人々から強大な統一国家を築くための帝王学や覇道について書かれた巻子本を集めるというものである。この発想はデメトリオスの信念が元となっているところがあり、とりわけユダヤ人の歴史・律法・思想の書物は、時が移り変わってもなお変わらぬ信念と勇気を教えてくれるということで、優れた知見が得られるはずだと考えていたのだ。そう思うに至ったのは、アリステアスなるギリシア人名を有するユダヤ人の説得によるものらしく、この者はいわば身分を偽りながらも自分の同胞の大きな得になるよう動いたというわけだ。ユダヤ人から本を集めてはというデメトリオスの奏上に乗ったプトレマイオスは、その実行を命ずる。とはいえ当該作品には翻訳が必要だった。コプト語やギリシア語、フェニキア語では書かれておらず、また当時の通説のようにシリア語でもなく、ヘブライ語で記されていたからだ。そもそも訳されなければ役に立てようもないのである。

大図書館の課題そのものが、翻訳だったというわけではない。ただし拡大してゆく蔵書を研究・注釈・分類していくことは、この施設のあるべき姿のひとつとして、お抱えの学者たちに認められていた。この世のすべての本はギリシア語に訳されねばならない——図書館は、果たされ得なかったアレクサンドロスの征服を別の形でなさねばならなかったのだ。実際、マケドニア人に建設されるか発展させられたヘレニズム時代の大都市にはどこにも、文書館としての施設がそれぞれ備わっていた。アレクサンドロスによって送り込まれた各都市の支配者たちは、征服の先兵として自分たちがどうしようもない辺境にいることを自覚するよう迫られていたし、ゆえにインドからバルカンに至るまで、自分たちが治める人民のことを知る必要性が高かったのである。そして支配するための方法が、その者たちの本を所有・翻訳することであった。つまるところ、凱旋式でも図書館の建物でもない、他ならぬ翻訳こそが、自分たちの高邁な運命を確固たるものにする武器だったのである。

とはいえ話はここで終わらない。ヘブライ聖書の重要性とその翻訳の必要に納得したプトレマイオスは、はたと、何千人というユダヤ人がエジプトの牢獄や奴隷収容所で囚われの身になっていたことを思い出す。そのほとんどが、実父が推し進めた先のシリア遠征で捕虜となった者たちだった。おのれの権威に傷を付けないまま、求める翻訳をいちばん信頼できる形で確実になしとげようと、プトレマイオスは全員——十万人以上——を解放すると約束する。さらに、寛大な心で一同を体制に組み入れようと、多くの者を兵士や役人にし、幾人かには責任ある高い地位につけさせた。イェルサレムに送付された当該の布告で、プトレマイオスは上記のことを実行したことを伝えると、その返礼としてかの地の大祭司の命で、イスラエルの十二氏族から六名ずつ計七十二人の賢者の一団が派遣されてきた。そして一同は西にあるパロスという小島へ赴き、設備の整った堅牢なその場所に閉じこもって、七十二日でその仕事を完遂したのである。ただ一同は自分たちの行いが、古代世界最大の知の収集家であるアリストテレスの大著作群に端を発した、叡智の帝国という理念に貢献したとは思いも寄らなかっただろう。歴史にはこの一度の訳業が何万人もの命を救う一助となったと記録されるのみである。

アリストテレスの過去と未来

科学史を含む西洋思想史の大部分は、アリストテレスの影響を考えずにはありえない。これはもはや自明のことである。二千年近くのあいだアリストテレス思想の影響下にあった範囲は、西洋・中東の先進文明の科学とかなり広く、認識論の発展や正教会に次々と寄与しただけでなく、ヘレニズム時代のアテナイのほかローマ帝国、初期イスラム世界、中世後期からルネサンスに至るヨーロッパといった様々な社会の基盤ともなった。こうした類を見ない影響関係を種々の考え方や時系列に沿って掘り起こしてようやく、真の現代科学というものを考える余地ができるのである。そのようにごく普通に見ていくだけでも、今を生きる学者の目を引きつける興味深いものがたくさん見つかってゆくのだ。

このアリストテレスという偉人が、こうして西洋における知性の何よりも堅い核の部分にある。となれば次に浮かぶ問いは、ごく簡単にこうだ。その文書の著者とされるかの有名な〈アリストテレス〉とはいったい何者なのか。この偉人を確固たるもののように見せている多くの著作には、どんな起源と歴史があるのか。通説によれば、その著作の全てないし大部分が、前四世紀に生きたひとりの人物の手になるものとされている。しかしそれが、カエサルが神であるのと同じく古代の伝説にすぎず、まやかしであることがわかった場合はどうか。

デメトリオスは前述の通りアリストテレスの弟子である。彼は当時すでに、ギリシアの影響下にあった世界ではどこでも、〈実用書〉を書いた教師としていちばん有名な人物であった。ユダヤ文書の訳出から数年以内のこと、プトレマイオス一世ソテルが亡くなり、その息子が即位する。前王の別の子に公然と取り入っていたデメトリオスは、そのために新王からひどく疎んじられることとなった。このギリシア人はこれまでユダヤ史やアリストテレスの教えのために様々尽くしてきたが、そのときひとまず辺鄙な村に追いやられ、そしてそこで蛇を用いて暗殺されてしまう。

ただ当時の話としては少し続きがある。アリストテレス自身が選んだ後継者であるテオプラストスが、亡くなるときに残した書物のなかには、アリストテレス本人の蔵書が含まれており、自筆の原稿も唯一そこにだけあった。これらはみな、アリストテレスの信頼する旧友のネレウスという人物に遺贈されたが、それというのもテオプラストスはこの者がリュケイオンの新学頭に選出されると思ったからである。ところがそうはならず、またしても政治上の事情で学術史の運命が左右されてしまう。つまるところネレウスは、敵対する暴政側とのいざこざを避けてアテナイを逃れたデメトリオスの縁者であったのだ。このつながりのためにネレウスは、自らの生き残りに腐心していた学園のお歴々には重荷であると見なされた。したがってネレウスは落選、代わりに支持されたのが、これもまた有名な学者であったストラトンである。ネレウスはアテナイを離れて生まれ故郷のスケプシスに移り、貴重な本もことごとくそのまま手元に持ち去って、以後手放すことはなかった。

そこにあった著作とはどんなものだったのか。著者としての〈アリストテレス〉がおそらく実在しなかったとなれば、やはり衝撃的なことだろうか。この点については有力な証拠がある。その名の冠された著作集とは、ごく初期の段階では主にリュケイオンでの講義を元に、覚書や記録を集めたもの、さらに言行録および断片といったもので、その弟子らによって集成・訂正され、彼らの手で執筆されたことも少なくなかった。つまりは共著なのである。さらにその内容が決定稿と見なされたことはどうもないらしく、その代わりアリストテレス存命中にもその死後にも、議論や読解、弟子の介入など様々な要素に応じて、絶えず改訂・補訂されたという。このことからもその著作集は、進化し続けるある種の有機体と言ってもよいが、現代の考え方では著作とは、受け取るだけで関わりはしない読者へ宛てた著者の最終産出物であるとするのだから、妙に思えることだろう。外部の読者のために書きとめられたものではないこうした共著の作業も、どこかの時点で、アリストテレスないし後継の教師が亡くなりその関与が終わったことで実際に途絶したことは間違いない。そのような死によって、この本には生命が宿った。なるほどこうして〈父〉を失ったことでようやく、この種の作品はその運命をさらに、外の大きな歴史へと開いたのである(3)。

ストラボンの記した仔細によると、〈アリストテレス〉の巻子本は、おそらくは価値あることが誰にも明らかだったため、ネレウスの相続人によって地中に隠されてしまったのだが、結果としてかえって本は腐ってぼろぼろになってしまう。そののち掘り起こされた本はローマの愛書家に売られ、その者は本を修復・編纂して、元々の形に近いところまで揃えていく。それから複数の所有者のあいだを転々とし、様々な雇われ学者たちから新たな修正と(とりわけ地中に埋められた際の虫食いのために)解釈上の補訂が加えられて、さらにローマのギリシア学者に再編集および要約されていく。ストラボンが事細かにものすところでは、アリストテレスの著作集は最終的にアペリコンなるアテナイの尚古家に売却され、その者によってそのぼろぼろだった巻物の本文は〈おぞましい状態〉に復元されてしまう。とはいえ本の持主はなかなか一定せず、スラがアテナイを征服した紀元前八六年にようやく、政治・軍事の成り行きから個人的な戦利品として、そのスラの手に収まることになる。ローマに持ち帰られた本はこのときまた、さらに有能な人物の研究を受けたが、ひっきりなしに粗雑な写本が作られて、物欲ある貴族に売られていった。ポルピュリオスの『プロティノス伝』によれば、この巻子本にロドスのアンドロニコスが慎重かつ丁寧な編集を施し、著作集全体を分割して同じ主題ごとにまとめ、ひとつの題名のもとに単行本に整理したという。このアンドロニコス版の写本は、アリストテレスへの興味が再燃する二世紀まで残存するが、聖典を含む原本はまったく散逸し、それとともに〈アリストテレス〉を直に触れる望みはなくなってしまった。

アリストテレス著作集から派生した著述群は、また独自の運命を辿っている。五〜六世紀のあいだ、ビザンツ皇帝テオドシウスのもとでネストリウス派の学者が迫害された結果、その作品はさらに東へ伝わったのだ。シリアやそのほかの地にあったネストリウス派の共同体は、シリア語へ翻訳、のちにはアラビア語とペルシア語に翻訳する場となり——その結果、八〜九世紀のイスラムにおける知的文化に吸収されていった。以後、〈アリストテレス〉は何世紀にもわたって複製され、さらなる編集を施され、おそらくは再びまとめられるなどしたあと、ついにギリシア哲学・科学の大部分とともに、もうひとつの大翻訳時代と目される十一〜十二世紀のラテン・ヨーロッパ社会へとやってくる。こうしてアリストテレスはアラビア語を通じてはじめて中世西洋に辿り着く。まさにこのとき、これらの著作がスコラ学の基盤、すなわち大半の現代科学にとっての礎となったというわけだ。

そもそもの話、アリストテレス著作集がこうして永らえたのも、単なる保存状態のせいでも、当該テクストの元来の〈価値〉といったもののためでもなく、むしろ実際の行為として絶えず複写・編集・再構成され、さらに（主に教育目的で）書き直されたり活用されたり翻訳されたりしたからこそであり——つまりは、こうした著作が様々な歴史上の時代や多様な文化背景に合うよう土着化されてきたからなのである。今日、現存最古の写本と見なされるものは、この二千年という時を経て、ギリシア語・ラテン語で数冊ずつ、アラビア語に数冊散在するばかりだが、アリストテレス自筆になるものは皆無である。

西洋古典の主要著者としての〈アリストテレス〉とはそれゆえ、有り体に言えば作り事であり、むしろ構築物と言っていい。我々が今日有するアリストテレスなるものは、始まりからずっと生き続けてきたそれは、教科書というよりは教室の皆で作り上げられたものなのである。時を経るなか、元に戻せないほど変化してきた思想と文章のゆるやかな共和国。そしてその変化の中心にはいつも通らねばならないプロセスがあった——異なる場所、異なる人々、ゆえに異なる言語のあいだで、テクストなるものを伝えることである。その弟子のおかげでエジプトの牢獄からユダヤ人が解放されたように、同じ〈アリストテレス〉もいくら影響力があるとはいえ、そのように伝わることがなければ在りえないのだ。その〈伝達〉という馬車に乗って、入り組んだ凱旋を行いつつ、彼は現代に至ったというわけである。

大図書館の再来

かたや後世に続くアリストテレス、かたやご存じの通りやがて破壊されるアレクサンドリア大図書館の運命は、ひとつの真実をふたつの側面から捉えたものでもある。書かれた言葉とは脆く変わりやすいモノであるということだ。とはいえ最後には、アリストテレスはいまだ我々とともにあり、世界の全知を集めるという夢を抱いた大図書館が不滅であることに、我々は気づくのである。事実そのことは現代でも新たに、おそらくは必然のものとして現れている。

一九八八年、当時のフランス大統領フランソワ・ミッテランは、テクスト収集史における新プロジェクトとして〈巨大図書館(トレ・グランデ・ビブリオテク)〉を立ち上げると発表した。その使命とは、地球上のできるだけ多くの国や文化から、知のなかでも考え得る全分野で、文献・聴覚・視覚資料のデジタル形式での収集を行うことである。コンペで選ばれた本館のデザインは、貪欲に本を集めようとする構想をこれでもかと見せつけるもので——開かれた本の形をした四本の巨大な塔があり、それぞれ高さ八十メートルもそびえ立ち、その下は閉じられたカバーを思わせる長方形状の大きな空洞のある土台がある。その事業規模は〈ファラオのようだ〉とも評され、敷地面積は七・五ヘクタールに及び、六万平方メートルの遊歩道、一万二千平方メートルを超える庭園、直線総距離三百九十五キロメートルの書架、二百九十万平方メートルの有効延床面積を備えるなど、確かにそう呼ばれるのももっともで――つまりは、皮肉を込めて〈本の死〉とも呼ばれてきたものに捧げられたピラミッドなのである(4)。スケールこそ地球規模だが、このプロジェクトが明らかにナショナリズムの色を帯びているのは、その施設の名がまさに〈フランス図書館〉とされている事実からも明らかだ。要するに、世界の全作品は、かつてアレクサンドリアの門を通ったように、〈遺産(ル・パトリモワン)〉の門をくぐり抜けねばならぬというわけである。

ところがこのプロジェクトが始まってからというもの論争が燃え上がり、これがまた別種の問題に関わってくる。このいくつかの論点がさらに具体的で核心に近づいていることは、デメトリオスもきっと認めるところだろう。その第一は、アクセスの問題である。その綱領文によれば、このプロジェクトの目的は「最大限広く公に向けて将来の図書館を開くことで……［その結果］大文書保管庫となると同時に文化の媒介としての役を果たし、最大限広く公の読書欲を振興することにある」(5)。図書館の利用はそれゆえ自由かつ万人へ等しく開かれているべきであった。だが経済・政治という現実がただちに横やりを入れる。一九九五年半ばの時点で、景気後退の只中にあったこの国家では新保守への政権交代が起こり、一般市民に八十フラン、研究者には二百五十フランの年間手数料を課すことが決定されてしまう。上階の計千六百五十席が一般市民の利用に供されることとされ、専門家委員会で選書された約三十八万二千冊の書籍と定期刊行物がアクセス可能となる。かたや専門の学者・研究者には、下階の二千席と、庭園を見通せる景色、高機能のコンピュータ端末、一千八百万冊を超える全蔵書への完全なアクセスが与えられた。集団として見れば、研究者はこんにち言葉の世界の貴族なのである。古典世界でこれに当たる人物は、ヒッパルコスやプトレマイオスといった思想家ではなく、ピュタゴラスやプラトンのような大教師でもなく、むしろアレクサンドリアやペルガモンで見事な蔵書のあいだを歩き回り、こうした思想家や教師らの作品に絶えず注釈・編集・解釈を加えて守ってきた施設内の学者たちであった。

デメトリオスの知恵にあるように、そしてユダヤ文書の挿話から明らかであるように、テクストの形を取った知識は、人類が読み書きできるようになって以来ずっと、そのままで一種の資本となっていた。記された学知というものは、時を経ても古びず凝り固まらないが、変容や伝播を繰り返すうちに影響にさらされていく。財力そのものと同じで、一般に認知された階級や身分の構造に基づいて常に分配されてきたのである。〈世界最大の最も近代的な図書館〉は、先にあった原型と同様、社会空間そのものを含み、それを分割するものとなっている。ゆえにフランス図書館は、デジタルコンテンツを有する未来の図書館が〈壁がない〉としきりに主張しつつも、自身けっしてそのようなものにはなりそうにないことを露わにすることで、現代にも一種の原型として機能しつつあるようにも見える。

電子図書館は、書物が消える前兆なのか。ページは、コンピュータ画面の優位性の前に歴史から消えてしまうのか。対象としてのテクストは、モノであることから離れようとしているのか。言い換えるなら、我々は「図書館史およびそこからわかる知識のあり方の画期となる瞬間に——前キリスト教時代の粘土板がパピルスの巻物に取って代わった古代初期のそれに匹敵する瞬間に立ち会っているのか」(6)。このような問いは、過去・現在・未来という定義問題には確かに大事だ。だがある意味では無関係でもある。粘土板の使用はおそらく千年は続いた。パピルスと羊皮紙がさらに八百年続いたあと、四世紀に冊子写本（コデックス）へ道を譲った。そこから千年経って、西洋における印刷術が知識を留め伝播させる媒体をまたしても一新してしまう。わずか五百年後のこんにち、おそらく我々は再び同じ変容の幼年期にいる。一種の文芸技術としての書籍は、以前の冊子本や巻子本と同じように、危機に瀕しているのだろう。知識の倉の行き着く墓場というものが、一見問題となっているようでもある。

だからといって、すなわち読み書きの能力が抜本的に変わろうとしている、ということになるのか。我々のよく知るテクストに終わりが来て、読み書きの方法が一変してしまう前兆だというのか。十五世紀の揺籃印刷本（インキュナブラ）や十世紀の手稿をコンピュータ画面で見る現代の中世研究家には、そもそも矛盾しているところ、単に間違っているところがあるとでもいうのか。つまるところ、書籍からコンピュータへの、〈テクスト〉から〈情報〉への変動というものは、西洋文化の性質や方向性を丸ごと変えてしまうような一種の翻訳を我々に見せつけているというのか。こうした問いにはいずれにも、明白な答えとなるものがひとつある。

知識の象徴たる書物の未来、印刷物の倉たる図書館の未来が疑わしいというのは、確かにもっともだ。だが、そこではっきりさせておかなければならないことがある。ここで問題とされているのは、単なるモノへの愛着にほかならないということだ。言葉そのものの持つ不変の力やその重要性というものはほとんど、一瞬たりとも論じられていない。事実、デジタル化が言葉というものを量・質ともにさらに豊かにし、その交換をこれまで以上に容易にすると同時に、検閲も招き得ないものとすることで、言葉そのものの重要性を高めているのは、すでに明らかである。コンピュータは様々なものを生み出す――イメージ・数・音などを。しかしそのいずれも、ましてやそれを組み合わせても、言葉を紡ぎ出すこととは比べものにならない。紙の印刷が大手を振っていた時代はすでにかなり斜陽となっている（たとえば今タイプライターはどこにあるのか。活版印刷機は？　手で書くことが今の社会の現場でどれほどなされているのか）。ただ〈文化〉全体において最終的に技術が勝ったにもかかわらず、目の前にはその逆をゆくものがある――言葉のために用いられるコンピュータだ。

　書物といえば、何か堅くしっかりしたもの、時の流れにつなぎ止められたものだと思われている。過去とじかに、はっきりとつながっているのだと解される。ただアリストテレスの巻物の例にあるように、書物が腐ったり壊れたりするものだと理解するなら、将来は腐敗や損壊の原因となるあらゆるものから無縁となっていくのだと、多くの人は考えるはずだ。ただそれでもやはり、世界の文芸・哲学・歴史・科学の大半では、書物の安心感・安定感とは虚構だと考えられている。いま我々の手元にあるまとまった原テクストの唯一の著者としての〈アリストテレス〉が虚構であるのとまったく同じ意味で。印刷術の出現以来、学術界から生み出されたたくさんのものは、必然として絶えず変化のプロセスを経ることで生き延びてきた。複製・編集・再編・再出版、そして何よりも翻訳である。書物とはこれまでも、安定したものであったことはない。

　究極の司書の役を果たしてきたのは、学者ではなく翻訳者なのである。テクストの選び手・守り手として、テクストを保存するだけでなく、新しい蔵書の可能性を絶えず創出するために、新しい環境でそのテクストの数・形・寿命を増やしていく力そのものとして、翻訳者はあり続けてきたのだ。翻訳者は、書かれた言葉を揺るがせることで守りつつ、同時に言葉の力を独占することなく高めてゆく者でもある。実務という観点で見れば、〈世界の記憶としての〉全知の図書館を考えるにあたって、その核となる翻訳の役割を抜きにしてしまうのは、まったく論外だ。翻訳がなければ、多種多様な言語で書かれてきたものへアクセスすることもできないのである。このことはまた、そもそもの初めから知られていた。アレクサンドリアの図書館に受け入れられたすべての作品は、文芸のものであれ科学のものであれ、ギリシア語に訳されるべしとされていたのだ。こうして世界の記憶を変容させたことで、ギリシア社会は財としての益を得ただけにとどまらない。おかげで、その記憶が土着の産物のごときものともなったのだ。確かに、翻訳者の姿が普通は見えないことを思えば、誰がなしたのかわからなくなる（誰かが異国のモノを馴染みあるモノへと変えたことを読者が忘れてしまう）ことこそ翻訳の主な目的である、という事実にも立ち返ることになる。だがこれもまた、知の伝播にはよくあることなのだ。

むすび

アリストテレスの挿話、そしてユダヤ人と（過去・現在双方の）大図書館の物語からわかるのは、知の歴史において翻訳の力は言葉の力に匹敵するものであるということだ。書籍や思想を積極的に取引すること、つまりモノとしてのテクストの売り買いは、それが断片・改作・模造品であっても、やはり知のシステムの創出に、そして命を救うことに、〈知識集約型社会〉というこんにちの考え方が生まれるはるか昔から長く関わってきたのである。学術文化は常に、やがて転移しそして定着していく叡智の源となってきた。アリストテレスなるものが、時を経ながらテクストがゆっくりと旅することで作り上げられたことは、どの科学の分野でも、歴史上重要などんな作品においても、同じことが起こったのだと思わせる好例となっている。

文学や芸術に劣らず、むろん科学史にも古典となるお決まりの作品・作家があることを、真剣に受け止めなければならない。ばかげたことを言うつもりはないが、現代物理学の考えはニュートンなしにはありえないし、古典力学もアルキメデスなしにはありえない。こうした思想家がある知識に達して、後世に影響を与えたことは、誰も否定しないだろう。しかしアリストテレスの例からもわかるように、そうして褒め称える際にはたいてい欠けていることがある。科学思想における重要人物の伝記はたくさんあるが、そのテクストについて記したもの――こうした人物が資料としてどのように現代まで存在するに至ったかという道筋を追いかけたもの――は少ないのだ。ニュートンとはこんにち、単なる死亡記事や記念碑ではなく、（いわば）テクストの生き延びた結果なのである。彼の作品が、様々な言語を通じて多様な方向に広がり――ラテン語から諸ヨーロッパ言語へ、さらにそこから別の言語となり世界中に――伝播していったことは、学者が〈ニュートン思想の影響〉と呼ぶものを理解するために不可欠な枠組みなのである。

いったん公刊されればいかなるテクストも、作者の人生とはまた別の独自の〈生命〉を持つことになる。このことは明らかな事実としてよく知られているが、これまで述べてきたように、重要作品を理解するための従来通りのアプローチ――つまり著者の人生に結びつけた（きわめて文学的な）アプローチ――というものはかなりの場合、むしろその作品そのものの歴史を同じくらい詳細に記述することで、もっと豊かにできるはずなのだ。というのも、作品が公有財（パブリックドメイン）となり、他の国や文化に伝わると、そこでおそらくは新たな語彙を生み出すと同時に、個別の文化・歴史の背景を際立つほどに反映させるからである。アイザック・ニュートンの生涯やその生きた時代についての書物は何百とある。だがその大作『プリンキピア』がドイツ語や中国語といった異言語へ訳された経緯、そしてその現代物理学の述語体系がそれぞれの国に合う複雑な形で生み出された仔細を述べた書物や論考は、どうにもちらほらとしかない。文芸と同様、科学のテクストも、古いものは今も比較的揺るがないものと捉えられているらしい。そのように考えられているのも、印刷術やデジタル媒体が生まれ、どの大陸にも大きな図書館があり、大学が存在しているからだ。ただしこの序章で繰り返し示してきたように、こうした作品はある人生の物語が終わりを迎えたところで眠りにつくが、その結果むしろ多種多様な訳本が生まれ、それぞれ様々な言語共同体に属する人々のために作られていくのである。こうした翻訳は、コピーでもまがい物でも代替品でもない。いかなる場合も、各言語においては真のオリジナルなのである。ニュートンがラテン語では、あるいはアルキメデスがギリシア語では、日本の科学者にはまったく意味がなかったのである。同じように、アル＝フワーリズミーの代数学がアラビア語では、十三世紀のヨーロッパでは意味を持てなかった。こうした作品が、こうした知的なコミュニティで利用可能になるまでは、その領域内で〈オリジナル〉がうまく機能することはまったくありえなかったのである。西洋科学の受け継いだテクストという遺産は、これまでの想定以上に、何倍も大きく、何倍もとらえがたいものなのだ。

第一部　時空を越えた星空——西洋天文学の翻訳史

宇宙の小片たる人間は天を統御する法則と同じ法則によって支配されているのであるから、われわれの人生の問題と、われわれの成功や過誤を頒(わか)ちもつ冷ややかな共感とを、天上に捜し求めるのはばかげたことではない。

——マルグリット・ユルスナール『ハドリアヌス帝の回想』

第一章

ローマ翻訳時代――ギリシア哲学から中世写本まで

一　分野のあらまし

天文学には最古の精密科学という一面があるとはよく言われ、遡ること五千年以上も前から、空の正確な星図と空模様の予報術について数理を用いて探究してきた。これだけ昔からあるのだから、天文学にはきっとひとつの本線へ何本もの支流が合流していくように、現代に至るまで陸続たる運動が一本あって、その流れのなかで様々な人々が色々のことを付け加えていったものだと思われても不思議ではない。確かに天文の叡智なるものは――とりわけ西洋において――いくつもの方面から集まり、幾多の手や声を経て、多様な起源を持つ莫大な遺産をこんにち受け継いでいる。正直なところ、これほどの多様性に匹敵しうるのは数学くらいのものだろう。ところが、これを一続きのイメージで捉えるのは誤りにほかならない。歴史という観点から眼を細めてみれば、この天文なるものには、語るにしてもはるかに複雑な物語が、いや物語集があるのだ。現在に至るまでのこの道のりは、また別の類似でも捉えうる。

［アメリカに］もたらされたものは、妙なことにはるか昔に起源を持つ痕跡を新世界に刻んでもいる。カリフォルニアのサンタイネズ山脈を通る古道では、ある舗装の表面に、ローマ時代の戦車で付けたような、等間隔の轍が刻まれている。この跡を残した駅馬車は、スペインの寸法に合わせて造られており、そしてスペイン馬車の車輪はそもそもスペインにあったローマ時代の道の轍に合うよう幅が取られていたのだ。(1)

これまで天文の叡智が通ってきた各歴史時代・各文化には、消しがたい痕跡が残されている。なかでも言葉として定着したものほど、明らかで、いろんな意味で重要なものはどこにもない。天文学の用語と言説は――最古の科学の最も古い術語である――惑星と星座の名称も含め、いずれもある種の歴史の証拠として、時代を超えて具体的に辿りうるものなのである。テクストをそうした意図から読み比べると、（たとえば）近代の入口たるヨーロッパのルネサンスに至るまでのあいだ、受け継いできた人々がそれぞれこの知識にどんな痕跡を残してきたのか、先にあったものをいかに現地化したのかを、じかに推し量る手立てが得られる。このような辿る行為をきっちり行うためには、造語・辞書編纂（標準化）・翻訳という三点の言語プロセスを踏まえる必要があろう。訝しがられるかもしれないが、この三点はどうにも容易には分かちがたい。たとえば翻訳の結果、当該の知識にそれまで無縁であった言語に、幾度となく新語彙が創出されてきた。複数の翻訳者によって、いくつもの語彙が不完全なまま競合しつつ生み出され、かなりあとになって高名な〈達人〉の手で再翻訳されて、ようやく正しく標準化されるなどという事例は、ひとつどころでは済まない。その記録にしても言語内の複雑さに事欠かないため、熱心に研究に打ち込んでも一筋縄ではいかないだろう。

本論考が初めに取り上げる具体例は、ギリシア天文学のローマへの移転である。出発点にこれを選んだのは、上述した歴史の辿り方の説得力を示すには、この局面がうってつけだからだ。それどころか、この選択にはもうひとつ裏がある。ギリシア科学は永らく、近代西洋科学の確立にあたって知の基盤として不可欠なものと、学者たちにも見なされてきた。この知識という彫刻を徐々に彫り進めていく試みは、全体から見れば大した成果にならなかった――もちろん、歴史に与えた影響という意味では少なからずある。テクストという証拠を見れば、一般にギリシア思想と称されるものの本源的な力については、疑いようがない。むしろ問題は、私たちが〈ギリシア〉をどういう意味で用いるかだ。すなわち少し言い方を変えるなら、実際の関連資料たるテクストに起こったこと、つまり当該のテクスト資料群の再構成にあたって起こった多様な変容を前に、この〈ギリシア〉という言葉を現実問題どこまで広く取り得るか、ということである。続く三つの章を見れば、そのような問いの求める答えがいかに広範なものであるかがわかるだろう。

しばしば指摘されるように、古典期・ヘレニズム期のギリシア科学は、エジプトやバビロニアなどの近東地域といった広範囲の文化を源とする諸要素を取り込んだものであった。例を挙げると、黄道十二宮の名称がどうやらメソポタミアを起源とすることは、ずいぶん前に指摘された通りである(2)。そのほかの星座（の大半）や惑星については、辿るのはさらに難しくなってくる。明らかにわかる流れとして、その名付け方の発想がいくつか共通している点がある。たとえば英語ではヴィーナス（ラテン語ではウェヌス〉という金星は、シュメール語ではイナンナとして知られ、その意味は〈天界の輝く乙女〉、アッカド語では〈愛の女神〉イシュタルの名が当てられ、どちらもギリシアのアプロディテの前身でもあることは明白である。とはいえ現存する文献の大半では、それこそ影響関係がなかなか読み取れない(3)。そのせいもあってか、ギリシア天文学の名称のほとんど、用語の多くが、その本当の起源も判然としないままだ(昔からそうだった可能性もある)。ほとんどが元々先史時代から口承で改変されつつ伝わってきたものであるから、おそらく辿れるような形では残っていないのだろう。「このことからはっきりするのは、太古の世界における展開のイメージは、形成までの長いプロセスを経て出来上がったもので、それに対して古代オリエントの人々は土台となるものだけでなく細部もたくさんもたらしたことである」(4)。

ギリシア天文学の源流は手の出しようがないものが大部分なので、ここではギリシアのなかでの推移を取り上げる。じかに受け継がれた言葉と、それが体系にまとめられた経緯である。とはいえ、これでは限界があることをたちまち認めざるを得ない。古典時代・中世の大翻訳者たち、さらに体系化した者たちというのは、手稿文化のなかで生きてモノを書いてきたのである。このことが意味するのは、学知が手書きの言葉にしかないのなら、必ずしも定着・安定した〈科学〉があるわけでないということだ。写本文化では、書き写す者がそれぞれ、誤写・削除・縮約・誤解・追記などといった様々な〈編集上〉の変更を通じてテクストを改変するのが常で、手書きには揺れがつきものなのだから、ずっと正確に再現されてきたものはほぼなく、ゆえにある時点のあるテクストには、抑えきれないほど無数の異本があるということになる。さらに写本文化の別の側面としては、翻訳そのものにこれだという定番がなかったことである。翻訳者もまたミスや省略をしがちであった(たとえば経緯を理解していなかったときなどに）——だがそれ以上に重要なのは、翻訳者が作品を書き換えたり、新しい例を追加したり、章立てを再構成したり新規に設けたり、注釈を挿入したり、言い回しを変えたりなどするのは、必要を感じた際には自由にできた上に、実際かなりの場合でそうした点である。

虚構——プトレマイオスの場合

だとすれば、原型に近い形でこんにちまで伝わっている古典作家など皆無だということも、ここで強調しておくべきだろう(5)。古代最大の編纂者の場合でも、こんにちでは元の原稿に迫ることさえまったく不可能だから、本当の意味でのプトレマイオスには触れることもできない。その代わり現在あるもの、同様に中世ヨーロッパに存在したものは、テクストという伝統、つまり実に様々な年代に作られた後世の異本と注釈の集積なのである。さらに言えば、〈プトレマイオス〉とは、プトレマイオスの文章の解釈と活用に関わったギリシア・ビザンツ・アラビア・ヨーロッパの翻訳者・写字生・編集者・注釈者の皆から成る「テクストの共同体」(6)を示しているのである。プトレマイオスの死去（一七〇年）から半世紀も経たずして、もう彼による数理・天文についての書物は複写・改訂・要約されていた(7)。おそらく必要なことだったのだ。プトレマイオスが書きつけたのは、たいへん脆い巻子本（おそらくパピルス）だった。彼が生きたのは、巻子本が流通した末期のことで、冊子本の登場（三〜四世紀頃）の直前であった。あとに残るため、その作品は絶えず複製を繰り返し、最後に冊子体に移されて本物と認められるまで、新しい時代が来るたびにそのときの言葉に直される必要があったのだ。確かにそうなったのだが、そのことは輝かしい結果だけでなく不幸な結末も生んでしまう。「こうした作品、なかでも『アルマゲスト』の出現が［…］プトレマイオス天文説の前史をほぼ完全に消し去ってしまった」(8)。具体的に言えばこれは、少なくともいくらかはプトレマイオスの偉業のために、ヘレニズム初期の天文学者たちの文章は（おおむね）冊子本に移されずに終わったか、たまたま移されてもそのときだけで終わってしまったということなのだ。いずれにせよ、こうして彼らの本は滅びの運命を辿った一方、かたやプトレマイオスの共同体が育まれていった。四〜八世紀のあいだ、この共同体は、シリア語やヒンドゥー語、ペルシア語にアラビア語の書き手までもを含むようになった。少なくとも初めは、こうした写字生や翻訳者たちも多くの者が、手にしたギリシア語版にそのまま忠実たろうとした。だが、どの写本がそれに当たるのか。どこが元の原稿と異なっているのか。そもそもその元のものがないのだから、わかりようがない。最後に中世後期のヨーロッパに辿り着いたものは、二世紀のアレクサンドリアに生きた書き手であったプトレマイオスからいくつもの手を経てきたものであった。

　それでいて、本書の議論と直接関係してくるまた別の大事な意味でも、〈プトレマイオス〉という虚構がしばしば立てられている。科学史では、二世紀からコペルニクス『天球回転論（デ・レヴォルティオニブス）』に至るまで——すなわちローマ帝政から盛期ルネサンスまでのあいだ、プトレマイオスを天文観において支配的であったとするのがほとんどお決まりのパターンだ。〈プトレマイオスの天動説〉は、〈現象を救う〉ための主要な理論的枠組みとして〈一千年以上ものあいだ〉西洋天文学を牛耳ってきた、などとよく言われている。歴史を概観する際によく（必要に応じて仕方なく）こう単純化されるが、これはまったく正しくない。そもそも執筆後千年経つまで、プトレマイオスの文献はヨーロッパに存在さえしなかった。その書はまず東へ行きビザンティウムへ、それからシリアのネストリウス派および単性論派に移動、ペルシアましてやヒンドゥー文化にまで届いてイスラムに着く、という流れを辿ったのは数多くの指摘の通りである。しかしヨーロッパ思想にはほとんど、いやまったく直接の影響を与えなかった。『アルマゲスト』――プトレマイオスの天文体系を記した名著『数理全書（シュンタクシス・マテマティカ）』のアラビア語での題名――は、十二世紀になるまでラテン語訳もされず、ましてや広く知られるようになるのはそれから百年も後のことだった。プトレマイオスの天動説がヨーロッパで大きな影響力を持ったのは、せいぜい二百年かそこらで、そのときにはすでに有力な対立意見もあった。地中海以北では、伝統的な天文学の中核部分は、ソロイのアラトスが書いた『星辰譜（パエノメナ）』、プリニウスの『博物誌』、プラトンの『ティマイオス』といった作品に形作られ、それが後期ローマ文化以降に大きく採用されたのだ。

　プトレマイオスの天文観は、アラトスやプラトンのものよりはるかに〈近代的〉なものであった。すなわち言い換えれば、過去一世紀の天文学者（近年までこの分野の歴史を書く第一人であった人たち）が抱きがちであったイメージを踏まえても、幾何・数理・理論の面ではるかに抽象度が高いものであったのだ。十三世紀よりも前の、中世ヨーロッパにおいて実際にあったのは、まったく異なるものだった。天体の動きを簡単な言葉で記述した様々な〈便覧〉の要約から得た知識が主なもので、様々の祭日に当たる日にちを推定したり、既存の暦を改良・改善したり、種まき・収穫に適切な時期を決めたりといった用途に役立つ計算法が、その便覧に付されていることも多かった。「中世という時代は、徹頭徹尾ほかの科学のどれよりも、天文学こそ人間の現状にじかに関わりがあるものだという考え方に染まっていたのである」(9)とオラフ・ペダーセンも書いている。ローマ以来、中世ヨーロッパでは、天空は星座のある大きな領域だという考えを受け継ぎつつ、その星座を読むことでただ未来を占えるばかりか、現在・過去そして公私ともに様々な物事を説明しうるともされていた。ゆえに千年以上にわたり、ヨーロッパにおける星や惑星は理論上の仮説とは無縁のままであり、その代わり神々の居場所かつ星占いの拠り所、さらに計算の規準でもあるという古代の捉え方が渾然一体となった場所であり続けた。

そこへ伝わってきた〈プトレマイオスの天動説〉が、新しいタイプの天文学を意味していたことは間違いない。のちにまとめて〈プトレマイオス〉とされるそのテクスト共同体は、空をまさしく数理現象へと変える後押しをするほどのきわめて大きな影響力を持ち、空はたちまち科学のものとなる。数世紀あとに出てきたコペルニクスは、この断片(ピース)を再構成したのである。十二世紀以前、のちにヨーロッパとなる土地は、何よりもローマの天空観を用いていた。であるから、ここでその捉え方、そしてヘレニズム科学にあるその起源を見ていくことにしよう。

背景事情――ヘレニズム時代におけるギリシア科学の特徴

ローマの天文学は共和政末期から帝政時代を通して現れるように、そのほぼすべてが、ヘレニズムの知的文化から生まれたギリシア語作品の翻訳および焼き直しの結果である。ある意味で、ローマの著者たちが手本に選んだテクストが、大きな分かれ道になった。こうした作品をローマ文化に吸収したことで、確かにギリシア科学というテクスト体系の一角がその後何百年かは残り得たわけで、このギリシア科学の流れのひとつ(はるかに難解・複雑なもの)は中東やイスラムに伝わり、その片割れがラテン・ヨーロッパに流れることになった。このふたつの筋は――競い合うことがなかったわけではないが――ようやく十三・十四世紀になって、大量の翻訳というまた別の出来事がきっかけで、ひとつになるのである。

ヘレニズム科学のふたつの流れは、かたや洗練された専門書として、もう一方では精選された、時に文学性の強い一般書として現れた。第一のカテゴリには、たとえばプトレマイオスのほかエウドクソスにエラトステネス、ヒッパルコスやサモスのアリスタルコスといった少数のエリートたちが著した数理論文が含まれている。この者たちは個人的な収入が別にあるか、富裕なパトロンの庇護のもとで活動するかして、知性を働かせる余裕があるおかげで、様々な天文学的問題（例えば惑星の運動や大きさ）についての複雑な論述法を編み出すための時間と労力が割けたのである。こうした作品は同じような研究者のために、特別な語彙と難解な計算そして高度な幾何学上の推論を用いて書かれた(10)。これまでの推定では、前四世紀後半に始まったこの科学研究の大きな高まりは、広く様々な社会的要因と結びついており、これらが相まって、前三二三年にアレクサンドロス大王が死んだあとの後継者争いのなか、諸王の芸術支援の機運を高めたと考えられている。大王の死後、帝国の各地を治めることになった君主たちは、アレクサンドリアの図書館が東地中海全体で高度な文明のシンボルとなっていた時代に、世界市民の学識に結びついた何かしらの地位や名誉を得ようとしたのである(11)。もうひとつ大事な要因としては、市民のなかで識字率と書籍購入が急速に高まったことを考えてもいいだろう。アレクサンドリアやペルガモンの図書館のほか、多くの都市にあった現地の文書館に収められたおびただしい数の本は、テクストの生産および本の市場が高度に発展していたことを示している。この時代を研究するある者が、近年次のように述べている。

> モノを書くことは、ヘレニズム時代にあって並外れて人気のあった趣味で、［…］書かれた言葉というものはその当時すでに、社会における法や政治・経済のほか個人の生活をも支配していた。［…］科学・技術・工芸・金融・兵法といったあらゆる分野で様々なレベルの知識が、専門の教

科書に記され、学問上の議論も同じように本を公刊することで行われた。［…］写字生の一団が口述からテクストを再生産する大きな書写工房が、よく組織された書籍小売業と結びついて、中世ラテン時代にも引けを取らないほど、書かれた言葉が流布されたのである。(12)

とりわけ、この書籍の大量生産について直接の証拠がほとんど残っていないことを考えると、いささか近代に寄せすぎた物言いに聞こえるかもしれない。古典時代から大きく広がったとはいえ、市民の識字率はまだ幾分ささやかなものであり、特定階層の人々に限られていた(13)。ただ、いくつかの文筆ジャンルがヘレニズム時代にかなりの発展を見せたのは明らかで、そのなかでも主立ったものである技術の手引書・便覧の「多様さたるやすさまじいもので、古典時代の医療・修辞その他の便覧の数をゆうに超えていたのである」(14)（図1参照）。

とりわけ数理的考察に長けた作品のあるエウドクソスやヒッパルコスのような思想家にとって、広範囲の識字層はプラスのみならずマイナスの影響力を持つことになる。その理由は単に、ギリシア語を話す一般大衆が天文学に興味を持つのは主として占星術に役立つからというのが大半だからというだけではない。その識字率そのものの概略、すなわち教え方や方向性・振興の内実も見ていく必要がある。ヘレニズム時代の教育は修辞学の学習と教授が中心で、その第一人者が前四世紀のアテネの高名な雄弁家イソクラテスであった(15)。イソクラテス本人の学園には、幅広い科目があった（主なライバルであるソフィストたちよりもはるかに幅広かった）が、彼の死後、主に文献資料を対象とするテクスト分析がますます熱心になっていった。この流れはヘレニズムの影響下でさらに深まり、ここへ実用性が新たに付け加わってくる。アレクサンドロス大王死後の統治は、小規模なポリスに比べるとかなりの大事業で、専門の文官に職業軍人・外交官という新しい階級、教養の劣る労働者、そして王室の浪費の上に成り立つものであった。高まる都市化のほか、内戦や貿易の拡大、さらに国際化も相まって、指導者は世論を左右できる力を磨くだけでなく、効果的な言葉を運用しうる識字社会をも推進することが求められた。このような趨勢にあって、説得の技術・手段――とりわけ文芸・哲学作品で用いられた表現――がたちまち出世に必要となるとともに、それ自体が豪奢な宮廷社会での世俗的な成功を約束したのである(16)。ローマ文化との最初の接触が起こる前二世紀までには、ヘレニズムにおける教育は、文体・修辞上の長所をどんな内容よりも大事なものと考える類の分析に力を入れるようになった(17)。こうした事情が積み重なった結果、教育課程からも、そして人々の読書経験からも、専門科学の文章が排除されることとなったのだ。

とはいえ、人々が科学的な知識に興味も持たなくなったというわけではない。むしろ逆に、大図書館時代にあって博識ぶる必要性というものが、字の読める大衆のあいだでたいへん勢いを強めており、医学といった分野は当時もそれぞれの領域に専門家がいると考えられていたが、星と惑星については、誰にでも見える、考えられる、そしておそらくは理解可能なものとしてあった。だからこそ、難しい知識をわかりやすくしたものが求められたのである。

便覧という伝統

ヘレニズム時代の知的社会は、一般書の求めにふたつの形をもって応じている。そのうちひとつの応じ方は〈便覧〉を書くことにある。すなわち、手に取りやすい散文で記された知識の要約集を、数項目から十数項目の知的分野にわたる形で作るのだ。ある点では、この類の執筆の大きな手本となっ

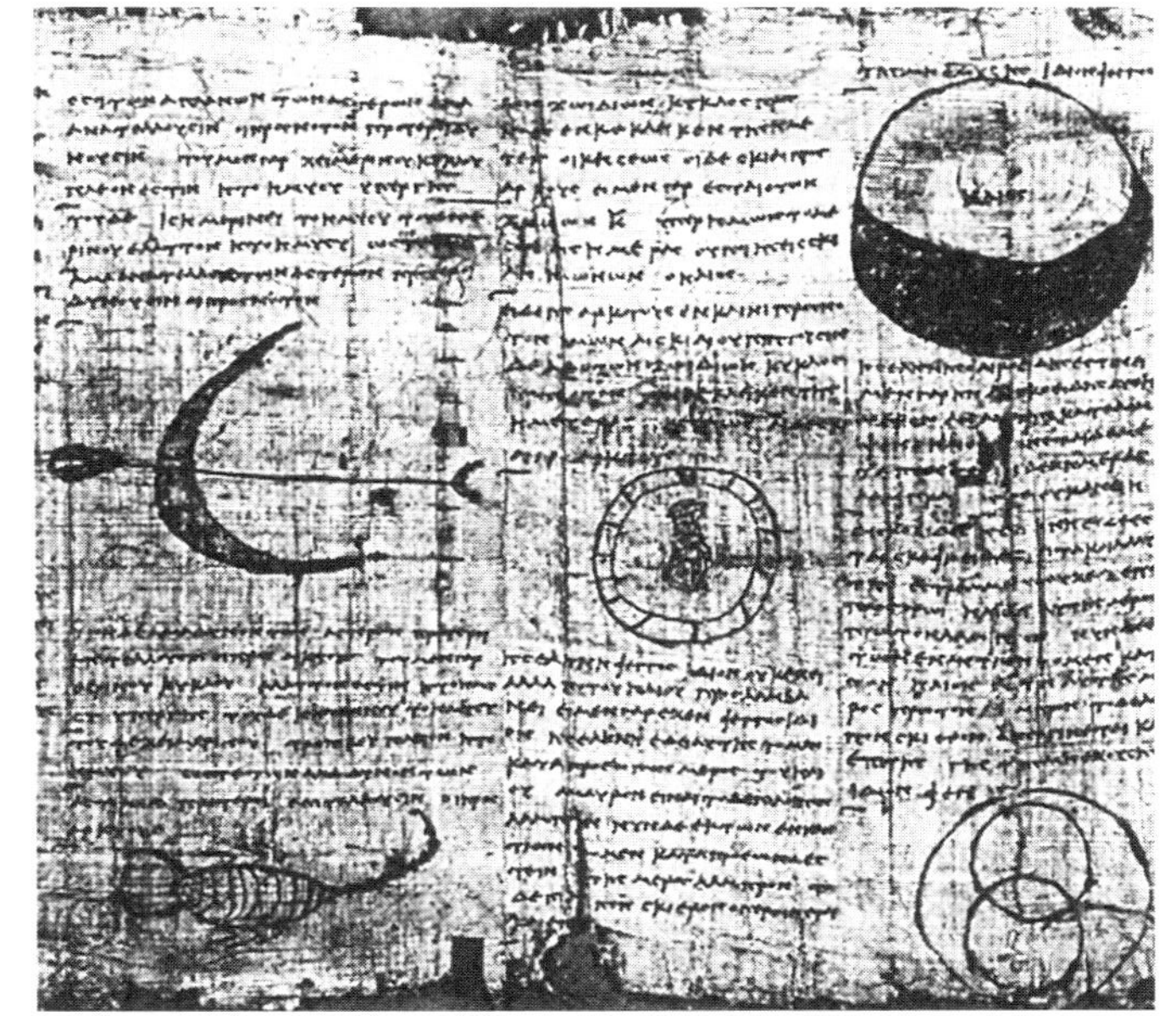

図１　現存する最古のギリシア語パピルスの部分（前２世紀初頭）　天文の初歩が記されたテクストで、ある種の便覧と考えられるが、掲載された粗雑な図版の意味はさだかでない。「エウドクソス・パピルス」として知られるこの作品には、高名な天文学者の名を用いた折り句が収められている。ルーブル美術館、天文学関連パピルス、Louvre E 2325.

たのがアリストテレスその人で、彼が詩学から気象学に至るまであらゆるものを百科的に取り扱ったことは、何百年ものあいだ大図書館の野望そのものを体現するものとしてそびえ立った。アリストテレスの学統をじかに継ぐテオプラストス（前三七〇頃―二八七年）は、植物学・算術・医科学・天文学の便覧を著し、こうした書き物の成功からその書自体があとに続く編纂者の豊かな材源となり、彼らに文章をまるごと採られたことも少なくなかった。実際、剽窃（とこんにちでは呼ばれる）行為もあまりにありふれたことであったから、先行するテクストの方が正確な上に包括的であった場合でも、次の世代の便覧がその親本とほぼ完全に置き換わるなどした。こうした初期の編纂者のなかでも最大の人物がポセイドニオス（前一三五―五一年）で、後世の書き手から広く読まれるばかりか、その文が切り刻まれ作り直されて取り込まれることがあまりに多かったので、おそらく何百を数えるテクストを生み出したという伝説があるのに、現存するものは一作もない。歴史のなかに埋もれていったこのプロセスを遡ることでしか――様々な孫引きの断片、のちの書き手が彼から借りた断片の断片を抜き出して再構築することでしか――その失われた本の面影を推し量ることができないのである(18)。とはいえ、ポセイドニオスが著作の成功でかえって消えたにしても、やはりこれは、本人が後押しして生まれた文芸ジャンルの本質によるものなのだから仕方がない。

便覧執筆を〈プロの売文〉ないし〈下手の横好き〉の結果と見るのは、ごく普通のことである(19)。便覧文献の研究でよく知られたある人物も、「英語の〈編纂者〉（コンパイラー）はラテン語の〈簒奪する〉という意味の動詞が語源だ」と一言触れるほどである(20)。こうした考え方は、細をうがつ現在の研究者の立場からは理解できなくもないが、もっと大きな歴史という観点に照らしてみるとやや不適切に思える。むしろポセイドニオスやスミュルナのテオン、さらにはそのローマでの後継たるウァッロや大プリニウスを、流儀の異なる書き手として扱う方が、つまり創案者や創作者でなしにましてや批評家・注釈者でもなく、その代わり〈著者〉と〈写字生〉の機能を併せ持った伝達人や運搬人ないし使者と捉えた方が妥当なのではないか。こうした著作者たちは、知の生産という大きな社会領域のなかで、要となる実際の機能を担っている。彼らが知識の再生産をした長い時期とは、テクストがことのほか脆い物体であった時代（図1参照）、写字生（その多くが奴隷）に先行物の保存を必ずしも期待できなかった時代、移り変わる文芸趣味が過去の語り直しを現在の修辞に包んで行うよう求めた時代なのである。それでも少なくとも幾分かは、往時の有名作家は時代を超えた知恵の器と考えられ、そこそこの才能しかない伝達人が次々と汚してしまい、徐々に将来の〈借り手〉が後から貢献できなくならないよう、後代にもそのまま伝えなければいけない往年の優れた表現といったものが入っているとされた時代でもあった。言葉も概念も気前よく貸してくれる人物として過去を利用することが、個人および集団の利益のためになったことは、テオプラストスやストラボンといった編纂者の文章から、さらにはプトレマイオスの（天文学以外の）著作からも明らかである。

だからといって、公然としてあった盗作というやり口がまったく許されるわけではない。同時代人のあいだで起こったあからさまな剽窃の言い逃れになるものでもない。執筆活動は、野心・地位・世俗的成功とかなりはっきり結びつくものだった。実際それでも行われた〈剽窃〉の数が膨大であることがまさしくこのことを示しているし、書く媒体そのもの（パピルスや羊皮紙など）の技術がまだきわめて脆く壊れやすいままであった時代に書かれた言葉が、ますます権威となっていったこともわかる。実のところ気づいた方もおられると思うが、編纂者＝伝達人がヨーロッパの知的文化の中心人物であったのは古代だけでなく中世やルネサンスを通じてのことで、そしてその先、十七世紀に至るまで、たとえばジャンバティスタ・リッチョーリのような反宗教改革の重要人物が出てくるくらいまではずっとそうであり、この時代までにはようやく印刷本が、著者であることを確認する唯一の手段となった。延々と続いてきた、すでに書かれたものをまた書き直すという、問題あるばかりか自分勝手ですらあるこの行為は、近代後期の学問には好ましくないものとなったわけだが、ところがこれは、西洋思想史上のある重要なプロセスを明らかにするものなのである。実利を重んじるローマの著者たちがついにギリシア文献と接触した際、とりわけ自分たちの必要に合うものを見出したのも、何ら驚くべきことではなくなるだろう。

ソロイのアラトス『星辰譜』

ヘレニズム天文学についての便覧が、それひとつで何かまったくの異説を広めるほど影響力を持ったことはやはりなさそうである。この著作は、学識ある素人ないし学者の成果ではなく、たいへん優れた詩人の手になるものだ。このソロイのアラトス(前三一五頃―二四〇年)による天界を描いた叙事詩は、その数百年前にヘシオドスが切り開いた教訓詩再興の流れにおいても、最高峰のものであった(21)。六歩格(ヘクサメトロス)一二〇〇行のなかで、鮮やかながらも時として遊び心ある詩行が展開される『星辰譜』は、ふたつの散文作品を書き直した著作である。ひとつは天文学者エウドクソスによる星図とその運行を説いた人気作、もうひとつはアリストテレスの後継者テオプラストスの手になる天気読みについての論文だった。題名も含め、この詩のほとんどは元のエウドクソスの本から採られている。ところが多くの誤りや事実と異なる記述が含まれていて、その点はすぐさま天文学者たちに指摘されたが、おそらくこのなかにはプトレマイオス以前では最大の観察理論家たるヒッパルコスもいたことだろう。しかし、アラトスはいかなる精度・正確性・数理推論も一顧だにしていなかった。彼の筆にとって、あくまで星座は壮大なイメージの源、詩の題材の宝庫だったのだ。彼は水夫・農夫・軍夫・凡夫によって天の星座が実用されていることにも触れている。彼は惑星のこと——当時の数理天文学で一番の関心事——には触れず、尻込みしてどこか自己弁護するようにそこから目を背けてしまう。

だが、かれらのほかに五つの星が混じっており、しかも似ても似つかず、
（横道の）十二星座をもっぱら次々通過して進むのだ。
この五つの星の位置は、他の星たちに注目しても、
もはや確認の手がかりも得られまい。なにせいずれも居所不定の者たちで、
おのおのの軌道を一周する年は長く、
遠方からひとつの場所に集合することを知らせる目印の間隔も長い。
もうとてもこの星たちとつき合っていく度胸はない。ただ、
恒星たちの循環と天空でのかれらの目印を物語る力を用いればできうる。(22)

アラトスは、星々を「物語る力」のみに触れているのであって、星自体の解説や実証はしていない。このテクストが示すのは、物理的（神秘的）な結びつきについてのきらびやかで終わりのない語りである。こうしたものが運動の多様な生命力という結果に転じていくが、これは教訓詩という文学形式が求めるものなのだ。

だがアンドロメダの両足は、彼女の未来の花婿ペルセウスの
手がかりとなろう。かれの肩の上方をつねに進んでいくからだ。
かれは北天を動いて生き、並外れて大きい。
その右手は義母の椅子の背凭れへ
延びており、眼前の何者かを追撃するかのように、
父ゼウスの領域で砂塵を巻いて大股に踏み込んでいく。(23)

繰り返すがこれは天文学ではなく、天文を素材として雅に用いているだけである。星そのものやその説明ならずして、むしろそれらの目に映る様、そこから浮かび上がったイメージなのだ。実際、アラトスは星図の形通りに『星辰譜』を書いており、この作品のおかげで星空は記憶され、描かれ（図2参照）、文化の記憶の一部となったのかもしれない。古風な六歩格の詩行は、口承時代へと遡る太古の歴史とともに、古代によくある抗えない悲劇の物語を、変化と不安に満ちた現在へと連れて行く理想的な詩の馬車だ。結局のところ、アラトスが新しい命を吹き込んだのは星空ではなく、混沌のただなかに留まる地上の（ストア派の）視座（ヴィジョン）なのである(24)。

『星辰譜』を〈一般向け〉の作品と呼ぶことは、ゆえにある意味では誤解を招きかねない。むしろこれは、ヘレニズム期の教養文化における科学を文芸に置き換える行為を象徴するものだ。当時の天文学の思想や発展はほとんど（あるいは何も）伝えず、そうする素振りも見せずに――ただ〈星空〉を語る。この詩が有することになる長く続く大きな名声は、後に残った多くの注釈と複数のラテン語訳のおかげで確実なものとなったが(25)、専門的な天文学と一般人の趣味・関心のあいだにある大き

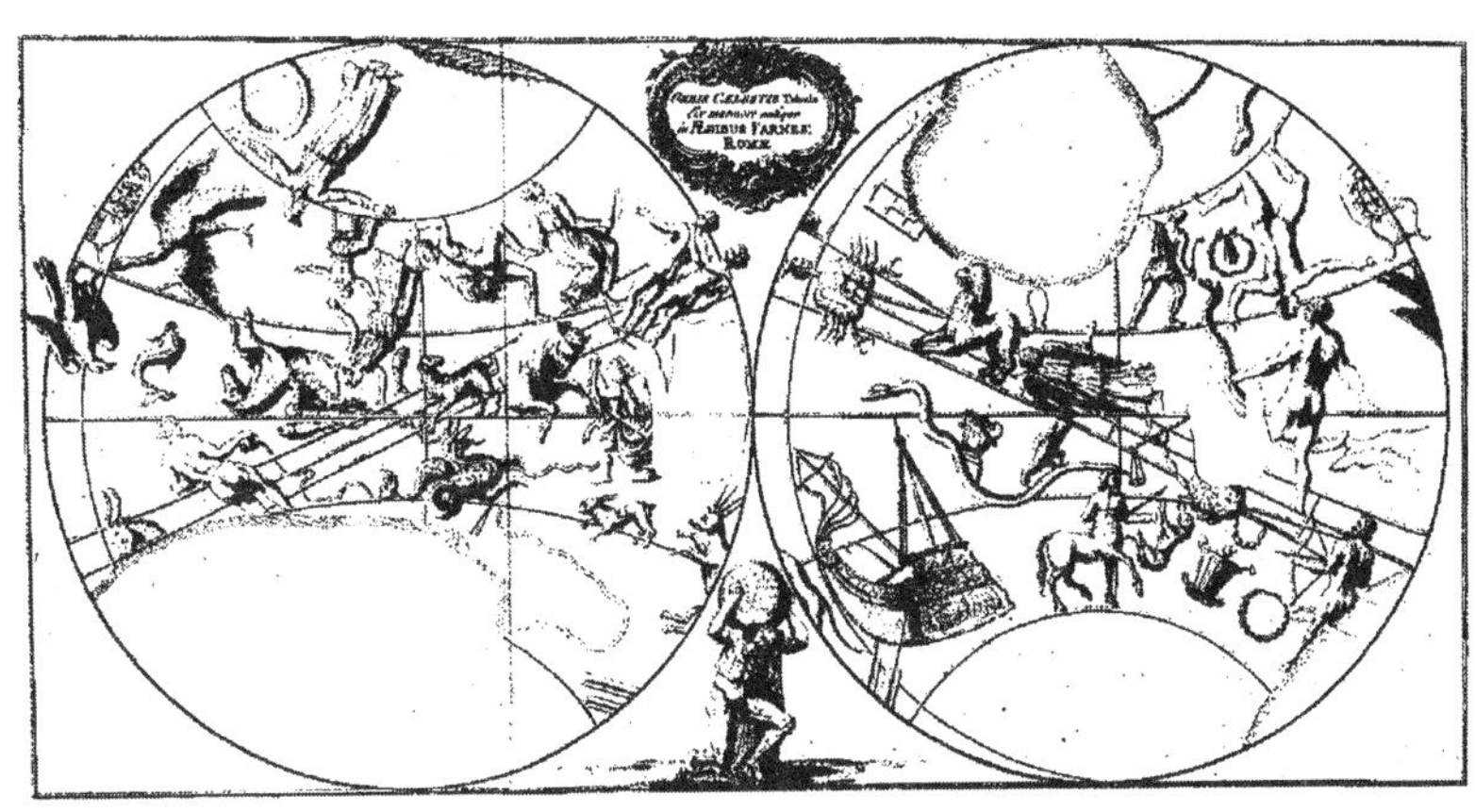

図2　ファルネーゼの天球儀　　現存最古のギリシア＝ローマの星図で、ソロイのアラトス『星辰譜』という詩で描かれたとおりに表現されている。この天球図は、ヘレニズム時代の現作からローマ期に模造されたもの（2世紀）で、これを頭上に抱くアトラス像がルネサンス期に付け加えられた。大英図書館、マニリウス68S. h. 2.

な溝もなおさらはっきり見えてくる。『星辰譜』に付随する皮肉のうち最大級の破壊力（と引き合い）を持つものは、実は、古代最高の天文学者にしてその作品数も最大級と考える学者も多いヒッパルコスに関するものである(26)。本人のなした多くの発見や、精緻化した周転円の考え方に関するものも含めて、彼の理論と観察を記した文献はどれも一語たりとも残っていない。唯一残ったテクストは、ヒッパルコスがアラトスについてあわてて書いた手短な注釈だけなのである。

古代ラテン語の伝統を訳す――ローマと帝国の天空

ローマの抱くギリシア文化観

ホラティウスのものとされる（おそらく起源はもっと古い）有名な一節に、「かつて征服されたギリシアは、その知的文化を通じて野蛮なローマをむしろ奴隷にした」という旨のものがある(27)。引用されることも多く、一見この意見は反論できないようにも思える。百年以上ものあいだ、ローマの詩人や哲学者らはギリシアを手本として、ほとんど一字一句そのままに倣ったのだから。〈発見＝創案（インウェンティオ）〉という概念が、既存の翻訳資料をわずかばかり書き直すことを指すようになり、かたや〈汚染（コンタミナーレ）〉とは、ふたつ以上のもの（たとえば劇の幕割り）を順不同に並べることないし他のギリシア語作品から一節を挿入することの誤りを指すことになるのだから、これはその分では正しい(28)。だが、ホラティウスがギリシアの影響について述べたことは〈出来事の真ん中から（イン・メディアス・レス）〉では正しく見えても、〈知識人全体における（イン・トト・リテラティス）〉ローマ＝ギリシアの関係というもっと大きな状況を言い表すのには大失敗している。

数百年という時間軸で見たローマ知識人の態度を正確に表現するなら、感心と対抗心がないまぜになったようなものである。この混ぜ物の正確な成分さらにその双方の割合については、書き手のあいだでもかなりまちまちで、時にはひとりの作家の一作品内でも変動する。しかしその痕跡はどこでもはっきりと見えるし、さらにローマ文化が大いに努力したのはギリシアの学問の模倣・吸収ひいては継承だったという踏み込んだ結論さえ出てくる。それは時に翻訳そのものに定められた目標でもあった（あとで詳述）。本来ギリシア人が示すべきだった最高傑作を、ラテン語で作り直すための力とは、ギリシアの原典を超えるほどの、いや少なくともその代わりになるような新しい手本を生み出す力と同義である(29)。真実として大事なのは、ローマの著者たちは、ギリシアが原典であるとき以外は〈翻訳〉のことを滅多に口にしないということだ。ローマが北アフリカを含む中央および東地中海のほぼ全域を支配している帝国時代にあってさえも、たとえばコプト語（エジプト）・フェニキア語・ペルシア語、ましてやヘブライ語といった言語に基づく作品をラテン語にする際には、ほとんど（あるいは何も）言及していなかったのである。ヘレニズム期のギリシア文化は、それ自体が強烈・複雑に国際化しており、たくさんの影響の坩堝となっていた。ところがローマは、それ自体が多重化した都市生活のただなかにありながら、知的追求の分野では複層化の自覚がなかったのだ。むしろ翻訳には広くその可能性があった。すなわち一枚岩に近い〈ギリシアの偉業〉へと依存するローマを如実に表しつつ、同時に翻訳はそれを乗り越える手段に間違いなくなりうるはずだった。

これは、ローマ文化全体に鈍色一色の装いを強いるものではない。天文学は、大帝国内部でも理解かつ実践されていた通り、多種多様な関心事であった。アレクザンダー・ジョーンズが近年論じているのが、ヘレニズム時代末期から何と三世紀に至るまで、どこよりも高度な天文研究の現場となったのがローマ支配下のエジプト［アエギュプトゥス］だった点である(30)。文献調査に基づけば、この活動の圧倒的大部分は占星術上の予言をその目的としていたようだ。数表・占星図といった計算行為に焦点を当てて、天文現象の予測とその現世での意味合いを汲み取ろうとしたのである。さらに二〜三世紀の後期テクストで用いられた手法は明らかに、ある古代バビロニアの算術と、プトレマイオスの「簡易数表」（もとは『アルマゲスト』所収の表部分）に影響を受けた新しい計算法を組み合わせたものだった。こうしたものはいずれも、そもそものローマで通常行われ理解されていたものよりも、はるかに高度なものであった。つまるところ、エジプトはその知の宝たるアレクサンドリアとともに、ヘレニズム思想の中心となっていたのだ。エジプトの宗教行為において、天文学は実に古くから厳粛な役割を持っており、どうやらこの昔からの需要に適うよう、様々な手法が洗練された形で採用されたのは間違いないようだ。ローマを含む帝国のそのほか大半の地域にあっては、占星術師なる人々はある種の雄弁家のごとく振る舞い、天宮図もさる話題の説得手段として持ち出すだけだった(31)。こうした人々は、いわゆる象徴資本の仕組みのなかにあり、テクストはほぼ〈あるいは何も〉書かず、長く自分のパトロンになってくれそうな有力かつ富裕な一族と懇意になるための方便として、星図の利用に関心をもっていただけなのだ。この者たちが、天文関連の著作があり中世でも広く影響力のあったプリニウスといった書き手らから敬遠されがちだった点を考えると面白い。

かたや文章になった天文学の方では、ローマはギリシアの文書に無自覚ながらかなり強く反撥していた。これは天文学を含む科学領域ではっきり出ている。ローマの著者らが武器としたのは、およそ学者がきつい縛りだとして嘆いてきたものそのもの、選択の絞り込みであった。確かに、訳す本の選択においても、ローマの著者はギリシア思想の専門性の大部分を黙殺している。彼らが取り入れたのは、自分たちが必要だと感じたもの、そのときの文化の好みやレベルに合ったものだけで、つまりアラトスが書いたような便覧や一般書の内容と語彙だけを取り込んだわけである。数理科学におけるギリシアの偉業が別の屋根に避難先を見つけた一方、ローマの好みに根付いた要覧という伝統は中世ヨーロッパにまで伝わり、そこで八百年近いあいだ大きな力を振るい続けた。ローマの著者らがギリシアの書き手から取り入れたものにどこまでも張り合って押しのけようとしたというより、むしろこの分野では強引な置換が完全に成功してしまったのだ。歴史がこのように展開したことは、中世ヨーロッパにとって単にゆゆしい事態に留まらない。これらの著作が東方へ向かい、そこで大切にされ、変容しつつもギリシア科学のあらゆる文献が伝わったということが、同じように重大であったこともはっきりするのである。

それでいて共和政末期および帝政時代に教育を受けたローマ人は、ギリシア〈古典〉についてはそれなりに知っていることが求められたし、もっと深く追究することも少なくなかった。便覧作家としては大物たるポセイドニオスは、ローマの知識人階級という丘にあって塔のように高くそびえ立っていた。若きキケロも彼の弟子になるため奮い立ってロードス島へと渡ったほどで、かたや後世に強い影響力を持つラテン学者たち——たとえばウァッロや大プリニウス——もポセイドニオスのテクストを無限の宝庫として用い、そこから文章・構造・事実という結晶を取り出したが、どの項目でも大きな素材まるごとでは触れていない。実際、ウァッロの『学科九書』は、前一世紀以降のローマの教育を方向付けるのに一役買ったが、ポセイドニオスを手本にして出来上がった可能性があるようだ(32)。ウァッロの掲げた学科のなかには天文学があった上、読み書きの出来て育ちのよいローマ人であれば、主にアラトスの翻訳を通して天文学にもそれなりになじみがあったはずなのである。とはいえ、こうした翻訳はどこからもたらされたのか。それを行ったのは誰で、それはどういうものだったのか。こうした問いには、複数の答えを返すのがふさわしい。

ローマの翻訳理論——大局的文脈

概念面でも実践面でも、共和政末期および帝政期における翻訳は、知的弁論という一回り大きな枠内で生じたものだ。この弁論が絶えず立ち返るのは、修辞一般についての問いと、ことに〈模倣〉の役割というものであった。当初からローマの著者らは、ギリシア文芸という手本に自分たちが頼っていることをかなり自覚していた。その点の表れのひとつが、〈模倣(イミタティオ)〉——ラテン語作品を生み出す土台としてギリシアの材源を用いることに対して当てられた用語——という概念に向けられた態度に、ややこしい幅があることだ。具体的にどの作品を手本に選ぶべきかという点は別にして、議論の中心は模倣における〈奴隷性〉対〈真正性〉という問題である。元がギリシア語であれラテン語であれ、失敗作は生気のない原典のコピーとなり、表面上の効果をすくうだけで終わってしまう。「誰かの服装や態度・仕草を真似ることとくらい簡単なことはないからだ」と同様の文脈で言及したのはキケロだった(33)。もしラテン語が元でそうなったのなら、これは盗作と見なされ、ギリシア語テクストの翻訳の結果がそうなら、奴隷じみた猿真似ということになった。ローマ文学の黎明期、たとえば前三世紀後半から前二世紀初頭までのプラウトゥスとテレンティウスが活躍していた時期、ギリシア作品をラテン語で逐語訳したものは、全体にせよ部分にせよ、別物の題名が付され、ローマ人が著者とされて、栄えある〈創作〉と扱われたが、そうでなければラテン語読者は宝に手が届かなかったのだから、彼らにとっては正しい持ち込み方だったのである(34)。だが時が経つにつれ、この態度も好ましくなくなっていく。ギリシアという素材を絶え間なく繰り返し用いたために、作家たちもこれまで以上にその依存関係に、それどころかその依存を必要としていることにも気づいたのである。ホラティウスは『詩論（アルス・ポエティカ）』のなかで、この複雑に絡み合った姿勢を見事に表現している。

> 共有（コモンズ）されているものを、自分なりに詠じるとなると難儀する。とはいえ、
> トロイアの歌を小分けして紡ぎ出した方がうまくいく、
> まだ知られずまだ語られていないものを初めて世に出すよりは。
> 公有財（パブリックドメイン）も自分の手中のものとなるだろう、もし
> 大した値打ちもない開けっぴろげの環のなかにとどまらず、
> 忠実な仲介役気取りで一語を一語で再現することに
> つとめたりせず、真似をしようと狭いところに飛び込んだばかりに

ひるむなりジャンルのしばりを気にするなりでそこから踏み出せなくならなければ。(35)

ロマン派以後の目で見れば、踏みならされた道からあえてほんの少し足を出すことしか認めないようなこの戒めに、どこか矛盾するようなものを感じるかもしれない。だがローマ文学という偉大な時代にあって、これは文学における〈黄金の中庸〉のまさに核となるもので、いずれにしても、何百年という〈忠実な模倣〉を起源に持つローマの自意識という文脈で捉えられるべきものなのだ(36)。

この戸惑いがある部分では、とりわけギリシア思想ということになると、ラテン語はギリシア語に比べて貧しいという感覚につながった。ルクレティウスが『物の本性について(デ・レルム・ナトゥラ)』でそのことを明確に述べている。

> ギリシア人のこの解しがたい発見が、ラテンの詩句では
> 説き明かしがたいことに私とて心付かないわけではない。
> ことに、われわれの言葉が乏しく、事柄が新奇なために、
> 新語に頼りつつ多くの事柄を論じねばならないのだから。(37)

ルクレティウスは、ギリシアの手本に従うと宣言しつつも、独創性の必要も言い立てる形で、賢明にもふたりの師に仕えている。この課題の難しいところは、その慣習を引き受けると同時に著者としての達成をも誓う点だ。ただこれは現実的なところもあって、ローマの翻訳者たちは確かにこうした努力を通じてラテン語を豊かにしながらも、〈新奇な言葉〉にもふたつの意味があり、ギリシアの用語

をそのままラテン語転写する場合と、既存の言葉をギリシアの用法に近づけるために新たに変形させる場合（たとえば定着している名詞から新しい動詞や修飾語を生み出すなど）の両方があったのである。ローマの作家たちはこうしてギリシア語を、自分たちの言語を富ませてうまく操るための手段に用いたのである。

前二～前一世紀にはそれこそ大量の新造語が現れるが、これは修辞学で公衆への利便や奉仕を重要視するのが大勢となった時期とちょうど重なっている(38)。〈新修辞学〉の旗手たるキケロが述べたように、「大衆の言論から乖離し、万人の常識に基づく慣行から逸脱することは、まさしく最大の過失と見なされる」のである(39)。かくして翻訳はこうした制限を受け入れるとともに超えてゆくための手段となった。ギリシアの言葉をローマの言論にすり合わせることで、翻訳は言語上の差異に気づいてもそれを革新の機会を見つける方向へとつなげられたのである。

修辞学の下位分類として見た場合、翻訳はある種の訓練としてなされるのが普通だった。キケロもクインティリアヌスも、共和政末期・帝政期においてこの科目最大の影響力を持ったこの作家たちは、それぞれこうした修練をはっきりとした言葉で、なおかつラテン語の向上を促進するという明確な目的意識をもって、次のように奨めている。

かくして、［先の雄弁家たちと］同じ言葉を使えば何の役にも立たず、かといって、［洗練度の低い］別の言葉を使えば［…］かえって妨げにさえなるのである。その後わたしが［…］用いたのが最良のギリシア人弁論家たちの弁論を意訳してみることである。彼らの弁論をそうして読んでみた結果は、ギリシア語で読んだものをラテン語に訳すとき、単に最良でしかもよく使われる言葉を用いるだけではなく、ある種の言葉については、わが国の人々には新奇なものであっても、それが適切である限り、ギリシア語に倣ってラテン語の新語を造り出すということになったのだ。(40)

さらに、

我らが先達たる弁論家たちは、ギリシア語からラテン語への翻訳を高く評価していた。[…]この種の訓練の目的は明らかである。ギリシアの著者たちは、その材源の豊かさ多様さでは際立っており、その雄弁にはたくさんの技があるが、我々が用いうるものは当然我々自身のものだけなのだとすれば、それらの技を翻訳することで、見つけうる最善の言葉を用い得るようになるというわけだ。(41)

奴隷じみた模倣は、ローマにおける翻訳観を形成するのに大きな役割を果たしたこうした作家たちからも、むしろ思いとどまるよう強調された。翻訳者はただ言葉を言葉に、語句を語句に置換するだけの機械以上のものでなければならないと、模倣と革新の境界線上で踊りながら言語の選択にひたすら夢中にならねばならぬというわけだったのである。

このことはキケロ自身の翻訳経験をたいへんよく言い表すものでもあり、彼の訳したアラトスおよびプラトン『ティマイオス』は大きな影響力を持ったという。多くの箇所でキケロは、「自らの目的に適うかぎりの分量・仕方」で翻訳したいという自身の思いを繰り返し述べている(42)。幾度もなされたこうした発言には、まさしく帝国期に前面に出てくる、ギリシア原典に対するのちの態度の萌芽がある。たとえば九三年に『弁論家の教育（インスティテュティオ・オラトリア）』を出したクインティリアヌスは、とりわけこの点を強調している。「原典そのままの解釈に釈意訳をしばるようなことは、私はしたくない。その務めとはむしろ、同じ思想の表現において原典と張り合い争うことにあるのだ」(43)。だがクインティリアヌスの弟子である同時代人の小プリニウスは、この新しい考え方に、翻訳を一種の文筆訓練として奨める上で、定説としてもっとも有名かつ完璧なものを与えている。

> あなたは、すでに長く楽しんで暮らしている田舎の別荘で、どのような勉強が必要かと、私の考えを尋ねています。第一に有益な方法は、しかも多くの先人が教えているように、ギリシア語文をラテン語文へ、あるいはラテン語文をギリシア語文へ翻訳することです。この類の練習からは、適確な語法、豊富な語彙、多くの文彩、論旨を展開させる能力、その上に最高の作家の模倣によって類似の文章を創作する能力が養われます。[…]この修練で、理解力と判断力が、次第に身につきます。次に、あなたが主題と論理の展開を暗記するほど読んだある論文を、今度はあなたの言葉で、あたかもその論者の競争相手であるかのように、同じ趣旨の論文を書き、これを先に読んだ文章と比較し、あなたがどの点で、手本がどの点で、勝（まさ）った表現をしているかを、熱心に丁寧に考量することも役に立つでしょう。あなたがある点で、手本より優れているとわかったら有頂天になり、あらゆる点で彼に劣っているとわかったら深く恥じ入るのです。(44)

この時点でギリシア原典はもはや、あがめ奉る忠実な手で取り扱うべき神聖な材源ではなくなってしまっている。ある意味で、これは一種の試験、張り合い乗り越えなければならない手本という重荷を表すようになっている。ギリシアであるからこそ偉大だったというのも、もとは文芸の美徳や恩恵の手本であったからだが、そこから対戦相手・競争相手としての大きさへと移ってしまっている。かくして翻訳そのものも、ただの訓練以上のものとなった。プロセスとして、「ローマが力づくでギリシアに取って代わることこそ、ラテン文体にとってギリシアの雄弁が根本的地位にあることを認める条件であるという政治的課題」が顕在化してくるのだ[45]。

この課題の中核は、修辞学の学習という枠内でこそ翻訳には意義があるとされたように、そこに結びつけられた道徳的な戒め方にある。この分野におけるヘレニズムの影響のせいで、キケロやウァッロそしてクインティリアヌスの著作に焦点が当たり、修辞学がほかのどの科目よりも重要な位置を占める後押しをしてしまったのだが、そこに学問上の根拠はない。こうした著者によれば、雄弁術とは、価値のあるあらゆる知識を役立て、公の前に出し、そして公共の利益に捧げることを可能にする手段なのだという。見事な話術の力を持つことが、他者を支配する力をもつことを意味したのである。つまり説得する力、嘘を見抜く力、大衆の心を動かす力こそが、政策を作り、法律を組み立てた上で課し、秩序を維持し、他者を善導すると考えられたのだ。ローマでは発言と（いくぶん落ちるが）執筆の〈技芸（アルテ）〉が何よりも優先されたが、それというのも（キケロが言ったように）それが〈人文（フマニタス）〉の核とされたからである。その目標が〈賢き善人〉を生み出すこと、すなわち強く賢いローマのための公人を作ろうとしたのだ。かつて高度に発展した修辞の技術が、こうして政治学の一分野を構成したのも、そこに説得の知恵という一分野をなすだけの勢いが、いやそれ以上に何よりも変動の激しい窮地のただなかにあって人の頭と心を美徳に向かわせるだけの力があったからだ[46]。雄弁術の優れた点は、それがある種の社会的行動、すなわち〈実践(プラクシス)〉を意味したという事実にもある(47)。倫理に基づいた行動が最終目標であることは、こうした作家でも意見の一致を見せている。数理・論理・法律・天文——「すべてこれらの学術は真理の探究に向けられているが、その勉強のために、なすべき公務からそれるのでは、義務に反することとなる。というのも、美徳に対する誉れはすべて実践のうちにあるからだ」とキケロも書き残している(48)。そしてさらに大事なのが、「社会への奉仕が専門知識よりも優先すべきで、というのも、自然についての学問と省察は、そこから実践が何一つも続かないのなら、どこか不具で不十分なものとなる」という点である(49)。

ローマ知識人のあいだでヘレニズム科学の高度な作品群に関心がないことについて、これが説明の一助となるのか、それともそれだけで正当化できるものなのか、なかなか決め手に欠ける。それでいて、こうした同様の作家たちがギリシアの知性を自分たちのもので置き換えようとしたことは、上記のキケロの発言と、ギリシア=ローマ古代最大の科学専門書である『アルマゲスト』に付されたプトレマイオスの序文を比べてみると最もよくわかるだろう。

なぜなれば、この数理的学問は実に速やかに聖なるものへの道を開きうる。それはこれのみがその永久不変かつ他と区別されうるものをよく対象とできるからである。[…] さらにこの学問は、運動と性質に美があることをよく認識させる点で、我々の理解を深めるに他の何より役立つであろう。聖なるもののうちに期待される統一と美しい秩序と正しい均整とを見出すことによって、聖なるものの美を愛好し、その美と当然ながら魂の同様の状態を規範としていくからにほかならない。(50)

プトレマイオスの宇宙観にも、キケロに劣らず道徳上の教訓という軸があるが、向く方は正反対である。数理そのものと天界へのその応用が、事物の高度な秩序へ入る手段となり、ゆえに人と神のあいだの調和へと至る道になっている。対照的に、キケロはそうした概念を、能力・経験一般とはどうしようもないほど切り離されたものとして見ている。「スキピオの夢」という、プラトンとアラトスを訳したこのローマ人がわざわざ天界とそのなかの人間の居場所について考えた一節があるのだが、そのなかで語りの視点が天界へと上がるのは、星空や惑星を見るためではなく、地上を振り返り、巨視的にその地の人の営みをながめるためなのだ。この動きは何よりも重要であり、このローマ最高の知識人にとってさえ、星や惑星は、日々の必要や求めを可視化する舞台のままだったのである。

ギリシア語からの翻訳——天文学のテクストと様式

ローマの天文学の主たる起源として、後世にも繰り返し翻訳されていったものがふたつある。そのうちのひとつで、一般知識という意味でも重要と思われる方を挙げるなら、アラトスのラテン語訳である。この流れは若きキケロに端を発するもので、その『星辰譜』の訳は他のどの作品よりも、天界にまつわる新しい語彙を打ち立てるのに貢献したようだ。その一方で、少なくともそのあとふたつの訳が出ていて、ひとつはゲルマニクス・カエサル（前一五—後一九年）によるもので、ヒッパルコスの注釈を参考に修正が加えられており、そしてもうひとつはアウィエヌス（四世紀）によるものだ。『星辰譜』の大きな人気を鑑みると、そのほかにも翻訳はおそらくあったと考えられる。いずれにせよ、キケロ訳はかなり大きな影響力があり、ゲルマニクスもアウィエヌスもそのまま従ったわけではないとはいえ、こうしたのちの翻訳者にもその訳語がかなり大量に引き継がれている。

ローマ天文学で権威のあったもうひとつの材源は、ひとつめよりもはっきりとした輪郭が捉えがたいが、便覧の伝統（先述を参照のこと）に始まるもので、その名残がもっともよく保存されているのが大プリニウスによる分量・範囲のすさまじい一大編纂物『博物誌（ナトゥラリス・ヒストリア）』である。ここでたちまち問題が発生する。というのも、プリニウスが姿を現すのは比較的遅く（作品の完成は七七年ごろ）、また本人およびその先人らはそのギリシアの手本を、様々な時代の最高の権威たち（タレス、プラトン、エウドクソス、ヒッパルコスなど）を引用することでしっかり真似したのだが、その際すでにあった二次資料を無断借用しつつその〈盗用〉をごまかしたことは、おそらく間違いないからだ(51)。当たれるあらゆる証拠から判断して、エウドクソスやヒッパルコスの著作を理解するのに必要な高度な数理知識が、プリニウスのような便覧作家の手に余るものであったことは明らかである(52)。また、そのほかルクレティウスやセネカ（『自然研究（ナトゥラレス・クァエスティオネス）』）、ウィトルウィウス（『建築論（デ・アルキテクトゥラ）』第九書）といった自然哲学書を書いたローマの著述家たちの作品にも、ギリシア最高の天文学者たちに対する言及が見つかってはいる。しかしまた、数理の取り扱いがないことから、こうした著者たちにしても、便覧の仲介や精選された専門度の低い一節の閲覧を通じてギリシア科学になじみがあった、ということさえ疑問視する者もある(53)。その対象読者が専門家ではなく教育を受けた一般人からなっている場合(54)、先人として彼らに教えた著者や教育者もまた同じように専門家でなかったのである。

一方、プリニウス自身の直接の手本で、かつ便覧の伝統において最も影響力のあったローマの著者は、ウァッロ（前一一六—二七年）である。ポセイドニオスによって先に打ち立てられていた線に沿って、既存の知識についての百科事典（『学科（ディスキプリナエ）』）を編纂し、教育を受けたあらゆるローマ人が学問に必要とすべき自由九科（文法・論理・修辞・幾何・算術・天文・音楽・医術・建築）を広く要約して整理したのである。プリニウスのギリシア語能力がそこそこないし下手だったとすれば、ウァッロは秀でていたから、ギリシア語原典から直接借用したことは間違いない(55)。その著作は現在失われているが、『学科』のかなりの部分が、未確認ながらギリシア語の様々な便覧から訳されたものだったことはほぼ確実である(56)。プリニウスの天文学は、初歩的なことをそのままただ並べ立てただけだが、そのような翻訳を取り込んで伝えたものだったに相違ない。

アラトスとプリニウスだけが権威として、ローマにおける星や惑星の言説に影響を与えたのでないことは確かである。キケロもプラトンの『ティマイオス』の抄訳をしたようであるし、またアリストテレス『天体論（デ・カエロ）』の一部をラテン語に訳すのに一役買った可能性もある。これらの訳はいずれも残っておらず、天文言説への影響はそれほど大きくはなかったのかもしれない。アレクサンドリア図書館長であった碩学エラトステネスの散逸した作品『星座（カタステリスムス）』は、星や惑星について神話を物語るという伝統を定着ないし確立させる後押しになったようで、これはオウィディウス『転身譜（メタモルフォセス）』やヒュギヌス『神話集（ファブラエ）』といった著作によって受け継がれた。とはいえ実際の用語体系としては、この流れもアラトスの言説の影響下にあると考えていいだろう(57)。

アラトスのラテン語訳――キケロの遺産

ローマにおける『星辰譜』の名声は、その文学的影響を鑑みるに、ギリシアにおけるよりもはるかに大きなものだった。誰彼なくあらゆる作家が、このテクストを主にキケロ訳で、注釈・借用・盗作または訳の良いところを抜き書きなどするための典拠や拠り所としたのである(58)。実際この翻訳はどういう類のものなのか。共和政末期のこの偉大な雄弁家は、この天界叙事詩を自国の人々に伝える際、どのような選択をしたのか。先に説明したローマにおける翻訳のコンテクストからもわかるように、キケロ訳はつまるところ、原典を模倣し置き換えようとした変容物にほかならない。古典ローマ期の天文関係用語の近年の詳細な研究は、そのほかアラトスのキケロ訳解釈の多くと同様、一様に次のような総括を与えている。「何よりラテン作家たち［特にキケロ］に好まれた翻訳プロセスは、ギリシアの手本と同等のものとして働きそうなありふれた言葉を自分たちの言語で見つけて、それからそれに天文科学として適切な意味を持たせるところにあった」(59)。この種の〈愛国的〉翻案ないし〈語彙排外主義〉は、さまざまな形の天文言説に見られるもので、天体現象に用いられる一般用語のほか、星や惑星の運行や位置のために創られた専門用語、ましてや星座の名称についてもこうしたことがあったのだ。結局、ヘレニズムの術語体系を上澄みだけすくってしまうことで、ギリシアの抽象概念を捨て去ることになってしまい——その捨てられた正確な定義もしばしばお高くほのめかされるだけで——その上澄みを、平均的な教育を受けたローマ人ならすぐにわかるような、はるかに平凡な表現へと変えてしまったのである。天文学はおそらく他の科目以上に、教導しようとする翻訳倫理から、専門家向けではなく全〈国家社会(レス・プブリカ)〉へ向けての言説を生む形になったのである。ギリシア科学の上澄みをすくうことこそ道徳的行為で、その目的は通俗化にあったわけだ。

　ローマ市民にとって、天文学とは何よりも次の三つを表していた。宇宙の起源にまつわる道徳哲学、農業・娯楽用の惑星・星座の簡略記述、日常レベルの占星術。教育を受けた平均的ローマ人が空を見た際、その者の眼に映ったものの大半が、アラトスの物語全体と漠とした運命だったことは、ほとんど疑いの余地がない。『星辰譜』のほかにも、様々な占い本がローマ世界で大きな影響力を持っていた上に、占星術は公私ともに日常生活の一部として習慣になっていたのである(60)。ローマ人は、占星術による予測を個人に適用するというギリシアの革新を貪欲に引き継いだ。戦闘や収穫、個人の階級地位が何よりも重要だった軍事帝国の市民たちは、今を指し示すもの、将来の巡り合わせを教えてくれるものとして、天界を見つめたのである。このような枠組みにおいて、惑星の運行・位置についての抽象理論は大したことではなく、その代わりに最重要とされたのが、そうした理論からある種の予言術に役立つはずのものをうまく選び出してくる能力だったのだ。

それでいてこの上澄みをすくうというプロセスには、いくつか多様な側面もあった。アラトスのキケロ訳で示されているものには、以下のものがある。(一)あるギリシアの用語に対して、(天界に言及するようなところでは)ローマの宗教語彙から一・二語借りてあてがう。(二)単純な天体現象には既存のラテン語の言葉を用いる。(三)既存のラテン語の言葉から合成して用語を造る。(四)ラテン語の普通の言葉を、詩的に作り替える。(五)元のギリシア語の音をそのまま借用し、普通の言葉での説明を添えたり、「ギリシア人たちが言うところ、我々では……」(グラエキ・ウォカント(ディクセルント)・ノストリ)といった語句を前置きするなどして、発見・造語の典拠があることを示す(61)。こうした分類の例になるものが挙げられるかもしれない。たとえば天体の〈輝き〉を意味するために〈清める〉(ルスタレ)という動詞をキケロが用いたのは、由緒ある宗教上の起源があるからで、めぐりながらお清めするというニュアンスをふんだんに伴っていた(62)。ギリシア語の〈満ちた桶〉(プレーロセレーノス)に対する〈満月〉(プレニルニウム)といった用語も、既存のラテン語である〈満ちた〉(プレヌス)と〈月〉(ルナ)を合成したもので、当初は女性性に結びついて〈子でおなかが大きくなっている〉というニュアンスがあり、そこから受胎に対する月の力という通俗的イメージを体現するものともなる。それでいてギリシアの専門用語が翻案されて普通の意味や詩情が混ぜ込まれたのも、とりわけ興味深い。この点では、〈黄道帯＝獣帯（ゾディアクス）〉という言葉——もとはギリシア語がバビロニア語から受け継いだもの——もキケロは数箇所で引いているが、〈兆しの運び手（シグニフェル）〉という意の方が好まれてたいてい使用が避けられ、後者は時として〈星座〉の意味で用いられることもあった。かたや〈蝕〉についても、普通の言葉ふたつが隠喩の形で用いられている。〈難儀する（ラボラレ）〉という動詞の派生語〈苦難（ラボル）〉、そして〈不足〉の意でも用いる〈衰弱（デフェクトゥス）〉、いずれもキケロは天体現象のために古代の宗教用語を借りてきたと思われる。天球上で二点が互いに一八〇度の関係にあるという概念も、ギリシアでは具体的な専門用語〈対面（アンティオス）〉があるが、ラテン語では〈直面（アドウェルスス）〉という、逆境や予兆として向かい合うものの意味の普通の言葉になっていたのである。

〈惑星〉はギリシア語なら〈惑う者（プラネータイ）〉という意味で、〈錯覚〉や〈眼を惑わす〉という含意があり、〈恒星（アストロン）〉すなわち動かない星とこの天体を区別するための用語でもある。ただしそうした区別が、アラトスのキケロ訳ではなされていない。その代わり〈惑星〉はそれこそ数多く様々な用語・語句で訳されている。いくつか例を挙げてみよう（ただこの限りではない）。〈天体（ステラ）〉、これは〈彗星〉やそのほか天界に輝くものにも用いられた。〈迷子の星（ステラエ・エランテス）〉、〈惑わない星（ステラエ・イネランテス）〉の反対語として用いられることも。〈うなる星（ステラ・ウアガエ）〉。〈星々（シデラ）〉あるいは〈星（シドゥス）〉、天体一般（星・惑星・太陽・月・星座など）にも用いられ、時として〈惑う星（エランティア・シデラ）〉とも使われる。〈星辰（アストルム）〉、ギリシア語からキケロが翻案したものだが、専門用語としてでなく様々なことを意味するために（とりわけ複数形のアストリスで）用いられた[63]。こうして語彙が様々あることから、借用語の〈惑星（プラネトス）〉という形でそのまま採用できない言語上の根拠が十分にあるのではないかとする説もあるほどで、その語の使用はマルティアヌス・カペッラ（五世紀）まで待たねばならなかった。その上、この〈とらえどころのない〉――すなわちあまりに複雑な――天体については彼もうまく〈やりおおせなかった〉とするアラトスの批判者も、この訳し方のせいでまったく消えてしまったのである。

この種の例は、キケロ本人のみならず、この偉大な雄弁家の選択とその裏にある精神に影響を受けた同時代あたりの人々からも、もっとたくさん挙げられよう(64)。幸い、詳細な学術研究がいくつも優れた形で行われている(65)。こうした作品を少し検討してみただけでも強く感じられるのは、（ルクレティウスから予想されうる）語彙の貧困化をものともせずに、ローマの天文学が用語・名称を驚くほど過剰にあふれさせ、その結果さらに大事なのは、選択肢を増やしすぎて厳密性を捨てすぎてしまったことなのである(66)。キケロはこの流れの始まりに過ぎない。あとに続いた作家たちも、初期に造られた天文用語へさらに自分の造語を重ねていくきらいがあり、そのせいで使える言葉が全体としてあまりにどんどん増えすぎて、標準化で術語を安定させることも難しくなってしまった。ル・ブッフルが述べているように、マリニウスやプリニウス、ゲルマニクスからマクロビウスさらにマルティアヌス・カペッラといった作家間を比較してみるとわかるのだが、帝政期に語法が標準化の方へ動いた形跡もなくはない(67)。ただし、これが当てはまるのも限られた数の用語で（たとえば〈黄道〉に対するシグニフェルや〈惑星運動〉に対するオルビス）、いずれの場合も一時的であるのが常だった。後続の作家らは、自分たちが語る目的に合うよう古い用語を再び持ち込むこともできた。この点から言い得るのは、ローマの著述家たちは、〈訳す〉という言葉にもひとつの用語に落ち着くことなく、幅広い様々な動詞を用いたということだ。例を挙げると、〈回す・覆す（ウェルト）〉、〈変える・曲げる（コンウェルト）〉、〈運ぶ・移す（トランスフェロ）〉、〈説明・解釈（インテルプレタティオ）〉、〈ほどく・説く・解く（エクスプリコ）〉、そして〈移送・移植（トランステティオ）〉などがある。こうしたものは厳密に言えばレトリック研究でいう〈メタファー〉、つまりあるものから別のものへの〈意味の転用〉になる。

こうして語彙が過剰になるのも、天文著述にまつわる著者の本質にすべての理由がある。ローマがギリシア科学のこの部門を変質させたのは、雄弁家や詩人、すなわち言葉の迫力・美のみならず、徳目・知名度・影響力にも関わる作家たちを通じてのことだった。こうした作家たちは知的冒険には興味を持っておらず、最新の研究を土台に過去の知識を覆したり広げたりすることを自らの課題とはしなかった。ギリシア思想を、かなり自国びいきのところがある知の倫理というフィルターを通してながめ、〈国家〉に対してその道徳・審美を合わせて盛り立てることで、訳した者にとって都合のいい要素や評判が生まれるかどうかという観点から捉えるのである。それでいて言葉が豊富であることがその道徳上の目的を支えるわけだが、その言葉の力で専門知識の厳密性を下げながらも解きほぐしやすくして、ローマの読者になじみある多種多様な語りの形での説明を可能にしたのである。ローマの翻訳者たちは、惑星・星・星座のギリシア名の基本意識を変えたわけではない。皇帝や高名な元老院議員そのほかローマの名士たちが、神々や神話の英雄といった人物たちと入れ替わったりはしなかった。優れた模範という受け継ぐ価値のあるものとして、過去をそのまま尊重したのである。かくして、〈ヘラクレス座〉や〈ペルセウス座〉が〈アエネアス〉と置き換わることはなく、〈ケフェウス座〉も〈ロムルス〉と入れ替わらなかった。カトゥルス、のちには大プリニウスも、前三世紀の詩人でローマの多くの作家から手本とされたカリマコスによって語られたギリシア神話から、〈かみのけ座〉〈ベレニケの髪〉というイメージを受け入れ、語り継いでいる。有名な〈カシオペア座〉も――おそらくギリシア悲劇ですでにその名がよく知られていたからだろうが――ラテン語でも他の名称（たとえば

〈椅子の女〉があったにもかかわらず、翻訳者もその名を好んで受け入れた。

アラトスのキケロ訳がローマ天文学の、ひいては少なくともカロリング・ルネサンスの時代に至るまでヨーロッパ天文学の基礎文献になったとするなら、このテクストに関して現存するものは、元の翻訳そのものでないことを指摘しておくのも重要である。その代わり我々の手にあるのは、数ある写本・手稿テクストのあちこちに見つかる断片だ。そのひとつが九世紀、星座が図の形に訳されためずらしい一品である（図3参照）。この作品では、各星座の図版のなかに二世紀の寓話作家ヒュギヌスの解説テクストが詰められ、そしてキケロ訳『星辰譜』の関連する一節が添えられている。天界のことが完全に文章化され、文字通りにまったく文芸となっているほど作り込まれているものもある。こうしたものからも、受け継がれたアラトスがひとつの極地に至ったことがわかるだろう。ただし、帝政末期のラスティック・キャピタル書体で書き込まれたヒュギヌスの文章からもはっきりしているように、カロリング期の知的世界に特徴的な古代趣味も見られる。これはアラトスの時代と同じように、ただ文芸のために天文学が用いられたというだけではない。千年を経て、こうした試みが――たとえば翻訳を含む遠い過去の文芸を大切にしまっておく手段として星を用いることで――一種の保存行為となったということである。

そのほかアラトスのキケロ訳で現存しているのは、訳者本人が晩年に著した『神々の本性について（デ・ナトゥラ・デオルム）』のなかに抜き書きされた一連の引用である(68)。このテクストは、自らの娘の死と、本人の政治観の要であった共和政が崩壊に向かっていたことに触発されて、あらゆるローマ哲学に通じたキケロが批判的な考察をなしたもので、そこでは自然哲学――つまりストア派の考えを守るようローマへ雄弁に嘆願することを目的とした、最後にして〈最高の哲学と道徳〉が述べられている。「この現在のありさまにあって、わたしは何よりもまず国民に向かって哲学を説く必要があると考えたのである。この書物を著すことは、祖国の名声と称賛に大いに貢献すると思ってのことである」(69)。さらにその直後、キケロはこうした課題を成し遂げるため、ラテン語の不足を思って嘆く人々(たとえばルクレティウス)に反論を講じる。「この点に関しても、多大の進歩を遂げたので、語彙の豊富さにかけては、われらもギリシア人にいささかも引けを取らなくなったと言えるほどである」(70)。こうした心情を鑑みても、大きな紙幅を割いてアラトスが引用されていることはたいへん興味深い。ただ、とりわけキケロの手になるアラトスの天界は、ストア派の神学が星空に映し出されて体現されたもの、すなわち永遠の神の秩序と、その秩序に対して人間は注視・理解・服従しなければならないという神学になっていたことも事実である。

つまるところ訳出後の『星辰譜』にはいくつもの目的があり、そのため複製や保存の形態にも様々なものが求められたのである。さきほど触れた二作にしても、ローマから中世社会それ以後に至るまでこの作品が伝わっていった結果として、様々な形式を取らざるを得なかったことがわかる。十一世紀に遡る最古のギリシア語アラトスの写本がルネサンス期に発見されるまで、ラテン・ヨーロッパではアラトスにまつわる広範な文献群を用いつつ、そこへさらに色々と付け足していったのである。この文献群が現在に伝わるまでには、出来の善し悪しも様々で、現存もごく少数、そのほかの大半が散逸するなどの事態が起こった。

とはいえ、各時代・各作品に、絶えず用いられ長く生き延びたのは、翻訳という後押しがあったおかげだ。ラテンの装いをまとわなければ、アラトスもヨーロッパでは関心を得られずに早々に消えて

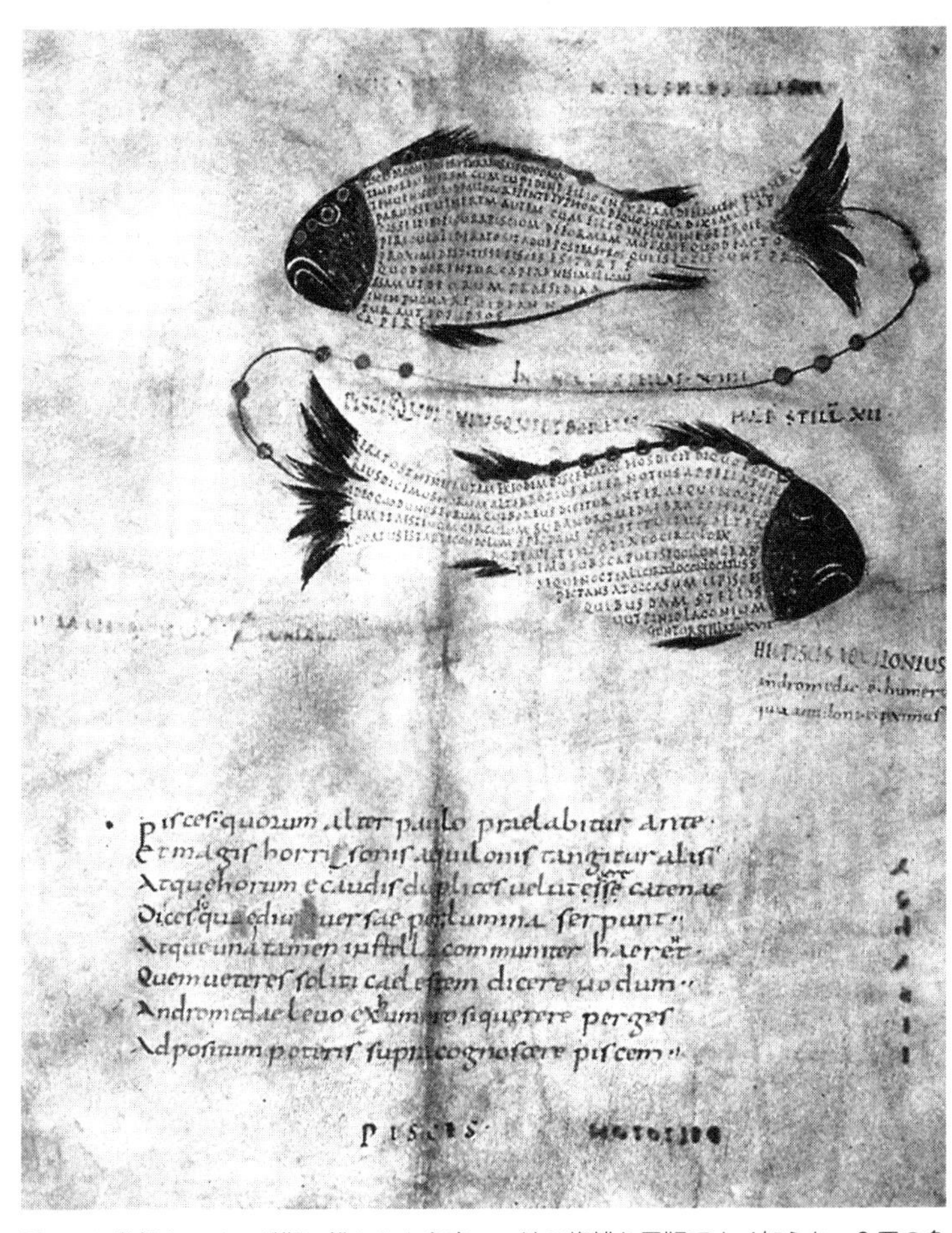

図3　9世紀カロリング期に描かれた魚座　　その複雑な図版でよく知られ、2匹の魚のなかに、古代（ローマ後期）のラスティック・キャピタル書体で、2世紀の作家ヒュギヌスによる星座の〈注解〉が書き入れられている。図版に添えられているのは、アラトス『星辰譜』のキケロによる韻文訳。大英図書館 MS Harley 647, fol. 3v.

しまっていたかもしれない。

大プリニウス――ローマの知の宝庫

ローマにおけるギリシア天文学の変容について、その二本柱のひとつがキケロといった訳者たちの著述であったが、そのもう一本は、便覧の伝統を受け継ぐ編纂者たちの作品である。当初は、ウァッロ（六百冊以上の本を書いたという）のような碩学たちも、先の時代の梗概から文章を選り抜いて訳し、それを自作の風味付けとして添えていたことは間違いない。だが時を経るにつれそういうやり方もされなくなり、ただ既存の文章を書き直し、その書き直されたものをまた書き直すようになっていく。ローマでこの伝統にあるものとして残るのが、三十六巻から成る大プリニウスの『博物誌』で、この世の（ことも含めた）それこそありとあらゆる題目についての、膨大（で時に散漫）なローマの知の集大成なのである。プリニウスの著作は、アラトスのキケロ訳よりはるかによく保存されているが、それは中世を通じて研究の核となるテクストとして、盛んに用いられてきたからだ。プリニウスは翻訳者ではなく、ギリシア思想という観点から適切に分類するなら、その著述は〈無学の素人のために書かれた学のある素人の著作〉となる(71)。ただし、これが事実であるからこそ、帝政ローマにおける天文言説の概況がよく表れているのである。

プリニウスは、自らの試みについて次のように述べている。「わたくしの仲間のうちでも、このような冒険をしたものは一人もなく、またギリシア人の中でも［博物誌の］あらゆる主題に、独力で取り組んだものは一人としておりません」(72)。アリストテレスへの言及をあからさまに避けながら、長く帝国の行政官（プロクラトル）を務めたこの人物は、自著のこの記述でティトゥス帝その人に自分の努力を見せつけようとしている。内容は借り物なのに、自分で書いたように見せかけるという修辞が、すでに当時ありふれたこととなっていた。プリニウスの場合、これはローマがギリシアの知性を超えたという主張であったと同時に、帝国の監督のもとでは真の創作が脅威と見なされうることの確認でもあった。ゆえに著者もあらためて虚勢を張っておかなければならない。「古いものに生気を［…］平凡なものに光輝を［…］陳腐なものに魅力を［…］与えることは困難な仕事であります」。そして先行する者たちはただ個人的な名誉を求めたとして、

自身のためでなくローマ国民に尽くすことは、はるかに偉大な功績でありましょう。ドミティウス・ピソが言うように、それは本というよりもなくてはならぬ貯蔵庫なのでありますが、約二千巻を通読しましたところ、その内容がひどく難解であるために、このうちのごく僅かしか学者たちに利用されていませんでした。わたくしどもは三十六巻の中に、わたくしどもが選抜した百人の著者から得た二万の価値ある題材を集め、これに他のおびただしい数の題材も加えたのであります。(73)

また、一言一句謝辞もなしに出典から書き写してしまっていると、キケロとウェルギリウスを除く文学上の先輩たちをこの著者ははっきりと非難もしている。この主張を裏付けるように、彼はあらたまって第一書に自分が利用した典拠の名を各ページに並べ（なお天文学のところには面白いことに皇帝その人も含まれており）、先にローマの大家たちを掲げ、それから外国の作家というふうに分けているが、実際に読んだ作品を引いているというよりは、その作家たちをここでただ積み重ねて、主張の補強を

したいということがありありとわかるくらいに、無秩序な寄せ集めと化している。

ある種の参考図書が目指されたのは間違いなく、まさにこの一大編纂の努力のおかげで、プリニウスは価値あるもの、花咲く最後の時期にローマの知的社会の立つところを指し示すものとなったのである。この点から、なじみある形で新しい要素と言葉を持ち込むことを意図したキケロとは、その違いをはっきりさせるべきだろう。百五十年あとのプリニウスは（彼自身の言葉で捉えるなら）、慣用の〈宝庫〉になろうとしたのだ。

プリニウスのいう〈自然〉とは、ストア派のもの、すなわち理に支配された大きな宇宙のことを指す(74)。それは神意によって統合された大きな集まりなのであり、ひとりの作家でも既存の知識のあらましを同じくらい大きくつかめれば、まったく扱い得るものとされた。こうした尺度や意図から、伝統にうっとりと従ってしまうのだ。プリニウスは天文用語についてはキケロよりも抑え気味ながらも幅を広く取りつつ、説明するときも細かくならないよう簡潔に全体を示す。たとえば言葉では、キケロは黄道帯にいくつかの名称を当てているが、プリニウスはギリシア語風の〈獣帯〉（ゾディアクス）を却下して〈兆しの運び手〉（シグニフェル）を支持する。軸回転という概念についても、大雄弁家の用いた〈回転〉（レウォルウォ）を採用せず、その代わり〈旋回〉（ウェルティゴ）や〈反転〉（コンウェルシオ）のようなさらに不正確かつ平凡な名詞をたくさん用いている。惑星は同じく〈惑う者〉（エランティア）と呼び、本来プリニウスは占星術を否定しているのに(75)、〈定位置〉（スタティオネス）があるとしている。軌道については、プリニウスは〈円〉（キルクルス）や〈周行〉（アンビトゥス）を選んでいるが、これはキケロが円運動のニュアンスがある用語〈円周〉（オルビス）と置き換えていたものである(76)。それでいて彗星という項目では、プリニウスは「ギリシア人はそれらを彗星と呼んでいるが、わが国のことばでは

〈長髪の星〉と呼ぶ。というのも、その上部に血のように赤いもじゃもじゃの髪をもっているからだ」(77)としている。そのあと続けて論じるのが、同じ現象の鮮やかな命名についてで、〈投槍星(バルバエ・ロンガエ)〉、〈匕首(クシフィアス)〉（原語はカジキを意味するギリシア語の借用）、〈松明星(ランパディアス・アルデンテス)〉などといった語が挙げられる(78)。そして月には、「大地から水気とともに吸い上げられた塵埃に過ぎない」斑点があるという(79)。ただし惑星運動の幾何を論じるある箇所でのみ、プリニウスもあきらめて「ギリシア名を用いることが必要であろう」と認めている(80)。これは、短いながらも一段落分続き、〈孤(アプシデス)〉や〈極(ポロス)〉、さらに〈円周(オルベス)〉（ここでは〈軌道〉の意）といった言葉が隣り合うように見つかり、他の作品（おそらくウァッロのもの）からうまく消化できないまま書かれた一節であることがうかがわれる。

ほかにも多くの用語をプリニウスは、キケロのほか、セネカ（『自然研究』）やルクレティウスといった作家＝訳者から受け入れている。ギリシア語の〈合(シュノドス)〉には、プリニウスは〈集合(コイティオ)〉を用いているが、これは明らかに〈交合(コイトゥス)〉と関連があるものだ。さらに〈分点〉には〈等しい夜(アエクイノクティウム)〉（であるからおそらく昼夜平分の意）を使い続けているが、ウァッロによれば(81)、この語にはローマ人のあいだでも古代に起源があり、興味深いことにギリシア語の〈等しい昼(イセーメリア)〉と対照的な表現になっている。とはいえ、語の選択について詳しく語るなかで、次にはプリニウスもわざわざ脱線して用語の解説をしている。「わたし自身は国民の一致した意見に影響されている。ギリシア人は宇宙を〈装飾(コスモス)〉という意味のことばで言い表した。そしてわが国ではそれに〈ムンドゥス〉［清潔・優雅の意］という名を与えたが、それは宇宙が完成したもの・優雅なものだからである」(82)。複雑な美的感覚を、お高くとまったわかりやすい自国語に切りつめてしまうことほど、神を簡潔に表現するというレンズを通じて自然をながめるローマ人の性向をうまく表しているものはない。天界の概説を語りに語るプリニウスの大著は、便覧という当時の伝統のあり方を、こうしてすぐれて指し示すものとなっている。ローマの手になる天文学は、説明と名称の羅列に最低限の数理を加えてできたもので、さらにこうした記述と呼称は、占星術にすぐさまつながるものでもあった。プリニウスはこうしたつながりを採用していない。「星は天空に付着しているのであって、俗衆が信じているように、われわれ個人に当てがわれているものではない」(83)。なおかつ「土星は冷たい凍った性質を持っている(84)。[…]金星の影響が大地におけるあらゆるものの誕生の原因で[…]生殖を起す露を大地に散布し[…]この露が大地の胎を満す」(85)。実はこのくだりで、プリニウスは惑星の名称にも、古くからのローマの語法を取り入れており、これはヘレニズム天文学用語で採用されたものが元になっている。たとえば火星をヘルクレス、金星をルキフェルやウェスペル、水星をアポロと。プリニウスの記述は、そうした民間信仰と直接つながるようなことを避けつつ、それでいて大きな遺産となるものは一部取り込もうとした、当時の真面目な作家たちの態度をよく反映している。キケロ風に言えば、忠実たる彼は、ローマ文化における知識・予言双方の源としての星空に、大いに〈尽くした〉ということになる。ギリシアが科学面ではその濾過された残存物に置き換えられてしまったその様を、最もよく例証しているのが彼なのである。

古代文化の集大成とも言うべき『博物誌』がこんにち残っているのは、幅広い歴史年代から集められた断片のつぎはぎとしてである。最古の写本断片は五〜六世紀頃のものと思われ、そのほか八〜九世紀のもの(カロリング期の古典学問復興に関連して)、十一〜十二世紀のものがある(86)。プリニウスを近年訳した人物の注釈によれば、「科学の専門事項・用語が多いために、また不思議で未知な博物があふれているために［…］どうしても写字生の誤りや学者による憶測での訂正を無数に引き起こしてしまうことになり、そこから生じたテクスト上の問題点の多くが明らかに解決不能なのである」(87)。もちろんこの問題はたんに〈テクスト上〉に留まらない。千年近くもヨーロッパ科学の重要作として、中世からルネサンス初期にかけて絶えず抜粋・剽窃されたプリニウス『博物誌』は、西洋思想史において大きな文化的影響力を誇り、このテクストそのものの歴史も、やがて十六世紀にヨーロッパ各地の諸語に訳されたことも含め、その影響に不可欠な部分だと考えられている。様々な時代の訳を詳細に比較してわかるのは、いろいろな要素の再整理、新しい素材・図版の追加、言葉の変更などといったテクスト上の翻案はどの時代でもよくあることで、各時代の必要・需要に応じて行われているということだ。ゆえに、こんにちの標準版は、歴史・文化の上で多くのものが絡み合っている。一著者プリニウスの死後の長い期間は、そのまま彼自身の制作プロセスをきちんと踏まえたものになっているとも言えそうだ。現代において〈決定版〉を造ろうとする学術上の欲望とは――このような事例は明らかに不可能なのが常だが――歴史の痕跡を消して、〈標準版〉という現在の流儀に合わせてある種の最終版もどきを生み出そうとすることでもある。

とはいえこうした版も、いつも翻訳では自分の本心を表してしまう。実際、プリニウスの現代語訳ほど、このことを示すいい例はないだろう（キケロやほかの作家の現代語訳もある程度はそうである）。このローマの作家らがギリシア語原典の言葉を簡潔にする向きがあったのに対し、ここ二百年の翻訳者たちはその正反対のことを行って、こうした作家らに現代科学（ニュートン以後）の語彙をいくらか使わせている。したがって我々が今『博物誌』を読むと、惑星の〈公転〉〈軌道〉〈速度〉や、地表水の〈蒸発散〉、天体の〈増速〉〈減速〉などなどが出てくる。キケロにおけるその最たる例のひとつでは、ややもすればニュートンが拠って立つべき壮健な肩であるかのように、この偉大な雄弁家が装われている。

したがって、もし宇宙［ムンドゥス］が球形をしており、それゆえ、そのすべての構成要素が相互に普遍平衡［ウンディケ・アエクアビレス］を保ちながら保持されているのなら、同じことが必然的にこの地球に関しても成り立つ。すなわち、地球のあらゆる要素はその中心に向かって進むが、［…］その結合を破壊し、これほどの重力［グラウィタティス］と重量からなるその複合を解体して脅かすものは何一つ存在しない。(88)

ローマ翻訳の要諦がギリシアの学識を自分たちの今の文化に合わせることにあるのなら、結局こうした行為が同じようになされたのもむべなるかなである。

マルティアヌス・カペッラ——時代を超えた教科書

とはいえアラトスや『博物誌』の訳本が、ラテン西洋社会にローマ天文学の遺産を伝える最後のものとなったわけではけっしてない。とりわけプリニウスが受け継がれた四・五・六世紀の便覧作家の小集団では、それまで以上に濃密な形で、古典自由学科の重要な知識が調べ尽くされんとした。こうした作家のなかには、ギリシア語を解し、天文言説に新しい言葉を導入しようとした者もあったし、訳本に厳密に取り組みながらもプリニウスにはない用語が作品に現れる者もあった。かくして天文言説は、重きをもって広まっていった。中世のこうした作家で最も影響力のあったのが、既存の要約をさらに要約して、とりわけ教育目的から便覧を教科書へと作り替えた人々だった。ある説によると、彼らが現れたのは、「古典の起源とのつながりを失って以来ずっと続いてきた編纂者・注釈者という長い流れの末端であった。多くの場合、後期便覧作家たちと、古典ラテン作家とのあいだには五・六件の文献が、そしてギリシア作家とのあいだには［…］十件の間接資料が介在していたのだ」[89]。

こうして古い資料を切り刻んで再構成するのは、だからこそ西洋思想史における重要なプロセスとなるもので、大きな研究に値する。翻訳と同様、プロセスには、著者・読者・教育にまつわる需要・活用の移り変わりが反映される。ヘレニズム期の便覧作家は、識字率の上がった大衆にとって魅力的なものだった。知的趣味という装飾品として既存市場に売り込まれたあらゆる範囲の専門知識を、彼らはむさぼるように食べたのである。かたやローマの編纂家が作ったのは、〈市民〉の自己像とそこから必然的に帰結する天命――オウィディウスの名句「ローマの広さこそ都市と世界の広さ」――を完全に写し取った帝国の一大コレクションであった。一方で後代の百科作家たちは、政情不安が高まり社会が定まらない時代にあって、さらに短い作品を著した。収集・普及というよりむしろ、伝播を自覚した上での保存が目的であったようだ。なかで最も際立っているのが教育意識である。

古典自由学科の焼き直しを試みた作家たちのなかに、ひとり他よりも影響力がひときわ勝る人物がいる。マルティアヌス・カペッラその人で、その寓意性の高い作品『フィロロギアとメルクリウスの結婚』（四五〇年頃）は、中世の自由学科課程を組み立てるにあたってどれよりもよく用いられ、それゆえその根本的影響は現在に至るまで及んでいる。そもそもウァッロは全体で九科あるとしていたが、そのうちのふたつ、建築・医術がマルティアヌスでは削られている。理由は不明ながら、おそらくその性質が〈実務（アルテス・ラボレス）〉に過ぎると見なされたのだろう。マルティアヌスは、目先にある世俗の関心から離れた自由な課程を求めた。この〈自由〉こそ——〈自由学科（アルテス・リベラレス）〉とは〈金銭の追求から離れた知の技法〉といった意味——西洋の学問と長く結びついてきたものなのである。

ただし、これが正しいにしても、こうした特徴付けにはある意図がある。ウァッロやキケロ、クインティリアヌスなどの〈ローマにとっての教師たち〉と同様に、マルティアヌスも言葉に関する学科——のちに三学として知られ、中世の教科で上位を占めるようになる修辞・文法・論理——の優位性を受け入れ(90)、かくしてこの領域でローマ人が強調したものが、政治力や道徳奉仕という概念とともに持ち込まれたのである。修辞を論じる際も、マルティアヌスはかなり幅広い材源を用いており、その箇所は『結婚』内のどこよりも博識ぶりを示しており、本人も修辞の教師であったことがうかがわれる。実際この作品は、雄弁の神とされたメルクリウスと、フィロロギアという花嫁として表された叡智との結合を、徹底した寓意でもって描いたものである。ひとつ注釈しておくべきなのは、このフィロロギアとは人文学とほぼ等しく、言葉や表現に注目して研究され伝えられる学識を体現していた。マルティアヌスは、〈人文学（フマニタス）〉の手段として修辞の概念を受け入れる。程度としては小さくなるが、ローマ初期の作家らと同じく彼にとって、象牙の塔の〈自由〉ほど絶対のものはなかったのである。確かにローマ人は、そのような考えをただ滑稽なだけでなく危険なものとも見なしていたようだ。ゆえにウァッロの構想を大半取り入れつつも、マルティアヌス・カペッラは帝国期における学問の上下関係（ヒエラルキ）をも採用したのであり、その直後におそらくウァッロの博学な著作が失われたこともあって、マルティアヌスは中世ヨーロッパ初期に自由学科という伝統を伝えた主な人物として、後代に残ることとなったのである。その影響力という点ではけっして他にひけをとらないであろうアウグスティヌスもほぼ同時代に、価値ある知恵について自ら研究を始めているが、それは未完に終わっている。

独特な作品である『結婚』は、複雑な語りの構造を持っている。七つの学科が寓意の形で、すなわち花嫁が結婚に際して連れてきた侍女として現れる。たいへん手の込んだ序詩に続いて、各学科に一章ずつ割り当てられ、そのなかで侍女は進み出て、自らの分野の体系を今度はやや地味な散文で披露するのである。天文が取り上げられるのは第八書で、算術・幾何のあと、音楽の前に現れる（この四つで下位の四科となる）。その「天文について」は、「大きな誤りこそいくつもあるが、現存するどのラテン写本よりも、この科目を体系立てて包括的に扱っているもの」(91)で、作品全体のなかでも広く知られた部類に入るものでもあった。それはローマ後期の天文学の概略を手短にまとめたものに過ぎず、プリニウスにはやや劣り、プトレマイオスによるギリシア天文体系には遠く及ばなかった。にもかかわらずその摘要は、黄道十二宮・主要星座・天体運行用語、そのほか重要な語彙を標準化する後押しとなった。

興味深いことに、マルティアヌスはアラトスへの皮肉から始める。「ギリシア人たちは神話上の人物で空を埋めたが、私はむしろその学科そのものの教えについて語りたい」(92)。これは伝統において、エラトステネスやプトレマイオスさらにヒッパルコスの方に権威ありとする主張であって、その名が直前に引かれている。いずれの作家をもマルティアヌスがじかに読んだ（ないし読めた）とはどうにも思えないが、近年にギリシア語から訳された便覧などでその影響は受けているようだ。その用語（の大半）には、プリニウスやキケロの詩的表現がさまざま取り入れられ、そのほかラテン語化されたギリシア語の多い未知の典拠からも来ているようだ。想像力あふれる序詩（冒頭二書）でマルティアヌスは、惑星のことをイメージ豊かに語っている。たとえば火星は「下流域」へとそそぐ河の水源となり、土星は「冷気に硬くなり」、「今や龍の顔、今や獅子の開かれた牙、今や猪の歯でできたたてがみ」を身につけているのだと。ところが第八書では、もっと専門的な語彙を使うようになり、ほとんどがラテン語の用語だが、さらに重要なギリシア語も加え、両方を合わせて用いている。例を挙げると、軸回転には〈旋回(ウェルティゴ)〉、星座には〈兆しの運び手(シグニフェル)〉や〈星々(シデラ)〉という語を受け継ぎつつ、〈獣帯の兆(シグニス・ゾディアキ・キュクリ)〉という黄道宮を表す語句のほか、〈軸(アクセス)〉〈極(ポロス)〉〈回転(レウォルウェレ)〉といった語も使っており、最後のものはキケロから再び取り入れたものだった。月の運行については〈螺旋(ヘリコイデス)〉を用い、そして月の満ち欠けにはラテン語で書きつつギリシア語起源の用語（三日月をメノエイデス、半月がディコトモス、満月はパンセレノス）を使っている。それでいて〈軌道〉を表す用語には、いくつか同じ意味になる言葉を当てている――〈円の周回(キルクムクレンス・キルクラリ)〉と〈円の道(トラクトゥム・キルクリ)〉がいちばん多い。この著者は、既存の資料から取捨選択し、選んだものを簡略化しつつ、さらにそのほか自分にとって大事と思えたものについては標準化を試みたようなのである。おそらくは先行の手本を模倣するなかで、マルティアヌスは自分の用いている言語にかなり自覚的になったのだろう。

> 惑う動き(エランテス)のためではなく――というのも、その運行は太陽と同じように定められ、いかなる逸脱も認められないのだから――むしろ、この独特の振る舞いが人の知性を惑わせるので、私はこれらを〈惑うもの(プラネタエ)〉ではなく、アラトスの言い方にならって〈惑わせるもの(プラノンテス)〉と呼びたい。個々には適切な名前があるが、そのほかの名称でも呼ばれている。土星は〈光るもの(パエノン)〉と呼ばれ、木星は〈輝くもの(パエトン)〉、火星は〈燃えるもの(ピロイス)〉、金星は〈光を運ぶもの(ポスフォロス)〉、水星は〈きらめくもの(スティルボン)〉とされている。(93)

〈惑わせるもの（プラノンテス）〉はそのあと何百年経っても使われずじまいだが、こうした新語はたとえ出典不明示の作品から採用したものでも、ギリシア語から新たな用語を造ろうとした試みとして意義深い。ローマ文化史のこの段階で、その政治・軍事・社会が崩壊する瀬戸際にあって、ヘレニズム期のギリシア文化と張り合って乗り越えようとする心持ちが、大事な要素としてあったとは思えない。それどころか、マルティアヌスから何かわかることがあるとしたら、遠い過去（ヒッパルコスやエラトステネスの場合は六百年以上前）のものを〈賢者〉の作品に矮小化したおかげで、ギリシアの言語と知識が新たな名声を得たことだ。ギリシアの作品、とりわけ天文言説においては、実用の機会がなくなるほど名声がいや増し、知恵の試金石としての輝きを得たのである。

『フィロロギアとメルクリウスの結婚』という書物は、現代では様々に言い表せよう――教科書・参考書・編纂物・諷刺・ロマンス・名称カタログ、さらには新プラトン主義の調和宇宙像などと。おそらくこのために、またそのわかりやすさのために、この作品は十三世紀に至るまで強力な規範であり続けた。初期修道院の学園でも用いられ、天文を扱った第八書は九世紀にあってこの科目の主要な手引きとなり、古典学問がカロリング期に復興する一助となった。こんにち現存する写本の数から考えて、一四〇〇年以前の非宗教文書では、おそらくどれよりもたくさん注釈の付されたものだったと思われる[94]。世俗的な意味でも――つまらない権威を振りかざすようであるが――『フィロロギアとメルクリウスの結婚』は、西洋史の〈名著〉のひとつとして認められるべきものであろう。

その他の重要文献――形成される天文学の遺産

『フィロロギアとメルクリウスの結婚』のほかにも、もっと専門的な内容の便覧形式の作品で、中世ヨーロッパに天文言説を伝えた点から重要なものがいくつかある。特に取り上げるとしたら、二つ手引書がある。ひとつはカルキディウスによる、プラトン『ティマイオス』への注釈書（四世紀初頭）。もうひとつが、キケロ「スキピオの夢」に対するマクロビウスの注釈書（五世紀初頭）である。この両作品が注釈であることからもわかるように、その考え方は元から派生したものである。重要なのは、両作品の天文を扱った部分は、マルティアヌスのと同様、それぞれこの科目の教科書の扱いを受け、頻りに複写・製本されたことである。

カルキディウスはのちに『ティマイオス』のラテン語訳もしている。プラトン作品は、早い段階で便覧の流れに取り込まれていたため、ずいぶん以前からローマの感性のなかに浸透していた。カルキディウスが書いた他のものもそれ自体が、スミュルナのテオンやアフロディシアスのアドラストス（両人とも紀元後二世紀）といったギリシアの大衆作家の手になる便覧を自由に訳したものであった(95)。カルキディウスもマクロビウスも、新プラトン主義の宇宙構造論に関心を持っており、黄道帯の分割のほか、蝕や気候帯といったものの図式もその本には含まれていた。こうした図自体は、プトレマイオスやヒッパルコスなどによって先に描かれていたものだが、カルキディウスとマクロビウスはこの伝統を初期ラテン・ヨーロッパに持ち込むのに一役買ったわけだ。こうして、見ればわかりやすい図というものを適宜置いてもよい、という考え方も後押しされることになる。ただ、どちらの著者も難解で、そのため中世の読者にはマルティアヌス以上にやりがいのあるものとなっただろう。彼らの著作は、結果として語彙に重みを加えることになり、古典ラテン語にあった天文関連の凡庸な用語体系を乗り越えて、十〜十一世紀以降にも影響を与えたのである(96)。

言説についてもマクロビウスがとりわけ興味深いのは、用語のあり方やその適切な使い方について頻りに論じている点だ。これを意義あるものにしているのが、ひとつにはキケロを基礎文献として用いているという事実で、してみるとキケロは翻訳を介してローマ天文学の起源近くに立っていたことになる。マクロビウスはギリシアの用語に言及した注釈のなかで、さまざまに天文学上のテーマを扱っているが、おそらく博学ぶりを見せつけようとしたのだろう。この作品の二面性——ギリシア天文学の最も高名な翻訳者に立ち返りつつ、ギリシアの用語体系ではそのものに向かっている点——からわかるのは、初期ラテン作家がギリシアをローマに置き換えようとしたことが、ある意味では完全に成功していたことだ。もはやギリシアのテクストをじかに確かめるふりをする必要さえなかったのである。事実、星や惑星の用語について触れたところでは、マクロビウスはラテン語・ギリシア語双方の用語体系に焦点を当てている(97)。たとえば彼は〈天体(ステラエ)〉と〈星々(シデラ)〉を区別し、前者は「独立した惑星(エランテス)を指すもの」で既知の星座内の星はひとつも含まないとしつつ、〈星々(シデラ)〉には星座内の星のみが含まれるとしている。同様に、「ギリシア人にとって〈恒星(アステル)〉と〈恒星群(アストロン)〉は同じ意味ならず、アステルは一つ星、アストロンは群星で、星座すなわち〈星辰(シドゥス)〉を成すものなのである」と。

おそらくこのくだりで注目すべきなのは、ローマ・ギリシアいずれの言葉を扱うにしても、慣用とは少しも一致していない点である。マクロビウスは、あまりに手に負えず冗漫だと思われたものに、語彙を取り違えてはいるが、何らかの秩序を与えようとしている(98)。彼の選択の背景にある根拠は必ずしも定かではないが、他の著者（ウィトルウィウス、ルクレティウス、プリニウス、マニリウスなど）でなくキケロやゲルマニクスに訳されたアラトスの語法にとりあえず合わせたと考えるほかない。

マクロビウスが論じた用語には他にも〈円弧(キルクス)〉や〈円周(オルビス)〉があり、後者は〈星［惑星］の一回転〉を指すとしている。また〈惑星〉を指し示す際はギリシア語の〈球(スファエラ)〉を用い、また代わりに

〈惑う星々〉(ステラエ・エランテス)とも呼んでいる。ほかの箇所では惑星の名称にも触れている。「サトゥルヌス［土星］・ユピテル［木星］・マルス［火星］といった名称は、その惑星の本質とは何も関係なく、人の頭が生み出した虚構であることを心に刻まねばならない」(99)。なおかつ「彼［キケロ］がユピテルを〈その吉兆の有益なる輝く球〉と、マルスを〈地を恐れた血の球〉と言うとき、〈輝く〉や〈血の〉という言葉は、ユピテルがきらめき、マルスが血のように赤く照るかぎりにおいては、適切なのである」(100)。このふたつのくだりは、テクスト上でもすぐ前後にある。そのことからも明らかなのは、深い思考をも覆しうるような単純な論理を土台にして惑星の呼称が出来上がっているということだ。すなわち名称というのはもちろん〈虚構〉なのだが、歴史のある時点では眼に映る証拠——文化という影響を受けた〈観察〉に忠実なものでもあるということだ。

プリニウス再登場——中世の文脈に翻案される

マクロビウスの注釈書のことを、中世で二番目に影響力を持った天文書であると、学者たちが断じることもしばしばである(101)。これは現存の写本が多数であること、そしてその写本の欄外にメモ書き(注解)が大量にあることによるものだ。ただし、この作品のほぼ半分は天文に関するものではなく、新プラトン主義の宇宙観を扱っており、この注釈書の有した影響力の大半は、よりスピリチュアルなこの領域においてだったと思われる。天文を取り扱った部分が人気となったのはあとのことで、プトレマイオスとアリストテレスが流通するようになる十二世紀以後である。これより以前、影響力がもっとも高く、とりわけカロリング期以降マルティアヌス・カペッラのあとをついで、天文を知るためにもっともよくページを繰られたのは、間違いなくプリニウスであった(102)。実は『博物誌』こそ、ヨークのアルクィンとその弟子らをきっかけとしてカロリング期に起こった教育の拡大のさなか、最高度の権威と普及率を誇った著作となったのである。第二書（惑星天文論）と第十八書（恒星天文論）の一部は、実用算術と計時を扱うさまざまなテクストに繰り返し抜粋された。同様にこれらは、八世紀以後にはとりわけ復活祭の日取り計算に関する大問題を解決するために大事なものともなっていた(103)。このために、プリニウスによる太陰周期の簡潔な記述が役に立ったのである。そのあとの天文（特に惑星天文論）に関する関心の高まりがなければ、『博物誌』も一時の祭に過ぎなかっただろう。

とはいえプリニウスはこのとき、さまざまな主人の前に、さまざまな卓上に出されることとなった。権威があるとはいえ、彼の天文に関わる文章は、本人とはかけ離れた歴史時代・文化に合わせて、かなり改変・変更されていた。基礎の基礎レベルでは、『博物誌』は精選・抜粋・再構成され、そのまま用いられることもあれば、いろいろの大家の作品と抱き合わせで新たな摘要のなかに収録されることもあった。その結果、プリニウスは天文の専門家となったのである。元の文脈を離れて抜き出され、時には継ぎ接ぎされて新たな一論にされることで、プリニウスによる天界論は、先行の著者からありったけ集めたとおぼしき観察記録・事実・迷信・仮説の乱雑なコレクションから、熟練した一個人の所産であるかのような凝縮された一作品へと変容していったのである。そして元の文脈が失われながらも、繰り返し出典として現れたおかげで、プリニウスもいっぱしの〈権威〉になれたわけである。

さらに八世紀以降、プリニウス天文論の抜粋は図版に飾られたことで、文章面のみならず視覚面も変化していった。添えられた図はたいてい同心円の重なった宇宙で、間隔さまざま、形も時としてわずかに楕円であった(104)。惑星にはそれぞれ地球中心の軌道が与えられ、ローマでの名称がそのまま添えられた。軌道円そのものには、プリニウスのテクストやそのほかの大家からの引用、ないし各天体についての簡単な説明が刻まれていることも多かった。こうした図こそ、プリニウスというテクスト群に関して、さらに言えば、ひとまわり大きな天文言説に関して、重大な変化があったことを表すものである。秩序・規則性という新たな側面を加えただけでなく、目で見てすぐわかる形で、理論上の関係性や名称の両方を図示する働きをしたのである。教育面でも図が教えることは多く、新しい言説のあり方でもあるから、それを教育目的で活用することは、新たな標準を後押しすることにもなった。主にこのおかげで、同じく既存の天文知識を編纂しようとしたセビリャのイシドルス『自然論（デ・レルム・ナトゥラ）』などの中世後期のテクスト以上に、はるかに役立つものとなったのである。プリニウスの天文説は当時、中世での活用に適した形でローマ天文学の見取り図を示したのだ。

だがプリニウスの作品の改変具合は、あまりに様々であった。ブルース・イーストウッドの記述によると、

こうした惑星論の抜粋を研究したことがない者も、これらがプリニウス〔原典〕からそのまま無修正の文章でないことはわかるに違いない。意図的な省略があるばかりか、資料を整然としたものに見せられるよう文を並び替えたりもしている。〔…〕カロリング期にこうしたテクストを編集した者は、〔…〕惑星系のそれなりにまとまった図版までこしらえた。ベーダ『自然論』の簡にして要を得た解説のみならず、この相関ある現象の因果を示す図版こそ、カロリング期の摘要家らが前面に出したものなのだ。(105)

プリニウスさらにマルティアヌスをも活用した者たちが従っていたのは、自らの時代の必要・需要である。当座の必要として——たとえば祭日計算・改暦・農事・航行のため、星の運行規則についての正確かつ具体的な情報に関心があったのだ。ところがこうした必要から、神学上の意味合いをもつ論理の枠内にこの運行情報を位置づけることになり、そうすると神の摂理を示すものに、ある部分では人間がその日々および毎年の活動を合わせなければいけない、という解釈になってくる。天文学をかつての役割を超えたところへ広げる必要性があって、カロリング期の作家らは、自分が複数持っている材源としての文書を体系化することになったのだ。

テクスト上、プリニウスは教会および封建社会の一員となっている必要があった。このことが意味するのは、この時点でのプリニウス作品は——間違いなくマルティアヌス・カペッラと同様に——その結果もはやプリニウス自身の作品でなくなっていたということだ。先にプトレマイオスについて言ったことが、ここでこうしたローマの百科作家たちについても正しくなる。現実問題として、彼らはもはや〈著者〉ではなかった。そうではなくテクストの共同体と言うべきもので、この変化が示すものこそ、拡大を続ける共同体そのもののあり方なのである。

こうしてヨーロッパ中世におけるプリニウス天文論は、ギリシアという源泉から訳された残渣として、ローマ科学の運命をかくも見事に見せつける一例となる。おそらくこの議論の締めくくりにふさわしいのは、当該のプロセスをまとめてみせる決定的な事例だろう。中世初期には星空にも注目すべき現象が十分にあり、彗星・流星・オーロラ・新星といった現象の記録は、修道僧がその任に当たっていたようだ。当時の感覚を示しつつ、またある意味ではそれを形作る一助ともなった、トゥールのグレゴリウスによる『星々の運行について』では、占星術の教えが否定されているが、こうした天体現象がこれから起こる出来事を神が示したものとして語られている。ただ、その現象を述べる語彙はごくわずかながら、用語の典拠としてよく使われたのはまたもやプリニウスであり、とりわけ名称については、百科作家のなかでも唯一この者がこうした現象を実際に即して詳細に扱っていたのである。先にも触れたが、彗星についての記述はきわめてイメージ豊かである。

> 天空そのものの中で突然生ずる星もある。ギリシア人はそれらを彗星（コメタス）と呼んでいるが、わが国のことばでは〈長髪の星（クリニタス）〉と呼ぶ。［…］ギリシア人はまた、下部から長いあごひげに似たたてがみが広がっている彗星に〈ひげ星（ポゴニアス）〉という名を与えている。〈投槍星〉は投槍のように振動する。これはきわめて恐ろしい凶兆なのだ。［…］同じ星でももっとも短く、かつ先端が尖っているのは〈匕首〉と呼ばれた。［…］〈桶星〉は樽の形状をしていて、まわり全体に煙った光を帯びている。〈角星〉は、ギリシアがサラミスで決定的な戦を戦ったときに現れたものと同じような、角の形をしている。〈松明星〉は燃えさかる松明に似ているし、〈馬星〉は馬のたてがみに似ていて非常に迅速に動き、円を描いて回転している。[106]

端的に言えば、ここではローマの翻訳で何が優先されたかが明らかになっている。ギリシア語源に頼り切るのではなく、同じものを他にどう呼ぶのかという造語の例として引き合いに出すだけだ（確かに〈彗星（コメタ）〉は〈長髪の（コメテス）〉を起源とする）。そしてラテン語の名称は普通の口語から採られている。プリニウスは専門語彙には関心がなく、実際ギリシア語を引くのもラテン語と同じく口語の類のみである。それでいて流星には、〈松明（ランパデス）〉と〈飛び道具（ボリデス）〉という二種の名前を出している。オーロラについては

〈夜の太陽（ソレス・ノクトゥルノス）〉と呼んでいる。やはりこうした名称は、とりわけ当時の歴史、軍事にまつわる出来事が最優先され、天体現象が暴力・事変などの概念、すなわちある種の政情不安としての〈運命〉につながっていた時代の、ローマの実感・実体験を明らかに反映するものである。

こうした語彙は中世にはどうなったのか。その土台にあった意識は大部分そのままだったが、具体的な言葉については違っていた。中世の時期には、古典作家たちの造った固有名はほとんど使われず、その代わり自分たちの経験・先入見の反映された言葉が造り出されたのだ。その点は明々白々のようなのだが、それでもプリニウスが用いた名称が、比喩的なニュアンスをそれぞれに残しつつ、どのように変容したかを確かめるのは、たいへん魅力的である。たとえば〈投槍星〉や〈匕首〉を使う代わりに、彗星は〈炎の杖（バクルス・イグネウス）〉や〈死兆星（ステラ・モルティス）〉と記されている。また〈竿状のしるし（シグヌム・ウェルト・コントゥム）〉や〈はさみ道具（テナクルム）〉など、修道僧の生活とじかに結びつきそうな名でも呼ばれている。ところがオーロラは、ローマよりもヨーロッパの方でよく見られるためか用語がかなり多く、そのニュアンスも暴力・権力に集中している――業火の十字・磔刑・剣・司教・城塞・騎馬隊。さらに流星には、火の棒・飛ぶ松明・翔る天使・空の裂け目・天界の炎といった語が見当たる(107)。

こうした用語を記録した修道僧は、神の怒りと戒めとを書き留める務めに従事していた。ローマ人と同様、〈運命〉という似たようなありふれたイメージをもって、星空を〈聖なる／恐るべき／天罰の〉兆しの表れとして読むのである。そして彼ら以前のローマの翻訳者たちと同様、当時現存していた実際の古代の言説までも、自分の時代・場所に合わせたのである。このコンテクストは帝政ローマ以上に、専門性の高い科学語彙を必要とせず、意味の通じる、日常使う意味でわかる言葉を求めたのだ。中世の意識が凝縮された形で表現されている用語体系というレンズを通して、それは地上の現実と天界との結びつきをはっきりと示している。ローマを日々の現実という新しい趨勢に合わせたのである。

第二章

東方における天文学——シリアおよびペルシア＝インドへの転移

再考される〈伝播〉という論点

現代天文学の大部分は、長らく〈ギリシア思想〉と呼ばれてきたものの継承と、切り離して考えることはできないだろう。ローマがキリスト教ヨーロッパに伝えたのは、このごくわずかな部分、ヒッパルコスやプトレマイオスの大体系すら入っていない一部分に過ぎなかった。ヘレニズム天文学の大半は、少なくともしばらくのあいだ、ラテン語ではなくギリシア語では残っていた。そのため、複数の都市・図書館や学者たちの手にはあって、これが東方へ、はじめはビザンツ帝国、そのあとシリア語とギリシア語が話されているシリア内の多言語キリスト教共同体へと移り、こうしてローマから距離や言語を越えてさらに移動していったのである。ここで考慮すべき点は、この段階ではギリシア天文学は、いかなる意味でもヨーロッパのものでも〈西洋〉のものでもなかったということだ。こうした用語を、ヨーロッパが文化・政治としてはっきり存在する以前の時期に当てはめてしまうと、少なくともどこかしら的外れでイデオロギーを孕むものになってしまうと確言できる。だが、ここで進めたいのはこうした議論ではない。ヘーゲルがアテナイ人ではないのと同様、プラトンは明らかにヨーロッパ人ではない。だが、考慮すべきもっと大事な論点がほかにある。

〈ギリシア思想〉を〈西洋〉の起源として疑わしいものとしているのは、とりわけふたつの歴史の現実である。そのうちのひとつに関わってくるのが、文脈の問題、ひいては繰り返される起源という問いである。もうひとつは同じく重要で、伝播に関わってくるものだ。天文学を一例としてあげれば、天界の知識なるものは、翻訳という四つの大きな物語を介してヨーロッパにやってきたのだと言える。すでにそのひとつめについては論じた。第二話は、アラビア語への伝播（これはよく話に出るが）の途上にあった、あまり知られていないギリシア語テクストのシリア語（アラム語の一形態）への移転を扱うことにする。こうしたテクストは、かなりの数が五～六世紀にかけて、徐々に東方へと伝わっていったが、一部は正統のビザンツ教会から加えられたネストリウス派および（それよりも規模は小さいが）単性論派の教師・知識人への迫害の影響下にあった。具体的には、五世紀末から六世紀初頭のゼノン帝とユスティアヌス帝による徹底的な粛正がきっかけとなって、こうした共同体に属する者たちは、ビザンツ帝国の周縁や、それを越えてペルシア（シリアやイラク）へと移住することとなり、そこでヘレニズムの学問テクストを研究・複写・注釈ひいては翻訳するための学校を設立するに至ったのである。ビザンティウムでは高等教育が短期ながらも重要なかたちで活発になっており、プトレマイオスの著作（図4参照）を含む主要作品の保存を目指して、大事な複写作業が試みられたが、この〈復興（ルネサンス）〉はごく数人の個人に依存していたため長続きせず、あとに続く影響を与えられなかった。シリアの学者、そしてのちのアラビアの学者の仕事と比較すれば、それは一時の微々たるものであっ

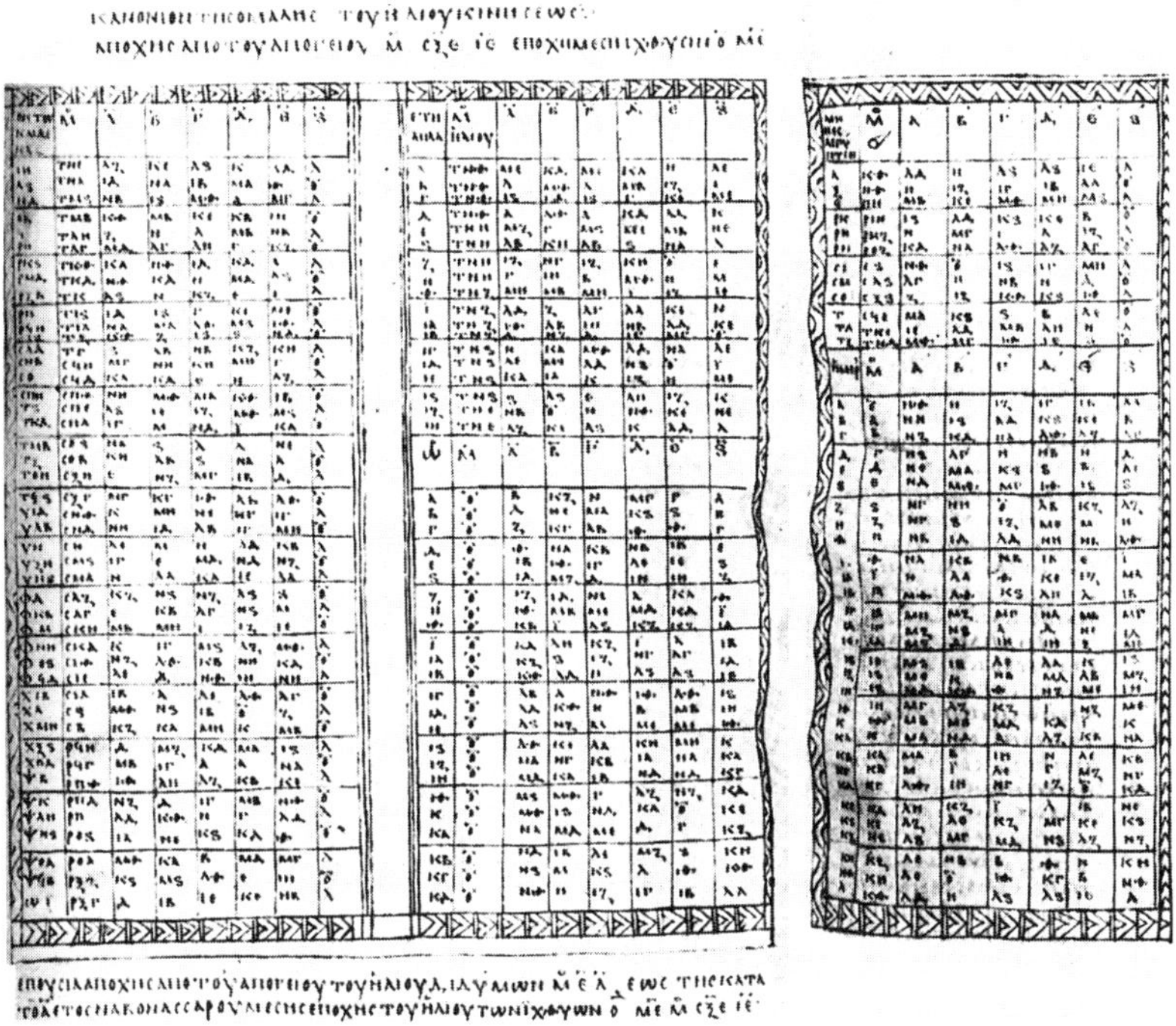

図４　プトレマイオス『アルマゲスト』の９世紀ギリシア語写本にある、太陽の平均運動表（第三巻第二章）　この写本は、この作品では最古の部類に入るが、この形に伝えられるまでに写字複製を介してすでに700年近い時を経ている。フランス国立図書館、パリ、graec 2889, fols. 68v-69r.

た。実際、ネストリウス派の学者たちが取り組んだ試みはもっと成功している。それはシリア語およびシリア文学が大きく花咲く只中のことで、オスロエネなる辺境国の首都であるエデッサという小都に始まり、そのあとキリスト教が広がり続けるのとともに近東のあちこちに拡散していったのである(1)。それは数世紀にわたって続き、活気ある国際文化の中心地もローマからアテナイそしてアレクサンドリアと転じていくなか、果てには次の大きな物語が始まる地点であるイスラムに吸収されることとなった。

専門文献の伝播について、この時期になされたシリア語への翻訳は、関心に値する一個の出来事とは見なされず、科学史研究者に大きく無視されてきた(2)。研究の焦点はほぼまったく九世紀に当てられ、そのときアッバース朝に支援された大きな翻訳運動が始まった、とされることが多かったのだ。シリア語は、ギリシアの学問がアラビアに移される運動の〈中間点〉のごとき言葉として現れるというのが、おなじみの筋書きである。ただし、この後の時期の翻訳者たちが少なくとも当初はギリシア語ではなくシリア語の訳本を用いていたことは、よく知られている。たとえば医学文献の場合、レーシュアイナーのセルギオス(五世紀)は、ガレノスの主要作品を数多くシリア語に訳しており(3)、この著作群がアラビア語訳にとって重要な試金石となったのである。さらに、九世紀にはシリア語が仲介言語として用いられることが多かったという事実そのものを挙げれば、もうこれ以上証拠を出すまでもなかろう。結局のところ、こうしたシリア語訳こそが、核心たる知識の伝播を決定づけたのだ——だが、その理由・経緯はどのようなものなのか。シリア語は、特に歴史・文化・言語上の理由から用いられた。ギリシア語とシリア語との交流が、古代後期全体にわたってかなりの勢いを誇っていたことが、こうして用いられた背景にある(4)。アラビア語翻訳という出来事の前に、〈シリア語科学〉なる現実がなかったかのように装うのは、明らかな誤りであろう。

となれば、時間・空間のニュアンスが含まれる〈ギリシア科学〉と、もっと広く文化面の多様性と歴史上の重要性を持った著作群を示す〈ギリシア語科学〉のあいだを区別することもまた、この件ではかなり必要となってくる。同じく〈ヘレニズム化〉という基本概念を、〈シリア／アラビア科学のヘレニズム化〉という語句とともに問うて考えるのも有益かもしれない。つまるところ、とりわけテクスト上の知識を扱う際には、こうした語句は内在的な力の話をするばかりで、新たな文化・言語の文脈に移されたときに当該の知識が被らざるを得ない変容についての問題から、目をそらしてしまうのである。五二九年にユスティアヌス帝がアテネとアレクサンドリアのあらゆる学堂の扉を閉じたために、知識の移動における新時代、すなわち〈ギリシア科学〉の単なる移転や伝播のどちらをも越えた知の遷移が促進されてしまったのだ。

先に述べたように、この時代はすでに始まっていたが、そのあと勢いを増すことになった。六三二年（ムハンマドの没年）以後、イスラム大征服後に中断を被ったものの、ギリシア語作品のシリア語訳は増えていき、九世紀には最高潮に達した。この時期、アッバース朝のカリフたちとその宮廷の後援によって、宗教に関係しないギリシアの学問を大規模にアラビア語へ移すことが進められ、シリア語が豊かな仲介言語として用いられたのである。シリア語はこの歴史的事業にちょうど都合がよいもので、ラテン語の場合と同様、アラム語の一方言から宗教・文芸・教育の広範囲を表す言語としてシリア語が成熟したのも、ひとつにはギリシア語という模範から一部影響を受けて語彙・構文・文法などが発展したことが原因にあった(5)。とはいえ同時に、影響がその反対方向にも及んでいたのは確かだ。シリア語が影響力と洗練度を高めるにつれて、多くの神学文献や詩文がギリシア語へと訳されたのである。おそらく当時の状況が最もよく現れている例は、四世紀の詩人エフレムで、その著作はシリア語の表現力と威勢を高めるのに一役買い、彼自身ギリシア文化を必要な試金石として受け止めるのをはっきりと拒んだ人物だ。ただし、そうであってもエフレムが用いたのは、ギリシア語から大きな影響をすでに受けているシリア語であったし、同じく彼の著作はギリシア語そのものへ速やかに訳され、そちらで絶え間なく研究・模倣の対象となっている(6)。実際、エフレムが教育を受けて生活・執筆したのは、シリアの初期キリスト教文化の中心地であったエデッサであり、その地はギリシアの学問(とりわけ哲学・修辞学)だけでなくギリシア語からの翻訳の中枢でもあった(7)。これら二言語間の相互交流が新たなものを生み、双方を変容させたこと、とりわけシリア語をどんどん高めていき、文芸・教育を表す言語として普及させたことは間違いない。

古代後期における近東の複雑さは、言語の多様性やその交流という面だけでも、確かに手強い。シリア語に加えて、アラム語にはほかにもいくつかの方言があるばかりか、よく知られたものを挙げるだけでもヘブライ語・古代アラビア語・アルメニア語・グルジア語など幅広い言語があった。こうした複雑性からもたらされたのが各種要素の混じり合った多くの著作物で、たとえば「エデッサはアラブの王朝に統治されながらも[…]その都市は、シリア語文字が記されたオルペウスのモザイク画という三世紀特有の作品を生んだのである」(8)。ギリシア語が政治行政の言葉であり、また宗教に関わりない学問の言語としてある程度普及していたことに加えて、(新訳聖書を含む)教会関係文書を収めるものとしてきわめて重要であったことを考えると、いわゆる〈シリア文化〉と〈ヘレニズム文化〉のあいだに作られた単純な区別など、信用に値しない。むしろ特定の作家・テクスト・方法論やはっきりした言語上の影響といった点に、翻訳の議論を限った方がまだ理に適っている。ただし、これさえ簡単な問題ではないかもしれない。

たとえば、ギリシア語を手本に用いたことで起こったシリア語の変容について、分析もいくつか行われているが(9)、この時期におけるギリシア語の発展や、とりわけ非宗教作品という点からギリシア語テクストに生じた変化を書き記したものは、ほとんどない。ただし前章冒頭で述べたように、プトレマイオス『数理全書』(『アルマゲスト』)といった名著でさえも、その著者の死後半世紀以内には、どうやら解説および教育のために改変が加えられていた。次の五〜六世紀のあいだ、こうした影響力ある作品へさらにどのような変容がもたらされたのか。証拠が欠けているため、その変化も想像することしかできない。九世紀にシリア語・アラビア語へ訳されたギリシアの哲学・科学テクストの層の厚さは、こうした考え方では正確に判断できない。それよりも古い写本が失われていることがあまりに多すぎるのだ。実際、あるギリシア語作品の最古の写本は(アリストテレスのものでも)、シリア語やアラビア語の翻訳にしか保存されていなかったりする。

明らかなのは、活用できるとして選ばれた非宗教の知識の中身が、ローマで採り上げられたものや、のちに中世初期ヨーロッパへ伝わったものとは、まったく違っているということだ。ヨーロッパの知識人集団のあいだで久しく古典主義の真髄として重んじられた〈人文主義〉という様式(詩人・劇作家・雄弁家などの著作)は、シリア語・アラビア語に訳された学問の中身にはおおむね欠けていたのである。むしろ、東方の知識に選び抜かれた領域には、哲学(とりわけアリストテレス哲学)・歴史・科学こそが入っていた。こうなった具体的な理由はいまだ不明だが、翻訳の一大事業が始まる前から、シリア語・アラビア語は独自の豊かな文芸文化を発展させていたという事実が、大きく関係しているのは間違いない。アラビア語の場合には、宗教上の理由もあった。ギリシア語の学問は〈イスラム科学〉とは別個のものとされており、後者ではクルアーンの研究と、その文芸・法律・政治など他分野への応用に焦点が当てられていたのである。とはいえいずれにしても、ギリシア語の専門知識が古代後期にあって大量にヨーロッパから、すなわちラテン地域から、東方へと転移されたという事実には変わりがない。

シリア語への翻訳

知と文化の背景

八世紀からとりわけ九世紀にかけて、ギリシア語の学知(サイエンス)がかなり膨大にシリア語へ伝播したとすれば、これが起こったのも、こうした営みができるだけの環境が揃っていたということだ。アレクサンドロスの征服以後、ギリシア語はその地域で広く話される言語として確立し、そのあと数百年のあいだヘレニズムが栄え、さらに時代が経ってビザンツ帝国がこの地域のほとんどを支配するようになってからも、この言語は東地中海では世俗に通ずる標準言語であった(10)。ギリシア語における知的言説という流れは、近東のローマ支配中にもはっきりと現れている(11)。パルミラやダマスカスのほかボスラにエデッサといった、この地域最大級の国際都市の多くでも、また都市化されていない田舎でも大部分が、アラム語(シリア語などの方言も含む)とギリシア語の二言語併用であった(12)。初期キリスト教と〈異教〉(ヘレニズム)の学問がそもそも敵対していたというよくある推測は、まったくの間違いだと思われる。「言語・神話・図像において、[ギリシア文化は]各地の伝統をもっと巧みに、かつもっと誰にでもわかるよう表現する手立てを授けたのである。これは、古代後期のキリスト教帝国におけるヘレニズムの貴重な使命であり特徴ともなった」(13)。

　したがってキリスト教の東方進出は、それがシリア語の拡大に必要であったように、古典たるギリシア語知的文献の活用をも後押ししたばかりか、それを拡げるのにも役立ったのである。これは、バルダイサン［バルデサネス］(ないしその弟子のひとりか）などシリア語で書いたキリスト教徒の影響力ある最初期の作品にもいくつか見られることで、彼の『諸国の法の書』(三世紀）にはヘレニズム占星術がかなり好ましく論じられているところがあり、はっきりとプラトンの対話篇の形式で記され、著者自身をソクラテスの立場に置いていたりする(14)。バルダイサンをのちに批判したことで知られるエフレムは、その賛美歌のひとつで、「幸いなるかなギリシア語の毒を味わっていない者」とも書いている(15)。しかし先述の通り、エフレム自身も教養ある世俗の書き手として、この同じ毒にどっぷりやられていた。彼自身の著作もすみやかにその容器に上澄みが移され、そこでこの地域の大きな文芸遺産のひとつとなったのである。一方で、後の五〜六世紀にこの地域でキリスト教が確立したことから、ギリシア語の学問の普及を後押しする複雑な政治・文化を持った場につながってくる。四三五年に異端とされたあと、ネストリウス派の信者たちは東方に移住して、ローマ占領下でギリシア研究の高名な学堂の本拠であったエデッサに共同体を作った。四五七年には、ビザンツ帝国の国境外へと追放されたネストリウス派たちは、そのあとペルシアのニシビスに移り住み、そこが辺境にありながらギリシアの学問およびシリア語話者の知識人の中心地となった。ネストリウス派の宣教師たちはさらに東へと進んでいき、同じような共同体を他にもあちこちに作ったが、とりわけジュンディーシャープールでは六世紀以降、ギリシア語の哲学・医学・科学を研究する学院が栄えている(16)。エフレム以後の数百年はギリシア研究の影響が強くなる一方で、実際シリア語そのものを変えるほどの影響を持つまでになった。

エフレムが象徴しているのは、シリア語が文芸・宗教の表現の器として、都会・田舎双方の人々に急速に浸透していった時代である。シリア語がとりわけ実に雄弁な詩的言語として栄えたことで、ギリシア語が廃れたということではない。むしろそれは、ギリシア語が大きな力を持つ言語——すなわち、政治・法律（重要なローマ法典はギリシア語訳された）・神学・高等教育一般の言葉——であり続けるのを後ろから支えることになった。エフレムの存在は、すでに確立されたこの力に直面したシリア語の書き手のなかでも、自信が高まっていったことを示している。四百年近く前のローマ人たちが抱いた対抗心と、気持ちの上では同じものを短期ながらも有していたことを示す証拠なのだ。〈短期〉という言葉が妥当なのは、エフレムの死後百年も経たずして、同時代の著者・翻訳者たちが批判の対象となったからである。この発端となったのは、初期シリア教会の一指導者たるマッブークのフィロクセノス（六世紀初頭）で、彼は聖書の新訳を主張するとともにこれに取り組み、正確性が欠如していると先人たちを非難しつつ、「我らがシリア語はギリシア人に通用している正確な術語を用いるほどこなれていない」と述べている(17)。フィロクセノスが聖書のシリア語新訳を欲したのも、近年地歩を固めた単性論派とネストリウス派のあいだで先ごろ起こった、神学上の修正主義と異議論争がおよそその元となっていたことは確かで、これが東西教会の分裂を引き起こしたのである。フィロクセノスが総主教のひとりであった西シリア教会はその内実が単性論派であったから、ネストリウス派を盛んに排斥していた。四八九年、ビザンツ皇帝ゼノンによって、エデッサにあったギリシア研究で有名な学校は閉鎖されたが、すぐさま、亡命したばかりのネストリウス派の者たちの手でニシビスに再建されることとなった。（自身のち六世紀初頭にはユスティアヌス帝のために亡命することになる）フィロクセノスが旧訳の修正ないし新訳を求めたことは、こうした宗教上の力関係の点からも考える必要がある。彼の場合は、信仰を新しいものに書き換えた上でそのテクスト遺産を確保しようという戦略なのであった。ただしこのことで、単性論派・ネストリウス派双方にとって、ギリシア語の学問がいまだ有用な雄弁と知識の大事な源泉であったという事実から目をそらしてはいけない。実際そうした学識は、フィロクセノス自身の著述全体にはっきりと現れているのである(18)。

この翻訳時代の最良の導き手たるセバスチャン・ブロックが示しているように、フィロクセノスは、もし六〜七世紀にあってギリシアの学問を受け止めることが究極の名望であったなら、それを初期に体現した人物だと言えるだろう(19)。〈ギリシア人の叡智〉という概念はこのとき、宗教に関わるものとそうでないもの両方の著述を包摂するようになったと考えられる。だが、ギリシア研究に与えられたこの新たな影響力を見誤ってはいけない。これはギリシアの知的文化そのものがきわめて活発になるという意味ではなく、シリア語とギリシア語で文芸文化が並立するようになったということであり、それぞれ独自に主題とその特徴があるのである。ただシリア語の文芸文化はいまだ勢いがあって熱心にその影響を吸収する一方で、ヘレニズムの学問の哲学・技術面の内実はますます小さくなって、〈知恵〉の源泉たる聖典の寄せ集めにまで落ちてしまう。この運命は、七世紀初期のイスラム征服によって確実なものとなり、そのあとギリシアは凋落を余儀なくされる。シリア語とギリシア語の二言語を併用した二文化併存の共同体は、六〇〇年から八〇〇年のあいだにかなり数を減らしてしまったのである(20)。

ギリシア語テクストの〈非宗教の〉〈叡智〉が、共同体内の数少ない精鋭に研究されるようになり、その威信を高めていった理由の一部としては、医学・天文学・修辞学・論理学・哲学思想といった分野で、こうした知恵がある種の高尚かつ実用的な便益を授けてくれるものだったからだと思われる。その力点が、ある意味で移り変わった、すなわちもっと純粋に政治的・精神的なものから、実利的・知的な側面も含むようになったということなのだ。翻訳という作業の拠り所は確かにいまだ教会関連文書にあったが、当時とりわけ七世紀末以降はいよいよ非宗教のテクストにもその範囲を拡げるようになっていた。何よりもシリア語への翻訳は、テクストという形に縛られてますます硬直化していた知識を、日常的に話して用いる言語へと移転させることを意味していた。したがって、必ずしも驚くべきことでも皮肉なことでもなく、

オスロエネという局所から始まったシリア語は、西に広がってユーフラテス川を越え、五世紀初期までにはアラム語を話すキリスト教徒の文芸言語として［…そのあとは］二〇〇年の長きにわたってこの地域で使う者は増える一方で、ちょうどこのときにシリア文学はいっそうギリシア崇拝の度を強め、新たにギリシア語から数多く借用語を取り入れたばかりか、ギリシア語の文体の特徴をかなり採用したのである。(21)

アラム語の様々ある方言のなかでも、その書き手が学問・雄弁・語彙の規範としてのギリシア語をたいへん熱心に取り入れて変容させんとしたのが、シリア語だったのだ。そして宗教・非宗教の両面で権威ありと認められた言語を選りすぐって変容させることで、書き言葉を豊かにしようとするまさにこの試みこそが、エフレムの時代からセウェルス・セーボーフトの時代にかけて、シリア語を大きく花開かせることにつながるもうひとつの要素を生んだのである。およそそのこともあって、この言語

はギリシア語とアラビア語とをつなぐ抜群かつおそらく不可欠な言語となったわけで、そうでなかったならアラビア語はシリア語と共通する各構造を除いては、似ても似つかぬものとなっただろう。

翻訳の様式――釈意訳から逐字訳、それ以後

これら歴史・文化上の発展は、ギリシアの学問への態度を大きく変えることにもなったが、その点はシリア語の書き手のあいだの翻訳作品にもすぐさま現れている。もっともわかりやすいレベルでは、取り組まれた翻訳の実際の量と内容にこのことが見られる。シリア語が広まるとともにキリスト教が確立していった形成期（主に三～五世紀初頭）には、翻訳の焦点は聖書と教父テクストにあった。五世紀以降、シリア語が広く浸透し、ギリシア語が政治力とテクスト上の〈知恵〉を有する言語としての名声を勝ち得るようになると、翻訳の試みは格段に増え、非宗教の作品の訳もたくさん現れるようになった。ギリシア作品のシリア語訳本の読者層も需要も、このときには大きく成長していた。実際のところヒエロニュムスやバシリウスからもっと後代の聖人伝や説教文まで、キリスト教文学の圧倒的大多数がギリシア語で書かれ、その書き手たちが異教の学問に対して何と言おうとも、その修練や修辞上の文体に関わる限りは、古典主義者そのものであったことは明らかだったに違いない。七世紀までには、ユーフラテス河岸のケンネシュリンやアレクサンドリア近くのエンナトンなどのシリア正教の修道院もギリシア研究に打ち込み、見事な成果を上げる学者＝翻訳者を輩出したようである(22)。エデッサのヤコブやニシビスのヤコブ、セウェルス・セーボーフトにバラドのアタナシオスのほか、テッラのパウロといった人々の作品が、この点では注目に値する。当時にあっては、膨大なギリシア

哲学・科学がシリア語へ流れ込み、そのほとんどがアリストテレス作品ないし関連する注釈（たとえばポルピュリオス『手引き（エイサゴーゲー）』）だったが、星座・恒星や渾天儀（アストロラーベ）についての天文著作も含まれていた。

かたや翻訳の技という観点では、次のように特徴付けられる顕著な発展も見られている。

> 翻訳の技にとって、ある言語が文化として高い評価を得ていることが重要であるのは、事実ギリシア語からのシリア語訳の歴史がたいへんよい例証となっている。四〜五世紀の最初期の訳本は、実にほとんどまったく自由なもので（たとえばバシリウスの説教集は五割も量が増えている）、翻訳者たちはギリシア語聖書の引用も読者になじみのあるシリア語聖書からの章句にかなり合わせていた。結局のところアラム語が、［シリア語の書き手の標準的な主張では］人間のオリジナル言語なのだった。シリア教会が急速にヘレニズム化し始めた五世紀半ば、このときにはギリシア語原典の正確な言い回しもきわめて重要となり、聖書の引用はシリア語聖書のテクストと異なる場合でも正確に訳されたのである。言い換えれば、ギリシア語が新たに権威あるものとされたことで、翻訳の技も変わったのだ。(23)

ブロックがさらに注目するのは、受容言語から原語への関心の変化——すなわちシリア語読者からギリシア語テクストへと焦点が移ったこと——が非宗教の作品にもかなり広く現れ、さらに後年、シリア語訳本を用いた偉大なアラビア語翻訳者たちがその逆の展開をせざるを得なかった点である。シリア語翻訳者の逐字主義は〈正確性〉を求めるところから来たものだが（先に引いたマップブークのフィロクセノスの事例のように）、正確性といってもテクスト原理主義に基づくものだった。

ローマの訳者たちとは対照的に、当時ギリシア語から訳したこの者たちは、二重に張り合おうとしていたようだ。ひとつには、この者たちは先人たちの仕事を（たとえばキケロやウァッロがプリニウスから敬意を払われたように）尊重も採用もまったくせず、むしろ先訳の正当性を否定して、もっと神聖なる新訳のために場所を空ける必要があると感じていた。もうひとつには、その翻訳の技たる逐字主義も、一見ギリシア語を上にシリア語を下に見ているようでありながら、おそらくはシリア語に聖なる言葉を扱う完全な力を移し替えることで、こうしたギリシア語原典をいちどきに置き換えてしまおうという欲求の現れと見るのがもっと正確であろう。たとえばセウェルス・セーボーフト（六六六年頃没）はニシビスで教育を受け、のちにケンネシュリンの主教となった当代随一の碩学であるが、科学知識はギリシア語に属するものであるという前提に異を唱え、偉大なプトレマイオスその人も『数理全書』においてはバビロニア天文学に大きく寄りかかっていることを指摘して、さらに「思うにそのバビロニア人がシリア人であることは異論の余地がないだろう」と述べた(24)。これは拒絶感というよりも所有欲を表した言葉だ。それゆえ、意味の取りこぼしは少しもなく言葉を移してしまおうとする動きがあるからといって、必ずしもギリシア語に聖なる対象という地位があることにはならない（もしそのようなことが事実なら、後にクルアーンの訳で起こったように、翻訳そのものが冒瀆を試みると見なされることになるだろう）。翻訳の新時代が示したのは、神の言葉と物質世界の言葉はどちらもギリシア語と同様に自分たちの言葉にもまったく収めうるものだという、シリア語の書き手のうちにあった大きな自信なのだ(25)。

これを成し遂げるため、翻訳者がシリア語に新しく取り入れたのがギリシア風の言葉である。ギリシア語からの外来語の数は四世紀以降着実に増えており、非宗教のものも宗教のものも、どちらも出典は様々で数多いがシリア語に入ってきていた(26)。初期にはこれらの言葉の大半が名詞で、ギリシア語に見られるたいへん高度な弁別や技術の側面を指し示し得るものだった。とはいえそのあと、借用語・翻案語にも前置詞句・冠詞・副詞などが入ってくるようになり、同じく複雑な語彙や構文の借用語もよく見られたが、これはギリシア語原典の宗教テクストを一語ずつ複製しようとした翻訳者の努力の直接の結果であった。ブロックが指摘するのは、こうした導入の多くが独創的かつ想像力豊かなもので、ゆえに単なるぼんやりとした模倣ではなくかなりの創造的な努力が必要だったという点だ。そしてまさにこの成熟があってこそ、そこから生まれた総体が、ギリシア語の要素を多く借りながらもセム語の性質を保った言語となり、シリア語をたいへん論理的なものにして、後のギリシア語とアラビア語の仲介をまさに必然としたのである。

初期の天文学翻訳——重要な役割を果たした例

九世紀の大規模転移という出来事に先立って、翻訳者たちの手でなされた著述の具体例が天文学についてはいくつかある。この著述はたいへん重要なもので、シリア語の天文言説の初期形態を打ち立てる後押しをしたばかりか、のちの翻訳者たちが——倣うにせよ抗うにせよ——何らかの形で応じ得る基本形を示してもみせたのだ。これら模範は、ただ修正・命名のための先例であっただけでなく、技法への自覚を高めて翻訳能力を研ぎ澄ませるきっかけともなった。実際こうした早い時期の翻訳者たちの仕事が、ギリシア語作品をアラビア語に訳す最良の方法を議論する際の焦点とされた例もひとつどころではない。

この点では、とりわけ言及する価値のある作品が三つある。なかでも最古のものの著者がレーシュアイナーのセルギオスという、ギリシアの非宗教文献をシリア語に訳した第一の偉大なる翻訳者と目される人物で、哲学作品（アリストテレス）を訳したばかりか、医学（ガレノス）・論理・植物学・宇宙論も手がけたらしい(27)。そのガレノスの翻訳は特に印象的なもので、その数も三十七作もある。アレクサンドリアとビザンティウムで広く医師育成に用いられた基礎文献で、九世紀アラビアの大翻訳者たちも関心を抱いたいわゆる〈アレクサンドリア教科〉の全体をほぼ網羅していた。六世紀初期にはたびたび、セルギオスも自ら天文関連の主題について短い論述をいくつかものしており、偽アリストテレス『宇宙論（ペリ・コスムー）』の訳(28)のほか、『宇宙の原因について——アリストテレス説に基づいていかに円であるかを示す』(29)、またガレノス『自然の機能について』第三巻の翻案である『月の運行と影響について』（付・太陽に関する小論）(30)などがあった。近代のあるとき、研究の一環でセルギオスの名のもとに様々な著述が集められたこともあり、なかにはメナンドロスやピュタゴラスにイソクラテスのほか、プトレマイオスの『数理全書』までが含まれていたという。これらの著訳者をセルギオスとするのは、今では誤りであると知られているが、ただきわめて重要なのは、こうした作品群が七世紀ないし八世紀に属する写本に存在することである。すなわちビザンティウムでは天文学がもっぱら占星術への関心に限られていたその時代に、そうした著作の翻訳とおそらく研究も活発であったことがうかがえる点なのである(31)。実際ビザンツの水準にあって、八世紀コンスタンティノープル天文学で最も教養あるとされたテオフィロス（七八五年頃没）という医師がいたが、彼自身エデッサで生まれて教育を受けており、ギリシア語作品をシリア語に訳した人物として知られていた(32)。

影響力の面では、セルギオスの天文翻訳で最も重要なのが偽アリストテレスの訳業で、これは八世紀以降イスラムの著作者にも研究されるようになった。もともとは五世紀以前のいつ頃かにギリシア語で書かれ、古代後期に哲学の参考書として広く用いられ、中世初期には近東およびキリスト教ヨーロッパのどちらにも広まり、後者では『世界について（デ・ムンド）』として知られるようになる(33)。原典のギリシア語とセルギオス訳のシリア語を詳細に比較してわかるのは、天文に関する語彙がアリストテレス風だということ――つまりアリストテレスの『天体論（ペリ・ウラノス）』（ラテン語では『天界論（デ・カエロ）』）に大きく依拠していることだ(34)。これによりアラトスのローマ受容よりもかなり高度なものとなっているが、プトレマイオスの数理天文学にはまだまだ届いていない。アリストテレスやガレノスの思想に焦点を当てている点は、セルギオスの他の訳述でもやはり正しいと考えていいだろう。惑星のギリシア語名称や軌道運動に関連した語彙など、天体（円運動）天文学の基本用語も含まれている。これら（とそのほかの）専門用語の大部分はどうやら、音訳（外来語）ないし同種の語彙でもってシリア語に取り入れられたようだ。これは、そのほかの研究者たちがシリア語翻訳の典型として同定したものとも一致しており(35)、たとえば法律・教会・行政関連の専門用語でも同じことが見られる。

翻訳そのものの特徴はどうか。伝わるところによれば、セルギオスは次のような主張をしている。「私は、写本に見出したものにまったく忠実であり続けようと大いに気を配り、この哲学者が書いたものに何も書き足さず、何も取り除かなかった」。ところで十九世紀スイスの研究者V・ライセルはこのテクストに今までのところ最も詳細な注釈をつけた人物であるが、この点を大げさに強調している。「この翻訳は底本テクストを翻案訳出した傑作であり、この著者はほぼ逐字の手法をまったく正確に用いて、ギリシア語テクストの最も精緻なる訳本に隅から隅までシリア語の表現を与えたのである」(36)。近代の注釈者としてライセルは、セルギオス訳の逐字上の正確性をいかなる「シリア語語彙の自由な使い方」をも超えたものとして強調しようと、躍起になっているようにも見えるし、ここからも当時のドイツ学術界にまったく顕著なギリシア語原典への敬意のほどが露わになっているだろう。またセルギオスは九世紀アラビアの大翻訳者たちにも有名で、そのなかの随一の人物（フナイン・イブン・イスハーク）のつけた注釈から判断すると、その成熟した手法とは実際は逐字訳と自由訳の絶妙な組み合わせであり、そのことから本人は翻訳の技芸の格別の手本となったのである。このことは、ガレノス作品の訳出に関する近年の評論からも論証されている(37)。

　天文関連のそれ以外の翻訳となると、活用できる情報がはるかに少なくなる。これらを七世紀中盤から末にかけて手がけたのは、セウェルス・セーボーフト（ニシビスのセウェルス、六六六年頃没）である。おそらくケンネシュリン修道院の主教を務めるかたわら、エデッサのヤコブのような後代のギリシア語学者・翻訳者の教師としても活動していたようだ。セウェルスは同定こそされていないが、もとは四世紀末にアレクサンドリアのテオンの手で書かれたアストロラーベについての論文を翻訳および部分的には翻案したようで(38)、テオンによるプトレマイオスへの注釈やそのエウクレイデスを再構成した便覧は、古代後期には広く知られており、のちにアラビアの翻訳者たちにとって重要なテクストとなった。近代フランス語の訳もあり(39)、そこからわかるのは、セウェルスがほとんどのギリシア語天文用語を自在に使いこなしていたことで、とりわけ星座・黄道十二宮・惑星の運行ばかりか、歳差運動といった現象やその計測も説明できていたほどだという。この論文の冒頭部はアストロラーベの各部分に関するもので、この器具の組立て方や分解方法のほか、時間・季節や惑星経度・黄道傾斜などの測定を行うための実際の使い方も扱っていた。この土台となるのが、天界の構造についての基礎的な神学論であり、アストロラーベはその機構でこの宇宙の構造を再現したものとされている。

セウェルス・セーボーフト『星座について』――独特の集大成

天文という主題を扱ったセウェルスの第二作は、翻訳史の上でも先行作品よりはるかに興味深く、ギリシア神話の天界表象を主に取り扱う〈星座論〉を含むものであった(40)。この作品をとりわけ注目に値するものとしているのが、アラトスを至上とする〈詩人と占星術師たち〉の〈偽り〉の天文学に対して、プトレマイオスや〈幾何学者たち〉の〈真の天文学〉をはっきりとした形で論述している点である。確かにセウェルスはこの著述のなかでアラトスをかなり広汎に引用し、ほかの文芸作品（たとえばエラトステネス『星位（カタステリスモイ）』）も同じく引き合いに出しているが、その引き方からありありとわかるのは、セウェルスが『星辰譜（パエノメナ）』を天文の学問そのものに有用なテクストというよりも、寓話や作り事の類と考えていることである。東方教会の主教としてセウェルスは、その神学観からアラトスを異教の神話の担い手と見なそうとしたどころか、学知の〈真の哲学者〉にまったく値しないものとした。だが、ローマや中世初期ヨーロッパにおけるアラトスの扱いとはきわめて対照的に、『星辰譜』を単なる歴史上の骨董品に矮小化するこうした判断の元となっているのは、この論では宗教的な背景ではなく、むしろ純粋な知的考察なのである。

形式として、この〈星座論〉は題名からもわかるように幅広い主題を論じた十八の章から成っており、「天界で用いられる名前付きの星座がそこに位置しているのはもとからなのか人間の慣習によるものなのか、その昇り方と背景、天球円（すなわち天球帯）、地上の気候の極および地帯の位置、天界と地上の測定、その住める領域と住めない領域の範囲」などを論じている(41)。とりわけ翻訳に大きく関連してくるのがこの最初の題目——星座の名称・同定が〈もとから自然に〉なのか人間の考え出したものなのかということ——であり、それにはいくつかの理由がある。セウェルスは、この問い(もともと本人の提示したものではないようだが)に認識と言語の問題双方が関わってくることに、はっきりと気づいていた。ひとつ、まったくこの方針通りの彼の言説をここに引用してみよう。

なによりも理解すべきなのは、賢明なる読者よ、我々が教授しようとしているあらゆるもの——すなわち他人に理解させようとしているもの——は、教えるものがもとから自然にあるものであれ、慣習的に存在するものであれ、おそらく名前や言葉を使わなくては教えられないことだ。確かに最も雄弁たるかの哲学者［アリストテレス］が、物事を理解可能なものにするためにまず必要なものを簡単ながらも四つ挙げている。それは出来事・思想・言葉・文章である。［…］ここでわかるのは、はじめのふたつは表現されるべきもので、あとのふたつはその表現を生み出す役目があることである。たとえば天と地と、その関連する現象は前者の類で、表現されるべきものであり、自然にあるものだから誰にとっても同じものだ。一方で、名前・言葉・文章は後者の類で、そうした表現の手立てとして働くもので、慣習の産物であるから誰にとっても同じものではない。慣習であり虚構でもある名前や用語を使わなければ、自然にあるものを題目にして何かを教えたり学んだりする手立てや能力も持ちようがないのである。［…］(42)

こうしてセウェルスは、知識の地域性に対する基本的な物の見方を示してみせる。言語への依存があるために、人間の理解はおよそ〈虚構〉さえも含まれる言葉という慣習という観点から定義されている、と。これはプラトンの考え方（自然発生した形相・イデアの反映）でもなく、そして必ずしもアリストテレス思想（言葉と対象のあいだの正確な対応について）というわけでもない。さらに重要なのはこの著者が、言葉という媒体――この場合は学知の中身が言葉として表された名称や用語――を通して動かさなければ、この知識も個人間・集団間・人々全体のあいだで伝えることができないことを、はっきりと述べているところである。

この冒頭とともに、続けてセウェルスはアラトスによる天界の文芸描写を訳出したあと論じ、ギリシア語の元の名前と合わせて星座のシリア語名称をいくつも示して（たとえば北冠座（コロナ・ボレアリス）は〈ヤギのヒゲ〉）、さらに自由意思と神の力を世界から奪うような〈無知の輩〉の営みとして占星術の解釈を排している。ただ興味深いのが、そうしたものを〈慣習および虚構〉であると指摘したあとも、セウェルスは基礎的な天体運動の説明には、アラトスの星座をそのまま用いている点である。その名称を（時にはシリア語の相当語を並べつつ）用いるのは、明らかに、広く受け入れられた呼称がある種の手間を省くことになるからで、そこからもギリシア語の天界が当時は天文学・占星術のどちらでも知識としてかなり標準化していたことがわかる。

シリア語の変化――結論

八世紀末ないし九世紀初頭、北シリアの学者・詩人であるダウィド・バル＝パウロスは、その手紙のひとつに「あらゆる種類の知恵はギリシア人に由来する」と記しており、ほかの文章でもこの点を詩として書き残してさえいる。

全ギリシア人のなかでも誉れ高きは賢者ポルピュリオス、
あらゆる学知に精通した、神の頭にも似た頭脳を持つ。
知識のあらゆる分野では、偉大なるプラトンも輝き、
同じく敏きデモクリトスも、栄えあるソクラテスも、
怜悧なエピクロスも、賢者ピュタゴラスもいる。
また偉大なるヒポクラテスや賢者ガレノスも同様だが、
これらの者みなの上に立つのがアリストテレス、
その知識は誰よりも高く、先にも後にも勝る者。(43)

これが、この時代における〈ギリシア人の知恵〉の位置づけを一般的に示すものと捉えうるなら、先の数百年をライバル視する姿勢とはほど遠いことがわかるだろう。この一節の注目すべき点は、そこに含まれた讃える調子だけでなく、時代・ジャンル・業績も広く様々な書き手を並べるやり方で——時代を超えた場に、この知恵というものがまさに不変なものとしてあることを示しながら、現在の仕事が保存と研究に限られていることを暗に伝えているのである。突き詰めれば、何の保存と研究なのか。ここから(そしてそれ以外の文章から)わかるのは、ダウィド・バル=パウロスはギリシア語をそれほどよくは知らず、また知る必要もなかったということだ。

ギリシアの〈知恵〉と聖書研究のあいだに直接のつながりがあり、かなり有用な作品がシリア語の知的文化へと訳出され組み込まれていった時代が数百年続いたことがあった。テクスト解釈が重要視

するアリストテレスの研究手法が、宗派間闘争の続いた数百年のあいだ、大きな価値と力のあるものと強く意識されていたのだ。ネストリウス派・単性論派・カルケドン信経支持派のいずれもが、アリストテレスの論理手続きを聖書分析に用い、神の唯一性やキリストの性質のほか宇宙の永遠性など、自らの宗派の信仰が正しいことを示そうとした時代であった(44)。アリストテレスと、ポルピュリオスによるその注釈は、神学論争においてきわめて重要な武器となったのである。七世紀には、それらも「まったくシリア語一色となり、［この言語は］東シリアの知識人層を構成するキリスト教徒の聖書解釈者・神学者たちに教養の印として共有された」(45)。このときまでに、医学の研究もアレクサンドリアの学校教育課程（カリキュラム）の翻訳に基づいて、しっかりと確立されており、「ペルシャはフーゼスターン地方のジュンディーシャープールにおけるネストリウス派の主要医療機関として新たに発展しつつあった所でも、すでに用いられていたに違いない。資料こそ古代ギリシアやヘレニズムのものだったが、その研究は必ずしもギリシア語の知識を必要とするわけではなかった」(46)。

アラビア語翻訳の物語が始まろうという頃、ギリシアの学問はすでに、広い通用性と文芸・宗教の表現力を有したひとつのセム系言語において、かなりの部分が存在していた。アラビアの人々が、この言語で育ってきたネストリウス派の翻訳者を用いることに決めたというのも、歴史的経緯だけでなくその必要性があったことを示しているのだ。実際、アラビア語への大翻訳時代は、大規模な革新というよりも、むしろ久しく以前に始まったプロセスを、体系的に受け継いだものだという点は、これまでにも大いに指摘されている(47)。こうして、アラビアの人々にまず好まれて格別の注目を浴びた分野——何よりもアリストテレス哲学と、医学のほかもちろん宇宙論と天文学——は、正確には何百年にもわたってシリア語翻訳者たちに選び抜かれてきたものであったのだ。

ペルシアおよびインド発のテクストと翻訳

東方起源の〈知恵〉の源

始まったばかりのイスラム天文学は、影響力といういくつもの河が広く折々重なり合う起源をもったテクストという養分を湛えながら流れ込んでくる、巨大な貯水池のごとくであった。この流れ、いやむしろこうした複数の流れは、七世紀初頭に地中海地域とそのあと東方地域とをイスラム教徒が征服したことで、可能になったところがある。よく指摘されることだがこの結果、ひとつの言語の屋根のもと、様々な文化が勢揃いすることとなり、東方だけでもシリア人・ギリシア人・ペルシア人・ユダヤ人・インド人・アルメニア人・アラブ人がこのとき、アラビア語の腕のなかに収まるまでになった。各集団は、アレクサンドロス大王以後何百年と経っても、ギリシア科学の一部を受け継いでおり、それを自分たち独自の伝統へと修正・翻案させながら、必要に応じてさらに様々付け加えつつ、そしてその結果として、紀元後二世紀から七世紀のあいだに生じたテクスト資料を絶えず互いに交流させ続けたのである。

実際のところ非宗教のテクスト、とりわけそのほとんどを占めた学問テクストという観点から考えると、近東はほとんど絶え間ない動きのあった地域と考えられる。使節・亡命者・軍隊・宣教師・商人・流れ者などがみな、都市間・集団間のテクスト移動に貢献したのである。再三にわたって翻訳は、対象を豊かにする力があることを示し、この効果たるや決して征服期に収まるものではなかった。言ってみれば、八~九世紀のイスラムの支配者および学者たちは、このテクストの移動と発展向上のプロセスを、うまく制御しようとしたのだ。その上で、そのために有していたのが、頼りとなる重要な模範であった。

当初、異文化テクストの知恵を求めたイスラム教徒の思想家たちは、取捨選択と折衷を旨とした。というのも、東方のかつてアレクサンドロス大王の帝国であった様々な地域は、遠い昔から元々のヘレニズムの要素を、各地の変わりつつある文化性という点から吸収・解釈しながら拒絶もしてきたが、イスラムはそれらの地域をすべてひとつの支配のもとに、再びまとめ上げたという事情があるからだ。この文は強調のしどころを間違っているように見えるかもしれないが、アレクサンドロス大王の死後もはや千年近くも経過している。少なくとも各地の文筆文化の詳細な研究からわかるのは、ビザンツ帝国の範囲内ないしその隣接地域にある近東に（たとえばシリア語を話す人々に）言い得ることは、同じくペルシアやインドでも言い得るということである。ヘレニズムの思想や体系はかなり早くに、多様な諸集団のなかで知的刺激と表現の新しい形の両方の機会を授けており、その集団のそれぞれがそのあと、自身の文化領域に合うようこの影響を変容させていった。イスラムの時代までに、ここに関わってくる知の形式にはすでに実に由緒ある歴史があるのであって、目をつむって歴史を消したりしない限り、単純に〈ギリシア〉とも〈ヘレニズム〉とも言えなくなっていたのだ。だが、たとえそう言えたとしても、久しく翻訳という伝統に依存してきた知の形式の複雑な起源を消し去ることはできない。さらに言えば、イスラムの学者たち自身が最終的にそのほかのものをすべて捨ててギリシア語作品の翻訳を好むようになったのも、どこかしらそのような認識の結果であったとしてもおかしくはない(48)。とはいえイスラム自然科学の形成初期には、とりわけ天文学と数学には、インドとペルシアの文章の活用もきわめて重要であったのは明白だ。

こうした著作の研究や、翻訳の技・手法のほか、イスラム思想への正確な道のりについても触れたいが、アラビア科学という大きな物語のなかでは最も展開の少ない章とならざるを得ない。主要テクストの多くが今や散逸しており、後代の記録を通じて知られるのみなのだ。ある作品の原典と訳本を比較する機会はたいへん少なく、多くの場合、存在すらしない。さる近年の議論によれば、パフラヴィ語・サンスクリット語・アラビア語で現存している写本の多くないしほとんどが、地球上の様々な図書館や博物館に散在しており、いまだ研究されないままで、ましてや系統的な分析など少しもなされていないのだという(49)。そのことを考えると、シリア語とギリシア語作品に対して先に述べたような類の研究を行うのは、今のところ不可能である。したがって本書が以下でまとめようとするのは、運動と影響の大枠ということになる(50)。

ジュンディーシャープール——東方の知的国際都市

のちにアラビア天文学となるものにペルシアとインドが与えた影響をいくばくか考えてみるには、イスラム帝国併合前の五百年以上にわたって翻訳と科学研究の主要中心地であった、ジュンディーシャープールという都市で起こった知的活動を調べるのがよいだろう。この活動が始められたのは三世紀のこと、ササン朝初期の王であるアルダシール一世（在位二二六—四一年）と、とりわけシャープール一世（二四一—七二年）によってである。後者がこの街を、ローマのウァレリアヌス帝に対する戦争で得たギリシア人捕虜の居留先と定めたのだった(51)。そのあとまもなく、長期にわたる激しい攻城戦が続き、シャープール一世が東ローマ帝国の文化上の中枢であるアンティオキアを奪取したことで、ギリシア語を話す多くのシリア人たちがジュンディーシャープールで保護されることとなる。

こうして実に当初から、この都市はヘレニズムおよび文化・言語の混交する中心として機能したのである。この点は、ビザンツ皇帝による宗派粛正のあいださらに強まることとなり、ゼノン帝によるエデッサのネストリウス派の学院閉鎖（四八九年）や、またユスティアヌス帝がビザンツ帝国領内の大部分で異端学問の教育に対して採った厳格な措置もあって、「帝国諸都市における高等教育の全体的減衰」(52)を招き、ネストリウス派知識人たちの東方移住を引き起こした。ビザンツの損失がジュンディーシャープールの利益となったのだ。五世紀末、ネストリウス派によって建てられた諸学院は、いずれもホスロー一世アヌーシルワーン（哲人王、在位五三一―七九年）の手で、アレクサンドリアの同様の機関にならって翻訳・研究・教育の一大中心地へと発展する。ギリシア＝シリアの医学が栄え、数学・論理学・天文学もみな、度合いは様々だが教程のなかに含まれていた。インドからも様々導入され、たとえばビドパイの有名な説話集『のちの『カリーラとディムナ』』、様々な薬理表、また幾人かのインド人医師兼教師に至るまで、いずれもがホスローに命じられたインド旅行からアヌーシルワーンの侍医兼宰相であったブルズーヤが帰ってきたときに持ち込んだものであった(53)。この都市が七三八年アラビアに奪取されるまでには、知的中枢としてのジュンディーシャープールの名声は盤石なものとなっていた。事実、預言者ムハンマドの縁者たるアル＝ハーリス・イブン・カラーダが七世紀初頭この地の医学校で学んだことが記録されている(54)。

知的活動の現場として、ジュンディーシャープールは古代後期における翻訳の枢要であった。その域内では、医学・宇宙論・天文学・アリストテレス思想などの著述運動が、パフラヴィ語・シリア語・ギリシア語・サンスクリット語、のちにはアラビア語でも様々な折に生じたのである。同様に印象的なのが、この言語上の転移がこの都市を治める諸王によってじかに支援・後援されたという事実であり――この都市の歴史および名声が重要であることは、アッバース朝初期のカリフたちも見逃さなかった。この種の〈国家後援〉の翻訳事業が始まったのはかなり初期のことで、ギリシアおよびインド占星術のテクストにとりわけ興味を持っていたアルダシール一世とシャープール一世のもとであった。ほかならぬプトレマイオスの『大全書』がパフラヴィ語に訳されたのは三世紀であるから、原典が書かれてからまだ百年も経っていなかった(55)。ジュンディーシャープールにネストリウス派の学院が設立されたあと、翻訳活動がきわめて盛んになったのである。その後、ササン朝の支配者たちは引き続き天文作品への関心を高め、この都市にいた有用な言語専門家を取り立てて、様々な典拠から要素を組み合わせて新しいテクストを作らせた。関心の重点に置かれがちだったのは占星術に役立つテクスト群で、とりわけパフラヴィ語で *zīk*（［または *zēk*］アラビア語では *zīj*）と呼ばれ、惑星・星座の運行を予測するための様々な表からなるもの［星表のこと］が注目された。それにはしばしば附属として、プトレマイオスやその注釈者らなどによる理論性の高い著作を大きく取り込んだ解説文が伴っていた。この関連で、ここで扱われるプロセスがいかに複雑なものであるかがそれなりにわかる具体例を、いくつか引いておくことも有用だろう。

四世紀後半、ディオクレティアヌス帝の時代には、シドンのドロテウス［一―二世紀］のギリシア語占星詩の古代パフラヴィ語翻訳に挿入された天宮図（ホロスコープ）が計算のために用いられた。これは、当時用いられたパフラヴィ語の星座表がひとまとまり存在していたことを示すものでもあろう。

だがいずれにせよ、四五〇年頃に『王ノ表（ジーク＝イ・シャーリイドラン）』が制作されたようで、そこからわかるひとつの要素たる太陽の遠地点の経度は、もとはインド天文学たるブラーフマパクシャの変数であ

> る。百年後の五五六年、ホスロー・アヌーシルワーンはお抱えの占星術師たちに命じて、アラビア語で『アルカンド表（ジージュ・アル＝アルカンド）』と呼ばれるインドのテクスト（アルカンドはサンスクリット語の ahargana の転訛［で一定時期の始まりから経過した日数を表し惑星経度の計算に用いられたもの］）とプトレマイオスの『大全書』を比較させた。インドのテクスト［…］の方が優れていると見受けられたので、『王ノ表』の新たな改訂はそちらに基づくことになった。［…］『王ノ表』の最終版は、出典未詳のほかの文献を用いていくつものアーダラートリカの変数を組み込んだ先行書と同様、ササン朝最後の君主ヤズデギルド三世の治世に刊行された。パフラヴィ形式のその表はおそらく、六七九年直後にイスラム史初期を示す一連の天宮図の計算に用いられ、また［カリフ］ハールーン・アッ＝ラシードの治世に計算された別の天宮図でも用いられたようだ。(56)

こうした典拠と影響を追いかけることで、いくつか重要な結論が指し示される。第一に、この時期には修正すら神聖不可侵と見なされた個別作品はなかったこと。天文学の賢者なり、不朽の名声を誇る過去の預言者なり占星術師なりがいたとしても、実際の文章を見る限りそのようなことは真実とはほど遠い。様々なテクスト・語句・言葉・名称・表・計算などの断片をみな継ぎ合わせて、必要な写本を生み出していたのかもしれない。しばしばこれは古い表の改訂や付随するテクストの再翻訳とも関わってくるが、同時に、ある作品の再構成や編集、他の作品への挿入といったそのほかの側面もたくさんある。第二に、その著書『大全書』が当時少なからぬ名声を勝ち得ていたはずの偉大なプトレマイオスも、確かに重要ではあれ、ただ単に有用性の高い出典と見なされていたということ。実際プトレマイオスでさえ、比較された上で瑕疵が発見されて、修正の余地ありとされうるのだ。第三に、ジユンディーシャープールという都市は、国を越えた学問機関を有しつつ、ある種のテクスト商品の市場としても機能したこと。こうした商品は絶えず運び込まれ、そのときの用途に応じて取り込まれ、再度送り返されるのだ。必ずしも絶えず求められていたのではないにしても、特定の目的のために役立つような、見逃していた作品なり新しく生まれた作品なりの情報には、少なくとも一定の関心が持たれていたようである。

影響の性質と原因

この種の結論が誇張されているように見えるなら、現存する証拠がきわめて貧弱ながらも、みなこの方向を指し示しているということを思い返すべきだろう。実際この証拠から明確にわかるのは、イスラム教徒がまったく遅れることなくこの関連プロセスを理解して、それを引き受けようとしている点である。

バグダード建設の好期を相談された占星術師のひとりが、ムハンマド・イブン・イブラヒム・アル＝ファーザーリー、古代アラブのアル＝クーファ一族の末裔たる人物であった。七七一年もしくは七七三年にシンドからアル＝マンスールの宮廷に遣わされた使節団に天文学に詳しいインド人がいたため、カリフから命じられてアル＝ファーザーリーは、その人物の助けを借りながらブラーフマパクシャに関連するサンスクリット語のテクスト、どうやら『マハーシッダーンタ』と題されたものを訳すことになった。この作品は、六二八年にブラフマグプタの著した『ブラーフマスプタシッダーンタ』に依拠していたようである。この共同作業の結果が『大スィンドヒン（ジージュ・アッ＝スィンドヒンド・）

ド表』だったが、その材源は『マハーシッダーンタ』のみならずアーリャパクシャ（おそらく『ハルカン表』経由）や『シャーフ表』のほか、プトレマイオス（おそらくパフラヴィ語版）や、ヘルメスのものとされるペルシアの地理テクストからも得ているものだった。(57)

ここで言及されていない事実としては、この『スィンドヒンド表』（としてのち有名になる作品）が、アラビア語に翻訳された最初の科学著作を示すものだという点がある。またこのなかには、実に的を射た記述もある。というのも、次の世紀にはバグダードが、アル＝マンスールの後継者たちのもとでイスラムにおける翻訳活動の中心となり、ひいては世界史においても科学研究の一大中心地となったからだ。

かたやこのテクスト、すなわちアラビアにも入ってきたことで知られる初期星表でも最重要のもので、ひいてはイスラムそしてのちにはラテンヨーロッパの天文著作でも定番となるものの先駆となるテクストが、取捨選択の上で折衷されて作成されていたことは、当時の重要文書に見られる〈影響〉のかたちを如実に表すものである。このプロセスは最終生産物しか残らないため、用いられた翻訳のやり方を正確に見極めることも、またさらに言えば、〈翻訳〉が終わって革新的な翻案が始まった地点について見定めることも不可能だ。ただし、先の引用からわかる大まかな手順が、現地で行われた移転を示すものと捉えられるなら、これもまた逐字主義と釈意訳が複雑に混交したものであるように思われる。七～八世紀のシリア語翻訳者たちのほとんどがある種の忠実性を厳密に守ったのだが、この事例では出典資料の幅広さやそれを進んでつなぎ合わせて新しい形にまでしたことを考えると、似ても似つかないものであるようだ。

先に引用した書物ではもともと、アル＝ファーザーリーその人の文章がとりわけ冒頭数行引用されている(58)。アル＝ファーザーリー自身が伝えるところによれば、インドの天文学者（その名はカンカであったとか）は天文学の子細に精通しており、カリフの参考になる文献について語ったという。さらに、アル＝マンスールがそれを閲することを熱心に望まれ、そこで翻訳を命じたとも伝えている。まさにこの歴史的な瞬間でなされた個人間の口頭のやりとりの結果、天文学史上かなり重大な言語間の転移が試みられることになったわけだ。アル＝ファーザーリーも生まれはペルシアで、その地域からアル＝マンスールが八世紀末に自分の宮廷へ連れてきた多くの天文学者のなかのひとりであった。カリフがアル＝ファーザーリーに知識と言語力があると認めていたのは明らかで、おそらく当時のペルシア出身の天文学者はそのほかの者もそうであったと思われる。この者たちは多くがアラビア語とパフラヴィ語を解し、またシリア語やおそらくはギリシア語・サンスクリット語も多少はかじっていたであろう。では『スィンドヒンド表』はいかにして出来上がったのか。少なくともアラビア語の会話はできたそのインドの学者が、おそらくはサンスクリットの文章を読んで、それを口頭も交えつつアル＝ファーザーリーのために訳出し、それからアル＝ファーザーリーが最終的な文章の形に整えたのだろう——すなわち、アラビア翻訳時代にもしばしば繰り返された、またのちの十二世紀にアラビア科学の著作をラテン語に訳す際にも広く行われたプロセスだと思われる(59)。異言語間、さらに言えば異文化間を抜けるためにも、科学文献は何よりもまず個人の間を通り抜けねばならなかった。こうした出会いの〈小さな〉挿話（ジージュ）こそが、時にものすごく重要な交流の現場を形づくるのである。

イスラム天文学における星表の伝統は、観察面でも理論面でも最重要の部類に入る。単なる表形式の情報（図5参照）と見なされることが多いが（元のパフラヴィ語の zīk は〈糸〉という意味でテクストそのものが織物に見えることを指しているか）、この星表は実のところ思想・手法・情報が複雑かつ高度にまとめられたもので、惑星運行の理論を大きく論じていることも多かった。その起源を遡ればおそらく、プトレマイオスの「簡易数表」のペルシア語翻案（『大全書』に収録された星表にまとめて使用法をつけて改訂したもの）と、インドに昔からある〈シッダーンタ〉だと思われ、後者は様々な天文学の問題に数理上の解決を付けるための〈計算法〉を提供しようとする一連の論述からなる韻文で、様々な計算体系（インドの数学者たちが見つけた正弦関数を含むもの）や幾何学モデル、それから天界の関係や運行を示す図表を伴うものであった。この流れはおおむね四~五世紀には始まり、アリヤバータ一世（四七六年生）の著作で早くもひとつの頂点に達したが、そのテクストである『アーリヤバティーヤ』と（それより小規模だが）『アリヤバータシッダーンタ』は、インド科学史において「数理に基づいた天文学に関する現存最古の重要作品」だと一般的に考えられている(60)。

『アーリヤバティーヤ』は、星々と惑星の構造・運行のほか計算・測定・予測の方法を並べ立てた計一二一行の詩である。言葉の面では、詩的比喩と専門用語がきわめて効果的に組み合わせられている箇所がところどころある。たとえば地球は「宇宙の中心に引っかけられた鉤」と呼ばれ、「周りを花に囲まれたカダムの木の華」になぞらえられる(61)。ただしあらゆるシッダーンダと同様、天体の位置・運行・関係の計算式を言葉と象徴で説明しようとするため、結局のところ専門言説の方が強くなっている。とりわけ時間を扱う各種の計測体系をアリヤバータは修得して用いており、この種の論文の未来の書き手の標準が定まることとなった。『アーリヤバティーヤ』の翻訳が難しいことは、惑星位置の測定方法のくだりの現代語訳を試みた次の文章からもよくわかる。

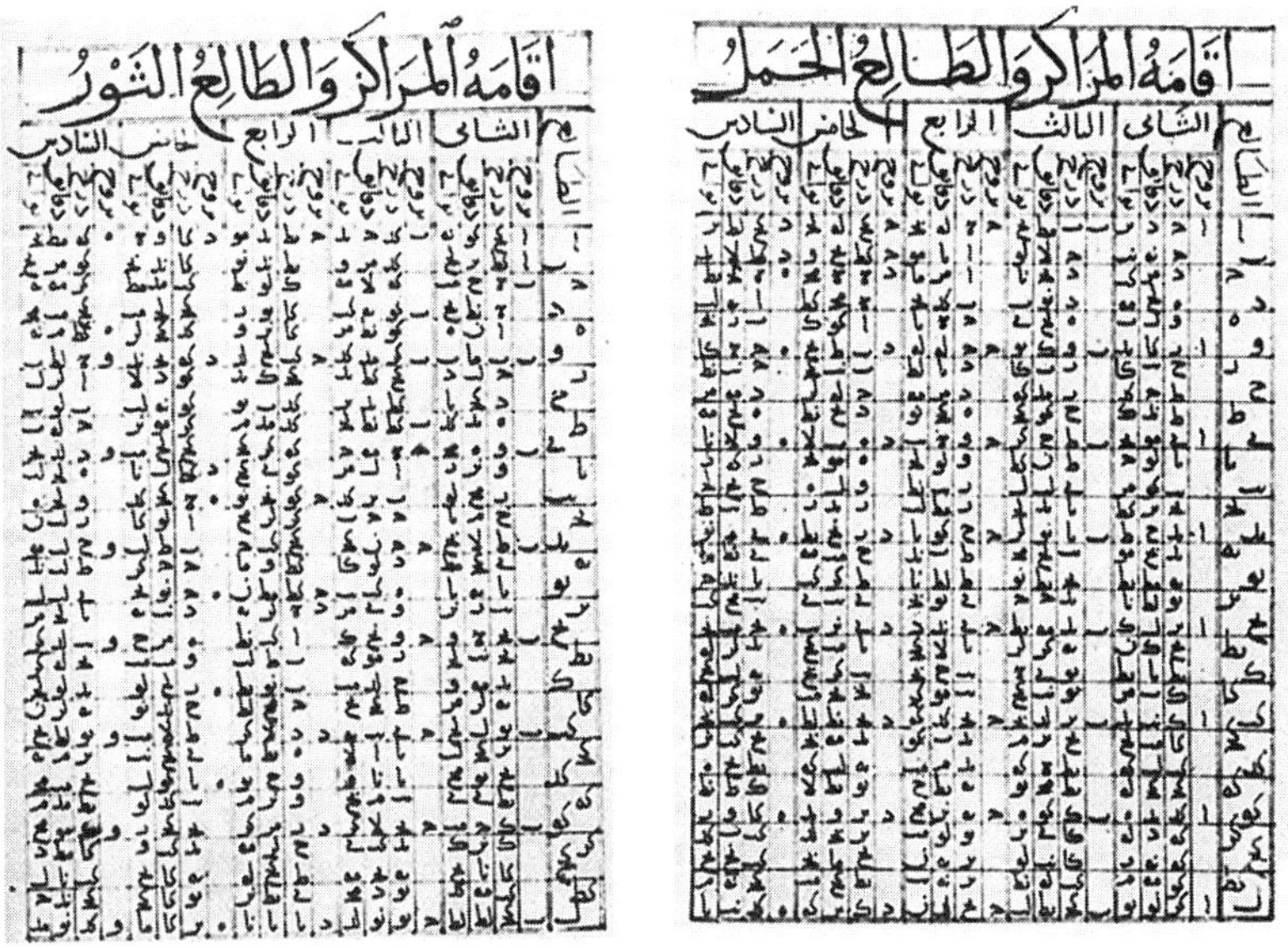

図５　13世紀の占星術／天文学の写本にある典型的な星表（zij）　この場合、表にはバグダードの緯度に合わせて占星に用いる様々な〈宮〉の位置情報が示されている。フランス国立図書館、パリ、arab 2426, fols. 173v-174r.

遠地点からの（近点四象限の）修正は、それぞれマイナス・プラス・プラス・マイナスである。sighroccaではちょうど逆となる。土星・木星・火星の場合には、まず正ないし（場合によっては）負のmandaphalaを適用せよ。惑星および惑星の遠地点には、半分のmandaphalaと半分のsighraphalaを正に負に適用せよ。（新しいmandakendraから新たに計算された）mandaphalaで補正された平均惑星は、そのため真の平均惑星と呼ばれ、sighraphalaで補正されたものは真の惑星として知られている。(62)

ローマ字で示した各単語は、位置計算のために定義された惑星運行に関する特定の属性である。たとえばsighrocca は惑星が最速運行する極点のことで、mandaphala が示すのは惑星の遠地点・遠日点に関する補正値、mandakendra は遠地点の経度を引いた特定位置の惑星の経度と定義される。こうした用語は、パフラヴィ語やアラビア語にも（もしくはまずパフラヴィ語にそのあとアラビア語に）字訳として転写されたようだが、その詳細の多くは、必要な写本が失われているため推測することしかできない。とはいえ、インドの術語体系がヘレニズム期のギリシア天文学と同じくらい高度かつ具体的であり、当時の翻訳者にとっても恐ろしく手強いものとなっていたことは明白である。このことから、こうした翻訳の制作には共同作業の試みが求められたのだろう。

古代インド天文学に対するギリシアの影響という問題は横に置くとしても（どうも大きかったらしいが(63)）、〈シッダーンタ〉の伝統がイスラムにおける理論と計算の――すなわち数理の――天文学を打ち立てる基礎となったことはどう見ても間違いない。すでに述べたふたつの典拠『スィンドヒンド表』と『アーリヤバティーヤ』に加えて、イスラム科学者の第一世代は、七世紀に同じくブラフマグプタの手で書かれた『カンダカードヤカ』を三つめのテクストとしてよく用いた。この選択は、（同じくブラフマグプタの著作に由来すると思われる）『スィンドヒンド表』と同様、少なくともでたらめなものではない。アリヤバータ一世はもともと〈シッダーンタ〉を形式化して、詳細な計算に用いられる規則を一連の言葉で綴り、その枠組みと展開とがのちの書き手によって踏襲された(64)。かたやブラフマグプタは、『アーリヤバティーヤ』にある規則の多くを改訂・修正しつつ、同時に新しい手法をも生み出し、それにはたとえば惑星の瞬間運動の計算のほか、視差の正確な測定、蝕の正確な進行の計算などがあった(65)。これら著者両名――ひとりは天文著作の〈聖賢〉、もうひとりは前者の訂正者にしてイスラムそのものの創設期に著作を書いてその書が同時代によく用いられた人物――

は、イスラム初期の天文学者にとってインド最高の権威に見えていたに違いない。この点でも、ブラフマグプタが『カンダカードヤカ』の冒頭で述べたことは重要であるようだ。「アリヤバータによって与えられた手法では、毎日計算するのはふつう無理である。［…］本作で私が述べることは、もっと簡潔でありながらも同じ結果を産み出すものなのである」(66)。こうしたことから、この二名の著者は〈シッダーンタ〉の伝統の始まりと〈完成〉に立っているのだと思われる。

むすび——選択と意義

イスラム天文学者の第一世代の多くはペルシア生まれで、こうした人々はかなりの数、旅を通じてか、パフラヴィ語訳によってか口伝えによるものか、とにかくインド天文学にもかなり通じていたことは確かであるようだ。これらと同じような出会い方は、同じくインドにも早くからあったらしく、というのもインドの天文学者たちはバビロニアの要素(たとえば惑星理論における線形代数の手法)を、紀元後の早い時期にアレクサンドリア占星術と接触する前からもう取り込んでいたのである(67)。出会いの詳細がよくわかっていないこの長い時期を扱うある歴史家は、アリヤバータ一世が「直接の翻訳もなく『アルマゲスト』の高度な幾何手法を習得した」と何とも思わせぶりな言い方をしている(68)。

この時期を通して、ササン朝の統治者たちがはっきり示したように、西方のアレクサンドリアと東方のペシャワールとのあいだでは、王室向けの天文学／占星術をよりよく構築できる重要かつ価値あるテクストという形で権威を持つものが、絶えず探し求められた。星空の知識と活用が与えてくれるのは、特別な力だ。出来事を理解かつ予測する力、時を管理・監督する力、新たな大都市を築く力、唯一神ないし神々を人の意のままに操る力。こうした力は、王の権勢には絶対不可欠なものだった。天界との密接な交渉を欠けば、地上における王権も衰えるさだめである。なぜならそれは、王や女王に神の印や認めがないことになるからだ。こうした考え方も、アル＝ファザーリやカリフたるアル＝マンスールの事例からもはっきりわかるように、明らかに初期イスラム文化の一部なのである。こうして天文学において権威あるテクストを探すことは、またおおよそのところで政治力を、すなわち地上の権勢という大きな実体を追い求めることでもあった。アンティオキアやエデッサ、ハッラーンにニシビスのほかジュンディーシャープールといった諸都市は、翻訳というプロセスを通じて、この探究の結果を有用な資料へと転換させる場として機能したのである。まるごとにせよ、断片の形であるにせよ、プトレマイオスやアリヤバータ、レーシュアイナーのセルギオスやセウェルス・セーボーフト、ブラフマグプタのほかアレクサンドリアのテオンなどが書いた文章、さらに有名な作品を部分的に編集・盗用・訂正したものと思しき著者不明の数多くのテクスト群は、いずれもが都市間・王国間・言語間を幾度となく転移していった。アリヤバータ一世が何らかの形でプトレマイオスから影響を受けたとするなら、おそらくは組み替えテクストのようなものによってであり、それが有用でありながら著者不明であるところに、文化材の形成・再形成における翻訳の中心的位置が反映されているのである。実のところ、そのような場合には直接のつながりがほのめかされていても、〈プトレマイオスの影響〉を正確に述べることは難しいだろう。〈プトレマイオスの影響〉ならまだましかもしれない。著者のあり方が形容詞の立場に貶められているのが、まさしく要点である。

古代後期における近東の翻訳活動とその関連テクスト群は、かつてローマで行われたものよりもかなり複雑で、はるかに国際的なものであった。インドやペルシアのテクストに劣らず天文学に重要だったのが、もとギリシアでよしとされた作品の完訳・部分訳をも収めたシリア語の著述であった。どうやらインドの書き手が最も独創的かつ革新的であるにしても、パフラヴィ語やシリア語で書いた人々も未来の天文学の営みに財産を残したという点では、重要度も劣るものでない。それは天文学におけるこの翻訳活動のバトンが、イスラムの新たな学者たちに受け取られたからである――この場合に〈アラブ人〉と呼ぶのは誤りで、なぜならこうした学者たちの出自には、キリスト教徒・ゾロアスター教徒・マニ教徒・イスラム教徒など様々な文化・宗教の背景があるからだ。この転移の最初の時期には、アル＝マンスール（在位七五四―七五年）およびアル＝マフディー（在位七七五―八五年）のもと、インドとペルシアの著作が重要視されており、アン＝ナディームの『目録（フィフリスト）』にも、十世紀半ばまでにアラビア語に訳された様々なインド天文学の書き手の文章が十四も引用されている(69)。だがアル＝マアムーン（在位八一三―三三年）と、ネストリウス派の医師であるヤヒヤ・イブン・マーサワイフ（ラテン中世ではメスエとして知られた人物）の強い影響力を誇った著作、さらにギリシア学問の力強い代弁者となる博学アル＝キンディー（およそ八〇〇―八六七年）の著述をきっかけとして、流れはギリシア語テクストのシリア語訳の方へと移り、その範囲も天文学のみならず医学・博物学・哲学までも含むようになった。

イスラム天文学の創成期に選ばれた作品は、重なり合うふたつの大きな条件を満たしていると考えられた。そのひとつは優れた精度、それゆえの有用性である。『王ノ表』は先述の通り、早くからプトレマイオスと比較され、惑星および恒星の位置の確定についてはそれ以上に正確だと見なされた。のちにプトレマイオス『アルマゲスト』が少なからず好まれたのも、その手法の修正更新が認められただけでなく、進歩の名のもとに絶えず改善されて注釈が付けられ、抗ったからである。テクスト選択の主な根拠となったふたつめのものは、一部のイスラム学者たちに最も名高く包括的な作品群――昔ながらの営み全体の本質を要約したもの――を所有する必要が自覚されていたこととも関わってくる。ここで目につくのは、インド天文学で（手法と結果の正確性を強調されつつ）通用していた〈シッダーンタ〉の原作者と推定されるアリヤバータ一世と、彼の最も高度な注釈者であるブラフマグプタの両名である。それでもそこでプトレマイオスが典拠として選ばれたのは、よく言及されるように、『アルマゲスト』がヘレニズム思想と手法を要約・拡張したこともあって、その名声がそれ以前の典拠への興味をおおむねかき消してしまったことが久しく明らかだったからだ(70)。したがってこのふたつの条件――精度と包括性――が、イスラム初期の知的文化に対して有用なテクストという理想像を定義づけたようである。ここからわかるのは、かなり重大な判断が下されたということ、翻訳という明らかに合理的な計画があったということで、その土台はふたつめの大きな物語のあいだ（九世紀末から十世紀のほとんどを含む期間）にも引き続いて高く蓄積されていたのだ。

結局のところイスラムは、必要に応じて引き出せる実に豊かな天文資料を有していたのである。最も高度な形の古代科学が手の届くところにあったのは、何百年にもわたる翻訳があったからこそであり、とりわけシリア語の場合、翻訳とは実は単なる保存する力や確固たるものにするプロセスであるばかりでなく、原典の内容を削除変形しつつ新しいものを追加脚色するという〈罪〉を時には犯す、文化の翻案という多元的な活動なのである。ならばイスラムが思うままに取り上げたものとは、多様な造語をもはるかに超えた富であったわけだ。イスラムの学者は、テクストという宝を求めてアレクサンドリアからペシャワールまで様々な都市や図書館をただあさろうとしたのではない。この者たちが試みたのは（そしておおむね上手くいったのは）、不純物を取り除く翻訳というプロセスそのものを制御し、その上でそれを拡張拡大することだったのだ。ここで理解されるべきなのは、イスラム教徒の知的文化が生んだ大規模な文明化の結果と、それが最終的にラテンヨーロッパに与えた影響である。

第三章
八〜十世紀アラビア科学の成立——翻訳と知的伝統の形成

〈ヘレニズム化〉の問題

世界文明史のなかでも主要な出来事と間違いなく言えるこの翻訳時代をこんにち探究しようと資料を読む者は、すぐさま自分が豊かながらも難しい水域にいることに気づくだろう。この海域は確かに深く、養分も豊富である——翻訳と科学に関する限り、とりわけ近年これほど幅広く論じられた時代はないが、まだまだ根本的なレベルで論じ尽くされていない点もある——が、その海原には絶えず逆風逆流が起こるため、先にある海岸線のかたちを見定めることさえ容易ではない。このテーマについて現代の学問は、過去の研究に対して精力的な見直しと議論を行っている最中であり、以前の解釈や用語の可否を（時に無意識に）行っている。この論点が浮上してくるのは、いくつかの主要論点ないし〈問題領域〉のうちであって、この時期やそれ以降に、知識の転移そのものやイスラム文明内での具体的な受容がどう意識されたかという件と、ただちに深く結びついている。

こうした論点のなかでも最も中心にあるもの、そして本書がここで論じようとしているものは、ヘレニズムという考え方、いやむしろ〈ヘレニズム化〉に関わるものだ。このことは第二章でシリア語翻訳という点から簡単に触れたが、その営みがあまりに大規模で、国による支援があったこと、さらにその変容が後世に影響を与えたと思われることから、ここでもそれ以上にたいへん重要なものとして表面化してくるのである。〈イスラム知識人のヘレニズム化〉は、語句としては、学術でも決まり文句としてごく普通に用いられながら、こんにち問題視されている類のものだ(1)。ここにまつわる混乱や必ず伴う論争は、この時期・地域を扱う歴史学に対するメタ研究の主題にもたやすくなりうるだろう。本書の目的からしてこの点の最もよい例となると思われるので、それぞれこの種の研究を方向付けている近年の重要文献をいくつか引用しよう。最初のものは、この翻訳時代を扱った資料集でも活用度・貴重性ともに最大級であるフランツ・ローゼンタールの『イスラムにおける古典の遺産』である(2)。古代近東に関連してこの著者が述べるには、「ヘレニズムの勝利とは、近年の発見によって再三確認された事実である。とはいえ、七世紀の初めには、これもギリシア語がおおむね抜け落ちたヘレニズムとなっていた。というのも、キリスト教宣教師およびそれに続いたグノーシス派の者たちは、[…]文芸表現のために現地の言語を用いることを主張したからである」(3)。

その数ページあと、翻訳者そのものを扱ったくだりで、ローゼンタールは次のようにまったく正確かつ印象的な発言をしている。「この者たちが訳した作品のギリシア語はすでに死語であったし、当時のビザンツの言葉ともかなり違っていることが知られていた」(4)。さらに「翻訳者のほぼ全員が各種教会のキリスト教徒」であり、なおかつ翻訳されたものが「[イスラムのパトロンにとって]実際に有用であることが主たる要件だった」と論じている(5)。そして読者は、さも当然というふうに書かれた、ちぐはぐな次のような文章にぶつかる。

古代哲学・医学および精密科学の諸作品は、ヘレニズム後期まで残ったものに限っては実質そのほぼすべてが受け継がれた。つまりこれは、こうした分野について我々が持つギリシアの知識が、アラブ人のそれと実質違っているわけではないということだ。［…］古典となっていた作品はおのずからほとんどの学校で学ばれていた。とはいえ、それらも教育の必要に合わせざるをえず、時が変われば強調する点もそれなりに変える必要があった。さらにまた、偉大な作家の多くがくどくどしく思われたため、省略と言い換えが好ましいと見なされた。［…］作家によっては、その作品について書かれた注釈の方が、原典テクスト以上に多くの情報を与え、原典以上に重要となったのである。(6)

目ざとい読者であれば、ここでこう問わずにはいられない。元の言葉の形もまったくなくなり、その主要テクストも何百年と変容を被った上に、〈古典〉とは見なされてもそのまま受け止められることがまず滅多になく、必要と思われるやり方で受容される素材として扱われる時代にあって、どの程度どう具体的に〈ヘレニズム〉が影響力あるものとして存在すると言えるのか。たとえばシリアおよびペルシア文化の場合は、もともとギリシア語の科学文献（とりわけ天文学および医学）であったものの大部分が翻訳・複写・改訂されて、アラビア語に移される前から五百年近くにわたって、学術教程とともに実際にも用いられてきた。さて、この文献は具体的にどの程度〈ヘレニズム〉を留めていたのか。この文献をシリア・パフラヴィ文化から引き離してギリシアへと付け戻す際に、どういうやり口の正当化が関わってくるのか。

ここでこうした問いを出すのも、頭のなかに大げさな答えがあるからではなく、こうした用語がいったん機能し出すと絶えず生じてしまう、ある種の認識の穴を明らかにしてくれるからだ。実際のところ先の引用は、〈ヘレニズム〉および〈ヘレニズム化〉をこの時代に対して持ち出すと、わかりやすく言うつもりでも少なくとも何かしらの問題が生じうる概念であることを、十分示していると言えるはずだ。言い換えれば、八〜十一世紀にイスラムの知的社会で生じたものが〈ギリシア文化の存続〉とはまったく異なる何かであったことは、ローゼンタールの説明からも明らかである。中世後期のラテン文化の〈アラビア化〉や、十六〜十七世紀英国の〈ローマ化〉、または十九世紀末ヨーロッパ科学の〈ドイツ化〉などを語る歴史家など、まず滅多にいないことを考えてもいいだろう。ただし、アラビア語翻訳と現地化の時代にあって、こうした内在する力が〈ヘレニズム要素〉として認められるときには、これらの言い方のいずれもが最低限考慮されなければならない。〈起源〉という問いは、時代を超えた知の活用と変容という歴史のあり方とは対極に位置するものであり、イデオロギーという陥穽に容易く落ち込んで（あるいは落とし込んで）しまいうるものだ。とはいえ、とりわけアラビア語翻訳の文化面を心に留めておく助けにはなる。

科学思想が転移するのは、人々が書物を学んで表を手に計算して道具を用いるからであって、ただ書物を訳したり表を書き写したりよく出来た工芸品を買ったりするからではない。ビザンツがいかなるギリシア語写本にもじかに触れられたにもかかわらず、結局のところイスラム世界が――実際には先により多くのものに触れて――その科学遺産にほとんど興味ないように見えなが

ら、ヘレニズム科学の直接の相続人となったことを思い出すだけで事足りる。(7)

ただしここでも、〈相続人としてのイスラム〉という言葉に直面してしまう。一九八〇年代後半までは、この〈遺産〉という言説にはもっと露骨なかたちで出会うことが普通であった。学者たちは、この翻訳という出来事を〈保存〉および〈保全〉と捉え、イスラム文明がギリシア科学の〈遺産〉を〈救出〉して〈次に渡した〉と語ることが非常に多かったのだ。こうした議論では、ラテンヨーロッパが真にして最後の〈再生〉の地であるといったような、すなわち知識という長く彷徨ったオデュッセウスにとってのイタカ(ないし貞淑なペネロペ)のごときイメージが常に伴うのである。かくして西洋は、知の中枢の正統な継承者として(どことなくその真髄を持つというニュアンスで)示されたわけだ。ギリシアの知識そのものは失われまたは葬られながらも、イスラムの手にはあったということだが、その考え方では、イスラムには絶えず異国外来のもので理解されなかったということになる。こういう点からイスラム社会の果たした役割も、単に西洋への〈貢献〉が最も大きかったと見られるだけで、過小評価されてしまったのだ。

ここ十年の間にまとめられてきた考察では、オリエンタリズムがはっきりと少なくなってきているものの(8)、とりわけさっと触れるようなときには、こうしたかつての言説がこびりついた残留物よろしく、どことなくそのまま残ってしまう。

いわゆるギリシア=アラビアにおける科学・哲学の伝播は複雑なプロセスであり、そのなかで先の学問伝統からもたらされた解釈に、そして時にはアラビア語およびイスラム教にまつわる新たに形成された分野においてすでに専門的に用いられていた用語に、翻訳は大きく影響を受けることが多かった。［…］八〜九世紀のイスラム教徒がなしたことは、自分たちに様々な実利面・精神面の利益があると思われる遺産を探し出して理解し、最後に自分のものにすることだった。(9)

こうした点は、この翻訳時代だけでなく他の時期にまつわる研究にも、著しい影響を与えてきた。A・I・サブラが学問上の交流に持ち込んだ伝播・私物化・現地化という概念のおかげで、焦点をテクストそのものからその受容・活用・変容というあり方へと移し替えることができたのである。だがここでも、かつての言説を彷彿とさせる問題が残っている。「ギリシア＝アラビアにおける科学・哲学の伝播」という表現を受け入れることもそのひとつで、というのも繰り返し述べているように、翻訳された資料群はそうした言葉が示す以上に、文脈においても歴史においてもはるかに多様であるからだ。実際イスラム社会内で自然科学を本当に打ち立てたのは、ギリシア語文献の取り込みからではなく、シリア語・パフラヴィ語・サンスクリット語を用いる共同体に久しく所有されて現地化されてきた文献――それどころか〈ギリシア〉という形容詞を冠されることでこうした共同体の所有と歴史がかき消されてしまった文献――に拠るところがはるかに大きかったのだ。いくら簡要な表現として使いやすいからといっても、〈ギリシア＝アラビア〉という言葉はなお何百年という歴史を――重要な文献が現在いくつも失われてしまった歴史、そのために再構成が難しいがそれでも確かにあったはずの歴史――を根本から消し去ってしまうのである。

まだ最後に、〈遺産〉という考え方も残っている。結局のところこれは管財ということで、その先のどこかに〈正統な相続人〉がいるわけである。ただし固有の文脈が与えられるなら、これがまったく適切な用語となってもおかしくはない。すなわちアッバース朝のカリフたちは、翻訳運動に不可欠とも言える支援を行ったが、その輝ける新たな都バグダードを、伝説のアレクサンドリアやアンティオキアさらにジュンディーシャープールが示してみせたある種の世界の中心をさらに壮大なものにした理想像として、描いてみせたと考えてもいいだろう。おそらくこれは、神意に導かれて世俗の知識からその位置を定められ、精神・政治・知識の中枢の手本と認識されたという点ではある種の〈遺産〉であり、シリア語・パフラヴィ語・サンスクリット語・ギリシア語の文献をアラビア語へ訳す際に最もよく当てはまるのである。さもなければ、伝播プロセスは「イスラム史の偶然と見なされるべき」(10)というデイヴィッド・キングの説明に一抹の信憑性が出てくることにもなりかねない。

〈外来の学問〉の期待と問題

初期イスラムで生じた規模の翻訳となれば当然、歴史上の大きな運動として理解されなければならない。つまり実のところそれが、特定のテクストに始まって終わるようなものではない、複数の出来事や関係の絡む複雑な流れであるということでもある。ここでも、とりわけイスラム社会に重要な性質について、悩ましい事態に直面してしまう。たとえばまとめると、この翻訳運動に関わってくるのは、二百年以上の計画的および無計画な営みと、何百という個々の作品、さらに少なくとも主に四つの原語（シリア語・ギリシア語・パフラヴィ語・サンスクリット語）、写本の収集活動、翻訳〈工房〉の開設、図書館と天文台の建設であり、これらすべてが当時の統治者たちのほか多彩なパトロンたちがじかに関わりながら後援されて行われたのである。こうしたやり方で紹介された非宗教の知識が、ほとんど考え得る限りの分野の文章・思想に影響を与えることとなり、アッバース朝後期の政治腐敗にもかかわらず、イスラムが当時最高の〈世界文明〉となるきっかけとなったのである。翻訳運動を秘教的なものと捉えるだけでは、ほとんど何も意味がない。とはいえ一方で、その運動全体とのちの豊かな影響関係を形づくったのは、きわめてごく少数の学者たちの仕事であり、そのほとんどがイスラム教徒ではなかった。結果として生まれたテクスト資料とそこから来る知識が、イスラム知識社会のたいへん重要な層に用いられるようになったわけだが、クルアーンに基づく〈イスラムの学問〉――神学・法学・言語研究・釈義――の研究・教育・解説に従事する学者・教師たちの実際の数は、それよりもはるかに多い。かたや〈外来の学知〉ないし〈古代人の学知〉がまず探し求められ奨励されて、のちに様々な形で現地化され、諸侯・長官・廷臣・商人・司令官・学者らの手で取り上げられて発展させられ、（特に数学が）公務の訓練としても用いられたが、教育・学問の最も主流たる施設〈マドラサ〉とは互いに別個のものとされるのが常であった。

〈外来の学問〉が中世イスラム社会にとって中心にあったのか、それとも周辺にあったのかにまつわる近年の論争は、その時代当時の議論をまったく踏まえていない。おおよそのところこの議論は、イスラム初期の知識を重んじる合理性ないし神学観、すなわちクルアーンに即した文筆の伝統に対する〈外来の〉（科学・哲学の）書物の力がそのまま重要視されながらも、長く続いているとは言えまだ近年のものである歴史論争を反映している。切り詰めて言えばこの議論は、イルム（知識・学問）とファルサファ（哲学とりわけアリストテレスに関するもの）の、カラーム（神学すなわち知を通した神への献身）に対する影響を扱うものである。とはいえ、実際にあったのははるかに複雑な相互作用であり、そこでは幅広く様々な文化・知性を持つ集団が「イスラム教徒共同体の知性と心」(11)に対する勢力範囲を求めて戦っていた。少なくともこうした集団には、（一）新たに台頭したスーフィ派の神秘主義者たち、（二）預言者の言動と神とその創造の不可知性のみを拠り所とする信仰を有した〈ハディースの教友たち（アシャブ・アル＝ハディース）〉、（三）宗教法を社会基盤として信ずる〈法学者たち（フカハー）〉、（四）カラームを専門とする神学派である〈思弁神学者たち（ムタカリムーン）〉、（五）〈合理的に秩序立てられた宇宙を理解するための〉人間の理性や道徳上の責任、神の啓示の力を重視する神学思想家の多様な集団たるムウタズィラ派、などがいた。この異なる集団間の関係は、時に敵対的で、あるときは友好的、また重なり合うときもあった。ハディース（預言者の言行）を研究する者たちとムウタズィラ派とのあいだでは、たえず何よりも強い敵対意識があった。ただしここでも、何かしらの交渉はあったように思われる。というのもハディース学者たちは、論理的な解釈形式を預言者の言行に当てはめることにも、また〈注釈書（タフスィール）〉に様々なかたちの合理的順序を用いることにも拒否感がなく、このことがイスラム教徒の適切な生活の標準を作るためのクルアーン章句の収集・整理・注釈へとつながることになったからである。

内容は様々であれ、初期イスラム社会におけるこうした合理主義者の〈熱意〉は、書物（もちろん主にクルアーン）の読書・暗唱・研究に基づいた識字文化が本格的に現れたこと、その結果として識字層が広まったこと、そして知的議論・論争が高まったことに拠るものと考えられる。イスラム社会において書物の力があらゆる分野で知的な必要と需要をもたらし、それが必然的に多方向へと拡散していったのである。

こうして、書かれた言葉への根強い興味が集まったが、その中核には翻訳があった。アッバース朝とその宮廷の起源が主に、何百年と国際文化が存在したペルシア東部にあることは、八世紀末に知の全盛期が始まるきっかけを与えたという点でも、過小評価すべきではない。アッバース朝初期のカリフたち、とりわけアル＝マンスール（在位七五四―七五年）は、築きたい文化について大きな理想像を持っていたようだ。この理想像は、アラビア世界でも文化があまりない地域に起源を持ったウマイヤ朝につながる社会のかたちとは、かなり大きく異なっていた。事実これは、ササン朝ペルシアの諸王、なかでもホスロー一世によって推し進められたジュンディーシャープールの国際性と知識を重視する考え方の系譜にかなり近いと思われる。アッバース朝の方針の基盤には、軍事上の覇権に裏付けされた神の是認と、あらゆる種類の文化財の膨大な蓄積とが、様々に絡み合いながら存在していた。この理想の中心にあるのが〈天意の都市〉、非宗教の知識や精神面の叡智のほか調和のとれた秩序があふれていて、物質的な富をも（時には）見せつけられるような場所であった。視点を変えて言えば、この都市は古代人の精粋――かつてペルシア・シリア・インド・ギリシア・エジプトのものであった偉大なる事物――をそのうちに集める中枢でもあっただろう。征服と激しい内戦が百年続いたあと、七五〇年にウマイヤ朝最後のカリフと一族郎党九十人が残忍に殺戮されるという最期を迎えて、イスラム地域は文明開化へと転換することになる。このことは過去を、すなわちテクストとして散在するある種の大都市群を資源として用いるということでもあった。イスラムそのものの過去は、争いと血にまみれた〈無知（ジャーヒリーヤ）〉の時代――知識も文化もなく、知性の力を犠牲にして精神と肉体の能力だけに頼りすぎた時期――であったからだ。新たなカリフたちには、優越性という元来の期待が果たされるべく残されていたのである。

文芸および哲学［学知］の文化に必要とされたのが、宇宙の全体像を示すこと、神の意図や人間社会の機能における国家と統治者の役割を理想像として指し示すこと、さらにはこの世やあの世における人間の本質とその運命といった概念を示してみせることであった。ウマイヤ朝・アッバース朝帝国の複雑かつ不均質な社会にあって、この理想像はかたやイスラム教用語で表現されながら、また中東の古代文化から受け継がれた文芸や技芸［および学芸］の用語で表されることもあった。(12)

これを現実のものとした新たなカリフたちの中でも第一の人物であるアル＝マンスールが、これを成し遂げたのは政治や場当たりの理由からだけでなく、高邁かつ宗教上の動機があったからなのはどう見ても明らかである(13)。アッバース朝初期の社会が不均一であったばかりか、ウマイヤ朝の転覆後には拠り所とするものが様々食い違ったことから数多くの争いが起こった。この新しい王朝には、あちこちから難題が生じてくるおそれがあったのだ。アル＝マンスールはこうした課題に立ち向かうため、直近の紛争期にはなかったようなイスラムの新たなる輝かしい中心、新秩序が根底から打ち立てられる新しい場を建設する計画を進める。その計画はたいへん綿密に立てられ、あるとわかった脅威を排除するためなら王は残忍な戦略を採り、見事な手腕を発揮して新しいタイプの政権をうち立てた。この建設には一部、イスラムという政治と〔高まる〕言語の影響下にあった主要集団の文芸・思想も関わっていた。どうやらアル＝マンスールは、こうした集団を手なずけ、公然と新都市の〈富〉のなかに取り込もうと、あえてこうしたのだと思われる。

それゆえこの時代よりも昔の人々の手になる作品は、イスラムが大きく繁栄するためにも重要な要素であったはずである。そのこと自体は合理的な理想像であり、合理性を強めるものでもあって、だからこそ実現のために理に適った資料を求めたのである。本来の意味で〈外来のもの〉であったモノを、最終的な意味で〈土着のもの〉としなければならなかったのだ。アッバース朝の理想像を叶えるために選ばれたのが、のちにバグダードとなる場所であった。チグリス＝ユーフラテス川の谷間から抜け出た純粋かつ自由に生起するまったく新たなる都市の創造であり、かつて存在したその地のいかなる伝統からも自由であるがゆえに、新帝国の隅々から集められた文化資源を所有かつ変容できる都市であった。バグダードとして立ち現れたこの都市は、十三世紀の旅行家・文筆家であったヤークート・アル＝ハマーウィーがその著書『諸国集成（ムジャム・アル＝ブルダーン）』（地理事典）で示した描写がまったく正確であるとするなら、まさしく壮観な光景であったと考えられる。こうした記述は遅くとも、十～十一世紀の文献を典拠とするもので、幾何の面でも正確に築かれた、目も覚めるほどに壮大な首都を見せつけるものであった。

> バグダードという都市は、チグリス河の左右の岸に、直径二十キロの広大な半円ふたつを形作るものであった。広々とした周辺地域には、広場や花園のほか別荘や美しい遊歩道があちこちにあり、また豊かな市場から十分に物がもたらされ、さらに素晴らしいモスクや浴場も建てられ、それが河の両側にかなり大きく拡がっていた。その最盛期には、バグダードとその近郊の人口は二百万を超える数に達していたという！　カリフの宮殿は一周数時間はかかる広大な庭園のただなかに建ち、そのそばには狩猟用にとっておく野生動物を囲い込む動物の檻や鶏小屋などもあった。［…］河の片側に大貴族たちの大邸宅が建っていた。幅四十キュービット［約二十メートル］は下らない大きな通りが街の端から端までをいくつも横切って区画化し、それぞれが清潔度や衛生さ

らに住民の住み心地を管理監督する者の運営下にあった。［…］
　各家庭には、街じゅうを行き交う数々の水路から一年じゅう水がふんだんに供給されていた。さらに街路・花園・広場も定期的に掃除されて水も流れており、城壁内に少しのごみが残ることも許されなかった。皇帝の宮殿前の大広場は、観兵式・軍事視察・武術試合・競技会などに用いられ、夜には広場にも街路にも明かりが灯されていた。［…］都市の各門にあった長く広い壇上は、市民の噂話や気晴らしに、またこの首都に入ってくる旅人や田舎者たちの行列の見物にも用いられた。この首都にいた出身国も様々な人々には、それぞれが政府へ自分たちの利益を代表する長となる官吏を有しており、その者たちに対して異邦人は助言・助力を訴え出ることができた。［…］
　河の両側には、数キロにわたって高官貴人たちの大邸宅・御殿・庭園・猟園が並んでおり、大理石の段があって水際まで下りられるようになっていて、河そばの景色をながめて楽しむことができる何千というゴンドラ船があり、そこに立った小さな旗は水面の日差しのように踊り、娯楽を求めるバグダード市民を街のあちらこちらに渡していく。幅広く延びた波止場に沿って全船が碇を下ろしており、中国のジャンク船から古代アッシリアの筏舟に至るまで海用・河用あらゆる種類の船舶があった。都市のモスクはかなり大きく極めて美しいものだった。またバグダードには、両性のために学校・病院・診療所、それから癲狂院など数多くの施設があった。(14)
　こうした国際的な中核都市にあっては、知的活動が花開いたとしても少しも驚くべきことでない。実際、八世紀末から十世紀初頭にかけてバクダードがそうした幅広い活動の中心となったことは、人類史における偉大な知的運動のひとつを形作るものである。文芸（主に詩）や民俗（たとえば星の伝承）という、ある点では洗練されながらも口承伝統の枠内に収まっていた昔からの流れに端を発しつつ、アラビア語を基盤にした文明は、古代近東の至る所で見つかるどこまでも高度で専門性の高い、ゆえに難解なテクスト文献を取り込むばかりか、そのさなか同時に文字や非宗教のものを重要視するテクストに立脚した知性をも発展させたのだが、その知識はクルアーンを含むだけでなく、歴史・伝記・諷刺・散文一般・文法・言語・地理・旅行記そしてあらゆる学知といった領域にも深く踏み込んだものであった。そのため、翻訳が生じたのはさらに大きな文脈のなかであり、人の営みや関心が当時存在したほぼあらゆる知識に及んだという背景のなかで行われたのだ。

先述の通り翻訳の発展はまず、シリア語・パフラヴィ語の作品とともに、また規模は小さくなるがサンスクリット語文献とともに始まり——おおよそのところ、アラビア語を用いる多くのイスラム教徒にも馴染みのある諸語（とりわけシリア語・パフラヴィ語）で入手可能な手軽で手近な資料から手が付けられた。とはいえ九世紀のあいだに、ギリシア語テクストとギリシアの書き手たちへはっきりと関心が向けられたこともあって、作品の豊富さと原著者ごとの専門性にも注目されることとなった(15)。これには自分たちの取り組んでいる資料の大部分が、ガレノスやプトレマイオス、エウクレイデスにアリストテレス、アレクサンドリアのテオンからポルピュリオスのほかプラトンなどの〈賢人〉たちに基づいているのだという、翻訳者側の認識も反映されているようである。〈哲学者〉としてのアリストテレスの名声と影響力は、イスラム哲学においてもまた多くの神学校でも、とりわけ権威のあるものとなり、度合いは様々だがシリア教父文献に早くも取り込まれ訳されてもいたその解釈学の方法論が採用されたのである(16)。同様に、プトレマイオスとその著書『アルマゲスト』も、九世紀のあいだ数理天文学の試金石として定番のものとなり、少なくとも五回（アル＝マアムーンの治世には二回）は訳され、絶えず改訂と注釈を加えられている(17)。医学で〈賢人〉に当たる人物はガレノスで、その膨大な文献群はほぼすべて訳され、要約もされて妥当な注釈もつけられたが、それを手がけたのはこの時代の翻訳者のなかでも最も偉大な人物、フナイン・イブン・イスハーク（八〇九—七三年）であった。

個々の知的領域をこうして見てゆくのも必要かつ重要なことであるが、訳出作品の多くが受けた広汎な影響はそこからは見えてこない。事実こうした影響は、科学の枠内をはるかに越えていた。たとえば医者や天文学者のみならず、数多くの文人たちがこの新しく訳された文献を自著へと取り込んだのである。なかでも名前を挙げるなら、アブー・ハニーファ・アッ＝ディーナワリー（八九五年没）、また同じく有名で影響力のあった人物としては高名なアル＝ジャーヒズ（ふつうイスラム第一の大名文家として言及される）がいるだろう。アブー・ハニーファはまさしく碩学で、その著作は散文の諸分野において叙述技法を形作り向上させる一助となった。著書『光の書（キターブ・アル＝アンワー）』（星々の書）は、当時かなり広く読まれ普及した書物である。かたやシリア語訳本におけるアリストテレスのスコラ哲学が神学に影響を与えた点はすでに述べた。このほか、ポルピュリオス『手引き（エイサゴーゲー）』におけるアリストテレスの要約を通じて、アラビア語文法を論じた古文書にアリストテレスの言語観が入ってきたと考えるものもある(18)。もっと広い話としては、アリストテレスが様々な分野の知識を大きく扱った範疇論も、ほぼあらゆる領域の学術・文筆によって採用・改訂・反論・翻案されている(19)。そしてポルピュリオスの著作（と同じくその著述が訳された多くのキリスト教神学者たちの文献）の核心部分たる新プラトン主義も、スーフィ派の神秘主義に決定的な影響を与えている。はるかに規模は小さくなるが同じようにはっきりしているのは、過去の無数の様々な典拠から情報をつなぎ合わせようとする多くの歴史家の文章に、翻訳文献からの部分的な借用が見つかるという点だ。実際この領域には、イスラムの歴史家たちがこうした典拠を確認して用いるのにいかに巧みであるかが如実に示されている例がいくつかある。たとえば偉大なアル＝マスウーディー（八九〇―九五五年頃）が、アレクサンドリアのテオンが書いたプトレマイオス『アルマゲスト』に対する天文便覧（アラビア語の星表として訳されたもの）を、『提言の書（キターブ・アッ＝タンビー）』のなかで〈ギリシア人の諸王〉の在位期間や名前のための参考文献として用いていることからもわかる[20]。

実のところ歴史家も、この時代でもかなり活動的だった（とりわけペルシア語からの）翻訳家のうちに含めなければならない。九世紀初頭のシーア派の書き手であるアル＝ヤアクービーがその一例で、著書『歴史（タアリーフ）』はイスラム以前とイスラム時代の歴史記述を二巻本で示そうとし、その第二巻には〈ギリシア人たち〉の科学・哲学の著作を深く論じており、そのため当時知られていたものの希少な抜粋も残されている。近年ある学者が指摘したように、各ギリシア作家に与えられた紙幅からも当時の名声をそれなりに測ることができるかもしれず、たとえばヒッポクラテスは二十二頁、プトレマイオス十一頁、アリストテレスが六頁であった[21]。このことは、アリストテレスにまもなく現れるはずの広汎な影響力を考えると、とりわけ興味深い。翻訳時代の初期、つまり最も多くの訳書が生まれた時期には、医術や天文の著作が好まれたと思われる。さらに重要な点は、アル＝ヤアクービーという人物が翻訳という出来事――もちろん翻訳行為そのもの――のアラビア文化に持つ歴史的意義について当時もはっきりと認識し、また明らかにそのことをしばしば実際に表明していたことである。〈外来の学問〉が積極的に認められていたことから、それが日常的に存在していたとも考えてよいなら、もっと低い評価やあからさまな拒絶反応からも、こうした影響がごく平凡な日々の生活にもいかに広く行き渡っていたかがそれなりにわかるというものだ。その絶好の例を示しているのが、散文の書き手で伝統主義の学者でもあったイブン・クタイバ（八二八―八九年）で、アル＝ジャーヒズをも〈キリスト教徒の論法〉への批判が手ぬるく見えると批判した人物だ。実際のところアル＝ジャーヒズはビザンツ帝国に対してかなり冷淡な態度を取っていたが、新訳という題目には中立的で、その重要性が認められていたことにはやや皮肉な姿勢さえ採っていた。ある著作では注釈もなくこうしたテクストの一覧を掲げているが、なかにはアリストテレスの科学色の強い著述（『道具（オルガノン）』『生成消滅論（ペリ・ゲネセオース・カイ・プトラース）』『気象論（メテオーロロギコーン）』）やプトレマイオス『アルマゲスト』に加えて、エウクレイデス、ガレノス、デモクリトスにヒッポクラテスのほか、プラトンの様々な作品もあった(22)。ところがイブン・クタイバはこうした中立性に我慢がならなかった。その考えによれば、アラブの知的社会のほとんどがこの〈外来の学問〉に毒されていたという。その『書記教育の書（キターブ・アダブ・アル＝カーティブ）』では、こうした学知が評価されていることを非難し、イスラムの教えと直接対置させたが、その扱い方は実にほのめかすようなやり方であった。D・M・ダンロップの記述によれば(23)、イブン・クタイバは

> まず、達筆に書けて歌姫を褒めたり酒杯を描写したりする詩をこしらえられるだけで満足し、天宮図やささやかな解釈が作れるほど占星術に詳しいと悦に入っている当代の書記官を批判する。この種の人物は［…］クルアーンの知恵や預言者の説明を、さらにアラブ人の知恵やその言語・文芸までも調べるのは億劫だと考える。［…］この者は、こうしたあらゆる学問にとって不倶戴天の敵であり、そこから目を背けて、自分や同様の輩には得るものがあって反対者には得るもの

がないような知恵へと向かうのである。［…］未熟な者や思慮のない若者は、この輩から〈生成消滅（アル＝カウン・ワル＝ファサード）〉や〈自然講義（サム・アル＝キヤーン）〉［…］〈質（アル＝カイフィーヤ）〉に〈量（アル＝カミーヤ）〉、〈時（アッ＝ザマーン）〉と〈論証（アッ＝ダリール）〉のほか〈複合命題（アル・アフバール・アル＝ムアッラファ）〉などの話を聞くと、耳に入ったことを素晴らしいと考え、こうした表現のもとにはあらゆる種類の利益とあらゆる種類の玄妙な意味があるのだと思い込むのだ。［…］

当時のバグダードやダマスカスで〈外来の学問〉がいかに恐れられたかが、これ以上によくわかる文を探し出すのは実に難しいであろう。イブン・クタイバが伝えるのは、こうした学知がアッバース朝政府の平均的な書記官（カーティブ）にとってごく普通の素養に含まれるものであったということで、だからこそ、ここで知にかぶれた者として描写されたのである。とはいえこの記述は皮肉にも面白いものになっている。こうした人物は俗っぽく流行を追いかけただけでなく、幅広い教養がある洗練された者であり、様々な国からの影響を併せ持つ人間——ペルシア語文芸からの翻訳を土台にした書道と詩に長け、インド・ペルシア・ギリシアの占星術／天文学にも精通し（天宮図を作るのは並大抵のことではないことにも留意すべき）、ポルピュリオスやアリストテレスの著作も少なからず知っている人間であること、そのことがはっきりわかるからだ。

かたやイブン・クタイバが行う〈外来〉の学問へのあからさまな批判は、主にギリシアの知識やその〈理論〉性に集中している。よく知られた文章だが他のところでは、肯定できる例として、ペルシア人たちが公務に携わる者にもっと実用的な技能を求めた点を持ち出している。いわく、その知識には灌漑・計量・基礎天文学・測量・幾何・経理が含まれていると(24)。この知識は何百年もササン朝の行政研修に不可欠なものとなっていたがゆえに、少なくともホスロー一世の時代以降はもうすでに、ギリシアの要素（たとえばエウクレイデスの幾何学）をいくつも取り込んでいた。したがってこの角度から見れば、イブン・クタイバの意見はむしろある種の〈外来〉の学問に励めという訴えにも思えてくる。彼の言う九世紀の書記官（カーティブ）とは、上述した〈悪徳〉のいくばくかと今挙げた好ましい技能をそれなりに併せ持つ人物だとするなら、まさしく教養ある人間だったのだ。ほとんど（ないしまったく）文盲であったイスラム教徒の平均的指導者が、何よりも征服という聖なる使命に躍起になっていた時代から二百年も経ったことを考えると、大きな変化が起こったこともわかってくる。してみればこの書記官は、堕落したと責められても仕方がないほどの評判を持った存在である。イブン・クタイバも、このときまでにギリシアの哲学用語の数多くが、まったくアラビア語になじんでいたことを示している。並べられた用語が、翻訳初期によくあるようなギリシア語やペルシア語を音写したものではないことを指摘する者もある。イブン・クタイバの毒舌からできた窓を通して、〈外来の学問〉がイスラムの知的文化というかなり大きな領域内でも、すでにかなり一般的かつ伝統的でさえあったことが垣間見えるのである。

ゆえに〈外来〉という言葉にも、この時代までには皮肉な意味合いが出てくるわけで、ニュアンスにもいくつかある。まさに、天文学／占星術・数学・医学・哲学などといった学知は、イスラム教寺院の中心にあるマドラサという教育組織のなかに入ることはできなかった。このマドラサこそが、子どもたちを六歳頃から迎え入れ、クルアーンの言葉と意味とを教授したのである。イブン・クタイバの描いた書記官、ないし同様の知識を求めたような人物がその学識を得たのも、八世紀のあいだに生まれてそのあと栄えた個人教師というシステムを通してのことだった。この仕組みは、マドラサという教育機関と同時に存在したばかりか、むしろそれ以前からあるもので、八世紀末以降の大都市で発達した書店文化の副産物であるとともに、多くの富裕な貴人たちに後援された〈文芸サロン〉から派生したものでもあって、この集いはカリフ自身に支えられたことも多かった[25]。いろいろ批判はあるにせよ、宗教に関わりのない学問がイスラム知的文化の中核にある活動だったというのが通説である。その教授内容に当てはめられた〈外来の〉という言葉は、ゆえにイデオロギー上の意味合いを帯びてくる。これを裏返して見ると、ハディース・宗教詩・クルアーン法学・（同じくクルアーン研究に基づいた）言語学といった〈現地の学問〉がみな可能となりまた大きく進歩したのも、非アラビアからの影響があったからとも言い得るわけで——たとえばシリア詩やペルシア文芸のほか言語分析というギリシアの手本など、こうしたものがすべて、テクストに基づいた高度な文字文化を基礎からうち立てるのに多大な貢献をなし、それがなくてはカラームもハディースもほとんど成立しえなかったと思われる[26]。

　そのなかからひとつだけ例を取り上げてみると、ペルシア文芸がアラビアの学問に与えた広汎な影響は、ギリシア・シリア・インドの科学のそれにも劣らなかった。学術界で後者（特にギリシアの要素）の方に注目が集まっていたのも、これはおそらく方針が組織的かつ多くは上意下達のかたちで科学作品の翻訳にも機能していたことによるもので——少なくともこの領域では、アッバース朝のカリフたちがアレクサンドリアの大図書館がかつてあった土地を選択したようなのだ。だがこのことは同時に、ペルシア文芸の影響力が多かれ少なかれ初期イスラム文明にとって〈内部〉のものだと目されていたことが非常に多かったということでもある。実際、翻訳という大きな枠組みを考えれば、ペルシアのテクストは総量として少なかったかもしれないが、おそらく他の言語を圧倒していたであろう文献の幅広さを考えればそれを補って余りある。すでに述べたことだが、アラビア語に訳された初期天文作品にはペルシア語を底本とするものがいくつかあり、そこにはプトレマイオスの訳本も含まれていた。また、ギリシアの文芸作品――物語・散文・詩・歴史・伝記など人文という大きな古典全体――もきわめて散発的ながらアラビア語に訳され、ここにヘレニズム期の書き手で最も有名なアラトスの描いた天界までもが含まれていたことも既出である[27]。むしろそうした主題は、ペルシア語作品の翻訳や翻案によって十分網羅され、そのことから九世紀までには結果として、古典アラビア語の特徴でもある簡素簡明な表現方法に加えて、「洗練されて優雅で［…］巧みな直喩にも富んで韻も豊か」[28]で、ゆえに実に様々な物語・作り話・出来事・思考をも表しうる高度な宮廷風文体を取り込むことになったのである。イブン・アル＝ムカッファウ、アブル＝ファーラージュ、そしてアル＝ジャーヒズといった作家は、文体・形式・内容の模範としてペルシアの典拠資料をふんだんに用いた。とりわけアル＝ムカッファウは、ササン朝帝国の代々を描いたペルシアの歴史書の翻訳を通じて、国政の論理と謀略に関する文章という〈王侯の鏡〉としても知られる新しいジャンルをうち立てるのに一役買った[29]。『千夜一夜（アルフ・ライラ・ワ・ライラ）』といったかなり有名な作品でさえも、元はそれよりはるかに古いペルシアの書物『千の話（ハザール・アフサーナ）』が彫琢・翻案されたもので、その作品もまたインド起源の話を数多く含んでいる[30]。実のところこの作品の歴史は、その初期段階ではアラビアのテクスト文化を適切に象徴するものであるらしく、インド・ギリシア・ヘブライ・エジプト・シリアなどの典拠から拝借した文章を積み重ね、結果として柔軟でありながらどこまでも膨らみうる創作へと成長させて、広大な帝国のほとんど隅々から持ち込まれた文芸資源を、様々なかたちで再構成しうるほどのものとなった。

ゆえに結局のところ、文芸に用いるにせよ学知に当てはめるにせよ、〈外来〉といっても、アラビア語を用いる知識人に使われた言葉のなかでもかなり土着化された部類に入るわけだ。中世初期の偉大な歴史家たるイブン・ハルドゥーンが、その名著『歴史序説（ムカッディマー）』のまる一章を「イスラムの学識ある人々のほとんどがアラビア人ではなかった」という単純な事実に当てたことに目を向けてもいい。

社会文化の観点から――移動という概念

アッバース朝のもとでのイスラム宮廷文化は、その領土内の多言語共同体にきわめて貴重な資源があることに気づいていた。学者・天文学者／占星術師・医者・芸術家・詩人・散文作家たちが形成したある種の富は、カリフ制そのものの影響力を拡大するばかりか、もっと広い意味では近東において由緒ある伝統を形作ったパトロンという慣習を、新しい大きな段階へと押し上げる力を持っていた。ササン朝ペルシアは、人間の知性が成しえたものを自らの世俗の栄光を映し出すものとして久しく支援してきたが、おそらくこれが、自らもペルシアに祖先を持つアッバース朝のカリフたちへと直接受け継がれたのであろう。とはいえアッバース朝は、土地の上でも文化の面でもかなり広い領土を有しており、そのためかつての統治形態を取るよりも、自らの秘めたる知という富を引き出すことにしたと思われる。南西のアレクサンドリアから北西のアンティオキア、北東のニシビスに始まり南東のジュンディーシャープールに至るまで、アル＝マンスールやアル＝マアムーンといった統治者たちは自らの力の及ぶ限り、何百年とそれぞれ知的活動の核となってきた各地から、すなわちおのおの独自の繁栄（とおそらくは衰退）の歴史と、図書館・教育機関・伝統（要するに独自の書き言葉の技術）を持っていた諸都市から、学者とテクストを精選収集したのである。

こうした〈富〉が利用可能となり認識できるようになったのもある事情がある。ただ、このことを詳細に並べ立てる紙幅は今回ないため、数点おおまかな要点を触れておきたい。まず第一に、初期イスラム社会には、テクスト商品やその保証人たる学者の移動と流通とを容易にする状況が確かにあった。帝国の庇護のもと、たとえば隊商や軍隊の移動、交易品のほか遠征から持ち帰られた戦利品（写本含む）などに見られるように、人や物品の流動性が高まったことに加えて、アッバース朝が移動の自由を好ましいと考えるある種の官僚機構を確立ないし拡大したことで、重大な影響を及ぼしたのである。あらゆる地域からバグダードへの資本の速やかな移動を確実なものとするためにうち立てられた一大徴税システムもその一例に挙げられよう。ほかにもウマイヤ朝時代に始まった郵便システムがあったが、これを大きく強化拡張したのがハールーン・アッ＝ラシードの治世で、彼はこの郵便を情報収集の基盤に用いたばかりか、帝国の各地域のあいだの相互通信を奨励するための土台としたのだ。既存の道路が改善され、新しい交通路も作られ、街道駅も整備されて、さらには新首都バグダードを中心とする地図や旅程記も制作され、こうしたもののどれもが少なからず旅と交易を促進したわけである。

同様に、この点はおそらく、アッバース朝の知的文化のある重要な側面を支えるものでもあった。いわゆる本来の意味での修学旅行（レーアライゼ）であり、「知識階級の一員としての出世街道へのお決まりの登竜門のひとつ」(31)ともなった。こうした旅ではふつう、エジプト（アレクサンドリア）・シリア・イラン・イラクといった帝国の主だった知の中心地に立ち寄り、また東アフリカや、中国との国境付近のサマルカンド、さらにはセイロンなどのはるかなる異国の土地にも赴くことがあった。学者も学徒も若い時期の大半をこうした旅に費やし、都市から都市へと渡っていったという(32)。例を挙げると、歴史家アル＝マスウーディーはのちに書物の形にできる多様な経験・知識を求めて、十世紀初頭にエジプトからアルメニアに行き、そのあとインドネシアへ辿り着いてから帰ってくるという、イスラム地域のほぼ東の果てまで横断している。歴史家、地理学者、そして（様々な伝承から素材を集めようとする）詩人たちは、おそらく最も熱心な旅人かつ旅行記の書き手であったが、ハディースと〈外来の学問〉を学ぶ者たちもまた同じように〈修学旅行（グランド・ツアー）〉をめぐることが多かった。これには、最高レベルの学問を提供したのがたとえばアテナイやアレクサンドリアにあった学校ではなく、帝国のあちこちにいた個人教師だったという事実によるところもある。こうした者たちはかなりの名声を手にしており、例えばアル＝ファーラービー（八七〇―九五〇年）や〈アリストテレスに次ぐ〉〈第二の師〉として知られるアル＝キンディーといった人々の場合、その令名に伴って様々な伝説があった(33)。このような教師たちはある意味でその存命中、アッバース朝時代特有の政情不安のただなかにあってなお、秩序と希望の網を示したと言える。高名な学者のイメージとは、知識の探求という輝かしいほど立派な行為に邁進しながら、時としてその追求のためなら種々の犠牲（貧困や投獄）にも身をやつす者というのが、中世初期イスラムの教養人たちには普通であり、これはウマイヤ朝初期に賞賛された聖戦士の石のごとき気高さとは（正反対とは言わないまでも）対照的であった。

　七六五年、バグダードの侍医でも治癒できない胃痛に苦しんだカリフのアル＝マンスールは、ジュンディーシャープールへ便りを送り、当地の病院兼教育施設の長であるジュルジース・イブン・バフティーシューウに対して、上京して自分の病の世話をするよう命じる。ジュンディーシャープールは南東五百キロ近くのところ、フーゼスターン北部にあった。歴史家たちの通説によれば、速やかにカリフの面前に参上したイブン・バフティーシューウは、その問題の本質〈消化不良か〉を見抜き、そのために調合した薬によってカリフの痛みを和らげたという。だがこの医師がこのように――カリフの呼び出しは緊急性のもので事の成り行きからその痛みは長引くことが予測されたため旅程を早めたに違いないが――実に短い時間ながら険しい道のりを越える長い旅路を遂げることができたという事実は論じられていない。ジュンディーシャープールの学院を体現するものとして、何百年と積み重ねられた名声と専門知識を携えつつ、イブン・バフティーシューウはおよそ数週間で砂漠や丘や谷のある途方もない陸路を移動してきて、にわかにバグダードで再び落ち着き、そこで新しい宮廷医師となって、二世紀以上も続く医学の名門たる王室侍医の家系をうち立てることとなった。

この挿話は示唆に富む。というのもここから、一個人に具現されるにせよ写本という形でにせよ、知識の移動がイスラム征服時代までには近東でも確立されたものとなっており、それ以後にも発展する一方であったことがわかるからである。過去の人でも今の人でも、ある特定の人々の〈知恵〉は、他の人々にも財産になりうる。イスラムのような帝国内でそうしたものを所有するにあたって、唯一最後の壁となるのが資料と言語の保存であった。ただし、イスラムの主要都市にある写本の伝統と言語の専門家という〈富〉を考慮に入れると、このことはまったく実際の障壁にはならない。実際、この時代に知識の移動を促進させたもののうち最重要に類するのが、製紙法の導入と学術言語としてアラビア語が広まったことのふたつである。中国における製紙の中心地であるサマルカンドという都市が、七〇四年にイスラム教徒軍によって攻め落とされたが、その世紀が終わるまでには中国の製紙職人もバグダードへと連れてこられ、そこに製造所を建てたのである(34)。地元でも生産できる安価な紙の使用は、九〇〇年になる前には完全にパピルスや羊皮紙に取って代わり、現存する写本の複製と拡散を今まで以上に広範囲なものとして、結果として写字労働の需要を高めることとなった。これはまた、公共・私設を問わず巨大な図書館の創設や書籍の盛んな交易、ひいてはテクスト文化の一般への普及をも可能にした。この点の証拠として、ムハンマド・イブン・イスハーク・アン＝ナディーム（九七五年没）の著作にして、七〜十世紀にかけてのアラビア語文書のなかでも間違いなく最重要の現存文献である『目録（フィフリスト）』（主に専門文献を対象とした諸学目録）以上に、格好のものは見当たらないであろう。『目録』はおおむね、あらゆる知識分野の作品・著者を注釈つきのリストにしたもので、項目数も千以上にのぼり、ペルシア語・ギリシア語・コプト語・シリア語・ヘブライ語・ヒンドゥー語からの翻訳も含まれていた。これまで少なからず指摘されているが、アン＝ナディームのテクストが示しているのは、教養ある書籍商のカタログの一例——イスラム都市社会において広く入手可能であった多様な書籍の数々の一瞬を確実に切り取って伝えてくれるもの——であるとも言われている(35)。

ところで、複雑なかたちで生じたアラビア語の成功には、少なくとも主にふたつのレベルがあり、決してにわかに成し遂げられたものではない。現地語という面では、主流となるのに長い時間が必要だった。帝国内の少なからぬ土着文化、とりわけシリア文化は、かつて文芸で大きな勢いを誇った自らの土着語の地位を下げるなどもってのほかと、何百年間も拒んできたのである。とはいえ、いったんこうした文化がテクスト——すなわちその詩・歴史・宗教文書——としてアラビア語で記されるのが普通になり始めると、かつて抱かれていた拒否感も和らぎ出し、まったくではないにせよ徐々に道をゆずるようになった。ところが知的活動という側面では、アラビア語の台頭は急速かつ確実なものだった。ウマイヤ朝末期およびアッバース朝初期のカリフやその富裕な宮廷のもとで、絶えず学芸ひいては学問が奨励・後援されたことで、アラビア語は早くも八世紀末には帝国のほぼ全土で、宗教でも非宗教でも知識を表現する言語となったのである(36)。これを大きく後押しし、実際にもおおむねその基盤となったのが、統治・行政当局・徴税・交易の言語がアラビア語であったからという政治・商業面での現実であり、近東においてはアラビア語が、速やかにギリシア語やシリア語と取って代わったのである。

しかし言葉そのものを見れば、翻訳というさらに大きな営みこそが、この言語を様々な面で豊かにし拡げたのであって、たとえばシリア語・ペルシア語そしておそらくはギリシア語という模範をもとに新しい構文や今まで以上の文法上の柔軟性を取り込み、あらゆる主要分野にまったく新たな範囲の語彙を取り入れたのである(37)。アラビア語が——政治的な権力のあり方とも関係する——知的活動の共通語(リンガ・フランカ)となる過程でこうした変化が影響を及ぼしたのだが、これを過大評価しすぎてもいけない。この言語が受けた革新的な発展とは、一五~十六世紀における英語の発展と同じくらい急速かつ広汎なものであったと言っても過言ではない。預言者の死後二百年ほどの八三三年、アル゠マアムーンの治世末期には、文芸および学術の作品もアラビア語で産み出されており、その担い手にはトルコ・エジプト・シリア・ペルシア・アルメニアの人々のみならず、サービア教徒やネストリウス派キリスト教徒がいた。政治上の結束が崩れ始め、九世紀以降、地方に様々な公国や王朝ができて帝国が崩壊しつつあるなかでもなお、社会上の結束という強い絆が維持されたのも、クルアーンをはじめイスラム教の宗教実践や知的探究の媒介となったアラビア語を通じてこそであった(38)。ところがこうした経緯が学者のあいだではすんなりとは進まず、八世紀末からペルシアを中心としてはっきりとした反対運動が起こり、文芸・芸術に関してはアラブ人以外の民族が優れていると主張し、クルアーンそのものからその名〈非アラブの民〉を意味するシュウービーヤ）を借りて活動を行った。ただしこの議論がとりわけ文学ではアラビア語で行われ、結果としてそのもの自体が当時から〈文学（アダブ）〉の好例となったというのは、何とも皮肉な経緯である。

ここまでのことに加えて、クルアーンそのものに知識の奨励が含まれていると指摘する者もあるだろう。こうした章句によく引用される文が数多くある。その正確な意味は常に解釈に開かれているが、まさしくその側面こそが章句にこれまでに勝ち得た力強い含蓄をもたらしたのであろう。あるところでは、「知識を求めよ、揺りかごから墓場まで［…］はるか遠く中国にまで」と言行（ハディース）を奨める。ほかにも「知識の探求は全イスラム教徒の義務である」と命じるものや、さらには「まさに知識ある人々こそ預言者たちの後継者である」とするものもある[39]。ましてや、「知識を得よ、知識を持つ者は正邪の区別ができる。そのことが天国への道を示し、砂漠や孤独にあっても我々の友となり、友のいないときにも幸せへの道しるべとなる。［…］学者の墨は殉教者の血よりも神聖である」とも言われている。こうした文章で興味深く思われるのは、学問の積極性が強調されている点で、〈知識（イルム）〉を得ることが自己改善という聖なる探究には不可欠であり、教育の場面に留まるものでは決してないとされたのである[40]。イスラムという宗教の土台には、クルアーンの注釈に伴うものであれ、非イスラム教徒の古代の賢人（フクマ）たちの手になるテクスト探究に関わるものであれ、知的活動をあからさまに反対するものなど何もなかった。事実この点では、十一世紀の知識人であり歴史家でもあるサイード・アル＝アンダルシーの言葉に注目してもいいだろう。その著書『諸国分類の書（キターブ・タバカート・アル＝ウマム）』は宗教学者にも世俗の学者にも広く読まれたもので、イスラムに知られていたあらゆる主要人物のなした人間の知識への貢献を概観してみせている。

学知を養った諸国（タバカート）は、アッラーがその被造物のなかから選び出した精鋭より成っている。この者たちが意識を集中させるのは、人類を統治してその性質［振る舞い］を正す魂の純粋性を勝ち取ることである。［…］たとえば構築の巧みさや形の完璧さにかけては、ミツバチはその食物庫の巣部屋づくりの際にその優位性を見せつけている。また用心深いクモは、交わるすべての円が調和するようその縄張りの糸を組み合わせていく。［…］人間の価値を示す気高い理性と誉れある美点、［さらにそれゆえの］人間の美徳の気高さのために［…］学者は生まれるのである。(41)

移動が可能であるという条件が翻訳を促進し、そして翻訳が知識そのものの移動をいっそう後押ししたのだ。いったん本格的に始まると、アラビア語を用いる学者たちによる〈外来〉テクストの交易・所有・押収も、自律して動くプロセスとなったわけである。

翻訳者とそのテクスト

この翻訳時代に関する基本的事実としてどのようなものがあるのか。いかなるテクストや伝統、さらには翻訳者たちが、たとえばとりわけ天文学に関わったのか。この領域では近年研究が盛んであるから、こうした問いにもざっくりとした観点から答えることができる。この翻訳運動が起こった時期は主に三つに分けるのが通例で(42)、まず第一期の始まりは八世紀後半、アル＝マンスールがカリフの時代（在位七五四―七五五年）で、そのあとアッ＝ラシードの治世（七八六―八〇九年）を経て九世紀初頭の数十年に最盛期を迎えた。このときに在位していたのがアッバース朝全統治者のなかでもこの活動を最も積極的に支援したアル＝マアムーン（在位八一三―八三三年）である。初期にはインドやペルシアの作品がたいへん重要視されたものの、まもなくシリア語のテクストが際立つようになり、とりわけ数をますます増したのはギリシアの学術テクストの後代の写本からシリア語訳されたものであった。翻訳運動の第二期は九世紀中盤から十世紀にかけてだが、そこに現れた顕著な傾向とは、〈原典〉（とはいえ何百年と写本されてきたもの）であるギリシア語テクストに回帰し、これらをまずシリア語訳してからそのあとアラビア語に訳出しただけでなく、既存の翻訳を改訂・修正もし、また高品質な訳本を意識して確かなものにしようと専門用語の標準化作業を始めた点にある。活動がさらに拡がった第三期はおおよそ十一世紀から十三世紀にわたる。精選された作品の編集や、新しいテクスト形式への組み替え、さらには主要テクストのいくつか（ないしその一部）が再翻訳されたのが特徴であった。歴史の観点からは、第一期・第二期がはるかに重要度も高く、とりわけ第一期に訳されたものが、第二期の訳者たちによって改訂・修正・翻案された点が大事である。

ここ百年ほどの学術研究から立ち現れるこの全体像は、（いくぶん粗いにしても）便利な概観図を与えてくれる。とはいえ、実際には状況もかなり複雑だった。確かにある個別のテクスト――たとえば『アルマゲスト』――を追ってみると、この三期に分ける考え方はおおよそ支持されるだろう。しかしこれも目立つ例外にすぎない。証拠となるような個々の事例があって翻訳という営みがそのようにきれいに分けられる、とはならないことの方がはるかに多いのである。たとえば、エウクレイデス『原論』やアルキメデスの様々な数理テクストについては、九～十世紀の時期にかけてずっと様々な翻訳がなされているが、その後期の訳本も時として先行訳以上の改善（ないし内容の読み込み）は見当たらず、またはっきりとした訳出手法も見えず、明確な標準に一貫して則ったものとは思えないようなものがある(43)。さらにはゲルハルト・エンドレス作成のほぼ網羅された細目を見ると(44)、科学一般の簡単な年表と大きく食い違うところさえある。とはいえ、簡略化(と歴史学との大きなねじれの回避)のため、そして『アルマゲスト』が本書の基本テクストのひとつとなっていることも踏まえて、ここで天文学を扱う際にはこの三期に分けるやり方にゆるやかに従いつつ、ひとまずこれは、必要な学術研究がなされてより正確な記述ができるようになるまでの近道だということにも留意しておきたい。

翻訳者たちの名前については、少なくとも八世紀末以降はかなりの数が残されており、それは実際のテクストが現存していること(はまれで普通はかなり後代の写本)、またとりわけ『目録』などのかなり後代の作品に引用されていることによる。記録された最古のテクストはギリシア錬金術の文書と思われ、六八〇年頃にウマイヤ朝初期の王子ハーリド・イブン・ヤズィードの求めで、ステファヌスなる姓の人物がアラビア語に訳したものである(45)。天文翻訳の領域では重要な個人名が未詳であるためか、これをないものとして、すでに本書で論じたアル＝ファーザーリー(前章参照)やプトレマイオス『四書(テトラビブロス)』の訳者たるアブー・ヤフヤー・アル＝ビトリークといった八世紀末の人々から始める者もある。アッバース朝の勢力が高まりペルシアの背景が色濃くなると、占星術も重要視されるようになり、この種の主要テクスト群もアッバース朝の二代カリフであるアル＝マンスールの後援のもとアラビア語に訳出された。この統治者が先例としてならったのはどうやら、占星術や医術の実践を熱心に支援した数百年前のペルシア王たちであった。近東において様々な言語で流通したこの種の主要テクストは、ほとんどがアル＝マアムーンの治世初期までにはアラビアに持ち込まれていた。とはいえそのあと、天界の研究が大きく重要視されて、厳密な意味での天文学とりわけ理論と観察の天文学へとつながっていくわけだが、そこでは（ヒンドゥー・ペルシア・ギリシアの要素が入り交じった）星表の伝統とプトレマイオスの翻訳が重んじられたのである。

何よりも関心を集めるようになったのが『アルマゲスト』であった。この作品の翻訳は九世紀末までに五種を下らず、いずれもが三百年後もいまだ入手可能であり、その当時にもイブン・アッ＝サラフがプトレマイオスの星表の批評・修正案を書き記している(46)。なかでも最古の訳本はシリア語で、作者と正確な年代は未詳のままである。八〇〇年頃になされたアラビア語初訳にも訳者の名前はなかった。アン＝ナディームの『目録』では、［ジャアファル・］ヤフヤー・イブン・バルマクという、アル＝マンスールのもとで宰相となったペルシア人の息子で学問に身を捧げたことでも広く知られた人物が、このプトレマイオスの傑作に関心を示してその書を高名なる〈知恵の館（バイト・アル＝ヒクマ）〉へと送り、そこで「最高の翻訳者たちを呼び集めたあと、その意味を確認した上で、それを精密にする作業に励んだ」と記されている(47)。八二七年からその翌年にかけて、第二のアラビア語訳がアル＝ハッジャージュ・イブン・マタル（七八六―八三三年頃活躍）の手でなされたが、その協力者におそらくネストリウス派キリスト教徒エリアスの息子セルギオスなる者がいたので、シリア語訳が仲介として用いられたと思われる。これに続いて、同じくネストリウス派で、全アラビア翻訳者のなかでも最も多くの著述をなして最も卓越した人物たるフナイン・イブン・イスハーク（八三〇―九一〇年）も、『アルマゲスト』の訳本を手がけているが、多数あるアリストテレスやガレノスの翻訳よりも明らかにいくぶん劣るものとなっていた（フナイン自身は医者である）。このように言い得るのも、都合の悪いことにフナイン訳はどうやらアル＝ハッジャージュ訳と比較され、おそらくこの時代後期の翻訳者たる人物に相当訂正されたからなのだが、これを行ったのがハッラーン出身の非イスラム教徒であるサービト・イブン・クッラ（八三六―九〇一年）で、この者もまたエウクレイデスやガレノスなどの作品を翻訳・改訂している。また中世期になされて決定版としても知られる『アルマゲスト』は、そもそも翻訳ではなくむしろ翻案であり、手がけたのは天文学者にして数学者のナスィール・アッ＝ディーン・アッ＝トゥースィー（一二〇一―七四年）で、フナイン版を訂正したサービト・イブン・クッラの翻訳を底本に用いている（図6参照）(48)。アッ＝トゥースィーが取り組むまで、プトレマイオスのテクストはこれだけ数多くの言葉の解釈にさらされてきたのである。さらにそれは、釈義という大きな伝統の中心点となっており、その流れは注釈ばかりか注釈の注釈のほか、絶えず続く細部の更新・修正（図7、また図6も参照のこと）、難解な箇所の明確化や個別の文章の改変、そのほか内容の変更を伴うものであった(49)。

こうした翻訳者たち、さらにこの者たちが取り組んだテクストについて、必ず考慮しておくべき点がいくつかある。第一に、アラビア語への翻訳が生じたのは、総じてイスラムをきわめて豊かでたいへん活発なテクスト文化へと変容させる大規模な運動に不可欠な要素としてである。研究や教育のなかで取り組まれたのではなく、専門的な著述をするなか、さらにこれまで以上に多くの多彩な写本を生産して、かつての巨大な図書館へとこうした作品を収集するなかで行われたのである（図8参照）(50)。翻訳がこの運動に大きく弾みを付け、文字通り何千という新しいテクストが八〜九世紀にアラビア語へと入ってきた（ガレノスとアリストテレスはそれぞれ百を超える）。しかし、こうしたことはそれだけでなく、知的文献の高まる需要のほか、識字層の拡大と貴族階級が書籍の販路となったことも土台にある。

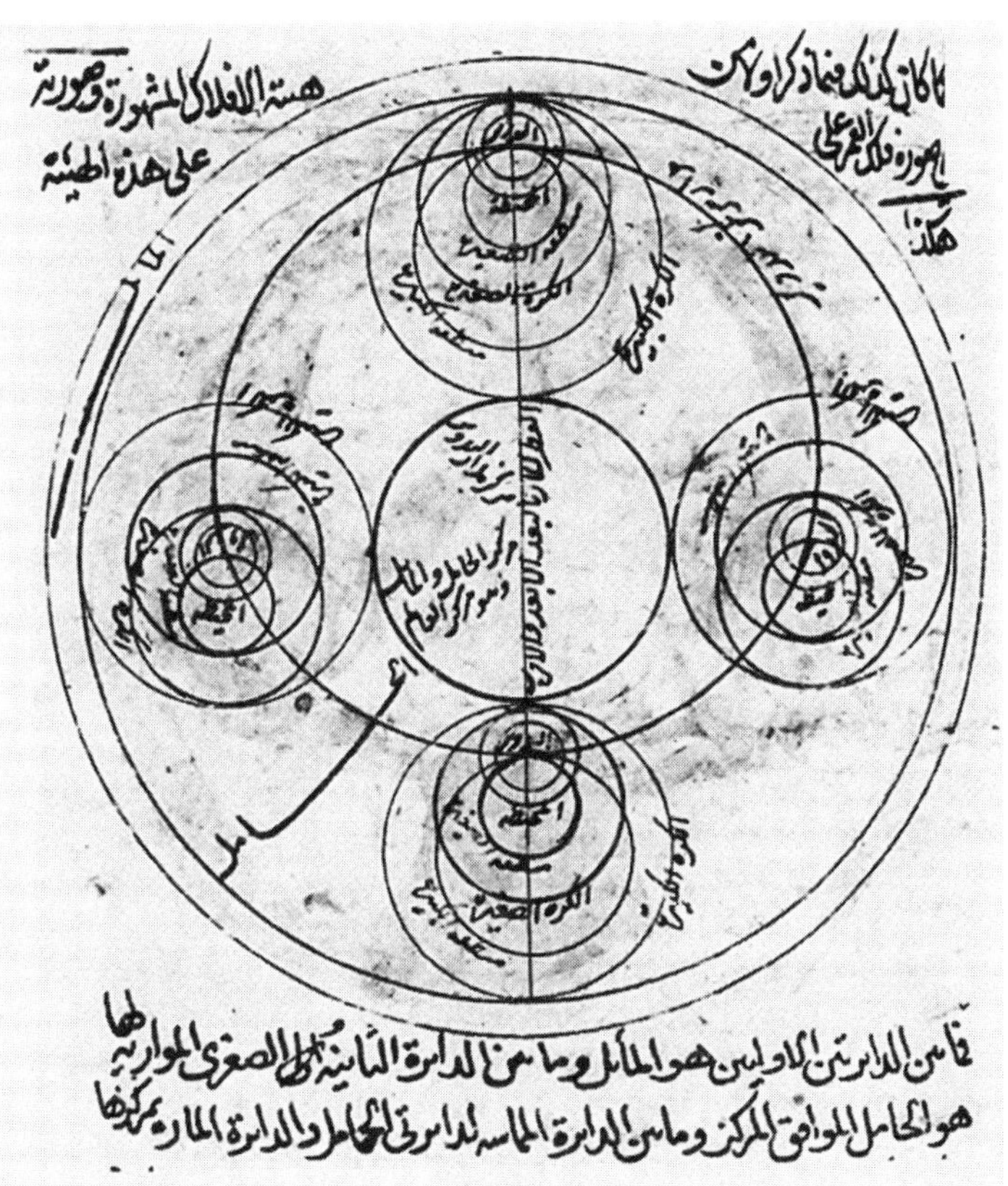

図6　13世紀の写本にある図式　　プトレマイオスの惑星運動体系にアラビア語で加えられた重要な修正を示すもので、惑星位置の予測を向上させたこの〈訂正〉は、13世紀ペルシアの思想家ナスィール・アッ＝ディーン・アッ＝トゥースィーによるもので、〈トゥースィーの対円〉として知られている。ここに示された図は、半朔望月での月の周転円の様々な段階を示している。ケンブリッジ大学図書館、Add. 3589, fol. 155r.

図7（次頁）13世紀のアラビア語写本の一頁　　プトレマイオス『惑星仮説』の物理モデルを示したもので、ここでは水星の運行が論じられている。このモデルに手を加えたのが著者アル＝カズウィーニーで、（プトレマイオスの描かなかった）一連の円の存在を示唆している。出典は『被造物の驚異』という題の書物。バイエルン州立図書館、ミュンヘン、MS Arab 464, fol. 13r.

المدير

وينفصل عن فلك المدير فلك آخر خارج المركز يقال له الخارج المركز الثاني وله فلك تدوير
في ثخن فلك الخارج المركز الثاني والكوكب في فلك التدوير ويلزم ان يكون لعطارد اوجان
احدهما في الفلك الكلي والثاني في المدير ويكون له ايضا حضيضان زعموا ان ثخن فلك عطارد
وهو مسافة ما بين سطحه الاعلى وسطحه الادنى ثلثمائة الف وثمانماية وثمانون الفا واربعمائة
واثنان وثمانون ميلا وهذا صورة فلكه

واما عطارد فسماه المنجمون منافقا لكونه مع السعد سعدا ومع النحس نحسا على زعمهم وجرمه جزء
من اثنين وعشرين جزءا من جرم الارض ودور ثخنه مايتان وستة وثمانون فرسخا وقطر جرمه مايتان وثلثه
وسبعون ميلا

図8　13世紀の写本にある中世アラビアの図書館の描写　　書籍は多数の壁龕のなかに平積みされているが、おそらく分類保存のためか、または未製本のものも多かったためと思われる。フランス国立図書館、パリ、Add. 3589, fol. 155r.

第二に、翻訳運動の初めの数世紀のあいだになされた科学作品のアラビア語訳は、いわゆる重訳であることがかなり多かった。つまり、それ自体が主にギリシア・インドの古い作品の翻訳であるシリア語ないし（頻度は下がるが）パフラヴィ語テクストから訳されたのである。ここに複雑な点があることは念頭に置いた方が良い。例を挙げると、既存のシリア語作品（たとえば五世紀のレーシュアイナーのセルギオス訳）からのアラビア語訳と、九世紀にフナイン・イブン・イスハークとその弟子たちがやったような仲介言語としてのシリア語の意図的な使用は、区別しておく必要がある。このふたつのプロセスは、手順としても認識としてもまったく違うもので、とりわけ〈原典〉テクストという概念についてはかなり異なっている。前者ではギリシア語〈原典〉は消されているが（実際存在しないこともあるが）、後者ではすぐそばにあるもので、消し去る対象でありながら絶えず参照する典拠でもある。意識しているにせよそうでないにせよ、フナインのような翻訳者はシリア語が理想的な地位にあることを歴史面でも理解しており、この言語は古典後期ギリシア語に深く影響されていて（その要素をたくさん翻案として取り込んでおり）、なおかつそれ自体も同じくアラビア語の形成に、その洗練された優雅な書き言葉への変容のなかで影響力を持っていたのである(51)。

第三に、活躍した翻訳者の大多数はイスラム教徒でもアラブ人でもなく、むしろ東方キリスト教会のネストリウス派（それよりも数は少ないが単性論派）聖職者で、その大半が、古典研究の名残があったか、かつて栄えたかした街や都市で教育を受けた者たちであった。これは何度繰り返してもいい重要な点であって、七〜十世紀に自然科学をアラビア語にもたらしたこうした翻訳者たちは、アラビア語そのものを第二言語とする人々だった。文化・言語の面でも、学知それから散文の学術・文章一般のかなりの部分がこの言語により、もともとそれを母語としない使用者によって打ち立てられたのである。さらに踏み込むと、こうした翻訳者たちはただ受動的な導管であったのではない。取り組みたいテクストはしばしば自分で選び、特定の需要に合わせて既存のアラビア語を拡張ないし変形させ、シリア語やギリシア語と同等の用語を選ぶことによって、十数の分野で中核となる語彙を作り上げたのである。雇い主の意図を叶えつつ、自分たちの愛する知的伝統を存続させたい（実のところこれからも育みたい）という希望を併せ持ちながら、こうした翻訳者たちは宮廷の後援者たちの関心を、他の何よりもギリシアの典拠へとじかに向けさせる一助となった。同じ尺度で考えると、彼らの努力がうまくいったことで、〈外来の知恵〉に興味を持つ学徒がアラビア語を学ぶという需要が大きく高まることとなり、その一方で、ギリシア語・ペルシア語・ヒンディー語といった底本テクストの言語を学ぶ需要（ないし希望）が知識人のなかでも相応に下がることとなった。かくしてその結果が、アラビア語に特化したテクスト文化であった。かたや翻訳者はアッバース朝の宮廷文化のなかで個人教師・医師・相談役として雇われ、時にはその仕事に相当の額が支払われることがあった。『目録』によれば、新しい学問の重要な後援者であり自分たち自身も活発な学者であったバヌー・ムーサー兄弟は、フナインたちにその翻訳作業一回に月額五百ディナール（およそ人ひとりの重量）もの黄金を支払ったという。図書館を作ってそこに勤め、天文台を建設し、既存の暦の体系の改訂に影響を与えるばかりか、当代の〈賢者〉のうちにも含まれてカリフたち自身からも相談や質問を受ける（時には投獄されることもある）ほどの力を持つに至った翻訳者たちは、やはりかなりの地位と得て、ひいては名声までをも手にしたのである。

そうなると、ここで動機という問題が現れてくる。よく言われるように、翻訳者やその後援者を導いた主要因は実用面の関心からなのか。この問いはそう容易く決着できるものでもなく、きっと再考するに値するものである。ある面ではこれは、翻訳者自身にどれくらい独立性が許されるかという問題でもある。総じて明らかなのは、初期段階では、翻訳対象となる作品の選択はほぼまったく統治者や宮廷の意図的な指示に基づいていたということだ。占星術は未来予測のため、錬金術は限りない富を約束して自然の秘密を思い通りにするため、医術は苦しみを取り除いて権力と寿命を増大させるため、というように、こうした知識の領域は何かしらの力や直接の利益の増加を約束するものだったのだ。いま挙げたような分野が、ウマイヤ朝のカリフたちやアッバース朝のごく初期には選ばれて、散発的な翻訳がなされたのである。とはいえアル＝マンスールの治世になると、事は変わり始める。他の民の知識に対して知的体系としての興味が高まりだし、翻訳者も専門家として今まで以上の自由が与えられ、〈古代の知恵〉のなかでも見つけうる最良の手本を探し出して選び抜くようになる。この流れが頂点に達したのは、アル＝マアムーンのほかバヌー・ムーサー兄弟といった富裕な後援者たちが支援した九世紀初頭から中盤にかけてであり、この者たちはフナイン・イブン・イスハークやサービト・イブン・クッラなどの大家をはじめとする翻訳者たちを〈派遣〉して、当時まだあちこちに残っていた古代の図書館から作品を集めてくるよう命じたのだ。現存する記録から判断するに、この時期の翻訳者には、名声を勝ち得て、底本文献の選択がほとんど自由であったことが少なくない者もいたようだ。ネストリウス派という背景もあってか、フナインなどの翻訳者たちは、古代ギリシアの学堂やジュンディーシャープールの有名な学院の教授細目（シラバス）に載っていたテクストを愛用していたらしい。アラビア語訳が「究極的にはカリフ・官僚のほか博学な神学者や教養ある一般人といった人々のため」[52]であった一方で、同時に――この点はこれまで見逃されていたと思われるが――時として翻訳者自身によって収集もされたことは、フナインの文章がはっきりと示している通りである(53)。翻訳者たちが自らかなり大きな個人文庫をまとめていたに相違なく、その文献の好みも実に幅広かったと思われ、哲学・数学・天文学・光学・力学など様々な科目にまで及ぶのが通例であったようだ。

まとめると、初期には実用向きの文献へまっすぐ関心が向いていたのが、まもなく高度な抽象・神学・知識を扱う難解な典拠を含むまでに発展したということだ。すでに述べたように、古典ギリシア科学でも最も難解な作品たる『アルマゲスト』は、八〇〇〜八九〇年頃のあいだに少なくとも四度訳されている(54)。この作品の最大限実用的な部分だけを好むのであれば、「簡易数表」のみ、またはアレクサンドリアのテオンによる要約と注釈で事足りるであろう。ところがそうせずに、はるかに大きな理想、間違いなく貪欲な理想がそこで働いていたのである。ただ〈実用性〉という概念を拡げて〈古代の知恵でイスラムを豊かにする〉といった考えまで含みうるとするなら――すなわち〈知恵〉を物質・知性・精神の力のいずれをも持ち合わせた源泉と考えるなら――おそらく目的自体はそのままであったと考えられる。実際これが正しかったと考えられる証拠もある。古代人とりわけギリシア人の書物は、まさに具体的な意味で〈富〉と見なされることも少なくなかったようなのだ。その好例を与えてくれるのがアン＝ナディームで、その『目録』のなかには、アブー・イスハーク・イブン・シャフラムが九八〇年頃、ビザンツ皇帝バシレイオス二世への使者として派遣されたときのことを語るくだりが記録されている。

ビザンツ国には古代建築の寺院がある。今まで見たどれよりも大きな正門があり、鉄製の門扉が両側についている。古代にあって［…］ギリシア人はここ［寺院］を褒め称え、このなかで祈りもし、贄の儀式も行った。私［イブン・シャフラム］はビザンツ皇帝にここを開けてくれるよう請うたが［…］、これはビザンツ人がキリスト教徒になって以来鎖されているという理由で叶わなかった。とはいえ私はそのまま相手に丁重に接してもっともだと同調しつつも、また向こうの宮廷に滞在中は歓談するなかで引き続き請うた。［皇帝はとうとう］開門に同意したので、さあ見よ、この建物は大理石と色つきの大石で出来ており、その上に美しい碑文・彫刻がいくつも刻られていた。私はこれほど壮大美麗なものを見たことも聞いたこともなかった。この寺院のなかには古代の書籍が、ラクダに積めばものすごい数になろうというほどあった。ラクダ千頭分の量［だったに違いない］。なかには劣化したものもあったが、状態が正常のものもあった。ほかに虫に食われたものもあった。［…］私はそこで、金製の奉納品などの希少品も見た。私が外へ出たあとドアが鎖されたため、自分に示された好意に感じ入って、つい面はゆく感じたものだった。(55)

このように書物は、金や宝石そのほか言い表しようのないほど価値のある〈希少品〉に劣らず——合わせて語られるほど——語りぐさとなる代物であったのだろう。

とりわけ天文学に関してまず触れておくべきなのは、その研究と言説は大きく二つに分けられるということである。ひとつは、アラビアの砂漠そのもので発展して主に計時・気象予報（特に雨の兆候）に注目した〈民俗天文学〉（不適切な用語ではある）、もうひとつが、インド・ペルシア・ギリシア作品の翻訳に由来するもっと数理・観察の面が強い天文学である(56)。この二種の天文への考え方は重なるところもあるが、混ざり合ってはおらず、少なくとも共通の基盤はない。歴史の観点からすれば、星の物語はベドウィンのアラブ人やイスラムの起源と結びつくようになり、たとえば法学者(フカハ)といった聖典研究に携わる学者たちから好まれた。数理・観察の天文学――すなわち高度な幾何手法に基づいた天文学で、古典ギリシアの星図を受け入れ、まもなく天体運動の観察記録にも触れるようになったもの――は、非宗教の方面から探究された。一次資料のテクストには、以下のものがあったと考えられる。（一）第二章で論じたインド・ペルシアの著作、特に『スィンドヒンド表』と『王ノ表』、（二）プトレマイオスの「簡易数表」そして何よりも『アルマゲスト』、（三）アレクサンドリアのテオン（四世紀）によるプトレマイオスの天文作品に対する要約・注釈、主にシリア語訳、（四）テオンの翻案・梗概、たとえばセウェルス・セーボーフトが手がけたものなど、（五）ギリシアの書き手による〈天文小叢書〉の様々な論文（サモスのアリスタルコス・メネラオス・テオドシウス・アウトリュコス）、『アルマゲスト』研究の入門として有用で、シリア語版のちギリシア語版でも当時入手可能、（六）主にシリア語・パフラヴィ語の数多くの小品、ギリシアないしインド天文学の様々な部分を取り上げて紹介するものだったが、現在では散逸(57)（規模は小さくなるが）。こうした一覧はおそらく完全にはほど遠いものだろう。その部分部分にしても、後代の書き手（特に十世紀末のアン＝ナディーム『目録』）の引用からしか分からないことが多いために不確かである。

とはいえこうしたリストからはっきり際立つのは、とりわけギリシア天文学の重要性とその様式の多様さである。これら多様なテクストのほとんどが、時空や言語というかなりの距離をはるばる乗り越えて、アラビア語という言葉の門へと入ってきたのである。翻訳運動の初期であるアル＝マアムーンの時代を通して、こうした典拠文献の多様性は、翻訳者自身の多彩な文化背景とも個人のアラビア語能力とも結びつくもので、そのため天文資料は種々雑多で一貫性がなく、間違いだらけの寄せ集めとなってしまった。一作品の様々な訳のなかでも、用語・構文・精度のほか、わかりやすさでさえも実にまちまちである。翻訳の手法も初期には逐字が一般的であったが、それでもかなり差がある。ある翻訳者にとって複雑ないし不可解にすぎると思われた章句が、要約されたり曲解されたり、一括に省略されたりする場合も多い。その結果、「この作品の照合・改訳・修正への強い需要が高まった」(58)わけだが、そうした需要が、複数の先行テクストを選集した上で再翻訳して新しい訳本を作るという動きにつながった。こうしたもののなかでも最重要の部類に入るのが、(すでに言及したが)サービト・イブン・クッラ版の『アルマゲスト』、アル＝フワーリズミー(八四〇年没)による『スィンドヒンド表』の大補訂更新版、アル＝バッターニーが施したプトレマイオス天文学への様々な修正であり、このいずれもがアッ＝トゥースィーの時代まで標準テクストとして用いられたのである。

翻訳の技

ギリシア語・ペルシア語・ヒンドゥー語のテクストのアラビア語訳を行う際、翻訳者たちが用いた技とはいかなるものだったのか。それは時とともにどう変化したのか。ここで短く答えるなら、こうした手法およびそこに体現された態度というものは、翻訳時代初期においては実に様々だったがのちには標準化されていった、となる。このことは黎明期には避けられないことのようで、個々の翻訳者たちの能力・経験・関心も当初は様々であり、さきほど述べた通り、そのためかなりの修正・改訂が必要となるテクストや用語を生むことになってしまった。手法・用語が一見標準化されたように見えたのは、翻訳運動の中央集中が始まったばかりで比較的少数の個人の作品だけが権威となった、アル＝マアムーンや後続のカリフたちの援助のもとだけの話である。ところが、こうした要素は問題の全体を説明するものではない。

八〜九世紀初頭の初期翻訳者たちは、必ずしも専門の職人ではなかった。一生涯のうちで取り組むのも、その後援者から当てがわれた（あるいは強いられた）ほんの数作だけだった。用いる底本の訳本もひとつだけ、もしくは二種、たとえばギリシア語とシリア語のものといったふうで、読者やのちの訳者の役に立つような術語・名称（たとえば星座名）・定義の一覧などは一切こしらえなかった。おおまかなやり方としては、逐字を貫きつつも同時に読みやすくしようとしがちであって、すなわち自分に理解できる箇所では底本テクストに忠実ながら、自分にわからない箇所は省略・簡略したり、さらには誤読したりしがちであったのだ。このことは、たとえばアル＝ハッジャージュ訳の『アルマゲスト』がいい例で、その書では多くの章節で難解な部分が要約・削除される傾向にあって、その結果、数理上の演繹プロセスがまったく消えてしまっているのである(59)。

この作品のなかでは、個別の名称・用語が様々な形で現れることが多い。たとえば牛飼い座（ボオーテース）はそのまま音写されて〈ブーウティース〉という形で訳されることもあれば、古代アラビアの星座名〈アル＝アッワ〉で同定されることもあり、またギリシア語名称の語源を説明して「その意味は〈呼び寄せるもの〉である」としたところもある(60)。同時に、そのほかの天文作品では——きっと占星術の作品でも——借用語の典拠が直接ギリシア語からではなく、シリア語やペルシア語からになっているものがたくさんあって、すなわち他言語でなされた音写を通してギリシア語を取り入れているのである。アラビア語で新語を創出したり、既存の言葉に新しい意味を与えたりしたのも、その後援者に親しみを感じてもらえる翻訳になるよう、比較的具体的で受け入れられやすい言葉を求めてのことと思われる(61)。

これらの手法には、八〜九世紀の科学著作にまつわるある文化のあり方が反映されている。おそらく最も重要な事実は、ギリシアの著作がのちに得るほどのきわめて高い地位をまだ得ていなかったことだ。つまり、ギリシア語のテクストや用語を訳す際にも、シリア語やペルシア語の言葉が自由に翻案されているのと同様、かなり柔軟な態度が取られていたのだ。ペルシア語テクストは当然この当時かなりの数があったと思われるが、ギリシアの作品の大多数はシリア語経由でアラビア語に入ってきたのである。これだけでも、アラビア語の初期専門語彙の形成にこうした言語の影響が強かったことがわかるというものだ。

九世紀末にはこの状況も変わってくる。統治者やその親族からだけでなく、宮廷貴族・軍隊長・商人そのほかのかなりの部分からも変わらぬ支援が得られたことで、翻訳の価値が知識・精神・経済の面で認められ、これが何よりもギリシア作品を中心とする学者・教師のテクスト解釈共同体が実際に構築される後押しとなり、こうしてその一次資料テクストもこれまで以上に主要な位置を占めることとなった。その多大な量と多様性から、ギリシアのテクストはほかのどの国のものよりはるかに好まれるようになったのだ(62)。ただしその分量と難解さのせいで、のちの九〜十世紀の翻訳者とその読者は休む暇もなくなった。ある意味では、ギリシア語の資料群は学術上の征服と到達に対して、抵抗とも言える大きな挑戦を叩き付けたのである。ほかならぬサービト・イブン・クッラほどの碩学の翻訳者が、フナイン『アルマゲスト』の自らによる編集版の序文でこう述べている。

この作品は、イスハーク・イブン・フナイン・イブン・イスハーク・アル＝ムタタッビーブによって、アブー・サックル・イスマイール・イブン・ブルブールのためにギリシア語からアラビア語に訳されたものを、さらにハッラーン出身のサービト・イブン・クッラの手で修正されたものである。本書のなかに現れるあらゆるものは、どこにあるもの、どの箇所・欄外に見られるものでも、またテクストの注釈・要約・敷衍や、より明確な理解のための解説・簡略・詳説のほか、修正・示唆・改善・訂正を形作るものもすべて、サービト・イブン・クッラ・アル・ハッラーニーの手に由来する。(63)

翻訳者たちが翻訳という自分たちの分野をいかに広く捉えていたか、そしてテクスト変更の機会が広くあるべきだと考えていたかが如実にわかる文章だ、と早合点する者もあるかもしれない。ただし、ここでのサービトの発言は責任をあえて引き受けたものなのか、手柄を自分のものにしようとしたものなのか、それは問題ではなく、この言葉が示すのは個々の翻訳者にも編集者にも、手元にある文献が何であれ自分の意見を反映させ、〈古代人〉とテクスト上の対話を行い、それによって、その文献を当初創作された時点からはるかに離れた文化・時代にあって同時代に生きる存在に作り替えるという、そうした機会が認識・容認されることが多かったということなのだ。ある意味でこれは、ギリシアの作品が変位したということであり、『数理全書』の著者たるプトレマイオスが、翻訳者＝解釈者＝校閲者の共同体である〈プトレマイオス〉に変容したということなのである。

この種の変容は、とりわけ第二世代の翻訳者たち（九世紀末〜十世紀）に特徴的なものだ。先行の訳者たちとは対照的に、この者たちはひとつの底本テクストを組み上げる高度な手法を発展させた。ある一作品の様々な版を念入りに探し出して入手し、それぞれの最良の（かつ誤りの少ない完全な）部分を慎重に付き合わせて、あとで翻訳の拠り所として役立つよう〈優れた〉底本を作ったのである。

特にこの作業手法を発展させたのがフナインであり、ある作品の様々な版を手に入れるために多方面の都市へと幾度となく長い旅へと出かけたという(64)。こうした文献を得るために費やされた労力に匹敵するのが、これら翻訳者たちが語学やアラビア語訳に対して見せた細心の配慮だ(65)。この時代には、標準化された辞書や語彙集の需要がすでに生じてきており、アル＝キンディーやアル＝フワーリズミーのほかアル＝ファーラービーの手でその種の作品が編まれている。そればかりか翻訳者たちの名声のために、その者たちの手がけたある作品の訳本がのちの職人にとって参照すべき手本ともなって、その用語もある程度定まるという結果を生んだ。先に挙げた例に倣えば、牛飼い座を〈ブーウティース、牛を追う者（ワ＝フワ・ル・バッカル）〉としたフナインの訳語も、後続の『アルマゲスト』訳本のほぼすべてで受け継がれたのである(66)。後期にあっては、古いアラビア語名称を排してギリシアの星座名を好んで転写しがちであった。これが行われたのは主として実用上の理由からで、旧来のアラビア語名称や星座観が古典天文学の星座の形と合致せず、そのため違和感が大きすぎてどうしても残せなかったのだ。総じてギリシアの典拠の権威が高まったために、かつての借用語（たとえば視差（パララクシス）に対する〈バラクシス〉）もそのまま用いたり、借用語の語幹にアラビア語の接頭辞・接尾辞を付けたり、抽象度の高い内容の用語を造語・転用したりする傾向があった(67)。全体のパターンから見て、ギリシアの用語体系をそのまま取り入れようとする方向への転換があったことは明らかだ。

　興味深いのは、ローマの書き手たちとは正反対に、アラビアの翻訳者たちが自分たちの翻訳哲学や手法についてほとんど何も述べていない点である。フナインは翻訳者の技について広く記したと言われることが時々あるが、これは必ずしも正しくない。この人物から得られるのは、数少ない例外を除いては、特定の作品の訳し方を立て続けに論じたものと、他の翻訳者への評価、そして各版の状態と写本の突き合わせについての総論数編だけである。一例を挙げると、その文章が伝えるのは、ガレノスの著作のシリア語訳とギリシア語版を詳細に比較するために後援者のひとりと座を並べ、その後援者がシリア語を声に出して読み上げてはフナインが修正の必要な各箇所を彼に知らせたということだ。この手法はあまりに面倒なことがその後援者にもわかったため、すぐさま諦めて、まったくの新訳を任せることになったという(68)。ここから読み取れるのは、おそらく口頭という手法が、とりわけシリア語が仲介言語に使われるときには時として翻訳者自身に用いられたが、かなり根気が必要だったということである。だが、これ以上明確なことは言い得ない。どの翻訳者の文章にも、キケロやクインティリアヌス、小プリニウスの誰もに見られるような、翻訳に求められた目的・内容・機能さらには手法を、じかに語る論じ方をしたものがほとんど見当たらないのだ。

ただし、これがあったと思われる事例がひとつだけある。よく引用されるように、歴史家アッ＝サファディー（一二九六―一三六三年）が記した文章は珍しくも「翻訳者たちに用いられたふたつの手法」について述べており、誰ひとりとして書かなかった各手順をおおまかに記している。その手順の第一は逐字寄りのもので、「翻訳者は、ギリシア語の単語とその意味をひとつずつ調べ、その意味に対応するアラビア語の言葉を選び、それを用いる。そのあと新しい単語に向かう」。もうひとつは、フナイン・イブン・イスハークやその一派と結びつくもので、「翻訳者は文全体を考え、その完全な意味を把握してから、それをアラビア語で、各単語の対応を気にせずに意味として同じになる文章でもって表現する。この手法の方が優れている」(69)。

こうした記述をいかに理解すべきか。ごく近年まで、この一節は学者らによって合理的かつ間違いのないものとして受け入れられ、稀有な記述であるために、紋切り型として決まって引用されていた。

ところが今では、おおよそ不適切なものであるから捨て置くべきだろうと考えられている(70)。その判断の根拠はもっともなものである。まず、ギリシア語とアラビア語のあいだで、一対一対応の逐語的なアプローチなど絶対に取り得ない。単純にこの二言語はあまりに異なっているのだ。ひとつだけ例を挙げれば、古いアラビア語の書き言葉には繫合詞(コピュラ)（いわゆるbe動詞のようなもの）が欠けており、ギリシア語の専門文献をおよそ収めるには新たに作り出さなければならなかった(71)。さらに証拠からわかるのは、最初期の翻訳には翻案——語順の入れ替え、句や文の再構成、省略や書き換えなど——がかなり多かったことである(72)。そればかりか、〈優れた〉翻訳者たちが——実際はそうでなくてもよいが——「各単語の対応を気にせず」作業したというのは、そもそも道理から考えて頷けない。これが本当であれば、のちに用いられるようなアラビア語の専門語彙は生まれなかったことだろう。さいわいアッ＝サファディーの記述を細かく検証したものが少なくともひとつすでにある(73)。驚くべきことではないが、同じ結論に達している。実際に同じテクスト（アリストテレス『形而上学』）の翻訳二種を比べてみたこの研究は、両訳本とも（ひとつはフナイン訳）、原典が「比較的簡単なところ」はかなり自由でなおかつ慣用語法も多く、底本が難しいときにはギリシアの用語をなぞっていると指摘している。さらにフナインのテクストはほとんどの点で優れているものの、時として冗長で文芸に凝りすぎるところがあり、とりわけ慣用語法の面では原典の修辞の迫力を移すというよりも、アラビア語として自然に見えるようにするという面に寄りすぎているようなのだ(74)。

ゆえに、誰でも想像できるように、多様な手法の併用こそ翻訳者と翻訳にはつきものなのである。こうした多様性が出てくるのは少なからず、どちらを拠り所にするのか（起点言語か目標言語か）という絶えず揺れ動く認識に合わせて自らも変化する類の翻案があるためだ。ギリシアの科学文献ほどに内容が複雑かつ多様なものを、まったく新しい言語の文脈へと移し替えるためには、これはまったく必須と言えよう。個々の翻訳者がこのプロセスを意識するようになってその度合いを制御できるかどうかが、間違いなくこの者たちの専門知識のレベルを明確にする一助ともなる。この点ではフナインは明らかにレベルが高い。事実、繰り返し付き合わせて自分独自の底本を根本から〈造り上げる〉――すなわち今は散逸した様々な原典から優れた組替え品を作り上げる――という、本人が採ったと思われる途方もない作業から見えてくるのは、何事も自分次第であるとよく理解していたということだ。同様にここで論じたアッ＝サファディーの文章も、ほかのものと同じくフナインの伝説に貢献するものであるように思える。

翻案と現地化の形式

手法と哲学への議論が欠けているだけでなく、アラビア語翻訳の文献には、ローマの場合や〈規模は小さくなるが〉シリア文化にはっきりと見られた、模倣から対抗意識への移り変わりを示す証拠がほとんどない。旧来のアラビア語の星の名前を再び用いようとする運動がのちの十世紀後半に生じたが、翻訳者やその弟子たちのなかには、過去の〈賢人たち〉の影響力が減じたりゆがんだりする効果はさほど見られなかったようだ。むしろ古代人最大の有名人たち――アリストテレス・プトレマイオス・ガレノス・エウクレイデス・アルキメデス――はこの翻訳時代を通じて崇敬され、敬意を示されるばかりか、〈外来の学問〉を研究するアラビアの人々から最大級の〈知恵〉という概念に結びつけられていた。実際この崇拝の度合いが大きすぎるために、セウェルス・セーボーフトといった非ギリシアの書き手への評価がひどく陰ってしまっていた。こうした崇拝の周辺には、伝説や言い伝えの入り交じったものがたいへん多いのも確かである。たとえば十世紀の文章としてはアン＝ナディームが『目録』のなかで、カリフであるアル＝マアムーンの有名な夢の話を引き合いに出しており、その夢ではアリストテレスが知恵の導き手という神話とも思える設定で現れ、アル＝マアムーンを説き伏せて異国の書籍の翻訳という新たな試みに身を捧げさせたのだという(75)。その数百年あとの歴史家アル＝アンダルシーに目をやると、大昔から標準的な認識となってきたものをまとめ上げている。「ギリシアの哲学者たちは最高の位階(タバカート)にあり、〔…〕知識を持つ人々のなかでも最も尊崇される者たちである。なぜなら彼らは、数理学・論理学・自然科学・神学を含むあらゆる知識の分野を養うことに真の配慮を示したからである」(76)。

ギリシアの書き手たちは移される過程で、イスラム風に翻案・現地化されたものに姿を変えた。つまり、とりわけ初期翻訳者たちを原資料と捉えるアラビア特有のテクストの伝統が生まれたということだ。まずアラビア語で体系化した偉大な人物として挙げられるのが、たとえばアル＝キンディーやアル＝ファーラービー、医学では（ガレノスに次ぐ）〈第二の医師〉たるフナイン・イブン・イスハーク、そして数学ではアル＝フワーリズミーなど、すなわち新しい解釈体系を生み出そうと書き換え再統合して、訳出作品によって幅広い影響力を集めた書き手たちであった。そのあと、サービト・イブン・クッラや（再度）アル＝フワーリズミー、アル＝バッターニーにアブル＝ワファーのほかアル＝ハイサムなど後続の作家たちがおり、この者たちは十〜十一世紀にかけて『アルマゲスト』といった作品のかなりの部分を編集・更新して――さらに重要なのが――訂正したばかりか、ひいては高度な天文学の基礎を形作る新しいテクスト――本質として新たな〈プトレマイオスたち〉――を生み出したのである。同時に、この新しいプトレマイオス流アラビア天文学の便覧もまた著されたが、なかでも有名な書き手がアル＝ファルガーニー（八五〇年頃没）であり、非専門家たる読者に向けてその輪郭と有用性を示してみせた。最後に挙げるのがこの変移の三種類目であり、アッ＝スーフィー（九八六年没）の作品で頂点に達した文筆というジャンルのなかに見られる。この著者は、プトレマイオスの星位を自分たちの時代に合わせて補正しただけでなく、旧来のアラビア語の星の名前とそれに対応するギリシア語名称を一覧として提示し、なお驚くべきことに星座の美麗な図案を完全な図解として示して、ひいてはこれまでの天文学テクストに前例のない図版という要素を新たに付け加えたのである(77)。かくしてプトレマイオスの作品は概念上最高の〈古典〉として固定化され、注釈・更新・改善を絶え間なく生むきっかけの作品として用いられた。『アルマゲスト』ないし「簡易数表」の難点が指摘できるような観察手法が考案されたとしても、とりわけ、アル＝ハイサムが十一世紀に惑星運動と位置について〈プトレマイオスの疑問点〉を重要なものとして記したとしても、こうした試みはプトレマイオス天文学の名声に泥を塗るためになされたのではなかった。実際こうした名声のあり方、関わることを積極的に奨めるそのあり方は、イスラムのなかにあっては、この天文学ばかりかほかの科学の現地化にも不可欠なものであった。かつてアル＝キンディーがエウクレイデスの光学についての大著でこう述べている。

我々は数理を完全なものにしたいと考え、その点で古代人が我々に送り届けたものを説明してから、この者たちが始めたもの、そのなかには魂に必要なものを得る機会が我々にもあるので、それを高めたいと思っている。[…] この我々の書が届くであろう読者諸君に願う、我々が十分に言い表せていない点を何か見つけたとしても、おのれが以前の論文をすべて本当に理解するまでは、我慢してほしい、そしてあわてて我々の悪口を言わないでほしいのだ［…］——というのも本書はそれらに続くものであるからで——そして我々が省略したと思われるものを、当時の人々が求めるものに従って補ってほしいのである。(78)

こうした言葉には印象的な歴史観、すなわち不動のままの知識はありえないという感覚がある。アル＝キンディーはアラビア科学全体の話をする際、〈完全〉や〈機会〉という言葉を用いる。古代人の偉大な知性やテクストは基礎と見なされ、その出発点から大きな完成へと折々一歩ずつ進んでいくと考えられたのだ。さらにこの完成とは、単に知的なだけでなく、道徳・精神・物質面など〈魂に必要なもの〉であった。〈古代人〉の思想を現地化することは、アル＝キンディーのようなアラビア語の書き手が〈遺産〉を〈相続〉することではない。まだ叶えられていない大仕事を手に取るといった、もっとはるかに積極的な意味合いを持っているのだ。

九世紀までには、そしてきっとそのあとも、ギリシア科学の著者に向けられた好意は、ほかの人々に対して示されたものより大きかった。とはいえ当初から、ほとんどどのレベルでも翻案は至る所で見られたし、翻案は決して言葉の現象だけに留まりはしない。たとえば、ギリシア天文学の影響がはっきり出ている最初期の〈文書〉にも、星座と黄道を翻案したものがあり、七一五年頃クサイル・アムラという砂漠の街（ヨルダン南部）の浴場の円形屋根に絵として描かれている。この図像は後ろ向きになっていて——すなわち上から（天球の外側から）見える姿で——つまり天球を写し取ったものだったのだ(79)。これが「天文学の理解がまだ不十分なカリフのためにビザンツの芸術家・職人の手で」(80)作られたという可能性こそ勘所である。この初期にイスラム教徒であった支配者たちは、〈外く初期の取り入れ方を反映したものとしては理想的なものであろう。

言語レベルにおいて、以前の題目を取り上げて、もう一度ギリシア星座のアラビア語訳に用いられた名称へと立ち返ってみよう。実のところこれらの訳語は、ほかのところでもよく見られる言語上の翻案のあり方を如実に例証してくれるのである。幸いなことに関連する情報も詳細に検討されており(81)、容易くまとめることができる。いくつか様々な翻案が用いられている。

(一)音写、忠実度はまちまち(たとえばクジラ座はカイトゥス《ケートゥス》)、(二)接頭辞を付けた転写(イルカ《デルピース》座はアッ＝ドゥルフィー)、(三)よくあるアラビア語への置き換え(しし座は獅子《アル＝アサード》、さそり座は蠍《アル＝アクラブ》)、(四)ギリシア語と関連はあるがまったく対応しているわけではないアラビア語の単語への代替(はくちょう座は鶏《アッ＝ダガガ》、りゅう座は蛇《アッ＝ティーンニーン》)、(五)星座内の主要な星につながりのある旧来のアラビア語名称への代替(オリオン座は力持ち《アル＝ガッバル》)、(六)覚えやすくするための簡略化(ペガサス座は馬《アル＝ファラス》、またはこうま座を第一の馬《アル＝ファラス・アル＝アッワル》としてペガサス座を第二の馬《アル＝ファラス・アッ＝タニー》)、(七)ギリシア神話による転写名にその説明の語句を添えるやり方(たとえばペルセウス座をバルサウスとしてあとに〈悪魔の首を持つ者〉と添える)などがある(82)。

与えられた訳語についても、ひとつの星座にふたつ以上の翻案名称が現れることもある。アル＝ハッジャージュ訳ととりわけフナイン訳では、ある程度採り入れ方を意識したテクニックをそれぞれ用いているようだ。特にフナインはギリシア名を音写してから、読者が思い浮かべやすいよう説明語句を付け足すこと(たとえば〈アルゴ座、船の名《イルグス・ワ＝フワ・スム・サフィナ》〉)を好む(83)。最後に興味深いことに触れておきたいが、『アルマゲスト』のギリシア語名称は属格形になっているのに対して、アラビア語に転写されるときには主格形に変わっていることが多く、ここからも翻訳者たちは言語プロセスが自分次第であることを十分自覚していたことがわかる。

イメージ面でもギリシア人そのものがアラビアの理解に合うよう翻案されたが、その要因となった誤解は幅広く示唆に富んでいる。これらがたいへん際立つかたちで表面化したのが十三〜一四世紀、あらゆる知識とそこへの各国の貢献を調べようとした歴史作品においてである。そのような資料のひとつがアル＝アンダルシーのもので、その文章をここに引用してみると曰く、「ギリシアの哲学者たちは最高の位階（タバカート）にあるもので、［…］知識を持つ人々のなかでも最も尊崇される者たちである」。同じ書きぶりでこの著者は、事実に即するかのように淡々と論じる。「ギリシア人のほとんどは天体をあがめ奉り、その偶像崇拝に固執する拝星教徒であった」(84)。アル＝アンダルシーの言う〈拝星教徒〉とは、実際にはハッラーンの原住民のことで、この街はゾロアスター教の影響のもと星辰崇拝の中心地として（伝説的に）よく知られており、サービト・イブン・クッラといった思想家の出身地でもあった。ギリシア人の出身が主にトルコ東部の内陸の砂漠地帯だという思い込みは、イスラム征服が始まって数百年はギリシア人たちをよく見知っていたはずだと考えると、奇妙に思える。ただし、アル＝アンダルシーがごく例外的にこうした誤りをしたわけではない。この者の百年後に書き損じたアル＝ハルドゥーンは、その大著『歴史序説（ムカッディマー）』に曰く、「知的な学問は、アレクサンドロスがダレイオスを殺した際に、ペルシア人からギリシア人にもたらされたと言われている。［…］そのとき、彼はペルシア人の書籍と学知をくすねたのである」(85)。かたやアン＝ナディームと『目録』（十世紀）に遡ると、個々のギリシア作家についてささいな誤解が無数に見つかり、とりわけその著者が伝承を語るときによく現れる。たとえばプトレマイオスを「天文器具を作って計測法を定めて観察を［…］

した最初の人物であった」[86]としたり、（それより四世紀以上昔の）ヒッパルコスを彼の師としたり、その著作には占星術・戦争・投獄・病気・運命・液体などの作品が十作近くあるとしたりするのだ。実のところこうした作品は彼の著作とするには疑わしいものであったり、または（とりわけ占星術など）実際に書いたのが一部分だけで、他の書き手が増補したものであったりする場合もあった。

こうした〈話〉からわかるのは、敬意を表す手段としてイスラムの知識人は、そもそもギリシアの作家本人までをも、アラビア世界の伝統になじむものに翻案していたということだ。たとえば天文学における〈ギリシアの奇跡〉をハッラーンの星辰崇拝に結びつければ、達成の本質がイスラムそのもののの玄関口までやってくるのである。アレクサンドロスのペルシアをこの偉業の起源と捉えることで、何よりもペルシアを祖先に持つアッバース朝のイスラム教徒のカリフに、その歴史上の原型を示すことができる。書物をプトレマイオスのような権威ある著者のものとすることで、とりわけアラビアの読者・作家にかなり役立つと思える書籍であれば、ある種の正当化にもなる上、〈低級な〉著者の作品も高い地位に引き上げられる——古典・中世文学や同じくイスラム知的社会でもよく見られるプロセスである。

ほかの形式の翻案にも留意しておこう。ギリシアの学問はその区別・分類法という観点からも現地化されており、イスラムの考え方に沿った再解釈が行われた。たとえばアル＝ファーラービーやアル＝キンディーといった影響力ある学者たちは、こうした学問は主にふたつの流れ、ふたつの〈学派〉に根本から別れていると捉えたのである。そのひとつがヘルメス＝ピュタゴラス学派で、もともと形而上学的な考え方をしており、ふつう数学を通じた自然の象徴的解釈に基づくものとする。これは「ギリシア文明においては、とりわけソロモンやイドリスなど古代の預言者たちの知恵を受け継ぐものと考えられ、ゆえに人間の知識よりも神の知識に基づいたものと考えられた」という(87)。もうひとつが〈外来〉の要素が強い学派で、合理性と博学が重んじられ、アリストテレスやプトレマイオスのほかガレノスをも含めるものであった。これらの著者の現存するテクストは、「真実に辿り着くために人間の知性がなす最大限の努力、すなわち人間理性の有限性によって必然的に制限されてしまう試み」を表すものと見なされた(88)。ゆえに前者の学派は精神的な本質を深く探究することにつながり、後者はその本質を世俗の用に当てはめた結果を示すものとされた。どちらもアル＝キンディーの言葉に言う〈魂に必要なもの〉を手に入れることが求められた。すなわちアル＝ファーラービーがその『知識分類の書（キターブ・イフサー・アル＝ウルーム）』や『幸福の書（キターブ・アッ＝サアーダ）』で強調するように、人間に理解できるものとできないものを区別することが必要とされたのである(89)。

イスラム知的社会における概念としての知識はきわめて多種多様で、それだけでも数々の議論の対象となっている(90)。〈ハディース〉（預言者の言行）を含むあらゆる分野の神学を包括的に示す際に用いられる〈カラーム〉という言葉はすでに述べた。主に美文・純文学を指し示す〈アダブ〉は、訳出されたペルシア文芸・歴史などの文献が九〜十世紀にますます増えていくなかで新しい意味を獲得し、〈洗練〉一般を示したり、また〈教養ある人物〉を指したりするようになった。ウマイヤ朝およびアッバース朝初期には、〈イルム〉（広義の知識）と〈マリファ〉（霊的知識）におおよそ互換性があった(91)。イルムもクルアーンでは、限定しない世界の知識や宗教法、神的宇宙のなかの人間の場所などを示すために用いられることが多かった。とはいえ九〜十世紀の翻訳運動の最盛期のあとは、このふたつの言葉も分かれ始め、マリファはスーフィー派に用いられたために神秘主義や〈バーティン〉（隠された秘義の知識）と結びつくようになり、一方でイルムはカラームの信奉者にその意味を保たれつつ、新しい〈外来の学問〉の主要な用語としても取り上げられた。かたや〈マクラート〉という言葉は、とりわけ哲学的な主題を述べる際に用いられ、合理的な問いや思弁につながるとしてマリファとは区別され、書物を通じて試みられることが多いものとされた。最後に挙げるのが（とはいえ網羅にはほど遠いが）〈ハキーム〉という用語で、これはもともと〈叡智〉、すなわち賢人の知恵という意味だった。ところがバグダードに〈知恵の館(バイト・アル＝ヒクマ)〉がうち立てられたあとは、そこに医者と司書を兼ねる館員が詰めていたこと、その設立にカリフに仕えるためジュンディーシャープールからやってきた医師に関わりがあることから、ハーキムという言葉は〈医療の従事者〉を意味するようにもなった(92)。

こうした用語を一部まとめ上げたのが、あらゆる知識を区別・分類しようとした影響力ある様々な書籍で、たとえばアル＝フワーリズミーやアル＝ファーラービー、後代のアル＝ハルドゥーンの手になるものがあり、十世紀の学者たちが編纂した種々の百科事典にも見られる。こうした作品は〈外来の学知〉を〈宗教法〉の知識と分けるものであったが、そうはいっても知識(イルム)という用語は依然としてあまりに誤解しやすく、クルアーンそのものと広く結びつきすぎているため、一通りの意味に収めることはできなかった。〈古代の知恵〉の翻訳者およびその支持者たちによるその理解は、既存の伝統とそうした知識を結びつけようとする面や、言い換えればイスラムの土壌でそれを正当化したい向きもおそらくあったであろう。しかしアッバース朝初期の時代は、宮廷からの後援が頂点に達した時期であるから、こうした必要はほとんどなかった。重要になったのはおそらくのちのこと、すなわちその語が科学知識や〈単なる〉書物の学問とますます結びつくようになった時期である。だが、イルムがその多面性を失ったことはなく、そのなかには、科学理解そのものがイスラムのなかで得た多様な地位といったものが表現されているのだ。

翻訳の結果としてのアラビア語の言語変化

ムハンマド死後の数百年間におけるイスラム帝国を形作る人々・都市・土地・文化という広大な領域を縦断して、宗教上の慣習以外で――そうした慣習に依存しながらも――唯一求心力を持ったのは、イスラム信仰の母語たるアラビア語であった。とはいえ九～十世紀には、もはや預言者とクルアーンのみの言語ではなかった。それまでよりもはるかに大きくなり、世俗化が進んで柔軟にもなり、新しい用語もたくさん得てテクストの密度も高まり、新たな発音記号を用いて記され、文法・構文上の発展が見られるものとなった。この進化の大部分はこれまでにも論じた翻訳という出来事の直接の結果として現れたのだ。実際、〈翻訳〉そのものを表すために用いられる言葉は、このことをうまく表現している。こうした言葉のひとつである〈タルジャマ〉は、元々は〈伝記〉を意味するシリア語からの借用語で、この種のアラビア語文献のかなりの部分が言語の移し替えの結果生まれたことがわかる。一方で〈タフシール〉という言葉は、はじめクルアーンの解釈、ひいては〈神聖なる解説〉を表すものだったが、たとえばアル＝ハッジャージュはエウクレイデス『原論』およびプトレマイオス『アルマゲスト』の両訳本で〈翻訳〉と同等の意味として転用しており(93)、こうしたテクスト活動で重要な役割を果たす高度な解釈のことを指し示している。三つめの用語は、同じく示唆に富んでよく用いられる〈ナクル〉で、文字通りには〈運送〉または〈伝達〉という意味（ラテン語の transfero と同様のもの）だったが、これがまた〈複写〉や〈転写〉、広く〈受け継ぐこと〉を意味するようになる(94)。かたや広く言語という観点から見れば、翻訳という出来事は、アラビア語の使用者たちが口頭主流の社会からまったくの文字社会へと移り変わる重要な節目に生じたものである。これが主にふたつの形でなされた。ひとつは、サンスクリット語・ペルシア語・シリア語・ギリシア語から訳された文献資料の量が多くかつ実に役立つものだったおかげで、話し言葉にかつて認められていた啓示の本質という権威を揺るがし、テクスト表現・解釈記述・釈義に大きく焦点が当てられるようになった。イスラム教徒の学校も、語学とりわけクルアーンの言語研究を重要視し続けた。ところが新しい学問の影響はアラビア語の話し言葉にも書き言葉にも多大な影響を与えて、この言語を旧来の〈古典〉様式から進化させる一助となったのである。

　ギリシア語・シリア語のテクストという資料群を現地化したことで、アラビア語は刺激を受けて新しい方向へと発展することになった。すでに述べたことだが、子音のみを表す丸印や、短母音・長母音を区別する印、そのほか長母音化や二重子音を示す追加発音記号など、正書法の改善がシリア語の書記体系から直接取り入れられた[95]。これは八世紀とかなり早くから始まってクルアーンの綴りを明確化するのに役立った一方で、新たな正書法がようやくアッバース朝初期にアラビア語のあらゆる書き手のために確立され、このとき〈ギリシア哲学（ファルサファ）〉の翻訳者・学者たちや主に世俗の文芸の書き手らに採用されたのである。

　他方、アラビア語が他民族の知識を解釈・拡張するための媒介として用いられたことで、その言葉の細部が必然的に変化してくる。たとえばギリシア科学の客体を中心とする言葉遣いをおおよそ訳そうとするなら、翻訳者は元々なかった繋合詞を取り入れなければならない。条件文のような特定の動詞時制もかなり頻繁に用いられた。かたや必要な語彙を生み出すために、翻訳者はまた名詞や形容詞に接頭辞・接尾辞を付けた形を造語して用い、新たに大きな柔軟性を与えもした。ギリシア語・ペルシア語の言葉も数多く借用・転用された。プトレマイオスの『アルマゲスト』という題名もその一例で、アラビア語では『大全書（キターブ・アル＝マジャスティー）』として知られているが、これは明らかにギリシア語で〈偉大な〉の最大級である〈メギステ〉という言葉が元であり、その中世ペルシア語の借用語 mgstyk が直接の語源と考えられる[96]。新たな文構造が必要とされて工夫されたのも、現象の記述や抽象的な分析、数理上の議論のためであった。したがって、こうした翻訳者たちの巧みな手で、アラビア語は口頭主流の詩や祈禱という伝統を乗り越えて、演繹論理においてはるかに便利な新しい形の構文へと創造的に発展したのである[97]。さらにこうした変化は、まもなくほかの点にも影響を与えることになる。

十世紀半ばまでに、医学・工学・天文学などに関するアラビア語の話し言葉と書き言葉には、新しい表現様式のほとんど（ないしすべて）が採用されていた。これ以後、こうした様式が商業・哲学・文芸にも拡がっていった。既存の文芸形式もこの新しいタイプの表現が使えるよう、さらには発展させられるよう適応進化していった。最も影響力があったのは間違いなく〈書簡体（リサーラ）〉で、これはかつてペルシアから導入された〈質問者へ答える手紙〉という様式であった[98]。この形式を用いた最も有名な人物たるアル＝ジャーヒズ（八六九年没）の手で、これはある種の豊かな合金となり、詩と技術の文体を十分併せ持つものとなった。アル＝ジャーヒズの同時代人であるアル＝キンディーは、このリサーラを科学上の議論の媒介として重用した最初の人物であり、その言葉の意味を変化させて〈論文〉や〈解説〉が入るようにした。アル＝ジャーヒズとアル＝キンディーの名声は高く、多くの模倣者を生んだために、翻訳者たちの手でアラビア語はさらに変化を被ることになった。このリサーラという形式はまもなく八世紀末には注目を集め、高名な翻訳者たちやその作品を使った人々の多くに用いられた。アル＝ファーラービーの『知性に関する書簡』や『学知にまつわる書簡』は、どちらもかなりの影響力を誇ったテクストで、これらが手本として引かれたのだろう(99)。

したがって結局のところ、イスラムはギリシアの知恵と言語のどちらをも現地化しきったことになる。翻訳のさらに大きな作用のおかげで、すでにきわめて柔軟なコミュニケーション様式であったものが速やかに拡大したため、可能性が多層化しているという点ではラテン語よりもギリシア語が近い。だがこれは、ヘレニズム思想からの〈影響〉という簡単な問題で片付けられはしない。際だった変化はイスラムの中からも生まれており、必然的に出てくるのでも〈ギリシア〉の力を反映するのでもなく、自分たちの目的のためにギリシア思想を用いたイスラムの思想家たちの創造性を示すものなのだ。本書が示してきたように、区別しておくのは大事である。〈アラビア科学の繁栄〉の原因はイスラム自身にあるのである。

アッ＝スーフィー――独自の現地化の影響

十世紀後半までには、イスラムの天文学者は自分たちがギリシアの知識の大部分を正確に把握し吸収したということを自覚していた。星空を見つめたとき、かつて映し出されていると考えた〈古代人〉の輝きはもはやなく、そのときあったのは観察・計算・テクスト表現という自分たち自身の世界であった。実際この意識は、古代アラブ文化に遡ってイスラムでの星の名称を再び用いようとする一部知識人たちの、興味深い新たな運動のなかにも反映されている。このときイスラムは、いくぶん保守寄りの政治・宗教の影響を受けて、内側を覗いて自らの〈遺産〉を見つけようとしていた。

アラビア語の言語学者・辞書編纂者たちが、本物の古代アラビア語の用語・語彙を収集しようとして制作したのが、その古い伝統のなかで見つけられる星の名前をすべて集めた特別な書物である。そのときに試みた人物こそ天文学者のアッ＝スーフィーで、紀元後九六四年に制作された星座についての著作［ラテン語訳でいういわゆる『星座図解（ウラノメトリア）』］では、プトレマイオス以来の科学の伝統に従って各天体を同定している。(100)

このようにアッ＝スーフィーは、ふたつのテクスト／文芸の伝統、すなわちギリシアとイスラムというふたつの過去を橋渡しする役割を引き受け、皮肉なことに当時確立されたものであった前者を、それゆえに現地化したのである。

アッ＝スーフィーの著書『星座の書（キターブ・スワル・アル＝カワーキブ）』は、言葉と図のふたつによる図解書で、全イスラム天文学の頂点のひとつを示している(101)。四十八ある星座のそれぞれでは、プトレマイオスによる星位に対して批判と部分的な修正がなされている（ただし合計一〇二五の星でも小さいものには変更が加えられていないことも多い）。アラビア語土着の星の名前とそれに対応するギリシア語名称の一覧もあって、そしておそらく何よりも重要なのが各星座に添えられた美麗な図案である。互いに鏡映しになった二枚の絵が各星座につけられ、まさにそれが〈天に貼り付いて〉、たとえば下から見たときと、上の天球から見たときの絵があるかのようであった。一〇〇五年と記された『星座の書』の複製は、現存が知られている挿絵つきアラビア語写本でも最古の部類に入り、そのためイスラム芸術史でも重要な位置を占めている(102)。アッ＝スーフィーの図像はギリシア天文学を現地化した比類ない一例であり、古典星座の各図は十世紀バグダード社会の視覚表現で細かに描写されている。ペルセウスの姿はまるでベドウィン貴族の（神話上の）英雄のごとくであり、流れるようなシルクに身を包み、爪はまったく切りそろえられ、片手には細身で装飾付きの剣を持ち、もう片手にはメドゥーサならぬ何かヒゲを生やした巨人の頭のようなものがある。この図像の美しさと細密さから、イスラムのみならずヨーロッパでも同様の重きをもって、手本として用いられたことになったのは間違いない（図9参照）。

アッ＝スーフィーの作品は、典拠とメディアのまったく比類のない融合であり、そのことはギリシアの学問をほかのものへ吸収・変容させるという高度な溶け込み方からも明らかである。ギリシア語とアラビア語の星の名前を自分なりに整理してまとめるために、この著者は天文学・数学・文学・歴史・芸術など様々なテクストから引き出してきた。そうすることで、これらがみな、さらなる科学文献の必須要素となるのを後押ししたのである。アラビア天文学の頂点ないしその近くにそびえる一大文書として、アッ＝スーフィーの作品は、広くイスラム文化内にこの知識の数々を結びつけることとなった。これをきっかけとして、個々の星に対するアラビア語の名称が、イスラム全体でますます使われるようになった。実のところ、この『星座の書』およびラテン語訳の『星座図解』の星位があまりに正確で、その図像が美術としても魅力的であったために、この書は向こう四百年間、アラビア科学でも、また中世およびルネサンス期からなんと十七世紀に至るまでのヨーロッパでも、標準的な典拠とされたのである。ほぼあらゆるアラビア語の星の名前を網羅したこの典拠は、今でも現代天文学の星空を美しく飾っている(103)。

むすび

アッ＝スーフィーの作品は、サービト・イブン・クッラの『アルマゲスト』、アル＝ビールーニーの『マスウード宝典』（ギリシア／イスラム天文学の権威たる百科全書）、あるいはイブン・スィーナーの『治癒の書（キターブ・アッ＝シーファ）』と同様、ギリシア・ペルシア・インドの学問がイスラム文化の一部となることで変容を被ったという点を示している。この変容は、イスラム文化が大きく栄えるのに必須の要素であった上、あらゆる地域の知的活動のほか、伝統的な宗教上の実践にも影響を及ぼした。あらゆる領域の科学に深い影響を与えただけでなく――それどころか正しく言えばそのほとんどを築いたのだが――歴史・純文学・文法・辞書編纂・注釈といった領域にも広く刺激を与え、アラビア語そのものにも後世にも残る変化を加えたのである。翻訳という出来事が有する文化面での究極の力というのは、その翻訳が持ち込んだ学問という富のみならず、翻訳がイスラム社会の書き言葉に対して大きな変化を迫ったという点にある。ただし、一方でこれが生じたのも、この社会にいた個々の翻訳者・後援者・作家などが〈古代の知恵〉をただ〈吸収〉したのではなく、そのとき利用可能なものにしたからこそであって、この者たちがこ

図９　ペルセウス座を表す各図案　　ヨーロッパがアラビア著作の影響を長く受けたことを示すもので、（A）は11世紀のアッ＝スーフィー『星座の書』の翻訳にある図（ボドリアン図書館、MS Marsh 144, p. 111）。この訳本の英雄は、明らかに（B）の手本となっており、この図はヨーロッパで刊行された最初の星図帳たるヨハン・バイエル『天空測図』（ウラノメトリア、1603）に現れているもの（大英図書館、Maps C. 10. a. 17, f. 11）。バイエル星図が標準参考書となったという事実は（C）にも反映されているが、こちらはジョン・フラムスティードによる正確精密の度合いが高くなったもの（1729）から（大英図書館、Maps C. 10. c. 10, plate 16）。最後の（D）は、1801年に刊行されたヨハン・ボーデ『星図』（ウラノメトリア）からのもので、アート風に描かれた大天界地図帳の最後期の代物である（大英図書館）。

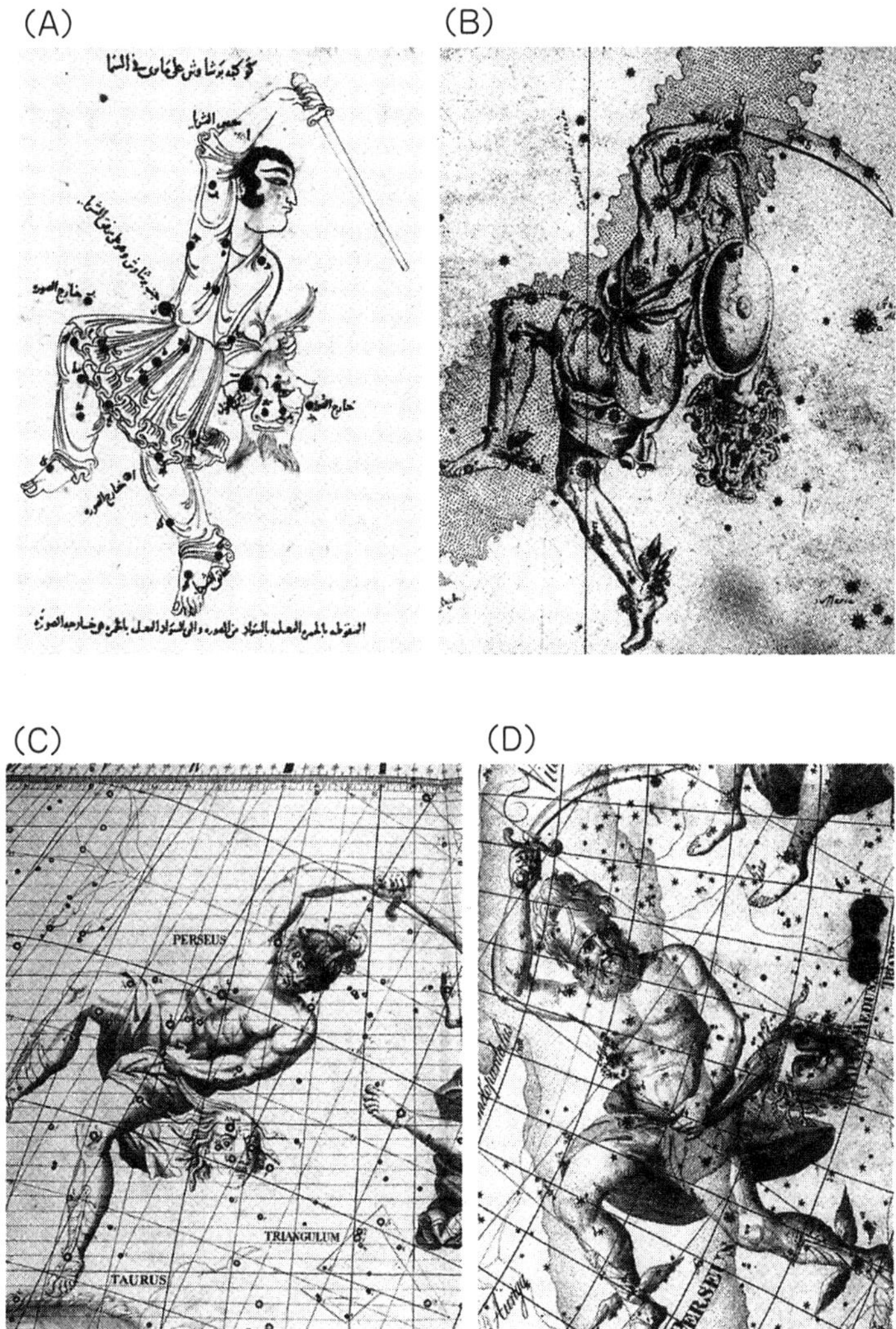

(A)
(B)
(C)
PERSEUS
TRIANGULUM
TAURUS
(D)

れを深く、そして絶えず、自分たちの時代に益あるよう作り替えたからなのだ。この何百年のあいだ、厳密には科学のテクストは存在しなかった。どの作品も例外なく果てしない注釈と変更を産み出すこととなり、時にはあふれるほどの量になることもあった（図10参照）。中世ヨーロッパがイスラム文化の知的資源に熱烈な関心を抱き始める頃には、たとえば〈ギリシア〉の内容と〈アラビア〉の内容を互いに分けるのはもはや不可能に――ないし不適切に――なっていた。ギリシアの知恵は、時としてある的外れな意見のように、「イスラム教やユダヤ教の注釈という雲をたなびかせながら」ヨーロッパへとやってきたのではない[104]。ローマ人の場合も必要に応じて訳して変容させたものは、大きな合金であったのだ――たとえば天文学に限って言うにしても、アラビア・ギリシア・ペルシア・インドの合金は、内部の境目もとうの早くから判らなくなるか、まったく溶け合うかしてしまっている。先に触れたテクスト改変に加えて、この天文学は機器の改良や図案の使用のほか、新たな数理の発見をももたらした。こうした進歩は、寄生や派生どころではない。むしろそれらは、完全に〈知恵（ハキーム）〉へと統合されたのであって、それこそがイスラムが創り出したもの、そしてヨーロッパの翻訳者たちが魅力的だと考えたものなのである。イスラムそのもののなかで〈外来の哲学を追いかける者〉への反感が高まっても、これが変わることはなかった。

こうした反応が頂点に達したのは、アシュアリー派の神学者アル＝ガッザ

図10　イブン・スィーナー（アウィケンナ）による有名な『治癒の書』に対するアラビア語の注をアラビア語でさらに詳説したものの冒頭頁　ここには数種の文章がある。大きめの文字（左下）は序章を記したもので、行間にペルシア語訳を挟んでいる。そしてこれが、幾人もの手で書かれた注釈・注解に様々な向きでぐるりと囲まれている。この作品は、個々の写本が決して固定されたものでも最終的なものでもないことを示す好例であるが、もちろん時を経て物理的にも変化しうる。こうした変化は、中世イスラム社会・中世ヨーロッパ社会のどちらでも、書写文化に共通するものである。ウェルカム医学史図書館、MS Or 10a, fol. 1v.

قال المؤلف رحمه الله صنفت هذا الكتاب على اربعة فنون الفن
الاول في قواعد جزئي الطب اعني علميه وعمليه بقول كلي الفن الثاني
في الادوية والاغذية المفردة والمركبة الفن الثالث في الامراض المختصة
بعضو عضو واسبابها وعلاماتها ومعالجاتها الفن الرابع في الامراض التي لا
تختص بعضو دون عضو واسبابها وعلاماتها ومعالجاتها والتزمت فيه
مراعاة المشهور في امر المعالجات من الادوية والاغذية [illegible]
وغيرها وانا اسال الله التوفيق والعصمة والتجنب [illegible]

الفن الاول يشتمل على جملتين

ーリーとアリストテレス学徒の〈合理主義者〉イブン・ルシュド〈アウェロエス〉のあいだで起こった十一世紀の大論争においてである。この議論に勝ったのはアル＝ガッザーリーとその支持者たちで、〈外来〉の哲学の重要性はそのあと低下し、神の原理を支えるものとされ、レベルの高い後援者を惹きつける力も大幅に削がれてしまった。この論争をアラビア科学の〈黄金時代〉の終焉を示すものと捉える歴史家がほとんどである。ただしこれは言い過ぎとも考えられ、偉大なアッ＝トゥースィーの作品が現れるのはようやく十二世紀になってからである。なるほどそのあと、科学研究や科学文献のレベルは雑多な非宗教の水準にまで下がってしまう。しかし指摘しておくべき重要な点は、イスラムはヘレニズム期のギリシアがやったことを見事にこなし、数多くの文化からその影響を吸収し、それを新たな一個のものへと結晶させたことだ。アラビア科学は理由が異なるにしても、ギリシア科学と同じような盛衰を辿ったのかもしれない。とはいえ膨大な量の〈学知（スキエンティア）〉が今もアラビア語に残っており、これがかつてそこにあったことも確かな事実なのである。

第四章
ラテン語への再移転——中世世界の変容

はじめに

アッ＝スーフィーが執筆を行っていた十世紀末という時代と、それから二百五十年後のアッ＝トゥースィーがプトレマイオスを高度に発展させた時期のあいだに、アラビア科学の大多数がラテン語へと移され、ひいてはヨーロッパへと入ってきたのである。この次なる大翻訳時代には、先にあったアラビア時代と同様、要因・偉人・動機が数々あったほか、さらなる発展を生む影響力も有していた。派生する営みが主として南フランスで静かに始まり、そこではアストロラーベの使用法などの書物が数冊、すぐ南のスペインから来たモサラベ［イスラム勢力下のキリスト教徒］との接触の結果として訳されている。おそらくその端緒となるものは、アラビア学問への興味として散発的ながらもはっきりと示されている。たとえばオーリヤックのジェルベール（九四五—一〇〇三年）の旅と文筆があり、その影響はロタリンギアを中心に現れていて(1)、またロレーヌの修道院と、アル＝アンダルス［イスラム勢力下のスペイン」における学問の一大中心地たるトレドとのあいだの交流にも現れている(2)。

この活動には、アラビア語から訳された文献がいくつか含まれており、一世紀後に始まるラテン語翻訳運動を準備する必須のものであったと考えていいだろう。近年指摘されているように、ジェルベールの影響力ははるばるイングランドにも及んでいるが(3)、まだ限られた範囲に留まっていたようだ。テクストの移転という波が、およそ一〇六〇年以後になるまでなかったのは確かで、その時点になってようやくテクストがまさしく勢いよく流れ込み始めたのである。この勢いはヨーロッパ文化内部で大きく立て続けに拡がっていく運動に不可欠なもので、その運動こそ、中世の歴史家たちから好んで(根拠がないわけでもないがある種のイデオロギーを孕みつつ)「十二世紀ルネサンス」と呼ばれているものなのだ(4)。

背景——社会変動の時代

この急速な発展を後押ししたのは、大規模にも各地方それぞれにもあった時代の力動で、日常生活のあらゆる水準で働いたのだが、これをまとめるのは並大抵のことではない(5)。主たる変化が起こったのは、中世の社会においてである。水力・造船・歯車機構などに基づく新しい技術がまさに用いられつつあった。十世紀の終わりにカム歯車が導入され、水車で水力駆動のハンマーが使用可能となり、なめし・織物・ビール造り・鉱業・製鉄など、いくつもの産業が機械化されてゆくことになった。羅針盤が東洋から持ち込まれ、十二世紀末頃に登場する。資本の流動化やイスラムとの国を超えた交易の確立をはじめとする経済の変化も進みつつあった。農業や林業にも力強い発展があり、その刺激を受けて新しい道路が建設され、都市生活の再活性化にもつながった。また十字軍と、イスラムの文化生活の一大中心地たるスペイン、なかでもグラナダ・コルドバ・トレドの奪取があった。

当時のヨーロッパは数世紀前のイスラムと同様、自らを大きく都市化させようと、テクストを重要視する世俗の社会を築こうと躍起になっていた。商品・通過・学徒・教師・知識——こうしたものすべてに移動と交換という新しい力が与えられたのである(6)。多くのモノ——事物・家族・書籍・言語——が急速に辺境や異国から諸都市へと流れ込み出し、そこに多くが集まり大いに変容することとなる。こうした新たな中心地で、職人・工人も新しい自由と生産性を手にしてかつての封建的な隷属から解放された。この時期にはまた、聖地への長距離の巡礼がよくある出来事となり始め、それに伴って物語や経験が書き記されて伝えられた。果てには中世後期（十〜十三世紀）とは口頭文化から書記文化への大転換が終わった時代で、それをきっかけとしてすぐさま〈現地語の革命〉の大きな第一波が起こり、個人の営みとしての黙読が広まったのである(7)。こうした現象が外来の学問の紹介と同時に起こったのは、イスラム社会での出来事と同様、単なる偶然ではない。

このときのヨーロッパ全土では、安定と変動が綯（な）い交ぜになっていたが、それはあらゆるレベルで知識というものの力が認められたことによるものだった。ひとつは、手工業の技術力も関係しており、職人たちとその初期の組合（ギルド）というものが、熟練の工芸すなわち専門用語の教育・実践・標準化を必要とするある種のものの価値を証明したことにある。かたや読み書きの能力が重要視され始め、商業とする政治の多くの領域、たとえば経理・目録と航海日誌に外交文書・法律文書のほか、建築計画書から王室の伝記やパトロン一覧に至るまで、その能力が日常で用いられた点もある。アンリ・ピレンヌによれば、「十二世紀の半ばになると自治都市の参事会も市民の子弟のための学校建設に躍起となり、これは古代の終焉以来ヨーロッパ初となる世俗の学校であった」(8)。要するに、教育と学識はもはや修道院の外に出た珍品でも宝飾品でもなかったのだ。テクストというものが様々なかたちで――文書意識という様式として――取り上げられ、新たに都市化を進めてゆくヨーロッパのまさに中核に置かれたわけである(9)。これには時間がかかる上に、たとえば大学のように写本を活用する中心となる新しい機関と、そうしたテクストの主要供給元たる写字室が宗教と関わりないところに必要であった。さらに識字能力と教育の向上にも、結局のところかつてのイスラムと同じく製紙法と筆記用具がエジプト・ダマスカス・バグダード経由で導入されたことが役に立った。繰り返しになるがこれは一夜で成ったのではなく、実のところ大陸に最初の製紙工場が建てられたのは一一五一年のことで、征服されたばかりのスペイン・バレンシア地方のハティバという街においてであった。ただし紙の品質は総じて悪く、結果として文書も脆く、少なくとも次の世紀のある一君主(一二二一年にフリードリヒ二世)が、そうした文書には法的有効性がないと宣言することにもなった(10)。とはいえ一世紀も経たないうちに、紙は安価で手に入れやすくなり、たとえば説教・演説・詩・手紙など、以前よりも〈その場限り〉の性格が強い文書を書き記すのに用いられるとともに、日記・整理帳・備忘録といったものを書き留めるようになるきっかけともなったのである(11)。

十二世紀は総じて、いわゆる〈書籍革命〉とよく称されるものの始まった時代であった。そのときまた(書籍でなく)写本も、修道院の壁の外へと広がっていった。およそ一一五〇年以降、その作業は市井の写字生や筆写人が請け負うこととなり、その多くが都市の新しい学校のために働くようになった。そのわずかばかりあとの一二〇〇年以後は、そうした作業が大学そのものにも移っていく。労働のかたちとしても、複写作業は書記技術の発展によってはるかに容易・迅速となったが、それはたとえば罫線という新技術や筆記具・インクの改善のほか、何より大事なテクストの分ち書きや段落分けの徹底した実践などのおかげであった(12)。十一世紀にうち立てられたこの分ち書きこそ、読書を大いに助けたばかりか、これまでよりも書籍の生産と消費にあたっての労力をはるかに下げて、もっと参加しやすい活動にしたのである。十二世紀までに起こった写本流通の拡大以上に、知識に許された新たな流動性を大きく示すものはなく、これが様々なかたちで〈大学〉という概念——書かれた言葉の教師・学徒たちの組合——を可能にした。「十二世紀の知識人たちは、特定の学校や教程(カリキュラム)に縛られているという感覚はなく、まったく自由にその学課や教師を選び、そしてヨーロッパの隅々から学生が流入してくることで、最初の大学がパリとボローニャに生まれたのである」(13)。

この世紀の半ばに執筆活動を行ったシャルトルのベルナルドゥスは当時の偉大な教師のひとりだが、学識ある人々の持つ本質的な心情とも言うべきものを短い文章で言い表したものがふたつある。ひとつめは少なくともよく知られているもので、ベルナルドゥスの学生かつ同僚たるソールズベリのジョンに引用されている通り(14)、この時代の人々が古代人以上にものがわかるのは、自分たちが大きくなったからでも鋭い見方が持てたからでもなく、巨人の肩の上に小人として立てたからであるというものだ。もちろんこうした側面には自意識過剰なところがあるが、まさにこのフレーズはのちの科学革命の時期の偉大な思想家（ニュートン）にも取り上げられている。ただしベルナルドゥスのふたつめの文章の方が、さらに重要かもしれない。これは詩の形で述べられており、曰く「謙虚な精神、熱心な学究、穏やかな生活をもって、静粛・清貧に、久しく未知であったものの研究を通して今多くのものを解き明かそう」と(15)。

活動の現場――職人と遍歴者

したがって、こうしたことがいずれも、十二世紀から始まってそのあと百五十年ほど続く翻訳という大きな物語への背景となっている。主な活動時期としてはおよそ一一〇〇～一二二〇年の間で、その中心地はスペイン（とりわけトレド）・イタリア（特にピサとサレルノ）・シチリアであった。アラビア語作品がまず、大図書館を複数擁する街であるトレドで主に訳され、その担い手はバースのアデラード、クレモナのゲラルドゥス、セビリャのファン、サンタラのフーゴー、ドミニクス・グンディサリヌスなどの精力的な人々だった。こうした個々人のあいだで一一四〇～一一八〇年にかけて、アラビア＝ギリシア科学思想の精髄のまさに大部分がラテン語に訳され、有名な者だけでもプトレマイオス、サービト・イブン・クッラ、エウクレイデス、アル＝フワーリズミー、アルキメデス、アル＝キンディー、ガレノス、アッ＝ラーズィー（ラーゼス）、ロードスのゲミノス、アル＝ファーラービー、アリストテレス、アル＝ハイサムなどが挙げられる。十二世紀後半から十三世紀初頭には、ギリシアからイタリア・シチリアへの翻訳が増えたが、そのきっかけのひとつとなったのは、アラビア語からの（特にクレモナのゲラルドゥスによる）初期訳が普及したこと、さらにビザンティウムから写本を調達しに知識人たちが何度も赴いたことである。ただここで取り上げようにも人々の名前も未詳のものがかなりの数あり、ピサのブルグンディオ、ウィリアム・スコットやムールベーケのギヨームは注目すべき例外である。総じて言えば、アラビア語からの翻訳は科学（占星術・錬金術含む）と哲学（とりわけアリストテレス）およびその注釈に偏っており、かたやギリシアからの訳は特にアリストテレス資料群が好まれていた(16)。とはいえ、科学と哲学といった課目だけが扱われたのではなく、宗教文献も求められて訳された。こうした文脈から取り組まれた重要なものとして、たとえばクリュニー修道院の尊者ピエールの事業があり、この者はケットンのロバートとカリンティアのヘルマンに協力を求めて、クルアーンそのもののラテン語訳を他の様々なイスラム文献とともに取り組み、イスラム思想の内容を今まで以上に適切・正確に論駁するための知識を文書としてもたらそうとした[17]。

今回の出来事と先のイスラム初期の運動を比べると、大きな類似点と相違点が見えてくる。類似点で主要なものは、その営みの規模、対象となる主題の選択（科学および哲学）、個々の翻訳者の英雄のごとき努力、こうした人々が必要な知識と写本資料を得るために出かけた旅、それから態度面では他の集団や別の時から大きな〈富〉なるものが見つけられて手に入れられるという基本の感覚などである。この簡単な列挙へさらに加えられるものがあるとすれば、結果として生まれた翻訳からの各種影響であり、たとえばテクスト文化がきわめて豊かになる点、著述（学術著作一般）への新たな刺激、まったく新しい語彙の創出とそれによるラテン語への影響、それから新規の教育機関（この場合は大学）への支援などだろう。これらはみな、重要性や現れ方は違えどイスラムの事例でも出てきたものである。

だが、ヨーロッパの多彩な翻訳経験には大事な相違点もある。まずこれは、何か組織的な支援もなく、一個人が自らの計画と野心のもとで行って成し遂げた結果だったということだ。アル＝マアムーンのもとで設立されてその庇護のもとにフナイン・イブン・イスハークなどの人々を支援した有名な〈知恵の館（バイト・アル＝ヒクマ）〉のようなものは、同じ規模でヨーロッパには存在しなかったのである。ラテン語の翻訳者は、イスラム社会に広く存在したパトロンの仕組みと同等のものから、何か利益を得ることもなかったわけだ。十九世紀以降の中世学者からは、こうした一例が〈トレド学派〉にはあって、大司教ライムンドゥス（一一二五―一一五二年頃活躍）の後援のもとで運動が進められ、この者に対して献呈されたと見える作品が複数ある、という主張がしばしばなされてきた。ただマリー・テレーズ・ダルヴェルニーによる論証の通り(18)、関連文献を詳細に検討すると、そうした献呈相手の同定はおよそ誤解や誤読に基づくもので、いずれの場合もトレドにおける翻訳の最盛期が、ライムンドゥスが大司教の座から下りた後であることを見落としていることがわかる。王家の後援がはっきりと見られる唯一の例はシチリアのもので（ここは国を挙げて新しい学問を支援した立派で稀な土地で）、その地にフリードリヒ二世はその占星術の翻訳と知識で高名なマイケル・スコットを招聘したという(19)。それ以外にも教会内の聖職者であった翻訳者もおり、官僚や医師の者もあったほか、著作の教授や販売を通して、または折々の支援により生計を立てた者もいた。ある程度の経済的な不安を抱きながら生活していた者も多かったようである(20)。

ラテン語訳者たちは、経済的に自立して直接的な権力に縛られなかった個人だけに留まらなかった。定住しないある種の遍歴知識人であり、この者たちは知識に対して個人的に関心を抱き、求め、食らいつこうと自らその地位へと踏み出したのである。さらには巡礼学者・独学者として、自己を意識した偉人たちであった。〈ラテン語作品の乏しさ〉に思い当たってはあからさまに蔑んだり大げさに嘆いたりする文章を冒頭に置くことが多かった。これは時としてイスラムの書き手も行ったことであるが（たとえばアル＝ファーラービー）、ラテン語訳者のなかでは決まり切った書き出しとなっていて、新たな地を切り開くために冒頭で唱えるある種の呪文のようなものであった。ここでの歴史感覚は、たとえば過去ではなく自らの作品を改善して完璧にしてくれる未来の学者たちについて語っていたアル＝キンディーのものとは明らかに異なっている。ヨーロッパでは、既存の秩序とは連続していないことを訴えるため、どころかそれを見下すために、あえて新しいものだと宣言する必要性がはっきりとあったのである。

十一世紀末から十二世紀にかけては、テクストにまつわる営み一般が桁外れに大きくなった時代で、そのとき執筆活動は社会のなかで力を行使するには不可欠のものとなった(21)。書き留められ確定された言葉が移動可能なものへと変わる。十数もの様々なかたちで——錬金術や占星術の手引きから、日記やロマンス叙事詩といった新しい様式の文芸に至るまで——書かれた言葉が今やまったく、〈事物〉の新しくも広大な流通の仲間入りをしたのだ。そうなれば、翻訳はあらゆるものに必須かつ必然の要素となる。国を越えた交易が始まって拡大していくとともに、翻訳はすぐさま実用上の価値を持った。十二世紀の有力商人で、ひとり(ないしそれ以上)の通訳者も擁しない者などいなかった(イスラムとの商取引には数種の言語——アラビア語・コプト語・古イタリア語・ラテン語・スペイン語・フランス語——を介したやりとりを必要とした)。たとえば地中海沿いの主要港、とりわけシチリアのような境界にある地域や諸都市は、文化を深く吸収しうる土地となった。さらにスペインが征服されると、イスラム西部の図書館が——エジプト・シリア・イラクにあったものに比べればはるかに蔵書は少なく貧弱だがモンゴル人による徹底的な破壊を免れて——まったく利用可能なものとなり、東方へとつながりうるテクストという富を示した。おそらく名誉に心焦がれて新たな地という富に心昂ぶった大志ある青年学徒たちは、北の故郷を去って南にあるアラビア学問で有名な中心地へと赴き、新しい知識を掘り起こさんとした(22)。十二世紀半ばまでに、テクストにおける交易が始まり、翻訳者は新たに言葉の商人となった。イスラムの場合と同様、その営みの意図はある文化のテクストという富を、他の文化で消費するため、のちには現地化するために移動移転させることにあった。

大志の現場——テクストと翻訳者について

確かに人間の行くところ、言葉・知識・著作も同じく赴いたことだろう。こうして交易が新たに大きく複雑なものとなれば機会は広がるが、同時に今まで通りではうまく行かないことも確実にある。新しい知識階級に属する多くの者にとって、与えられた命令では我慢できず、新たな知的資料を渇望することにもなったはずだ(23)。バースのアデラード(一一四六年頃没)は、この新たな翻訳運動の先駆者でなおかつ中世後期の大旅行家のひとりだが、こう書き記している。「異国の賢人たちをおとなうこと、そのたびごとに素晴らしいと思えたものは何でも心に留めることは、価値あることである。ガリアの学校でわからぬことは、アルプスを越えたところの学園で明らかになり、ラテン語版では学び取れぬことも、博識なギリシア人が教えてくれよう」(24)。ここでギリシア人を引き合いに出しているが、アデラードやそのすぐ前後に現れた翻訳者たちは、〈アラブ人教師〉の〈学識と理性〉を典拠・模範たるべきものとして賞賛することがきわめて多い。尊者ピエールはその影響力ある『サラセン人の異端論駁書』(リベル・コントラ・セクタム・シウェ・ハエレシム・サラケノルム)において、アラブ人を「熟練・博学の士」として、ヨーロッパに現存するものよりもはるかに深い自由学科と自然研究の書物であふれた巨大な図書館をいくつも自由に用いているとした(25)。その半世紀前、新しい翻訳運動の黎明期にコンスタンティヌス・アフリカヌス(十一世紀半ば—末頃)が東方へと広く旅をして、大規模な移動は「アラビア語のうちにあるよく知られた事物、すなわち哲学の隠された秘密」を露わにすると論じ、これがひとつの典型となった。そのたった十数年後、ペトルス・アルフォンスィ[ペドロ・アルフォンソ]はアル＝アンダルス出身の改宗ユダヤ人で、そのアラビア学問の著作は翻訳運動をさらにうまく後押ししたが、その彼いわく、「知恵を探究するこうした者のなかには、[…]遠方の地域を越えて、はるかな地へと流浪する覚悟の者もあった」という(26)。

この〈隠された〉知識ないし〈はるかなる〉知識という概念は、知的資料という語られざる大きな〈富〉ないし〈甘美で希少〉なものの豊かさと結びつくもので、アラビア語の訳者たちと同じくラテン語の翻訳者たちにも広く見られた。とりわけその優れた例として、十二世紀トレドの翻訳者のなかでも秀英のひとりたるドミニクス・グンディサリヌス［ドミンゴ・グンディサルボ］がその『霊魂論（デ・アニマ）』で次のように書き記している。

哲学者たちの諸作品に見つけた霊魂についてのあらゆる合理的主張を、私は注意深く収集した。こうして、［…］ギリシアやアラビアの図書館に隠されていたために、これまでラテンの読者には知られていなかった作品を今、神の恩寵によってそして途方もない労苦と引き替えにして、ラテン語世界でも利用可能なものとしたから、忠実なる者であれば［…］それについて考えるべきことを知ることになろう、もはや信仰のみならず理性を通じても。(27)

こうした一節からは、翻訳者自身の歴史における自己像が大きく垣間見えてくる。ただし、ここでもうひとつ重要なのが「もはや信仰のみならず理性を通じても」という末尾の表現であり、非宗教の領域で新たに合理主義が現れたことで、それが自然世界や信仰そのものにも適用されうるようになったという点だ。宇宙の物質面・性質面の両方――と芸術における著しい自然主義の表現――を思索・探究しようという新しい取り組み方が、中世後期の革新であることは間違いなく、翻訳という出来事によってもたらされた新しい知的内容に大きく拠るものなのだ(28)。

十二世紀初頭から半ばまでには、旧来の学問の中心であった修道院にも根強い不満がたまっていた。シャルトルのベルナルドゥスは昔ながらの教程(カリキュラム)を改訂して、異教徒のものであるラテン語文献から非宗教の作品を新たにいくつも取り入れるだけでなく、マルティアヌス・カペッラやセビリャのイシドルスの影響から知られてはいたが当時まで自由学科には居場所がほとんど（ないし全然）なかった自然哲学や自然一般を扱った著作をも含めようとしたという(29)。さらに現行の教育体系にかなり激しく不満を表明したのが、モーリーのダニエルという、北ヨーロッパとりわけイングランドへ新たな翻訳を広める後押しをした遍歴知識人である。ダニエルは、パリの教師たちを〈畜生ども(ベスティアレス)〉と呼んでその〈嫌悪感〉を記しており、その者たちは腰を下ろしつつ重くて持ち運べないような書籍をもとに講読するのだが、その説は学者ぶろうとして〈幼稚〉であったとしている(30)。彼の記述によれば、「事はどうやらそうらしいと気づいた私は、同じような石頭を感染(うつ)されたくないと思った」(31)。形骸化した学問と移動不可能性が、はっきりと結びつけられている。真の知識とは移動可能なもので、取引・移転されうることこそ大いなる価値の表れなのであった。アデラードもこの点について同じくはっきりと述べている。「権威とは何と呼ぶべきか、端綱だろうか？　まさしく野蛮な獣がどこへでも引かれ、［…］どこへなぜ引かれてゆくのかも理解していないように、［…］同じく書き手の権威とは、少なからぬ諸君を危地へと導き、獣らしくまんまと欺された諸君らを繋ぎ縛り付けるものなのだ」(32)。過激な口ぶりがこれよりわずかばかり抑えられているのが、ペトルス・アルフォンスィの意見で、「この天文学という学芸の知識が、ほとんどあらゆるラテン語に欠けている点に気づいた」(33)自らの事例を述べており、またコンシュのギヨームも自然現象の説明を神学に求めているあらゆる学者たちを斥けている。セビリャのファアンやティヴォリのプラトーネ、それから偉大なるクレモナのゲラルドゥス［ジェラルド］、そのいずれもが〈アラビア学問の秘奥〉を解き明かして〈ラテン語の貧しさ〉を乗り越えることに再三触れているが、また〈理性〉という問題も論じている。

したがって、ラテン語訳者は自らの作品がどういう意味を持つのか、歴史・政治の両面ではっきりと意識していたことは明らかなようだ。この者たちはその必要性を把握して、それが歴史上前例のない独特の位置づけを示す手段であることも理解していた。こうした書き手の序文や注釈をさまざま読むと、ラテン文化内の欠陥ある学問ないし浅薄な学問への不平不満が幾度となく聞こえてくる[34]。かたやその異端という面から――たとえば神を建築家や職人の役割に置くという、のちに科学史に大きな影響を与えるようになる概念から――アラビアの学問に反対する人々に対して、コンシュのギヨームはあからさまな軽蔑を表明している。「この者たち自身が自然の力に無知で、あらゆる人間を自分たちの無知の仲間としたいがために、それを探究する何者にも敵対して、農夫のように妄信することを好むのである」[35]。

翻訳者や、自らの作品をすぐに役立ててほしいと思っている人々は、自分のことを労働者ないし単なる学者とは捉えず、ギリシア＝アラビアという過去をラテンという現在・未来へと伝えていく重要な媒介だと考えていた。こうした翻訳者たちの作業の規模たるや、すなわちテクスト生産量が時として著しく大量であることは、後世へ残せるものを増やしていこうというこの者たちの大志や想いを、十分に証明してくれるものである。フナインやその一派に劣らず、クレモナのゲラルドゥスやセビリャのファンといった大勢の翻訳者たちは、たいへん複雑な作品をも幅広い分野で何十何百とラテン語へと移していった。別の面ではアラビアの先例がきっかけとなって、普及のため（そして金銭のために）その作品について自ら注釈を書いたりもした。翻訳はこの者たちの中心的な活動で畢生の事業であったかもしれないが、もたらされる生活は清貧がいいところで、生計もたまにしか立たなかった。ここからかえってわかるのは、その使命感である。この翻訳運動はいわば隙間をぬうかのように――まだ職業として成立していない状態で生じたのだ。フナインが自分の体重と同じほどの金を支払われ、カリフ直々に翻訳者たちの学院の学頭に任じられ、助手・紙・筆記具などのある工房も授けられて、なおかつ重要なテクストを集めるはるかな旅にも派遣された一方で、この十二世紀にあって彼に匹敵するほど翻訳を多く生み出したクレモナのゲラルドゥスは、ともに働く協力者もわずかで、支えるものと言えば著作の売り上げと、出来の悪い学徒らからの寄付くらいのものであった(36)。

正確性と著作行為

この翻訳運動のあいだに生み出されたのは、いかなる種類の翻訳なのか。そのなかに体現された言語哲学とは何(と何)なのか。知がラテン語に移されて身近になったとき、知識に何が起こったのか。こうした問いに答えるには、要約のかたちであったとしても、まずラテン語訳者と先のアラビア語訳者とのあいだの重要な相違点をもうひとつ見ておく必要がある。活発な学者であった後者は、その翻訳する領域の専門家としてもまた(人によるが)優れた語学者として貢献することが多かったが、一方でラテン訳者はたいていそうではなかった。実のところ博学な物知りという意味では〈学者〉、すなわちあらゆる分野を渡り歩く知識人であって、そのアラビア語・ギリシア語は多くの場合あとから学んだもので、上級者ではあったが完璧というわけではなかった。もちろん際だった例外もあり、バースのアデラードはそのアラビア語も、そのラテン語訳に元々の言語にあった些細な〈音調〉や記憶上の様々なコツを取り込めるほど優れており、またセビリャのフアンはその関心が占星術の著作にほぼ限られていたものの、同じくアラビア語能力が優れていたようで、ムールベーケのギヨームもアリストテレス資料群をほぼまるほど再訳できるくらいギリシア語が堪能であった。だが、たいていはその例に漏れず、取り組みながらその学識の大部分を手に入れた気高き素人たちであったのだ。

このことはある程度その手法にも反映されている。十二世紀のアデラードやゲラルドゥスから十三世紀のムールベーケのギヨームに至るまで、翻訳は逐字の方へと偏りがちなことが多く、用語や構文がアラビア風・ギリシア風になることも多く、説明のために敷衍するのはわずかな特殊用語に対してのみであった(37)。たとえばクレモナのゲラルドゥスといった特定の翻訳者の場合、『アルマゲスト』などのテクストに見られる〈奴隷のような忠実性〉は、文献の難しさの結果でもあれば、底本作品を仲介となる現地語に口頭で訳す人物を間にひとり(ないしそれ以上)挟んでいるからでもあるようだ(38)。事実ゲラルドゥスは、生涯に関する数少ない手がかりが正しいとするなら、このひとつのテクストに何十年と取り組んだようで、これをまずアラビア語を学ぶ手立てとして用い、そのため真の解釈学者のごとくほぼすべての文章にじっくりと時間をかけたと考えられる(39)。逐字訳がもっともひどく現れた例が、ギリシア語底本に対してであり、その場合ひとつひとつの小辞や語順までもが辿られたという(40)。こうしてラテン語の構文と文法のかたちをゆがめたわけだが、ここから創造的な革新へとつながることはたいていなく、その結果はあまりに独特な表現となるか、多くは読みづらいものとなった。こうした結果からわかるのは、底本の言語と訳出先の言語のあいだに、ある種の仲介となる文書があったということだ。

ただし逐字性が影響力のある手法であるとして、これまで実情がかなり誇張されてきたところもある。コンシュのギヨームやサンタラのフーゴーなど、新たな語彙を含むたいへん流暢な著作をものす書き手もいた。高い影響力を誇ったコンスタンティヌス・アフリカヌスやバースのアデラード、ドミニクス・グンディサリヌスのように、むしろ翻案に近い翻訳をなして、一定の手法や体系的な方針がわからないほど、底本作品を書き直したり省略したり追記したりする者もあった(41)。アデラードの場合、一作品(重要作品たるエウクレイデス『原論』)にかなり異なる三種の訳本が生み出されている(42)。そのひとつはアラビア語原典の厳密な逐字訳で、用語や構文までアラビア風で一貫しており、もうひとつは、ある文章では厳密な訳でありながらほかの箇所(たとえば証明部分)では大きく書き直されているという折衷されたもの、三つ目の訳本は、注釈という性格が強いが随所で第二の訳本を引用しているものだった。この三つの訳のなかでも、第二のものがのちの中世後期の読者にいちばん影響力を及ぼしている。

十二世紀のラテン語訳者の技をまとめたものとして定評あるさる文章では、この結果を以下のように述べている。

> 逐字訳者に用いられた語彙は多様性に欠けるが、一定のギリシア語・アラビア語の語句を決まりきったやり方で訳す方が安全だったのである。翻訳者がラテン語における正確な同等物を見つけられないときは、音訳となることも頻繁で、これにはアラビア語とギリシア語の専門用語を西洋の語彙に導入するという便益があった。(43)

これは正確ながらも誤解もあるのだが、それにはのちのクレモナのゲラルドゥスの事例を参照してほしい。確かにイスラムにおけると同様、アラビア語・ギリシア語の用語はこうして取り込まれたに違いない。パターンとしてもなかなか重要なもので、たとえば方位角・天底・天頂といった言葉も、（とりわけアストロラーベについての初期翻訳で）あとに残らなかった何十という言葉とともにアラビア語からじかにラテン語へと入ってきた。ギリシアの言葉（ないし同語源の語）はもっと多く、これにはアラビア語訳者が音写したためでもあるが、十三世紀以降に好まれたという理由もある。ただし、アラビア語やギリシア語を多様に理解しつつ、ラテン語訳者が作業のやり方をころころ変え、時として体系的でないこともある点は、個々の用語や語句が一作品のなかでも言葉の上でも幅広い様相を見せる（ないしまったく見せない）ことを裏付けるものとも言えるに違いない。ある翻訳と翻訳者が、用語の命名や一貫性のほか完全性にはっきりと高い意識を示していても、皆がそうだというわけでない。クレモナのゲラルドゥスは大いに時間と労力を費やして、ドミニクス・グンディサリヌスやセビリャのファンといった学者たちによって訳された初期作品に対して、原典の文章に立ち返って用語を統一しつつ文章を書き直したという(44)。つまり努力として一貫していれば、必ずしも忠実性という目標は否定されないのである。

ラテン語訳者は徹底した理想主義者ではなかった。アラビアの先人たちが有していたテクストやその他の資源を、この者たちはほとんど持っていなかった。逐字と翻案はどちらも、この者たちには、学術論争と言語哲学という（込み入っているにしても）長い伝統に裏打ちされた実用的な選択であった。結局のところその手法や技術は、この者たちの背景や特有の状況、言語能力、そしてテクストの好みと同じく多様なものだったのだ。アデラードの事例からもわかるように、ひとりの翻訳者の取り組み方にも、翻訳者全体に見られるのと同じくらいアプローチの多様性を見ることができる。実のところ、こうした翻訳のように起源や性質の多様な取り組みに、まとめてひとつの特徴を押しつけてしまうのは大きな誤りなのである。

中世の翻訳論——概観

〈翻訳(トランスラティオ)〉という概念を中心とした伝統は、教父たちによる翻訳論、とりわけ聖ヒエロニュムスの手になる文書からヨーロッパ中世に残された二対の遺産から始まった(45)。ほとんどの者が四〇五年から四一〇年のどこかで書かれたその「パンマキウス宛書簡」へと立ち返る。「私が認めるばかりかむしろあえて主張したいのは、ギリシア語の訳出にあたって私が、語順までもが神秘であるところの聖典を除いては、語を語でなく意を意で表したことである。この際に私はキケロを師とした」(46)。ここには、翻訳哲学に対して踏み込んだ議論を引き起こす数多くのものが詰まっている(47)。聖ヒエロニュムスは、その聖性が意味のみならず言葉の語順からも現れる聖なる文書には、最大限忠実たることを助言している。とはいえ、非宗教の文章にとってはこうした忠実性も誤りであって、それは「茂りすぎた畑地が種子の息を殺してしまうように意味を覆い隠す」のである。聖ヒエロニュムスでさえも、意味を力ずくで捕虜として自らの言語へ引き込むという翻訳者のメタファーを打ち出している。

ただし近年の指摘にもある通り(48)、こうした文芸を優先する考え方は、のちにはまったく撤回されてしまう。ボエティウスやヨハネス・スコトゥス・エリウゲナといった書き手は、のちの中世の翻訳者たちにはさらに大きな影響力を誇ったが、聖典のみならず世俗の文書における〈忠実なる(フィドゥス・)仲介者(インテルプレス)〉の問題を、あらゆるものにおいて正確性がいちばん大事な点だとして論じている(49)。ここで逆さまになった理由は定かではないが、アリストテレス思想の重要な梗概たるポルピュリオス『手引き』のボエティウス訳からの次の引用なら、うかがい知れるところがあるだろう。

自らはっきりと等しく逐語でそれを訳したことから、私は〈忠実なる仲介者〉との責めを受けるのを恐れている。だからこの手順を採った理由をここに掲げよう。事物の知識が求められるこうした文章では、輝かしい文体の魅力ではなく不朽の真実を伝える必要がある。そういうわけで、哲学テクストが健全かつ申し分ない翻訳を通してラテン語へと訳され、もはやギリシア語テクストは必要ないとなれば、私自身たいへんうまくいったと考えるのである。(50)

キケロやクインティリアヌスといったローマの訳者たちがそうであったように、ボエティウスは〈忠実なる仲介者〉という根強い営みを歴史・文化の面から考えている。最良の翻訳者とは、原典テクストをまったく再構成して置き換えてしまう力を——ただそれを新しい言語の囚人としてしまうのでなく忘却という黄金の鳥カゴのなかに閉じ込めてしまう力を持つ者なのである。ただしここでのローマ人たちもまた、最善と考えられる逐字訳でこうした再構成が果たされれば、消されたり無視されたりする側となる。ここでの重大な要点は、知識のイメージがある種の聖なる本質であり、文体の表面的な（すなわち不朽でない）美しさと対置されるものであるらしいことだ。（学知を含む）哲学の翻訳に勤しむ人々は、〈不朽の真実〉に辿り着こうとするべきで、動機や行為が低級なものはその自体不純で堕落しているのである。この考えでいけば、言葉はまさに学問の本質であり、人間の経験という領域における物質（物理）宇宙の第一の運び手ということになる。言語は単に真実の道具のみならずその可能性、つまり真実をつかみうるあらゆる能力の本質であったのだ。この考え方は、中世の学問の基礎領域たる自由三科（文法・論理・修辞）にそのまま制度として現れている。同じくその見立ては四科（算術・音楽・幾何・天文）の学問の方にも当てはまる。文筆は「言葉・思想・事物のあいだの相互のつながり」によって絶えず導かれてきた(51)。聖ヒラリウス（三六七年没）などの書き手が、書かれた言葉（セルモ）は適切にその対象（レース）を運べないとかつて述べたのが正しいとしても、これは文筆そのものがそうした概念の運び手たること、また時を超えた思想の正典へと入れられる際の媒介としての意味たることを妨げるものではない。

　こうして言語の権威を神聖なるものとして信じることは、テクスト崇拝という同じく根強い体系のなかにも現れている。まさに〈権威（アウクトリタテス）〉というシステムにおいて重要と見なされた著者たちは、教父の観点からすれば時を超えた知恵と価値を担う者だと目された。中世ヨーロッパにおけるこのことは、イスラムでいう〈賢人〉の概念と同等のもので、その知識には半ば神聖な性質があったのだ。中世の学校および後代の大学においては、歴史家がしばしば指摘している通り、正典入りした著者たちは古代・キリスト教初期・カロリング時代など時期も様々だが、年代差はほとんど（ないし全然）気にもされずに横並びに学ばれた(52)。こうしたアプローチは単に継続して採られたというよりも、シャルトルのベルナルドゥスらの手で十二世紀のカリキュラムが改訂されて以来深く根付いたもので、その改訂の際にローマの文芸や自然哲学から新たに数多くの非宗教の作品が導入されたのである(53)。コンシュのギヨームなど十二〜十三世紀の注釈者および注解の書き手たちは、古典・中世初期・同時代の作家たちについての著作を、示されてしかるべき専門への努力や関心もなく書き記している。パリのサン・ヴィクトール修道院で作られた有名な注釈のなかには、ある聖書章句の議論のために、古典文芸（キケロ・セネカ・ウェルギリウス・ユウェナリスなど）をさまざまに引きながらユダヤの典籍からも引証されていたが、これはごく普通のことのようだった(54)。

こうした敬意のあり方を考えれば、翻訳に対する逐字という取り組み方が翻訳者のほとんどに採用されることが多かったとしても、さほど驚くべきことではない。筋が通らないように思えるかもしれないが、逐字であることが原典資料ひいては権威の力というものに対する敬意尊崇を意味していたのである。テクストを移動可能にすることは、知識・権威・名声のもととなったその大きな貢献を一滴もこぼすことなく、その者たちをそのまま移し入れるということであり——ここには翻訳者自身の名望も含まれており、その多くが権威という領域に入ることを自ら求めたのであった。

ただし先に述べた通り、〈忠実なる仲介者〉という概念が決して中世の翻訳理論や技術に対してすべてを言い切ることはない。聖ヒエロニュムスが示したもうひとつの手法は、キケロやそのほかローマの翻訳者たちからもよく主張されたが、少なくともある状況においては絶えず翻訳者の考えを導くものともなった。逐字主義があらゆるもの、とりわけ宗教的なものに幅を利かせているというよくある捉え方は、今では多いに誤解であることがわかっている(55)。実のところ科学テクストには、奴隷のように忠実たらんとしたものから熱心な言い換えに至るまで、幅広い手法が見つかる。それどころか、アラビアの訳者たちの事例で見られたように、ひとつのテクストのなかにもこうした技法が様々に現れることもたいへん多いのである。ギリシア語・アラビア語・ラテン語・カタロニア語・古英語という互いに似ても似つかない言語のあいだでは、徹底した〈忠実なる仲介者〉は不可能であるから、意図するにせよ（むしろ通例）必要に迫られるにせよ、確実にどんな場合でも大きな変化が起こるわけなのだ。

ほかにもよくある思い込みとして、中世の翻訳家たちは自分の技術についてはよく考えもせずただ職人として作業して、逐字主義に一見裏打ちされた安全性を求めてただ模倣するだけになっている、というものがあるが、これも断言は難しい。十二世紀にあっても、権威ある底本から主要作品を翻訳することは、宗教・世俗の文書を問わずまれに見る大仕事であり、自覚して引き受けるものであった。当時は翻訳者の組合といったものもなく、翻訳文献に対して大規模な需要もなかった。この大事業をなした人々は個人としてそれを行ったのであって、当該の書籍をそれなりに売りたいにせよ、求められた任務をこなすにせよ、〈秘密〉の知恵を伝える役を果たしたいにせよ、あるいは権威の仲間入りがしたいにせよ、何らかのやる気があったのである。

たとえば宗教テクストを古英語に訳出したアングロ゠サクソン時代初期の翻訳について見事に論じたものを見ると、先ほどのボエティウスの話題にも実にいろいろな考え方があることがわかり、関連する問題にもかなり意識的であったことが知れる(56)。九世紀末のアルフレッド大王と十世紀のエルフリックの翻訳作品から見て取れるのは、おそらくカロリング期の古典学問の復興(レノヴァティオ)の結果としてか、ローマ人からじかに影響を受けている点である。ここでは原典のラテン語テクストを通俗化してなおかつ現地語も豊かにするという一定の意図をもって、「時には語を語で、時には意を意で」が強調されている。興味深いことに、ボエティウスもこの目的から選ばれた著者のひとりであった（とりわけ『哲学の慰め』序文）。とはいえ、聖アウグスティヌス『告白録』のアルフレッド訳の序文に見られる実に詳細かつ示唆に富む翻訳プロセスの記述は、中世文芸全体からしても群を抜いたものであろう。

私は自ら棒と間柱と水平柱と柄とを作業に用いる道具としてそれぞれ集め、さらにひとつひとつ行う作業のために弓なりの木材と小ぶりの木材、それから持ち運べた限りの形の整った材木をも集めた。背負ったまま自宅に帰りはしなかった。というのも、たとえ持ち帰れたにしても、すべての木材をまた持って行きたくはなかったからだ。材木それぞれには自宅で必要なものもあったので、私は有能で荷車をたくさん持っている者それぞれに命じて、私が木材を切り出しているその森へと足を向けるようにさせた。各自でもさらに採ってきて、その荷車に良質の角材を積ませるようにしたので、きちんとした壁でたくさん囲えて、珍しい家をたくさん建てて、素晴らしい街を築けて、そこで冬も夏も楽しく穏やかに住めるだろう、かつてやったことがないほどに。(57)

大工としての翻訳者像は、実に優れたものだと思われる。この文章の素晴らしい文学性に加えて、その営みの肉体労働性や結果として生まれた文化的な構築物（と重要性）のみならず、当該のプロセスを農夫の労苦と美的な喜びが一緒になったものとして、語を選んだ翻案と同時に素朴な意味合いに基づいて、たいへん巧みに描写している。翻訳者はテクストという街や都市を作る者であって、その手代の仕事は、時を経て別の環境で育ってきた材料を伐採して形を再度整えることにある。その者は選び省き組み立てて、補修または再建が必要となるかもしれないものを他者に残す。煉瓦を積んだボエティウスの石工に対して、アルフレッドは大工職人を示してみせる。

まとめると、ボエティウスやアルフレッドの言葉は、中世後期のアラビア語・ギリシア語作品の訳者たち全体の趣意書のようにも読める。プトレマイオスやエウクレイデス、アルキメデスにアル＝フワーリズミーのほかイブン・ハイサムなどの忠実な移転を、知識と言葉のあいだに分かちがたい直接のつながりがあると信じた上で求めた者が多かったのだとしても、そうした原典への逐字の敬意を感じずに、どこかしら使いやすく判りやすくなるよう改善できる材料として見た者もいたはずである。全体を捉えれば、この時期の翻訳作品には幅広い手法が示されていて、広く通用する一般論がない。多様性の原因となったのは、条件や場所の違い、仲介の使用・不使用、パトロンや作品の用途からの求め、原典作品の難易度や品質、さらには個々の翻訳者の知識量・熟練度・感性などであった。複数の翻訳が比較されることも少なくなく、時には学問や勉強のためになされたことを示す証拠までもある（図11参照）。いずれにせよ〈忠実なる仲介者〉はなにか技術の特徴をありありと示すものではないし、その反対も同様である。

クレモナのゲラルドゥス——態度と手法

翻訳者のなかにはスペイン（モサラベ）出身で、のちにキリスト教に改宗し、トレド陥落（一〇八五年）にあたって新しい征服者に登用される機会を見つけた者たちもいた(58)。アブラハム・バル・キイアやイブン・エズラなどのユダヤ人学者は、アラビア語作品をヘブライ語に訳すことで身を立ててきた人物たちであり、南フランスやイタリアで急成長していたユダヤ人の知的共同体のために行ったのだった。とはいえラテン語訳者の大半は、北方や東方、すなわちイングランド・フランス・イタリアなどの出身で、素晴らしい知的資源がある（らしい）と聞いて、惹かれてやってきた者たちだった。こうした地域では、イスラムのイメージにはまず物質的な富という風格（アウラ）、財宝や後宮などとめどない贅沢品の輝きにあふれた広大な宮殿という印象が持たれていたのである(59)。ところが十二世紀

図11　アリストテレス『自然学』のラテン語訳を３種並列させた写本の頁　　左端の訳はギリシア語から、ほかの２種はアラビア語からのもので、右端がクレモナのゲラルドゥスの訳である。稀ながらこうした書籍が存在するということは、各種翻訳の比較検討が一般的であったことから、この現象の研究のためにテクストが作られたと考えていいだろう。フランス国立図書館、パリ、lat 16141, fo1. 25r.

には、この固定観念が学問とテクスト知識という領域では覆ってしまい――壮大に横溢する知識を抗えないほど焦がれるようになった。

たとえばクレモナのゲラルドゥスは、わずかばかり残っている伝記情報によると、一一四四年頃イタリアを発ってトレドへ向かったのだが、その目的はとりわけ「ラテン語世界ではどこにも見つからない」とされたプトレマイオス『アルマゲスト』の写本を探すため、アラビア語を学ぶため、そしてその作品をラテン語へ訳すためであった(60)。大きな視野と秘めたる明らかな重要性をもったこのテクストこそが――アストロラーベに関する旧来の訳書から一部その存在だけは多くの学者に知られていたこともあって――その元々の大志に火を付けたようである。その熱い想いは最後まで尽きることがなく、彼の死（一一八七年）後、彼のガレノス訳書に付された追悼文によれば、四十年の活動期に彼がラテン語に訳した作品は主なものでも七十一もあり、分野も医学・天文学・数学・光学・論理学・幾何学・自然哲学のみならず、占星術・錬金術・土占いにも及んでいたという(61)。『アルマゲスト』もそうだが、こうした著作の多くは元はアリストテレス・エウクレイデス・アルキメデス・ガレノスによるかつての古典ギリシア語テクストのアラビア語訳だった。だがゲラルドゥスが訳を手がけた著述の半分以上は、アラビアの書き手たちのオリジナル作品であった。すなわちアル＝フワーリズミーやイブン・ユスーフ、アル＝ファルガーニーにサービト・イブン・クッラ、アル＝キンディーからイブン・スィーナーといった人々の作品で、最後に挙げた人物の著書『治癒の書』のほか秘学（オカルト）の書物も数多く含まれていた。この文書からわかるように、この様々なテクストをひとつひとつすべて手に入れて準備していくことも含め、ものすごい労力がかかることから、ゲラルドゥスはいろいろな助手や協力者を用いる必要があったと思われる。

ゲラルドゥスの翻訳について一点強調しておくべきなのは、西洋の知的伝統に対して彼が果たした多大な貢献は（確認する必要があるものの）、学知におけるアラビア＝インド＝ペルシア＝ギリシアの融合物を、アラビア語への鍛造とおよそ同じように、中世ラテン世界へともたらしたことによる点だ。リチャード・ルメイの言葉によると、

ゲラルドゥスによるこの遺産の西洋への伝播はもっぱらアラブの影響を受けており、ラテン語が接触した当時のアラブ世界の学術が直接反映されていた。さらにゲラルドゥスの影響のおかげで、中世のほとんどを通じてこの相互作用が続いたのである。十三世紀末のムールベーケのギヨームの翻訳に［刺激を受けた］ギリシアへの関心でさえも、それでもアラビアの伝統からもたらされた重みに比べればまだまだ小さいものだった。［…］十二〜十四世紀のラテン科学・哲学は完全にアラビアの伝統に依存していた。これは、ギリシアの原典テクスト［に焦点を合わせた］ルネサンス期の学問の状況とはかなり対照的である。(62)

ゲラルドゥスはどうやら、現存テクストのなかでも最難関かつ最重要と思われる数々のものにあえて取り組んだと思われ、その対象にはエウクレイデス『原論』、『アルマゲスト』、アル＝フワーリズミー『代数学』、アリストテレスの自然哲学論、アル＝ハイサム『光学』、アッ＝ラーズィーの医学書などがあった。ここにはある種の計画があったとしてももっともで、ゲラルドゥスはテクストや著者の選択について、モサラベの協力者や、あるいはトレドのアラビア語教師といった権威の者たちから助言を受けたと考えられる。

ゲラルドゥスは、その時代におけるフナインであった——もちろん違いはあるが。助手や学生の力を借りながらこの者が生み出したものは、テクスト資料という一個の総合大学のようなもので、その後の西洋科学の発展に不可欠なものがほとんどすべて揃っていた。そのテクストの突き合わせ方もフナインのやり方と近いものだった。あるテクストの様々な異本を探し集めて、自らが〈完璧〉だと思える写本を組み立てるわけで、アリストテレス『天体論』およびプトレマイオス『アルマゲスト』の彼の編集版からわかるのは、ゲラルドゥスがおそらくふたつかそれ以上の異本から文章を訳出しているということだ(63)。ただし、わずかな証拠に基づいた話でも信憑性がありうるのだとすれば、その教導方針はアラビアの訳者たちのものとはどこか異なっていたという。自らの営みを、〈古代人の知恵〉を取り返す考古学というよりも、実際の〈発見〉であると見立てていたようなのだ。どうやら自分の歴史上の役割や業績に対しても、謙虚とはとても言えなかったようだ。モーリーのダニエルが伝えるところによれば、彼は王家の印のもとで生まれたとうそぶいたという。「『私はいわば王だ』。[…]それから学生たちがそのまま皮肉を込めて『ならばその〈王〉はどこを治めているのですか』と訊ねると、彼は答える、『頭のなかだ、なぜなら私は生きている人には仕えないから』と」(64)。

そうした発言にもかかわらず、ゲラルドゥスはひとりでは作業しなかった。モーリーのダニエルは、ゲラルドゥスはガーリブという名のモサラベの助けを借りており、この者は『アルマゲスト』の翻訳を手伝ってテクストを声に出しておそらくスペイン語で読み上げ、そこからゲラルドゥスはラテン語に訳した、とも伝えている(65)。この種の手法ならば、ゲラルドゥスの翻訳の量と種類が多い点にもうなずけよう。また「この者はアラビア語を学んだが、おそらくその大志ある計画を自分だけで達成できるほど堪能ではなく、著述を早く進めるためガーリブだけでなくほかの通訳者にも力を借りた可能性がある」(66)。かつてのネストリウス派の訳者たち以上にゲラルドゥスが興味を持っていたのが、力や益のイメージに結びつく知識、すなわち新しく難解で、自らの出身文化にまだ思いがけないテクストという富を増やすことのできる知識である。フナインが久しく自らの宗派であるネストリウス派の学問伝統の一要素となっていた、ある意味で自分の馴染みのある資料群を伝播している一方で、ゲラルドゥスはまさしく未知なるもの、ないし風の噂や伝聞を通してしか自分の世界に知られていないものを手に入れる、という使命に乗り出していたのだ。その〈発見〉という営みは、アラビアの学者がすでに中世の四科（算術・天文・幾何・音楽）とだいたい対応するかたちで科学文献を集め、整理して教えているという単純な事実のためにいくぶん楽にはなっていた。最も重要なテクストは、学生が修得せねばならないものであり、したがってゲラルドゥスが掘り起こそうとするある種の既存の教程（カリキュラム）を提供するものであった。ルメイいわく、「クレモナのゲラルドゥスは、四科の課目それぞれの資料体として訳せるよう、とりわけ数学・天文学・医学でこうした集成を探し求めたようだ。[…]こうした分野での彼の翻訳の大多数は、アラブの科学集成のまとまりと一致することがたいへん多かった」(67)。

もっとも、こうした言い方は問題をかなり矮小化しているかもしれない。確かにゲラルドゥスはとりわけ自然哲学では、高度な学問の理想的な教程に含まれるべき各テクストを詳細に並べた何らかの手引きに従っているように見える。その手引きは、アル＝ファーラービーの『知識分類の書（キターブ・イフサー・アル＝ウルーム）』をおいて他にない。「クレモナのゲラルドゥスの翻訳を見る限り、アル＝ファーラービーの題名一覧を横に置きながら順序よく取り組んでいたと感じられ、ラテン世界は権威あるテクスト集成を手にしていたことが確認できる」(68)。ただ実際にはゲラルドゥスもその枠を踏み出て、占星術・魔術のほかアラビアの注釈文献などにもあえて手を出している。だが、この者がその著述の大半で何か明確な計画表に従っているという考え方には、異論の余地がない。実のところ彼が一一八七年になくなったあとにも、シャレスヒルのアルフレッドという少なくともひとりの重要な翻訳者が、この計画の完遂に手を貸したことがはっきりしている(69)。したがって、教育用に練り上げられてきた特定のテクストの訳本を好む傾向がラテン語訳者にあることには、それなりに証拠があるわけだ。要するに、この者たちが翻訳に用いた底本は、アラビアの学者がまとめた上で修正・編集を加え、時には学生のために再構成や部分的な書き直しまで行ったものであることが実に多かったのである。新しいテクストの大多数はすぐさま様々な学校で教師に採用され、オックスフォード・パリ・シャルトル・ボローニャといった知の中枢の学者たちにも、複写・研究されて注釈を加えられたのは間違いない。五十年も経たない十三世紀の初めまでには、この新たなテクストという〈富〉が、新しい大学の基盤として（差はあったにせよ）速やかに採用された。実際、西洋の知的文化という景色に新しい機関として現れた大学は、イスラムからの新たな知識を吸収する主たる形態であったと思われる。

翻訳の技――『天体論』と『アルマゲスト』

その翻訳に表われたゲラルドゥスの手法とはいかなるものなのか。どんな種類の翻訳技巧を用いたのか。実は幸いにも、このテーマでの研究がいくつかある(70)。あいにくゲラルドゥスに結びつけられることが多い〈奴隷じみた逐字主義〉には、その通りの事例もあるにはあるが、一律に当てはめるにはまったく不十分であり、合致したとしてもわずかである。このことを示す天文テクストはふたつ、彼の訳によるアリストテレス『天体論』とプトレマイオスの『アルマゲスト』である。前者の訳出底本はヤフヤー・イブン・アル＝ビトリーク（八世紀末）のテクストで、底本がさらにその底本に用いたのはおそらく六世紀のシリア語訳本（誤ってかレーシュアイナーのセルギオス訳とされているもの）である。前章で触れた通り、この時代のシリア語訳者たちはギリシア語底本からある程度の改変を加えているから、ゲラルドゥスの手にわたったものは混成文書と言ってもよいもので、四ないし五世紀のギリシアにあったはずの〈原典〉のいずれかから、少なくとも間にはふたつ挟んでいることになる。かたや『アルマゲスト』について、ゲラルドゥスが用いたのはアル＝ハッジャージュとフナインの訳本である。P・クニッチュによれば(71)、テクストのある箇所までは主にアル＝ハッジャージュの訳に依拠していたが、それ以後はフナイン訳が主な底本となっている。この作品に長々と取り組んだ結果として、ゲラルドゥスがフナイン訳に何かしらの優位性を認めたという可能性にもこの点はつながってくる。ただしこの証拠からは、この翻訳者がどちらも重要視していて、それぞれ全体の別々の箇所で等しく長じた点がある、と考えていたという可能性もありうる。

『天体論』

いずれにしても『天体論』についてI・オペルトによれば(72)、ゲラルドゥスのラテン語訳の特徴は、厳密忠実なところと部分的に敷衍しているところがかなり複雑に入り交じっている点、それから不安定な訳語に誤訳・省略、神学上の追記のほか、ギリシア語名称のアラビア語訳が崩れたかたちの訳語などである。さらにゲラルドゥスは、訳のなかにアラビアの注釈者たちによる様々な注解も含めており、（オペルト曰く）〈原典〉の一部と誤解して取り込んだとされるが、これはおそらく正しくない。この訳者はどうやら、こうした短い解説文が何であるかを理解した上で、それを訳に含めると判断しただけであろう。とはいえいずれにせよ、こうした注解がアラビア語底本では、先のギリシア語底本とは異なってかなり重要な要素となっている。まさに〈アラビア＝ギリシアの融合〉の本質であり、当時のヨーロッパに伝えられたものとして、アラビアの学問の現状がよく現れている。

オペルトが指摘したそのほかの特徴については、多少の具体例を挙げれば十分だろう。用語に関しては、意味を伝えきれていない改変やずれがあったようで、たとえばギリシア語では〈可能態（デュナミス）〉という一語であるものを〈潜勢態（ポテンティア）〉と〈能力（ウィルトゥス）〉のどちらも用いている。ギリシア語版やアラビア語版では簡単な語であるのに、ラテン語に相当する部分ではかなり長々としたものになっていることもある。例を挙げると、ギリシア語〈明らかにされた（デーローン）〉＝アラビア語〈明らかだ（ワーシフ）〉であるものが、〈その証明および確証（オステンシオ・イリウス・エト・ウエリフィカティオ）〉となったりする。アラビア語のなまりが崩れたもので興味深い例が、アリストテレスが地上の両端（すなわちインドとヘラクレスの柱［アフリカ北西］）に象という生きものが現れるという説を論じているくだりにあるのだが、ゲラルドゥスはここでアラビア語版の誤り（誤読）をそのまま書き写したようで、ギリシア語版〈象ども（エレパンテス）〉がラテン語ではよくわからないアルコバティ［アルはアラビア語の定冠詞］という語になっている。ギリシア語の固有名詞はほとんどラテン語に（だいたい）正しく訳されているが、面白い変更が見えるものもわずかながらある。たとえば自然哲学者のアナクサゴラスとアナクシメネスは、それぞれ妙なことにピュタゴラス／ピュタゴラス派とアクシメスに置き換わり、後者はどうもアル＝ビトリーク訳の後期写本におけるアラビア語訳のなまりをうっかり転写してしまったことによるのだろう。抽象語、例として〈絶頂（アクメ）〉と〈混合（ミグマ）〉は、前者はソクラテス以前の用語で、後者はラテン語に相当語がどうにもないのだが、アラビア語底本には存在するにもかかわらずゲラルドゥスは省略して済ませてしまう。この点から、一様でない惑星運動の三つの区分——高ぶり（エリタシ）・絶頂（アクメ）・緩み（アネシス）——は、アラビア語では残っていたのにラテン語訳では数が減らされ、意味もはるかにわかりやすくてごくありふれた対照的な二対の用語〈強烈（ウェヘメンティア）〉・〈鎮静（モリフィカティオ）〉になってしまった。

実のところ、ゲラルドゥスのテクストでは大部分がアラビア語版をかなり厳密に辿っている。周密な訳の例は、用語にも構文にもいたるところで見られる。たとえばアル＝ビトリークが〈占星術（アストロロギア）〉の訳語に用いたアラビア語の語句〈星々の知（イルム・ウン・ヌグーム）〉は、ゲラルドゥスのラテン語でもそのまま〈星々の知の術（アルス・スキエンティアエ・アストロルム）〉となっている。もっと一般的なところでは、ゲラルドゥスはラテン語の接頭辞（in, ex, sub, super）をギリシア語構文のアラビア語訳を模倣するために用いている。ここで例を挙げると、ギリシア語の属格形を訳そうとアラビア語ではminを用いているのに倣って、時として長く複雑な語句を形作るためには一貫して部分語の意味でexを使っている(73)。このようにゲラルドゥスが頑張ってそのまま正確に写したものの一例として、次の語句がある——訳は〈万物は、物々から生成される（オムニス・レス・エクス・レブス・ゲネラティス）〉、アラビア語では〈事物は物々から（シャイ・ミン・アル・アシアー）〉。忠実に訳された物（レス）／物々（レブス）と物（シャイ）／物々（アシアー）という組み合わせの対応は、テクストのほかの多くの語句でも見られたことから、こうした具体例からもこの訳者が〈忠実なる仲介者〉という基本信条を十分に意識しており、教義として（きっと言語面でも）それを果たそうとさえしたことがはっきりと示されている。

ここで大事なのは、この考え方がギリシア語テクストではなくアラビア語テクストに対して実行され、そうすることでアラビア語固有の文化が具体的に反映されたものをヨーロッパへ伝えようとした点である。このことは、内容に関する二種類の変更をアル＝ビトリークがアリストテレスのテクストへと持ち込んで、それをゲラルドゥスが受け継いだことからも、とりわけ具体的に明らかとなっている。その変更のひとつめは、その書の各項の導入部・結論部に一定の追記と注解を加えている点である。興味深いことに、その追加された文章の多くは、アリストテレスの結論を、ギリシア語で示された以上に強調・明確化する言葉で表現されており、「さてもう一度言うが《エト・ディコ・イテルム》［…］」や「それは示されて明らかにされた《オステンスム・エスト・エト・デクララトゥム》」のほか、もっと頻度が高い「明らかにされ確かとなった《マニフェストゥム・エト・ケルトゥム》」といった定型句を用いているのだ。同時に一神教のニュアンスが明確な追記もある。冒頭にある創造主たる神への呼びかけ（神そしてその力の主よ《デウム・エト・エユス・ポテスタテム・クレアンディ》）、ピュタゴラス思想と地獄とを結びつけたと思しき注解、全能の神への称揚（その名声が崇高たる神へ《デオ・クユス・ファマ・エスト・スブリミス》）などなど。こうした変更の一部ないし全部が、アル＝ビトリークないし後代の書字生、またはアル＝ビトリークが部分的な底本として用いたと思しきシリア語訳、そのいずれによって持ち込まれたのかは容易には見極めがたい。明らかなのは、キリスト教文芸にもこの手の語句は豊富にあったため、ゲラルドゥスもこうした語句と対応する既存のラテン語を、使用可能な語彙として大いに有していた点である。したがってある程度の翻案は、〈忠実なる仲介者〉という考えを守るという側面から生じたわけなのだ。

ゲラルドゥス訳の『アルマゲスト』

かたや『アルマゲスト』に目を向けると、ほかにも興味深い変更点が見て取れる。この作品の翻訳でゲラルドゥスは、アル＝ハッジャージュとフナイン（サービト・イブン・クッラの改訂版）のふたつのアラビア語訳を用いている。実のところ、コンスタンティノープルから写本がもたらされた折にギリシア語版からの先行訳がシチリアでなされていたが(74)、「ルネサンス時代までヨーロッパにおける『アルマゲスト』の標準版であり続けた」(75)ゲラルドゥス訳に比べれば、その影響力はほとんどなかったようだ。クニッチュの行った詳細な分析によると(76)、ゲラルドゥスのラテン語訳とアラビア語底本を比較して、まず無残と言うに等しい逐字訳だという印象を受けたという。『天体論』と同様、構文を借用してアラビア語の接頭辞を再現しようとしたこと、さらに専門用語や語句の音訳や逐語訳を行ったことは見るも明らかである。したがって、アラビア語版の誤訳やなまりもそのまま、この影響力あるラテン語テクストに写されることとなった。ここで例を挙げると星の説明に用いられた名称の問題があって、よりにもよって（おとめ座ではなく）こと座に〈モノを運ぶみなし娘(プピッラ・デフェレンス)〉という言葉を当ててみたり、さそり座の記載に〈髪(クリニス)〉や〈毛(コマ)〉を使ったりしている(77)。同じく数多くの星座・星の名称やかつての天文学者たちの名前が、もともとのギリシア語名称をアラビア語に音写したものから転写したために、いささか不格好なものとなっており、ケフェウス座がケイヒウス、アンタレスがアンコリス、メネラオスがミレウスになってしまっていた(78)。

とはいえ、ゲラルドゥスが総じて忠実であったおかげで、天文学の用語や学知がうまく伝わった側面も大いにあった。たとえば〈度・区分〉や〈分〉といったたいへん重要な用語は、もとのギリシア語では主に〈区分(モイラ)〉や〈微細(レプトン)〉と書かれ、アラビア語では正確に〈区分(グズ)〉および〈微細(ダッカ)〉と訳されて星表でも度は〈小分(ダラア)〉とされていたが、ゲラルドゥスの記述では度・区分が〈区分(パルス)〉や〈度合い(グラドゥス)〉、分が〈小分(ミヌトゥム)〉となった。またこれらは、ゲラルドゥスの造語ではないが、古典作品から取り込まれて中世科学で長く使われてきたものに由来していた(79)。一方、〈星座〉という言葉は、古代では相当する様々な語が数々あったが（兆の運び手(シグニフェル)・星々(シデラ)・天体(ステラ)など）、このときゲラルドゥスによってアラビア口語の名詞〈群星(カウカバ)〉の忠実な訳である〈群星(ステラティオ)〉に標準化された(80)。数理天文学の用語の大部分では総じてこのとき、混乱していた天文用語やニュアンスが整理され、後世のために固定化されたのである。

とはいえ名称という側面では、ゲラルドゥス訳『アルマゲスト』の果たしたことは、翻訳という観点からもとりわけ興味深いように思われる。ここには先述の通り、妙になまった言葉がいくつか現れているわけだが、どうやらゲラルドゥスはアラトスやヒュギヌス（の知識）に少しも興味を示しておらず、プリニウスの星座論にもどうもなじみがないか、無視しているようなのだ。実際この面では〈誤訳〉や変化がいろいろあることから、この翻訳者は当時標準的だった星座の参考書の類は一切用いずに、そのまま転写しつつ、おそらく時には記憶の助けを借りて著述を進めていったと考えられる（星座の大半が当時のラテン語の一般的用法から見ても正しいので記憶は確かなのだろう）。このことが重要なのは、ゲラルドゥスがアラビアの星の名前の数々をヨーロッパの天文言説へと持ち込むきっかけとなったことで、そうした言葉はこんにちも残っている。その顕著な例は、アル＝ハッジャージュによるペルセウス座の説明の直訳で、「その名はラテン語ではペルセウスであり（クユス・ノメン・イン・ラティノ・エスト・ペルセウス）、悪魔の首の運び手ともいう（エト・エスト・デフェレンス・カプト・アルゴル）」というこの一節に由来するのが、アルゴルという星の名である（アラビア語で〈悪魔〉ないし〈鬼〉の意味）。もうひとつの例がかんむり座の星アルフェッカで、この名前はアラビア語から転写であり、元は「北天のかんむり（コロナ・セプテントリオナリス）、またアルフェッカという（エト・エスト・アルフェッカ）」という訳文の末尾に、古代アラビアの名前として付け加えられたものであった。ほかにも計十六の名称が同様のやり方で持ち込まれたが、これから見ていくように、こんにちまで残ったのも想定されるほど単純なことではなかった。

アラビア語の保存——その他の数例

ラテン語の翻訳にアラビア語の言葉をそのまま残すという判断は、十二世紀の翻訳者にはありふれたことであった。まったく意図的になされることも相当によくあることで、言葉の洗練や高い動機のためという場合もあれば、当時は単に物を知らなかったなど、様々な事情が入り乱れている。

バースのアデラードはこの点ではすぐれた例となる。（とりわけイングランドで）新たな学問について新しく本を作ろうと意識する者の例に漏れず、アデラードも自らの言葉の使い方には絶えずかなり自覚的であった。惑星運動に関するアル＝フワーリズミーの表（イスラム天文学では歴史的にかなり重要な星表）に対する彼のラテン語訳では、重要な用語の多くがアラビア語のままながら、どうやら（同時代に近い写本に基づくと）そうした言葉は赤いインクで記され、テクストの他の箇所とは区別できるようになっていた（図12参照）。実際、様々なインクを用いて各種情報を区別および強調するのは、中世後期の写本文化ではよくある手法で、図や表では特に用いられた（例：計算など）。アデラードは言語の上でも、おそらく記憶の助けとなるようこれを採用したのである。彼自身が訳したり著したりした他の作品でも、確かにラテン語読者の助けになるよう欄外に詩を収めており、これはアラビア語の用語や（もっとよくあるのが）アラビア数字を覚えているかを確認するためであった。

アラビア語を残した例のなかでも最も興味深い例のひとつと言えるものが、外ならぬサービト・イブン・クッラ著・アデラード訳『魔術の書（リベル・プレスティギオルム）』のうちに見受けられる。この作品の一部には、妻が薄れていく夫の愛欲を若返らせるための助言が記されており、その目的から妻は、夫のお守りに女の魅力の象徴たるものを結びつけつつ、次の呪文を唱えるという。

> おお世の誉れ・喜び・光の源よ！　このふたりの者の愛を混ぜ合わせたまえ、おお精霊たちよ、そなたらの混合の知恵を用いつつ、なおかつ至大の力と〈王や神聖にして永久なる生命〉（アル＝マリク・アル＝クッドゥス・ワ・アル＝ハイヤフ・アッ＝ダイマ）の権能、および天界の諸円を動かしてこの世じゅうの〈光と明かり〉（ヌル・ワ・イヤン）をこれらに与える者の力によってこの目的の達成を助けられながら。(81)

神への大事な呼びかけはその原語の形そのままとなっている。アデラードが言葉に縛られた媒介物としての魔術に敏感であったことを示すものだ（言葉でなければ呪文とは何だというのか）。この論点から立ち現れるのは、翻訳でまったく変更・削除されたときに、力点の置かれた言葉はどんな結果を及ぼすのかという、さらなる無数の問いである。少なくともアデラードは、アラビア語を残すことで異質性や未知なるものを感じさせられること、ゆえに何かしら間違いなく有効であることに、自覚的であったようだ。

もうひとつの興味深い例は、モーリーのダニエル『希哲学』（ピロソフィア）にある(82)。この書籍は翻訳ではなく、むしろこの著者がアラビア科学の雑多な既訳・未訳作品から集めてまとめた思想・理論・解説・情報の合金のようである。ダニエルはプトレマイオス天文学（おそらくアラビアの思想家に改訂・更新されたもの）に精通しているらしく、そのことは惑星の進路を周転円・偏心という点から論じていることからもわかる。たとえば土星の順行・留・逆行という運動を語る際、〈前進〉（プロケッシオ）〈静止〉（スタティオ）〈後退〉（レトログラダティオ）という語を用いているが、〈周転円〉という重要語は〈エルテドウィル〉と訳され——

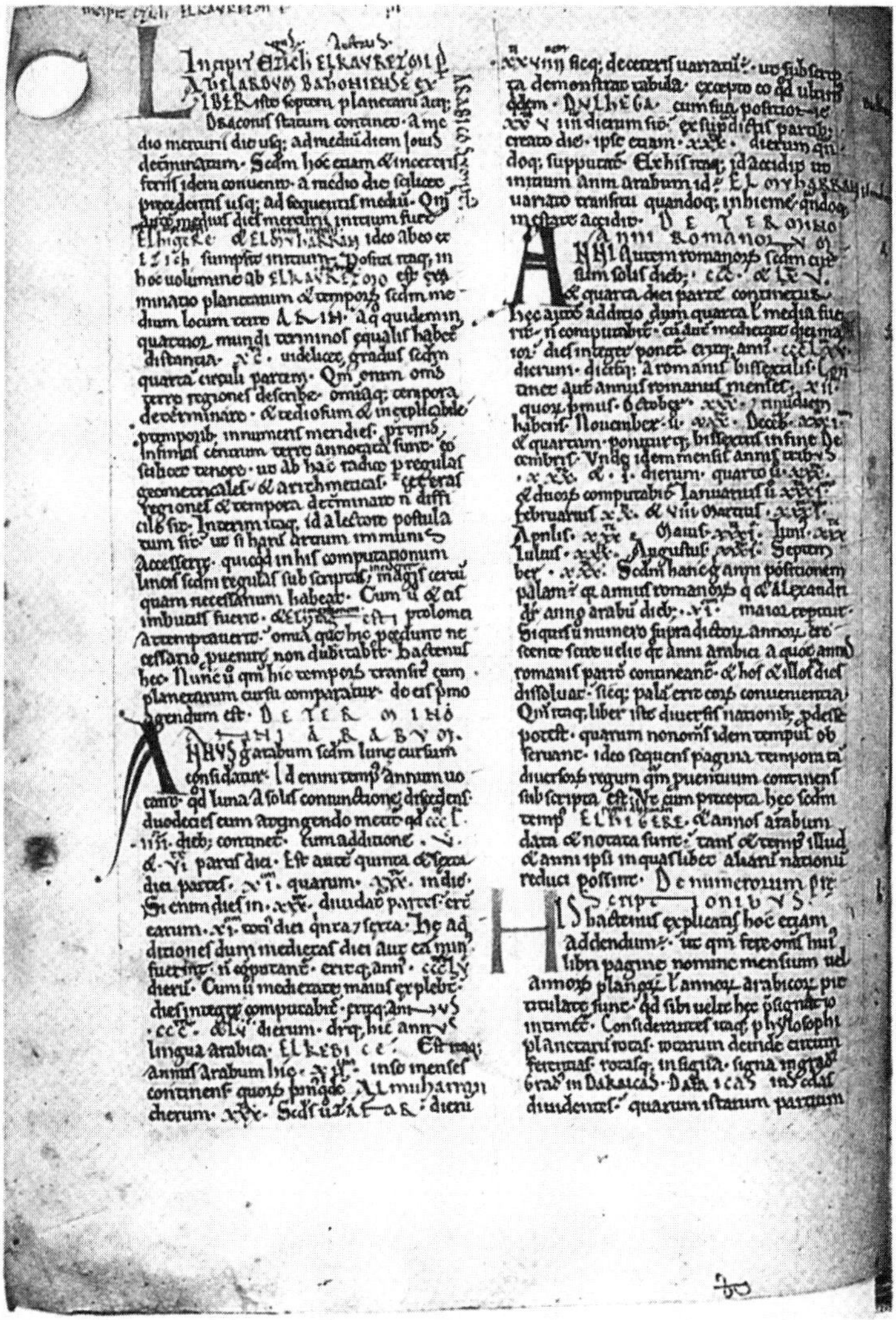

図12　アル＝フワーリズミーの〈星表〉のバースのアデラード訳の冒頭部　プトレマイオスの「簡易数表」を元に高度な更新修正を加えたもの。この写本には、アラビア語の天文用語が大量に記されているが、これらは数字とともに赤インクで書かれている。ボドリアン図書館、Auct. F. 1 .9, fol. 99v.

これはアラビア語の〈偏心（アル＝タドウィール）〉がいくぶんイングランド風になまったものである(83)。ここには、ダニエルがギリシア語をよく知らなかったこと、またギリシア語から訳された天文書に触れていなかったことが反映されていると見て間違いなかろう。ただし同時にそれは、需要を助けるために訳出先の言語へと重要語を意識的に翻案するきっかけとなったことを示すものでもある。

イスラムのイメージ

翻訳者たちのイスラム観について、広く適切に述べたものは少ない。〈権威（アウクトリタテス）〉というシステムのもとでは、この文化はギリシアの〈遺産〉を〈保管した者〉というイメージになってしまっている。先にも述べた通り、新訳者たちからはアラビアから獲得すべき〈隠された〉、もしくは〈秘密の〉、ないし〈失われた〉遺産と言及されるのが一般的であった。この〈財宝〉——次々と受け継がれても中身はずっと変わらないという物質上の富なるニュアンスを伝える用語——こそアデラードが示したように、その〈アラビアの師たち〉から得ようとしたものなのだ。筆者の知るところ、モーリーのダニエルだけがアラビアの人々から知識を〈借りる〉という表現を用いている。

この〈アラビアの師たち〉は、わずかに例外があるもののまずもって〈近代人〉の一部と見なされ——アル＝ファーラービー、アル＝ハイサム、アル＝キンディー、アル＝フワーリズミー、アッ＝ラーズィー、サービト・イブン・クッラなどはみな、真の権威であり〈理性〉の教師、中世ヨーロッパが必死に求めたある種の思想の模範と考えられた。ただし実際このことが意味するのは、アラビアの自然哲学がある意味でイスラム文化から切り離されたままだったということだ。ラテン語訳者たちも、いくつかの面ではこの文化をしっかり認識していたが、その宗教原理に関連する著作を書くとなったとき以外、おおよそイスラムに興味を抱かなかった(84)。当人たちが自覚していた通り、その仕事はテクストを生成・提供し、文字として書かれた知恵の中身を移転させて、そこからラテン語の学問にあった大きな穴を埋めることであった。およそいかなる種類の文化上の交渉にも携わらなかった。おおむねイスラムには共感を抱かないという昔からの流れを受け継いだらしく、たとえば占星術では、アラブ人たちが金曜日を聖なるものと考えて火星と金星の影響下で生きたことから、好戦・強欲・官能に偏りがちな者たちだと見なすという伝統を踏まえてしまったのだろう。

こうしたイスラムへの偏見が、何百年と自分たちの内側だけを見つめてきたヨーロッパから出てくるのは当然のことであろう。とはいえ、その根強い影響が新訳者たちにも、アラビアの学問に二面的な見方をさせてしまうこととなった。ひとつは、知的資源やその評価という面では、アラブ人たちがすこぶる高く見られていたというものだ。アラビア最高の著者たちは、ギリシア最高の者たちと同等ないし匹敵するのであって、その図書館は広大な〈富の宝箱〉であり、その学知は比類なきもの、その哲学者たちも〈世界最高の賢者たち〉であったと。ただし、こうした評価全体のどこかしらには、その成果は個人の仕事で、社会や文明としてのイスラムに負うところはほとんどないという感覚があった。さらに十三世紀に目をやると、その知識の可能性を十全に発揮させるためには、〈ラテン世界の者たち〉が前に推し進めさせなくてはいけないという意識が暗黙にではあるにせよ、それとなく現れてきたようだ。

現状にはげしい不満や、自ら〈発見〉したという感覚があるからか、翻訳者もおそらく真っ暗闇のなかから古代の知恵を自ら持ち帰るという意識を抱かずにはいられなかったのだろう。アデラードの言葉によれば、イスラム文化は〈既知の世界の半分〉を占めるもので、その活発な国際主義から〈いくつもの国の〉人々をつなげているが、どういうわけかこの大きな集団が活用可能な学識についてはまだ、〈極秘〉で〈隠された〉ものとなっていたという。もちろんここには、ひとつめの図式がまさしく反映されており、〈秘密〉ないし〈失われた〉ままのものとはそうした学識ではなくヨーロッパそのもの——実は当時この学術という文明が成長・反映した中心地から隔離されていたヨーロッパ自体なのであった。だが、これだけではこの問題を表し切れていないところがある。リチャード・サザーンが記しているように、

およそ中世という時代およびほぼ全地域にあって、西洋は主に禁欲的な農業・封建社会を形成していたが、同時期にはイスラムの勢いがその大都市や富裕な宮廷、長く延びる交通網に現れていた。西洋が基本的に独身主義・聖職制・階級制を理想としたのに対して、イスラムは逆に、ありのままの快楽・官能を持つ原則として平等な世俗の人々が、思索の著しい自由を享受するという展望を見せたのであった。(85)

要するにこうした自由がただあまりにも壮大かつ圧倒的で、あまりにもキリスト教の見識を脅かすものであったがために、文化上の正当性を与えられなかったのである。

いみじくも、「新しい科学の支持者は、隠れイスラム教として非難されることはなかった」とも述べられている(86)。このことが翻訳運動の成功にとって都合がよかった——必要でさえあった——ことは間違いなく、それも社会一般ではキリスト教徒のイスラム観が華やかさと無縁であったからだ。

様々な影響が徐々に育まれつつあったが、十一〜十二世紀という時代には数回の十字軍の出立と敗北があったばかりか、モンゴル人勢力の台頭があり、その出来事が宗教面・軍事面でも〈イスラムの問題〉を積極的に再考するきっかけとなった。教会や代表的な学者たちから時として布告が出されてアラビア語の学習が求められたが——学術の名のもと、必ずしも歓迎されなかった。〈神の戦士たち〉すなわち別名十字軍という実働的な伝道師たちの訓練を期待されて行われたのである。

ゆえに翻訳者たちの偏見が最終的にこれを後押しすることとなった。アラビア語における専門知識が、イスラムの宗教や文化に不可欠につながるとは、キリスト教社会には受け取られなかったのである。これが〈失われた〉知識という考え方のもう一面であった。というのも、〈発見〉されるためにも、この知識は異民族の不可分な要素となるようなその歴史や内容とは切り離されなければならなかったからである。

中世後期——新しいテクストと古い伝統

イスラムから輸入された新しい天文学の話をすれば、実のところおよそ百年は新たな統合体へと結実し始めることはなかった。いちどきにまとめて持ち込まれた資料があまりにも多く、その性質もあまりに複雑すぎたのだ。ラテン文化へと現地化されるためには、イスラム社会におけるのと同様、時間・活用・作り直しが必要とされた。ここに関わってくる基本プロセスにはいくつかの側面があり、その幾ばくかは間違いなく同時に示された。（一）新訳ないしその一部は各教師に選り抜かれて採用され、その教育に取り込まれた。（二）これら教師およびおそらくその学生の一部が、注解を加えて訳出テクストの注釈を書き記した。（三）新たな著作、またはおそらく教科書そのほか梗概が、大学で活用するために制作された。（四）こうした新たな著述への注釈もそのとき執筆され、テクストの当時の活用状況を初訳からいっそう進ませることとなった。このプロセス自体はもともと古代のそれと同じで、ヘレニズム期にまで遡ることができる。とはいえ中世後期ヨーロッパでは、かなり精力的に改訂され、テクストというかたちで膨大にあった新しい知識がそれを求めたのである。

これほどの知の物量が吸収されるためにはまた、学習・執筆という行為に焦点を当てた新たな社会の形成も必要だった。この形成が行われたのは主にテクストを渇望していた大学という場所だったが、ただし新しいタイプの知的文化が発展し始めたあとのことで、そこでは多かれ少なかれ世俗性のある書籍の標準版底本が広く行き渡り、そして新しい注釈を求める市場がますます拡大成長していった。天文学では初期の翻訳・注解の時期に続いて、新しい要素が主に三つの著作という形で取り込まれ、そのことから少なくとも一二五〇年までには、この天文学が入門と上級の二つのレベルに分かれたことがわかる。このうち二つの著作ないし作品群が、基礎テキストと呼びうるものである。このふたつとは、ヨハネス・ド・サクロボスコの『天球論（トラクタトゥス・デ・スパエラ）』（初版一二二〇年）、もうひとつが『惑星理論（セオリカ・プラネタルム）』という題名で通用する様々なテクスト群で（図13参照）、後者は時としてクレモナのゲラルドゥスやセビリャのファンが著者とされているが、著

図13　13世紀の著者未詳の教科書『惑星理論』にある惑星運動を示した図式　プトレマイオス天文学を紹介した（単純化しすぎて誤解を引き起こす点があるものの）重要な書籍で、興味深いことに、この図ではラテン語テクストの下に惑星円の各線が引かれていることから、まず図から先に描かれたことがわかる。このことから、複写には二段階の工程があり、先に図だけを描き写して、そのあと字を書写したと考えられる。ケンブリッジ大学、Kk. I. I, fol. 219v.

[illegible] postremum [illegible] [illegible]
[illegible] longitudinem [illegible]
longitudines [illegible]
[illegible] stellarum [illegible]
[illegible]
[illegible] cuspidis [illegible]
[illegible] quam simillimus [illegible]
longiorem [illegible]
[illegible] nulla [illegible]
[illegible] ad circulum stellarum
[illegible] stellarum fixarum [illegible]
sapientes posuerunt dimidium diametri
[illegible] terre [illegible]
similitudinem [illegible] terre [illegible]
[illegible] longitudines stellarum [illegible]
[illegible] quantum dimidium diametri
[illegible] milia [illegible] miliaria
[illegible] quantum [illegible]
[illegible] longitudo [illegible]

[illegible] Sol [illegible]
Ven
Jupiter
Saturnus

者名の表記がない場合の方が多いと言われ(87)、『天球論』内の惑星運動に対する乏しい議論を改善しようとした、名の知られていないラテン語教師の手になる著作であろう(88)。かたや第三のテクストは『アルマゲスト』そのもので、一二三〇年頃にはゲラルドゥスの翻訳が広く手に入るようになっていた。この書籍は、たとえば第一巻の記述部分といったふうに細かく分割されて教えられるか、または天文学に精通した一流の学者に保有されるなどした。

サクロボスコ『天球論』および『惑星理論』の二冊は、これまでのヨーロッパ科学の著作でも、最大級の影響力を誇る教科書である。どちらもプトレマイオス天文学の入門書・概説書であった。内容は主に、『アルマゲスト』の既存の要約と、アル＝ファルガーニーやサービト・イブン・クッラ、アル＝ビールーニーといったイスラム学者の注釈を元にしていた。『天球論』は、まる三世紀ものあいだ「ヨーロッパのあらゆる学校で」教育に用いられたと言われ、下って十七世紀まで、パリおよびオックスフォードの課程にその書名が見つかるという(89)。『惑星理論』も同じく「中世天文学史において顕著な役割を果たすこととなった」。この著作はどうやら、

理論天文学の語彙という問題をはっきりと解決したのである。それまでの解説書は、アラビア語・ギリシア語の専門用語に相当するふさわしいラテン語を創り出そうとした初期翻訳者たちの不安定ぶりをそのまま反映してしまっており、結果として妙にアラビア風になることが多かった。これとは対照的に、『惑星理論』では、アラビア語の用語は二・三しか残っておらず（そしてラテン語化されており）、言葉と概念のあいだの一対一対応もうまくやりおおせていて、ひいては先行テクストの不明瞭なところも排除できていたのである。(90)

言い換えればこのときまでに、天文学におけるアラビア＝ギリシアの融合は、現地化の新たな段階へと入っていたのだ。実のところ自然哲学という分野全体で、底本はアラビア語の著作からギリシア語のものへと転換が起こっていた。この新しい段階の中核部分は言語にまつわるもので、当該の知識を脱アラビア語化することと関わりがあった。これには、先述したイスラムのイメージや、文化との結びつきが切り離されたアラビア科学という概念とも、まったく合致するものである。もちろん、こうして外来の知識を大規模に取り込むときには、この種の置き換えも伴わざるを得ない。ただ思い出してほしい。ローマの人々もアラビアの人々も、ギリシア科学をそれぞれ広く取り込むなかで、前者は通俗的で、後者は高度に専門的なかたちではあったが、この知識の真の外来性・新規性や、その知識が自らの言語ではうまく表し得ないことをいくらか認識した上で、ギリシア語版そのものから多くの用語を採り入れていたのである。

これは、中世ラテン語への翻訳時代の、まさに始まりの時期だけに起こったことだ。まもなくアラビア語の用語の多くがなくなり始めた。『惑星理論』とサクロボスコ『天球論』には、アラビア語がまったく含まれておらず、その代わりプトレマイオスの宇宙体系を完全にラテン語化することでヨーロッパの標準とするのに成功した。現代から見ればこうした簡便な著作は、教科書と一般書を組み合わせたものと言うべきで――およそ触れることもできなかった秘密の知識を、広く手に入るようなものへと作り直したのである。歴史的に言えば、難解な論題に関する便覧を書くという、ヘレニズム時代に始まってローマ・イスラムにも受け継がれてマルティアヌス・カペッラといった初期百科派の手で中世ヨーロッパにも受け継がれた古来の伝統を、こうした書物は後世にも伝えたのである。ここまで見てきたように、こうした便覧は西洋の教育全体の基盤を形成するもので――自由学科という伝統そのものが、便覧文学の産物なのである。したがって文芸形式としても、文化面で計り知れないほどの重要性と、もちろん力をも有しているわけだ。

こうした観点からこそ、この天文学の新たな教科書を見つめるべきである。十三世紀の諸大学に採用されたこれら教科書のおかげで、惑星名や数多くの星座名を含むラテン語の天文用語が定まりもした。とりわけ星座ではこのとき、あらゆるアラビア語名称が取り払われ、まったくラテン語化された。私たちがこんにち用いているアラビア語由来の星の名前や少数の専門用語は、もっと後代の産物である。たとえば方位角（アジマス）・天底（ネイディア）・天頂（ジーニス）といった英単語も、もともとはアストロラーベの議論向けにアラビアの人々の手で翻案され、これが十四世紀に詩人チョーサーによって同じ題目のテクストのために英語という現地語に持ち込まれたのだが(91)、かつては翻訳のなかで広く使われたにもかかわらず、今では天文技術の重要器具と直接関わりがあったという一点でしか現れなくなって、はるかに大きなアラビア語の意味をわずかにしか残さないものとなっているようだ。

語られざる物語――盗まれた〈遺産〉

〈旧〉訳と〈新〉訳

十三世紀の初頭から半ばにかけて、中世の大学における自然科学の教程は、数多くのアリストテレスの著作（『自然学（ピュシクス）』『天体論（デ・カエロ）』『気象論（メテオラ）』『生成消滅論（デ・ゲネラティオネ・エト・コルプティオネ）』『形而上学（メタピュシクス）』）と、アラビアの書き手（アル＝ファーラービーやアウェロエス［イブン・ルシュド］）のものが数点、ダマスカスのニコラオス（著書『植物論（デ・プランティス）』）といったラテン語作家によるものがわずかばかり、そのほか一、二の著作から構成されていた。アリストテレスの著作のほとんど（ないしすべて）は、アラビア＝ラテン語訳が用いられていた[92]。この世紀の末頃にはその教授細目もかなりの変化を見せており、『天球論』や『惑星理論』といった著述が加わったのみならず、〈旧集成（コルプス・ウエトゥスティウス）〉というこれまでの訳本がギリシア語から訳されたもの、いわゆる〈新集成（コルプス・レケンティウス）〉へと完全に取って代わられてしまったのだ。アリストテレスのアデラード訳やクレモナのゲラルドゥス訳、さらにカリンティアのヘルマン訳が、ムールベーケのギヨーム訳へと置き換わり、この訳は一二七五～八〇年頃までには広く流通して、新しい標準となったのである。既存訳の不適切な点に気づいたと思しきトマス・アクィナスの特別な要請によって、ムールベーケのギヨームがこの訳業に取り組んだという伝説まであるほどだ[93]。その真偽はさておき、この〈新訳（トランスラティオ・ノウァ）〉は、学校での使用や学者が用いるにあたっての定評ある標準版となって、ひいては結果として旧来のもののほとんどを一掃してしまう役割を果たした。この種の置換は、必ずしもこの当時までの科学テクストにありふれて起こったことではない。アラビア語の書き手でも、次の世紀も含めて数世紀は高い影響力を保った者たちが大勢存在した。だがその流れは始まっており、ここから二百年にわたってこうした作家たちの数はますます少なくなっていった。

　自分たちの〈遺産〉からアラビアの人々の痕跡を積極的に消していったことは、中世ヨーロッパ史ではおよそ語られざる物語である。ここではこの変化についてわずかばかりの概説を述べる紙幅しかないが、将来の研究の可能性がある領域としては認められうるはずだ。この翻訳時代について執筆してきたこの五十年の学者たちは、時としてこうした線に沿ったかたちで重要な事実に言及してきた。たとえばA・C・クロンビーは、「十四世紀、アラビア語からの翻訳はメソポタミアとペルシアがモンゴル民族によって征服されたと同時に実質途絶えてしまった」ということを強調している(94)。この現象は広く受け止められたが、問題の全体を説明しているとはとても言えず、中世ヨーロッパそのもののうちにあるテクスト文化と大いに関係あるという複雑性には触れないままなのだ。

ロジャー・ベーコンと異言語学習

先述したように十三世紀には、コンシュのギヨームやロジャー・ベーコンといった特定の学者の一部だけでなく、教皇や新たなドミニコ修道会・フランシスコ修道会にも、新しい大学においてはギリシア語のみならずアラビア語やヘブライ語の学習を高めようという機運がさまざまあった。これは新しい伝道の熱意を呼び起こそうと意図してなされたのが通常であるが、それはベーコンにとっては当てはまらず、この者は学識そのものの理由からアラビア語を推奨したのである。ベーコンによれば、かつてイスラムの底本から訳されたものはほとんどすべてに多くの誤りが見られるから、正しく読み解くためには原語で〈原典〉に触れる必要があるのだという。一二六九年、ベーコンは『言語学習論（デ・リンガルム・コグニティオ）』と題する著作を刊行し、そのなかで、聖書がギリシア語やヘブライ語からの翻訳であること、そして〈学知を含む〉〈哲学〉がアラビア語や諸言語版からラテン語へと入ってきていることを強調している。その際、世俗作品の真に忠実な翻訳はありえないことについて聖ヒエロニュムスを引用したのち、次のように述べている。

> たとえば論理学などの分野をよく知り、それを母語へと訳そうとしたことのある者なら誰でも、その母語が意味にも言葉にも乏しいことに気づくであろう。それゆえに、ラテン語の読者には哲

学や聖書のうちにある知恵を理解できるものがいないであろうし、その訳出元の言語も知らない以上は知るべきなのである。(95)

いかに際立つものであっても、ベーコンの意見はまさにこの点では一人きりの声であって、すぐさま埋もれてしまった。ヴィエンヌ公会議のために(伝道上の理由から)一三二〇年には一時この主張が甦って、パリ・オックスフォード・サラマンカの諸大学にてヘブライ語・ギリシア語・アラビア語のほかシリア語までもその学習が勧告されたが、この考えもまたその後ついえてしまった。一四〇〇年までには、アラビア語学習にまつわる論争もまったくなくなってしまう。主として試みられたのは、文芸・哲学・学知の言語としてギリシア語を定着させることであった(96)。

アラビア語は、大学内の学習題目としてごく一時的な基礎となる以外はまったく採用されなくなった。もちろんこうした採り上げ方は、この言語の文献量が実に多いことを考えれば、大いに実用面からの意味はあったのだろう——こんにちでさえも、アリストテレスの文献はギリシア語やラテン語以上にアラビア語で多く残っているのだ。だが、〈サラセン人の言葉〉はどうやらあまりにも難解・異質で、つまるところあまりに〈不必要〉であったために、学者たちのなかでも研究の対象とはならなくなったのだ。事実、ベーコンの主張のような数少ない意見をのぞいて、この主題は学者のなかではほとんど(ないし何ら)議論を生まなかったようである。

これにはふたつの理由が考えられる。第一は、翻訳運動の成功に関連してくるもので、一作品に多数の訳が存在するなど、新しいテクストがかなり多くあったがために、アラビア語学習の必要が問題とされなくなったのである。第二に、こうした著作、とりわけ学知の書物に精通した人々が、アラビア人の学問の基盤と時としてその内容までもが、アラビアの書き手がきわめて忠実に引用しているギリシア語文献に負っていると思い込んだのだ。アリストテレス・ガレノス・エウクレイデス・アルキメデス・プトレマイオス――こうした著者たちが、新たなラテン語の学者たちにはその価値ある知識の〈真の〉父祖であると思えたわけである。アリストテレスとアルキメデスの著作を訳した高名な人物たるムールベーケのギヨーム（フランドル出身のドミニコ修道会士）や、光学・力学などの科学において先駆的役割を果たした中世後期の書き手であるロバート・グロステストなどによって示されたギリシア語学習の熱意は、ベーコンの指摘とまったく同様、新しい知識を〈じかに〉経験したいという欲から現れ出たものだった。皮肉なことに――かえってあらわになるのだが――これは、アル＝フワーリズミーの代数学やアル＝ハイサムの光学、イブン・スィーナーの医学にアブー・マアシャルの天文学、それからイブン・ルシュド（アヴェロエス）のアリストテレス注解などに同じく触れようと、アラビア語の知識に興味を持つということとはまったく比べものにならなかったのである。これらの作品のいずれもがオリジナルな著作であり、ギリシア科学にも知られていない、中世の学問の核となるほどの重要性を持つものであったというのに。

　実際のところベーコン自身も、アラビア語学習の方には（何かしらの距離はあったにせよ）そこまで踏み込まず、たとえばその作品『大著作（オプス・マユス）』（おそらく十五世紀以前の中世後期の科学では最も包括的な作品）を調べてみると、アラビアの底本よりもギリシアの権威をはるかによく――ほとんど一対十の割合で――引用する傾向が顕著に見られる。数学の議論においてさえも、ベーコンはアリストテレス・エウクレイデス・プトレマイオスといった人物に繰り返し言及するが（ソクラテスまでも登場する）、アヴェロエスやアブー・マアシャルは一度二度のみで、アル＝フワーリズミーに至ってはまったく触れられない。もちろん、十三～十四世紀にかけて大学文化では、一二七七年にはパリで公式に非難されつつもアリストテレス主義が盛り上がり、その一方でアラビアの人々の哲学への貢献はほとんど忘れ去られてしまい、ただアウェロエスやアルブマザル［アブー・マアシャル］そしてアウィケンナなど少数の者が高く評価されるだけとなったばかりか、このうちの二者も〈哲学者〉の影の下に隠れてしまっていた。こうした権威に絶えず（ことによると集中的に）惹きつけられたのが、中世後期の書き手たちである。アクィナス、アルベルトゥス・マグヌス、ドゥンス・スコトゥス、オッカムのウィリアム、ニコル・オレーム、ザクセンのアルベルト、ジャン・ビュリダンなどのほか、哲学・科学双方を扱う何十という書き手たちが、〈アリストテレス〉を新しい大きなテクスト社会の中核として、注釈の存在を必要とするある種のものとして再活用したのである。

現地語への翻訳とその余波

ラテン語から現地語・通俗語への翻訳という領域、とりわけフランス語訳にまつわる影響関係を見ておくのも重要なことである。科学作品の現地語訳は早くは一二七〇年頃に始まっており、そのときマヒュー・ル・ヴィランがアリストテレス『気象論（メテオロロギカ）』のフランス語初訳を行っている(97)。この訳の底本は、わずか十年先に完成されたムールベーケのギヨームによるギリシア語版からのラテン語訳で、ギヨーム訳は彼によるほかのアリストテレス翻訳と同様、学術界に大きな関心を抱かれた。L・A・ショアが強調している通り(98)、マヒュー訳は逐字的なものとはかけ離れていて、アフロディシアスのアレクサンドロス（三世紀）から採用した注釈を実際に盛り込んでおり――またムールベーケのギヨーム訳にはあるのに、ひいてはアラビア語からの旧訳も無視して――マヒュー自身による注解も数多く収められている。伝えられるところでは、この作品はマヒューの後援者であるウー伯のためになされたものであるから、この人物は既存訳を使えないもの、もしくは正確性に難があるものと考えたに違いない。

およそ半世紀あとのニコル・オレームにとっても状況は同じで、この人物はアリストテレス『天体論』をフランス語に訳した。オレームは、中世後期にあっておそらく現地語翻訳の最重要の後援者たるシャルル五世のために、訳書『天体・地体論』（ル・リーヴル・ドゥ・シエル・エ・ドゥ・モンド）を著し(99)、その底本は一二五〇年頃にリンカーンのロバートが着手してムールベーケのギヨームの手で完成されたラテン語訳であった(100)。オレーム訳は厳密なものではなく敷衍されており、解説・注解も多くて暗喩も追加されたばかりか、用語の上でも巧妙で、ラテン語の語尾を単純に取り除いたりわずかに変えたりすることで、新しい専門用語を数多く創出している(101)。さらに重要なのが、『天体論』やそのほかのアリストテレス訳でもオレーム自身の『アリストテレス倫理学論』と同様、こうした用語の数多くがギリシア語由来の造語であったことで、建築術（アルシテクトニク）・民衆の（デモティク）・寡頭政治（オリガルシー）などさまざまあった(102)。どうやらこの翻訳者はこうした造語をギヨーム訳から直接採り入れたようで、もちろんアラビア語風の相当語はひとつも見られなかった。オレームもまた自らの注のなかでギリシア語には頻繁に言及しており、（翻訳の対象となる読者を想定してか）その博学ぶりがとりわけ見えるようになっていて、たとえば「ギリシア語ではいわく…」とか「ここでアリストテレスはギリシア語に存在する区別を用いて…」などと記している(103)。一方で、イブン・ルシュド（アウェロエス）による注釈を自らの注解の典拠として用いているらしいのだが、オレームはそうした出典表記をほとんど付けていない。

そのためマヒューやオレームそのほか十三〜十四世紀の現地語訳者たちは、翻訳の価値について一種独特の前提に従っていたようである。この考えはまずもっておそらくきわめて単純であり、アリストテレスはギリシア人であるから、その作品の最良のラテン語訳（現地語訳の底本となるもの）はギリシア語から訳されたものでなくてはならない、というものだった。要するに、ギリシア語こそがこの〈著者（アウクトル）〉の母語であり、ひいてはより〈原典〉に近いものをどこまでも保証するものであったのだ。したがって重要な転換が起こったのである。十二世紀の先行訳者たちとは異なってこの翻訳者たちは、〈発見〉されるという〈未知の〉ないし〈隠された〉富としての知識そのものまでには、興味がなかったである。この者たちが気にしていたのは、〈底本〉ひいては〈原典〉という新たな意識であった。つまるところそれこそ、〈権威（アウクトリタテス）〉というシステムがギリシアの思想家に求めたものだったのだ。

最後に、これと関連して強調しておくべきは、現地語の翻訳が特定の後援者への奉仕としてじかに生み出されたことである。その翻訳にかなり豊かな注が含まれたり、単語の一覧と語釈が付されたり、幅広い翻案やそのほか変更が加えられたりしたことも、この事実の表れである。特定の有力な個人が独学するために用いられるべきものであるから、判りやすくあらねばならなかった。ゆえに、ある程度は社会状況が〈翻訳〉形式を決めるという証拠でもあって、そこでは依頼主たる人々に大いに役立つようなかたちで翻訳者は〈原典〉を敷衍・改訂するのだ。このことはまた、当時最も新しく広く賞賛されたラテン語の〈原典〉を底本テクストとして用いる、という考え方が定着させる一助ともなった。

根拠と原理

十四世紀末までには、ラテン科学に対するアラビアのはっきりと認められる多大な貢献は多いに過小評価されて、ごく一握りの名前とテクストが認識されるだけとなった。中世後期の大学のカリキュラムでは、アル＝ファーラービーの『知識分類の書』とイブン・スィーナー『治癒の書』の一部は見受けられるが、天文学・数学というアラビアの人々がとりわけ優れていた分野においては、ヨハネス・ド・サクロボスコ『天球論』のほか同著者の『計算（コンプトゥス）』『算術（アルゴリスムス）』、そして『惑星理論』やボエティウスによる入門書、エウクレイデス『原論』と著者不詳の『アルマゲスト概要（アルマゲストゥム・アブレウィアトゥム）』、それくらいなものであった(104)。かたや『アルマゲスト』そのものは当時すでに学者＝貴族の本棚に収められる定番〈古典〉と見なされていて、写本文化後期の粋を尽くした美麗な装飾を施された（図14参照）。ギリシアのものを好むという歴史上の流行は歴然としていて、否定できないものとなっていたのだ。バースのアデラードが「理性の導きに従ってアラビアの師たちから学ぶ」必要があると主張してから三世紀経った十五世紀半ば、レオナルド・ブルーニが自らの時代のために語ったのは、およそ千年のあいだ「誰も［…］ギリシアを所有してこなかったが、我々は皆あらゆる知識がその底本に由来していると知っている」ということであった(105)。こうした比較からも、何かしらの抹消が起こったことは十分感じ取れる。

　何か組織だった人種差別の文化政策が行われたわけではない。十二〜十三世紀初頭にかけてアラビアの書き手の多くが、折々それこそギリシア人以上の尊敬の念を抱かれたという事実を軽んじることがあったわけでもない。一一〇〇

図14　プトレマイオス『アルマゲスト』の14世紀写本にある冒頭の装飾頁　ゴシック期の描き込みの複雑な芸術性を示すもので、二足歩行する様々な動物が空を見上げつつ天文器具を運んでいる絵。当時、どれほど複雑な科学テクストでも、あらゆるレベルで手稿文化に取り込まれており、文芸や宗教の著作に与えられるのと同様の関心が向けられていた。この写本に施された高度な装飾から見て、教科書や典籍といった用途のためでなく、学者の書斎を飾るものだったと思われる。大英図書館、Burney MS 275, fol. 390v.

年から一二七五年頃まで、ラテン地域の自然哲学派はおおむねアラビア科学という大きな流れの一派にすぎず、少なからぬ学者たちのほかアルベルトゥス・マグヌスほど影響力のある人たちまでもが十分そのことを認めていた。ロバート・グロステストがその『哲学の極地（スンマ・フィロソフィアエ）』（十三世紀半ば）で記したように、イスラムの哲学者・科学者における〈高名な天才たち〉を細かく概説してみせる者もあった。また同じ頃よく用いられた『事物の諸性質について』を著したバルトロメウス・アングリクスのように、アラビアの典拠文献を意図して盛んに言及する人物もいた。それゆえにこの時期にも、非ヨーロッパの書き手も幅広く〈権威〉のシステムに取り込まれてはいた。

だが次の世紀が進むにつれて、ギリシア語の文献がシチリアやビザンティウムから絶えず伝わって拡散され、そしてイタリアでルネサンス初期が始まってゆくと、変化も否定できないものとなって、あとの結果はおそらく想像の通りである。アラビアの作家たちは個人としても集団としても、ますます〈ギリシアの師たち〉に依存した派生物と見なされていったのだ。もちろんこの見方も、アラビア科学のごく最初期を考えるなら、当てはまらないではない。だが自らの知的伝統に囚われた中世ヨーロッパも、テクストの影響力や威力と結びついた新発見という野心によって駆り立てられたのだ。こうした野望が中世後期およびルネサンスの知的文化の発展の中核にあり、イスラムの貢献による深い独自のものを通じてモノを見つめる傾向へとつながった。

すでに示した通り、こうした野心は、聖なる最初の典拠に大きな特権を与える〈権威〉というシステムと結びつく。このシステムの規則上、ギリシア人という真のテクスト上の存在が、アラビア人の文章で絶えず（多くは修辞上だけであるものの）参照されたことから強調され、最も早く創り出した者だという証拠を形づくることになった。それゆえ〈アリストテレス〉は、アラビア語のテクスト集成として伝播された〈彼〉の実際のあり方とは切り離されてしまった。そしてこの伝播の物語が重要でなくなってしまうと、テクスト上の父祖として時を超えた〈アリストテレス〉の価値がそのぶんいっそう証明されるというわけだ。こうした同語反復めいた考え方は、〈権威〉に与えられた敬意の形式から直接生まれたものである。ロジャー・ベーコンは、権威信仰を非難しながら、そうした考え方がいかに根強いものかを明らかにしているが、リン・ソーンダイクの記述によれば(106)、「[ベーコンの]何にも頼らない思考を旨とする主張が[…]主に引用の束でできあがっているという事実には、ある種の皮肉がある」。

十三〜十四世紀の書き手たちは絶えず、訳出されたイスラムの注釈を直接自由に引いていた。これらは参考書として不可欠なもので、多くの分野で解釈書執筆を大いに支えたのである。だがヨーロッパの人々には、科学知識の父祖となったギリシアの作品・作家に比べると、それらの引用は少なくなる傾向があった。ノーマン・ダニエルの核心をついた言葉によると、「アラビア思想は大きな影響力があったが、今や典拠というよりも影響だけである」(107)。

イスラムが抹消されたことに対して大きく影響を及ぼしたものとしては、やはり中世後期の著述行為の一般化も関わってこざるをえない。翻訳運動のあと、執筆の価値が大幅に向上した。はるかに競争的なテクスト文化が、主として大学を中心に育まれたのである。この風土のなか、自分自身の貢献が最大限に独創的で好ましいものに見えるよう、すなわち〈知恵〉という真の起源から下ってきたのだと思えるよう、同時代人への言及を最小限に留めるのが作家たちにとって普通のこととなった。十二世紀末に始まってそのあと急速に増えたのが新注の増殖という事態で、旧来の解釈者と新たな読者世代を互いに隔てることとなったのだ。全体として考えれば、ラテン語の書き手たちは直接にせよよそうでないにせよ、旧来のアラビアの注釈を自らのもので補足しようと努めた。さらに百科派の大きな伝統にならって、専門化・特殊化といったことをしがちであった。すなわち三科・四科それぞれの科目はこのとき、科目独自のテクストの大図書館のごときものを持つに至って、詳細かつ局所的な注釈をつけるよう促したのである。サクロボスコ『天球論』や『惑星理論』も、アル＝ファルガーニーや サービト・イブン・クッラのほかアル＝ビールーニーといった人々のプトレマイオス天文学に対する注釈とまるまる取って代わってしまった。とりわけアル＝ファルガーニー（ラテン名：アルフラガヌス）の『原論（エレメンタ）』は、アルマゲストの重要な摘要としても、また大学の天文学でかなり広く用いられたものとしても有用だったのだが、サクロボスコのはるかに簡便な著作のためにほとんどまったく影を潜めてしまった(108)。果てには、中世のテクスト文化が写本文化であったために、正確な公式標準版がなければそのテクストも異同だらけで定まらないものになってしまい、ひいては意味も様々で不明確になってしまう。ある写字生にとって難しすぎたり馴染みがなかったりする文章や、外来語風もしくは発音できないような名前も、書き写される際に変えられたり削除されたりすることも普通であった。こうしたかたちで著者名の書き換えがたびたび起こってもおかしくはなく、アラビアの名前がギリシア風に変えられてしまうこともあった(109)。

結局のところ、中世後期ヨーロッパが大いに関心を持って活用したものはみな――とりわけ天文学・数学・力学・宇宙論・哲学は――最終的にギリシア人たちのものとされた。おおまかに言えば、ただ占星術や錬金術、それから（程度としても大きいが）医学においてのみ、アラビアの人々の貢献がまったくのオリジナルな思想家たちによるものとして、盛期ルネサンスに至るまで高い水準の認識が保たれていた。十七世紀イングランドにおける重要ながらも短期に終わったアラビア学問への熱意も、この状況をほとんど変えることはなかったが(110)、実のところイスラム科学がギリシアという原石に磨きをかけたという認識を後代に伝えることはできた(111)。ただ、ほとんどの地域・領域では、世紀が進むごとにアラビアを源とする世界像・宇宙観が整理し直され、とうとうアリストテレス・エウクレイデス・プトレマイオス・プラトン・ガレノス・アルキメデスという輝かしい太陽の周りをめぐる、目に見える数少ない衛星にまで落ちぶれてしまうのである。

エピローグ――アラビア語での星の名称が辿った運命

東方の知識を吸収・現地化する際にヨーロッパは、この知識からある中身を取り除くことに決めた。ローマの人々がギリシアの人々に対して熱心に行った旧来の著述の重みや権威を置き換えようとしたあの衝動を、中世ラテンの人々もまたアラビアの書き手の多くに押しつけつつ、ギリシアの人々を元のまま高尚なかたちで残そうとしたのである。ヨーロッパは、英雄のごとき血筋を捏造することでそのまま当該の知識のかたちを徐々に定めていくこととした。十三～十四世紀のあいだに、〈ギリシア〉はヨーロッパ自身の知的趣味と欲求の投影先として自然なものとなった――すなわち〈ギリシア〉は聖なるテクストの父祖、科学知識の親たる文献を収めた図書館となったのだ。さらにヨーロッパ全土で大学文化が発展して、旧来のテクスト伝統を推し進めつつ翻案しようと努める新たな大学の研究者たちが増えてくると、高度な学問の中核というイスラムのイメージも薄れていった。代わりにその場所へ〈ギリシア〉という輝ける太陽が上りつめ、ほかのあらゆるものを暖めて育む〈黄金〉の核となった。皮肉なことに、このギリシアへのひいき目は、同じくギリシアのテクストに負うところが大きいイスラムの書き手のなかで久しく続いてきた認識とは、まったく正反対なのであった。実際その認識が、敬意のかたちは様々ではあれ、時代を越えてラテン語の注釈者たちにギリシアの〈底本〉へと好ましい注目を向けさせて、こうした作品をアラビアで〈保存〉したことに対して同意・評価を与えさせるよう説得する役割を果たしたとしても、それはもっともなことである。このプロセスの詳細は――ここで本書が描いた以上に複雑であることは間違いないが――まだ説明し切れていないとしても、全体としての結果は、関心をもって読んでいたならすでにはっきりしているはずだ。こんにちでさえも、西洋科学の〈名著〉という正典のなかには、アラビアのテクストはほとんど〈ないしまったく〉含まれていない。ガレノスの『自然の機能について』やアリストテレスの『天体論』は読まれるかもしれないが、アッ＝スーフィーの恒星論やフナインの『質問集（クエスティオネス）』、アル＝フワーリズミーの『代数学（アルゲブラ）』のほかアル＝ファーラービーの『知識分類の書』はめったに読まれないのである。

ここで取り上げたプロセスにはそれ自体に歴史があるが、ラテン天文学の言葉という観点、とりわけ呼称という点から簡単に概説してみよう。近年の研究によれば、天界に当てはめられた名称の典拠となるものは、特に星の名前の場合、古くは『アルマゲスト』のクレモナのゲラルドゥス訳の影響力が大きく、ここには先述の通りかなり数多くのアラビア語名称が含まれていた[112]。とはいえ、そのあと十四世紀半ばに至るまでの百五十年のあいだに、こうした名称は抹消されてしまい、その時代の主要な星図にはまったく見られなくなった。『アルマゲスト』のゲラルドゥス訳にある星表は、スペインのアルフォンソ十世のもとで編纂されて一二五二年まで更新された星位を収めた、いわゆる「トレド表」の（カスティリャ語からの）翻訳に置き換えられていた。この図表の正確性と、その大拡充版たる一三二〇年代にパリで執筆・編集されたある種の大星表「アルフォンソ天文表」とが、その訳本をその後のヨーロッパ天文学が参照する標準となる後押しをして、ティコ・ブラーエの時代にまで使われるに至った(113)。「トレド表」も「アルフォンソ天文表」も、ギリシア＝ラテンの星名に移し替えられており、アラビア語の要素はひとつもなかった。

ただし、この章はここでは終わらない。あいにくアラビア語名称の数々は――実のところ二十九も――ルネサンス期（ものによっては十五世紀）に星の名称一覧へと再び持ち込まれたのだ。こうした呼称はどこから来たのか。おそらくいずれも〈原典拠〉に遡ることに強い関心をもったウィーンの天文学者たちが付け加えたのだろう(114)。この天文学者たちはさる有名な学校の職員たちで、創立者ランゲンシュタインのハインリヒ（一三二五―九七年）のあと、グムンデンのヨハネス（一三八〇―一四四二年）、ゲオルク・プールバッハ（一四二三―六一年）、そして別名レギオモンタヌスでも知られるヨーロッパ初の実験室を作ったヨハネス・ミュラー（一四三六―七六年）へと受け継がれている。プールバッハとレギオモンタヌスは、天文学者であると同時に人文主義者でもあった。当時の大学科学の低調・低級と思われる点に不満を抱いて、この者たちは「古典の典拠に立ち返ることで天文学を改善しようという考え」を推し進めたのである(115)。

このことは、翻訳を含む新たなテクスト翻案が試みられたということでもあり、アラビア＝ギリシア＝ヒンドゥー＝ペルシアが融合したものを現地化していくという次なる大きな一歩を残すことになった。一方では、『アルマゲスト』のギリシア語からの新訳のみならずその解説書（『アルマゲスト概要』）の執筆が取り組まれ、また新増補版の入門テクスト『新惑星理論（テオリカエ・ノウァエ・プラネタルム）』も書かれた(116)。この著作は、数理天文学周辺にすでにあったテクスト共同体で過誤や不十分な点が認識されていたことに基づいて修訂されたもので、そのあと諸大学でも教育に用いられた。とりわけプールバッハとレギオモンタヌスは、旧来の教科書をすべて置き換えて、天文学における大学教育の新しい標準をうち立てるような、新たな著作シリーズを生み出そうと意図して試みたのだ。各種資料を読む限りは、ほとんど無条件で成功したらしい。たとえば『アルマゲスト概要』の場合、どうやらこの書籍は、『アルマゲスト』の要約をはるかに超えたものとなっており、というのも、幾何定理を証明して、観察のモデル・器具・方法を記述した上で、観測からパラメータを導いて手順を説明するというように、論述のかたちから原典を作り直しているからで、その正確性・明瞭性のために、球面天文学・蝕・惑星理論におけるプトレマイオスの数理上の技術全般に対する信頼できる入門書を、ヨーロッパの人々に初めて授けたのである。追加資料は「プトレマイオスの計測・手法を批判して更新した」アラビア語の著作から引かれていた。『概要』は〔…〕文芸復興における天文学のきわめて高度な論文であり、『アルマゲスト』の手ほどきとして、そしてそれに代わるものとして十七世紀初頭まで研究された。コペルニクスは自著のなかでこれを広く用いており、〔…〕そのおかげで彼も、天文学における重要な核心へと向かう大事な一歩を踏み出せたのかもしれない。(117)

他方では、旧来の星表を網羅的に探ることから、星々と星座の新たな標準表の編纂が取り組まれ、その多くは翻訳で、十三世紀に遡るものもあり、なかにはアッ＝スーフィーによる名著も含まれていた。これは「トレド表」の基盤として用いられたものだが、「トレド表」のほぼすべての版ではアル＝スーフィー編纂の星表は削除されながらも、そこには古代から比較的近年のアラビア語による星の名前の一覧がついており、総じてカスティィリャ風になまったギリシア語名称も併記されていた。ごく稀ながら星表が残されている事例もある。ウィーンの天文学校では、「アルフォンソ天文表」の翻案としてアッ＝スーフィーによるアラビア語名称が一部例外的に残されていた星表を、ちょうど発見したようなのだ(118)。こうしたテクストは、〈起源に立ち返る〉という意識を持つウィーンの天文学者にはかなり権威あるものとなったようである。言い換えれば、中世後期ヨーロッパの便宜のため何百年と翻案され改変されてきたなか、生き残った資料を意識的に探すという彼らの行為がうまくはまったわけだ。またレギオモンタヌスの仕事のあとまもなく、ルネサンス期の有名な地図職人であるペトルス・アピアヌスは、一五三〇年代から四〇年代にかけて制作した文章・地図に、アラビア語の星名とアル＝スーフィー風に模写した星図をかなり大量に採り入れている。実際どうやらアピアヌスは実際にアル＝スーフィーの著作の写本を有しており、それを参考に用いたようなのである(119)。

ならば、ここでいう過去の学問を〈再興〉させようというルネサンスの衝動から、実のところ、ラテン語訳に由来する私有化と現地化という結果を取り除くことを求められたわけで——当時認められていたギリシアとローマのそびえ立つ権威を凌駕することを求められたのでもある。時として不器用ながらも正確性を追い求めながら、最初期の翻訳者の時代に立ち返ることによってのみ、十五世紀ウィーンの天文学者たちはヨーロッパ科学にその〈もうひとつ〉の起源を認めることができたのだ。(120)。

むすび

イタリア・ルネサンスは、その大きな焦点を文芸と人文主義の源に当てつつラテン語の古典テクストに関心を置いた点で、〈十二世紀ルネサンス〉と大きく異なっている。未解決のまま残っている重要な問いは、翻訳におけるこの人文主義という転回が、先行する伝播の時代から出てきたものなのかどうか、あるいはどの程度はっきりしたものなのかということだ。科学・哲学・アラビア語がまず挙げられようが、これらはもともと、大きなテクストの世界へと外に手を伸ばした最初の時代に、その翻訳者たちによってヨーロッパ向けに選ばれたものである。いったんこうした典拠が訳出されて消化されるようになると、今度はギリシアの〈原典〉を好むという転換が起こり、ちょうどこの時点からラテン・ギリシアの古典文芸作品の底本に対する初期著作が始まっている。ロヴァート・ロヴァーティ（一二四一―一三〇九年）はいわゆるイタリア人文主義者の先駆者だが、すでに古典から刺激を受けて詩作しながら、セネカやマルティアリスそしておそらくホラティウスの古代写本を掘り出していたときに、かたやムールベーケのギヨームは、アリストテレスやアルキメデスのギリシア語からの画期的な翻訳に取り組んでいたのだ。実のところ、〈古代ローマの新たな魅力〉とは先立つものから後押しされたのであって、十二世紀にちらほら見られた古典ラテン詩への興味や、ローマから刺激を受けた大聖堂彫刻のモチーフにも見つかる(121)。

十二〜十三世紀には、スペインやそこから北へ向かうルートだけでなく、イタリアやシチリアでも同じく科学翻訳が数多くなされていたことも思い起こすべきだろう。実際ここで、当時の有名な翻訳者たちの名前を挙げて留意しておくのも重要と思われる。クレモナのゲラルドゥス、ピサのブルグンディオ、ティヴォリのプラトーネ、ヴェネチアのジャコモ、ベルガモのモーゼス。シチリアと南イタリアにあるノルマンの宮廷は、翻訳の中心地として有名で、とりわけアリストテレスやエウクレイデス、プロクロス、プトレマイオスが訳され、かたやカルロ一世（在位一二六八―八五年）およびカルロ二世（在位一二八五―一三〇九年）治下のナポリにあったアンジュー家の政庁では、主にギリシア語のテクストから「医術の翻訳が脈々と続けられた」(122)。イタリアは北部も南部も、文芸文献の古典復興が起こる前からもその初期にあっても、学知の訳出活動が豊かであり続けたのである。この歴史全体のパターンから少なくとも感じられるのは、ある〈ルネサンス〉とまた別の〈ルネサンス〉が一連の流れとして重なっていたり、そのあいだにも大きな飛躍があったりするということだ。

実際、翻訳という観点から見れば、そして執筆と研究という現実のあり方からすれば、十二〜十六世紀まではひとつの大きな時代にも思えてくる。現代の歴史家にしてみれば、これを一度にまとめて扱うには時代として幅が大きすぎるのは間違いない。ただし、とりわけ言語に焦点を当てると時代としてははっきりしていて、その間にヨーロッパは、アラビア・ユダヤ・ギリシア・ローマの人々が成し遂げたことを、そして――間接的に――インド・ペルシアの人々やシリア語を用いたネストリウス派・単性論派の人々のやり遂げたことをも取り込むことで、十ほどはあるテクストの伝統を創造・再創造して変容させたのである。翻訳という力を通じて――あとからやってきた翻案や変容をも経ることで――中世後期とルネサンス期のヨーロッパにいた学者・学生・大学・宮廷社会・出版業者は、特定のテクスト群の中心にある一連の知的共同体をうち立てたのだが、その究極に依拠する文献は、この点では実に比類の無いほどきわめて多様なのだった。このなかで、ヨーロッパの翻訳者たちが大きな便益と模範を得られたのはアラビアの先人からであり、この先人たちも同じくらい様々な伝統をまとめ上げた上で、今度はペルシア・ヒンドゥー・シリアのテクスト文化を少しずつ持ち得るような普遍性を見出したのだった。まさしくこの広大な積み重ねこそが、ルネサンス期ヨーロッパの現地化された側面とあいまって、科学革命を可能にしたのである。正弦関数やゼロの使用を含むエウクレイデス・プトレマイオス・アル＝フワーリズミーの数学、アラビアの模範を土台にレギオモンタヌスが確立させた〈発見の目〉の具象化としての実験室、観察や理論を絶えず更新して覆すことさえできる計測の厳密性、そして最後に挙げれば（ここで完璧な一覧をこしらえるともっと項目が増えてしまうのでとりあえず）過去の著作を尊敬するだけでなくここで改善して乗り越えようという科学に対する飽くなき姿勢――こうしたものが、アラビアの知的文化から〈受け継いだ〉要素にあったおかげで、コペルニクスやティコ・ブラーエ、ケプラー、ガリレオなどの思想の土台がもたらされたのだ。

西洋の天文学史は、観察・修正・発見の物語という意味では同様に翻訳の歴史でもある。つまりこれまで見てきた通り、転移の歴史でもある。こうしたものこそ、蓄積と〈継承〉の値と報いであった。ローマ人たちは、翻案というかたちでギリシアの作品を訳し、その試みからギリシア科学の大部分を取りこぼすことで、その模倣の重みを軽くしようと努めた。中世初期の書き手たちは、手持ちの便覧や注釈をまとめ上げつつ、この作品の結果を書き直して再翻案したわけで、たとえばプリニウス天文学の自分なりの版を作ることでローマ化して、その出来上がったものを賞賛するようにさえなった。東方では、天文の知識が写本文化と教育文化の混交するかたちで伝わってきたが、シリア語の書き手はギリシア語テクストの訳し方を自由から逐字へと改め、住民のなかでギリシア語の地位が下がっても、すぐさま置き換えようと努めた。かたやヒンドゥーとペルシアの文芸では、直接の完訳はほとんどなかったかもしれないが、その代わりギリシアの天文学は、アリヤバータといった作家の手で部分的に訳され敷衍されたようで、詳細な計算と表上の観察という新たな体系を作るに至った。最後に、アラビアと中世後期ラテン文化の双方では、転移（群）のプロセスはきわめて複雑で――かたや一作品の多様な翻訳があったり、教育目的から様々な便覧入門書・摘要のなかへと埋没してしまったり、もう一方では、テクスト共同体へ消化されて〈古代人〉とほとんどその名声が並ぶほどの書き手による新しい著述がたくさん生まれたりなどしている。果てにはヨーロッパ全体の事例では、イスラムに負っていたものが実際にまるごと抹消されたりもした。

中世後期ヨーロッパがギリシアを選んだその方法も必要性も、同じくアラビア・シリア・ローマの書き手たちが何世紀も前に選ぶことになった理由とはまったく異なっている。ただし、本書が明らかにしようと努めてきたように、〈ギリシア〉ひとつをとっても同じものではない。各文化・各時代にとって、さまざまなかたちの〈ギリシア科学〉があって、ほかの文脈とも大きく絡み合いながら、選ばれ再現地化されていった。興味深いこととして留意しておくべきなのは、ローマ・イスラム・ヨーロッパそしておそらくペルシアやインドの場合も、この科学をテクスト集合体として採り入れるという出来事は、何よりも書かれた言葉に突き動かされて、各文化が知的生活の新しい段階へと進む覚悟ができた時点で生じるという点である。ほとんどの例では——とりわけ中世後期ヨーロッパは例外だが——厳密な逐字訳がはじめに行われて、不器用ながらも熱意ある文章への忠誠ぶりを見せる。そうした不器用な文章がいろいろな結果を生み、その試みられた〈融通の利かない〉品質のおかげで、受容言語では新しい言葉が持ち込まれたり、語を崩したり、新しい構文を生んだり、豊かに変形させたり、新しい文法構造まで現れたりする。こうして持ち込まれたものはすべてが残るわけではないし、実のところほとんどが残らない。だがこうした不器用な訳し方から、熱心な未熟者の姿や目の前で発見するという感覚があらわになって、それ自体が現地化プロセスのかなりの中心にあるとわかってくる。その〈黄金時代〉という後光をはぎ取って素朴なものを明らかにすれば、〈ギリシア思想〉とは、テクストなるものの集まりが、向上心を伴う大きな変容力をもって、複雑に絡み合いながら発展してゆくものだとわかる。さらにこの力は、究極の知識という不変の核から現れるのではなく、数多くの文化や言語に貢献を受けた執筆・読書という広大な生態系から――原典という底本の限られた収穫を、文芸・思想・教育なるまさしく広大かつ国際的な恵みへと変容させる多数の変換から、出てくるものなのだ。

したがってヨーロッパが選んだ〈ギリシア〉とは、たいへん年代物ながら力強い洗練性であったのだろう。これが洗練されて見えるのもおおよそ、もはやそれがギリシア（むしろヘレニズム）ではなかったという事実が反映されてのことだ。かたや根強い変容がヘレニズムの知識に起こったという否定しようのない印のひとつ――ヨーロッパにも同じく大きな結果として現れた変化――それは、〈ギリシア科学〉のほとんどがアラビアの手で、話し言葉に結びつけられた文体から、静かに学ぶ読書と執筆に即したものへと大転換されられていたという点にある。アリストテレス『天体論』もキケロ訳の『ティマイオス』も、口頭での雄弁の手本として引かれていたもので、古代人は話す能力と書く技術の標準はどちらも同じだと知っていた（ないし思っていた）。プラトンからクインティリアヌスに至るまで、演説の目的と力についての議論は絶え間なく見つかるが、読書にまつわるものはほとんどなく、執筆に関してもあまりない。ユダヤ教・キリスト教・イスラム教という〈書物〉を解釈する宗教にだけ、口にはしない書かれた言葉を相手に、ただ解釈するという概念がまったく先行して現れるのだ。これはたいへん重要な事実で、過小評価すべきではない。ヨーロッパがアラビアの書き手から採り入れたのは、静かな目で見つめる文献資料というものなのだ。

現代までの旅のなかで、天文学の知識は決してまっすぐ立ち続けていたのではない。確かに〈進歩〉したという点は事実だが、書籍においてこの知識が具体的なモノとしてあったという点ではもっとそうだろう。そうした知識がテクストのなかで久しく形として残ってゆくほど、ページに印刷されて黒く定着する瞬間までは、絶えず不安定で変わりやすいものだった。印刷は写本文化につきものであった不安定性を終わらせた、いや少なくとも一時的なものとしたのである。レギオモンタヌスが、プトレマイオス作品の再翻訳・要約・修正・印刷を行うことで、同時に〈新しい天文学〉をうち立てようとしたのは、単なる偶然の出来事ではない。印刷とは所有というプロセスの、アラビアからの〈外来の知恵〉を現地化するプロセスの最終段階だったのだ。レギオモンタヌスが、自らの手でこのプロセスの主たる手順のほとんど全てをまとめて行おうとしたのは、ある意味で歴史をやり直すためである。その彼の影響をある部分で受けつつ、アラビアの星の名前がヨーロッパの星空へと再び入ってきたというのは、できすぎた話である。

第二部　訳して理を知る——日本の科学受容史

第五章
ある風説書——翻訳と近代日本科学の源流

はじめに

ゲーテによると、ある新語の創造とは、どの言語においても一種の誕生を成すものだという。発話・文筆の力というものは、意味が新しく現れることによって拡張される。これこそ、あらゆる学知が時を超えて繁栄してきたゆえんだ。知的語彙が、近代の専門知識を備える言語共同体の総語彙の半数を占めることも少なくなく、この現実からも、ただ難しい言い回しとして一蹴できないことがわかるだろう。こうした用語は、知識を広大な領域へと押し広げるのを可能にする。それなしでは、どんな個人も、その認識の中身・働きともに小さくなり脆くなってしまう。

知的文化という観点から見れば、科学知識というものは、文字通りそれが異国のものであるような人々——それについての言葉を少しも（まったく）持ち合わせない人々にとっては、かなり難しくも恐ろしく、秘術のように思えるものである。こうした言葉の発展が、全世界に近代科学が浸透するために絶えず不可欠だったのは明らかだ。ただ、この類の発展は単純な問題でなく、植民地といった場所ならなおさらである。もし十九世紀後半に中国が英国帝国主義とその技術に席巻されていたなら、イエズス会士やオランダ・ポルトガル商人、十八世紀フランスからの書籍輸入などからルネサンス科学が導入されたあとも、言葉の発展は久しく起きなかったことだろう。それゆえ、ここ二百年の近代科学知識の広がりに、ひとつ大事な側面があるとすれば、まさにこの言葉の影響力を自国のものにしてゆくことだと思われる。こんにちアジアでかなりの技術力を持っているところにはみな――たとえば目立ったものの名を挙げると中国・インド・日本――それぞれこの種の歴史があり、それを見れば西洋科学がいつどのように吸収され、時が経つにつれてそれぞれの環境に固有の文化言語のあり方になじんでいったのかがわかるのである。

こうした問いを突き詰めるのに最適な言語があるとすれば、間違いなくそのひとつが日本語なのだ。その理由はたくさんある。近代の科学言説が急速な発展を見せたのは、世界のどこよりも日本なのだが、その始まりは比較的遅く、ほぼ完全に外国の影響下で起こったものだった。十九世紀後半まで日本の科学は、その考え方も用語も伝統的な中国のものと西洋の自然哲学を双方組み合わせ、初めは前者に寄りつつ、あとは後者へといった具合に重点を変えていったことは、オランダ作家の著作を取り入れ翻訳していったことからもわかる。こうした拠り所の歴史的転換にどういう経緯があったのかは、現在もさる分野の専門用語に刻まれており、この意味では専門用語とはその辿った進化の記念碑とも言えよう。科学の近代化は、一八六〇年代後半に始まる最も急速だった時期には政府主導で行われ、西洋で栄えた分野を手本に同じものを様々作っていくというのがその基本理念であった。この時期には、二百年以上も道しるべの役を果たしてきたオランダを切り捨て、ドイツ・英国・フランス・合衆国といった国々を選ぶこととなる。ただ導入・翻案のプロセスはすんなりいったわけでも、また完全に制御できたわけでもなかった。化学といった特定の分野でも、拠り所にした国が二カ国以上あって衝突したため、ならう言葉も割れてしまうことになった（この場合はドイツ語と英語）。時代の移り変わりとともにこうした拠り所が、とりわけ二十世紀には、歴史や政治といった事情から変化していったのである。

日本語——歴史を振り返る

発展初期

こうしたことの言語面での影響を考えるには、もっと大きな文脈、日本語そのものを知ることが必要である。西洋のどの言語よりも、そして同じアジアの言語と比べても、日本語の書き言葉はその表面に歴史がありありと表れているのだ。なぜなら、日本語はひとつならず三つもの記号体系を用いており、それぞれに、その起源の反映されたまったく別個の美的形象が備わっているからである。さらに言えば、三つある体系のうち最も難しい漢字というシステムをとっても、たとえば音を表すものもあれば意味を表すものもあり、またそのどちらも表すものもあるなど、使い方も幅広く様々なのである。時代を経るにつれ、こうした複雑性がさらに深まることで、日本語の読み書きに対するアプローチは、実に驚くべき多様性を得たのである。おおよそこうした多様性は、間断なく広く翻訳を試みてきた直接の結果であるが——そのためには、ある言語（中国語）の書記体系を、まったく関係のない完全に別物の言語へと翻案せねばならなかったわけだ。以下のところでは、このプロセスとその結果について簡単にかいつまんで説明してみたい(1)。

日本語にある三つの書記体系には、ひらがな・カタカナという二つの音節文字と、漢字という表意文字がひとつある。後者については、信頼できる最古の資料が七世紀初めまで遡れ、その頃には漢字の使用が確立してすでに取り込まれつつあったところを見ると、五世紀ないし六世紀初め頃に中国から持ち込まれたものと考えられる。二国間の接触は、日本の朝廷において仏教への宗旨替えを促し、それとともに仏典や中国思想への関心を高めることになった。これ以前の日本はまったくの口承文化であったと思われる。七世紀までには、日本ではこの漢文が興味深い分裂を起こし、もともとの中国の文語そのものである純漢文と、読み書きの形が崩れた変体漢文のふたつが現れる。変体漢文は、翻案のなかでも複雑な部類に入る。この文体ではテクストに様々な記号が添えられ(ほとんどが〈上〉〈下〉などを示す小さな文字)、日本語として読めるよう、元々の漢字の順序を各行・各語句ごとにどう並び替えればよいか指示しているのだ。

中国語の文字を日本語として読む能力が成り立ったのも、基礎となる翻案が別にふたつあったからで、こんにちでもその証拠となるものがたくさん残っている。ひとつは、漢字という表意文字を純粋に意味のために用いて、それに日本語の音を宛てた点である。これを〈訓読み〉という。もうひとつの方法は行為としては正反対で、その文字を音素として――すなわち音価のためだけに(もちろん日本語の音声体系に合わせた上で)――用いて、元々の記号そのものの意味を無視して、日本語の言葉を書き記したのである。これが〈音読み〉として知られるもので、中国語には相関・対応するものがない日本語文法特有の要素を表す際に必要とされたのだ。この中国語文字の音声を元にした〈音〉というシステムは、伝統的には万葉仮名として知られ、七五九年に編纂された『万葉集』という有名な詩集にちなむものである。この〈音〉にしても〈訓〉にしても、どちらも中国語の書き言葉を日本語の発話にそのまま翻訳しなければならないわけで、実際、古代・中世を通じてなされたこの訓読みは、言語学者や研究者のあいだでも〈トランスレーション・リーディング〉と呼ばれるのが一般的である(2)。

だが、いま論点としている複雑性は、これだけにとどまらない。当時の日本人は、学徒・書記・僧侶・役人などがかなり頻繁に中国へ留学したから（これが標準的訓練のひとつと言っても差し支えない）、各時代に中国社会で起きた言語上の変化の影響を受けてもいるのだ。たとえば中国の用語を持ち帰って借用語として導入するとか、古い表意文字を新しく転用するなどは、日本語のお家芸である。また、多くの文字に結びつけられた中国語の音声体系は、政権転換の結果に合わせて変わってもいる(3)。事実、古代日本で確認できる発音でも最古の部類は、いわゆる三国時代（二二〇～六五年）にまで遡れ、当時の音があとに残ったと思われる。万葉仮名の多くは、六世紀の中国北部（もと漢王朝のあった地）から渡来している。これが次の世紀になると、唐王朝（六一八～九〇七年）の中核都市であった長安・洛陽の方言へと変わり、そしてその音声体系も宋（九六〇～一二七九年）や元（一二七一～一三六八年）といったさらに南方の発音に取って代わられる。

中国では、こうした政治的背景からの言語の一斉転換と、それに従う必要性のどちらもがはっきり認識されていた傾向にあるのだが、日本人の書記や官僚にとってそんな必要はどこにもない。日本における発音の標準化という試みは、仏典や仏式と結びついていることもあってか、音の読みとして古いものも切り捨てはしなかった。言うまでもなくその結果、いろいろなものが積み重なる。個々の文字は幅広い読み方を持つようになり、（もちろん肥えた目で見れば）そこから拠り所とする中国文化が移り変わっていった歴史がわかるのである(4)。それゆえ中世後期にはもう、日本語という範囲において漢字は、中国語の書き言葉を日本語の形へと絶えず訳そうとした複雑なプロセスの痕跡を残すものとなっていたのである。

確かにこのプロセスを細部まで見れば、その入り組み具合はここで述べたよりもはるかにややこしい。そのためここでは、個々の漢字についての正しい読みがかなり難しく、その難しさも時とともに大きくなっていったことに触れるだけで、よしとしてほしい。この複雑さはどこかで終わるということもなく、多くの場合では小さくなってもいない。今でも、様々な歴史時代に端を発する複数の音読み（音声）・訓読み（意味）を持つ文字が、数え切れないほどある。それどころか、ふたつ以上の文字を組み合わせた語句には、それぞれ音読み・訓読みを併用するものまである。音と意味を確定するには文脈に頼るほかないこともしばしばだ。この種の問題——文字に見える歴史性や視認性——は、アルファベットを基礎にしたヨーロッパ言語には相当するものが見当たらない。

さらなる翻案

こうした形で土着化が進む一方、中国語そのものは千年以上にわたって、文芸・学術の両面で知識人の言語であり続けた。政府の布告・年代記・外交文書などの公文書でも中国語が常用された。こうして絶えず中国語が現れることからも、日本語の書き言葉のさらなる発展に重要な役割を果たしたことは明らかだ。ただ僧侶が、とりわけ宗教文書を中国語で読み上げて解読するとき、うっかり日本語の読みになってしまうこともありふれたことであった。九世紀初頭までには、このプロセスの手がかりとなるよう、漢字と併置できる発音上の記号体系がまた別に設けられている。こうした記号からはっきりとわかるのは、中国語のテクストが日本語で読まれていたということ、すなわち一種のトランスレーション・リーディングが生じているということだ（図15参照）。記号そのものは、文字の簡略形ないし文字の一部の形をとることが多く、これがのちに〈仮名〉（すなわち〈とりあえずの名〉）として知られるものになる。十一世紀になる頃には、この仮名が日本語の音声を記すための独自のシステムに発展し、果てには〈カタカナ〉と呼ばれるようになったのである（〈カタ〉は本来〈半分だけの〉ないし〈不完全な〉の意）。

かたやもうひとつの音節文字であるひらがなも、ほぼ同時期に発達し、出自も中国語と直接のつながりがあるものの、その流れはまったく異なっている。読みを通じてではなく書法を通じて、中国語で詩を書くことを習わしとしていた貴族たちにたしなまれた、書道というアートの一種の美的到達として育まれた。平安期（九～十二世紀）はこうした書道の最盛期で、音読みに用いられることの多かったある文字が、書かれる際にかなりディフォルメされて、とうとうほんの数筆流れるように手で書くだけにまで切り詰められたのである。これらは女文字と呼ばれたが、それというのも当時の女性は建前上、中国語を学べず（実際には学んだ者も少なくない）、こうした美しく簡略化された漢字を通して日本語を記すことを余儀なくされたからである。平安時代末には、女性の書き方であった〈ひらがな〉（〈なめらかな〉仮名の意）が、中国語の文字と組み合わせて用いられる音節文字となって日本語の書記体系の中核部分を形成し、それが現代にまで至っている。一方でカタカナの用途は多様で、（西洋諸語のイタリックのように）強調するため日本語の音の綴りを記したり、もっと重要なところでは、とりわけ十六世紀に始まった、西洋諸語を由来とする外来語の音訳に用いられたりなどしている。

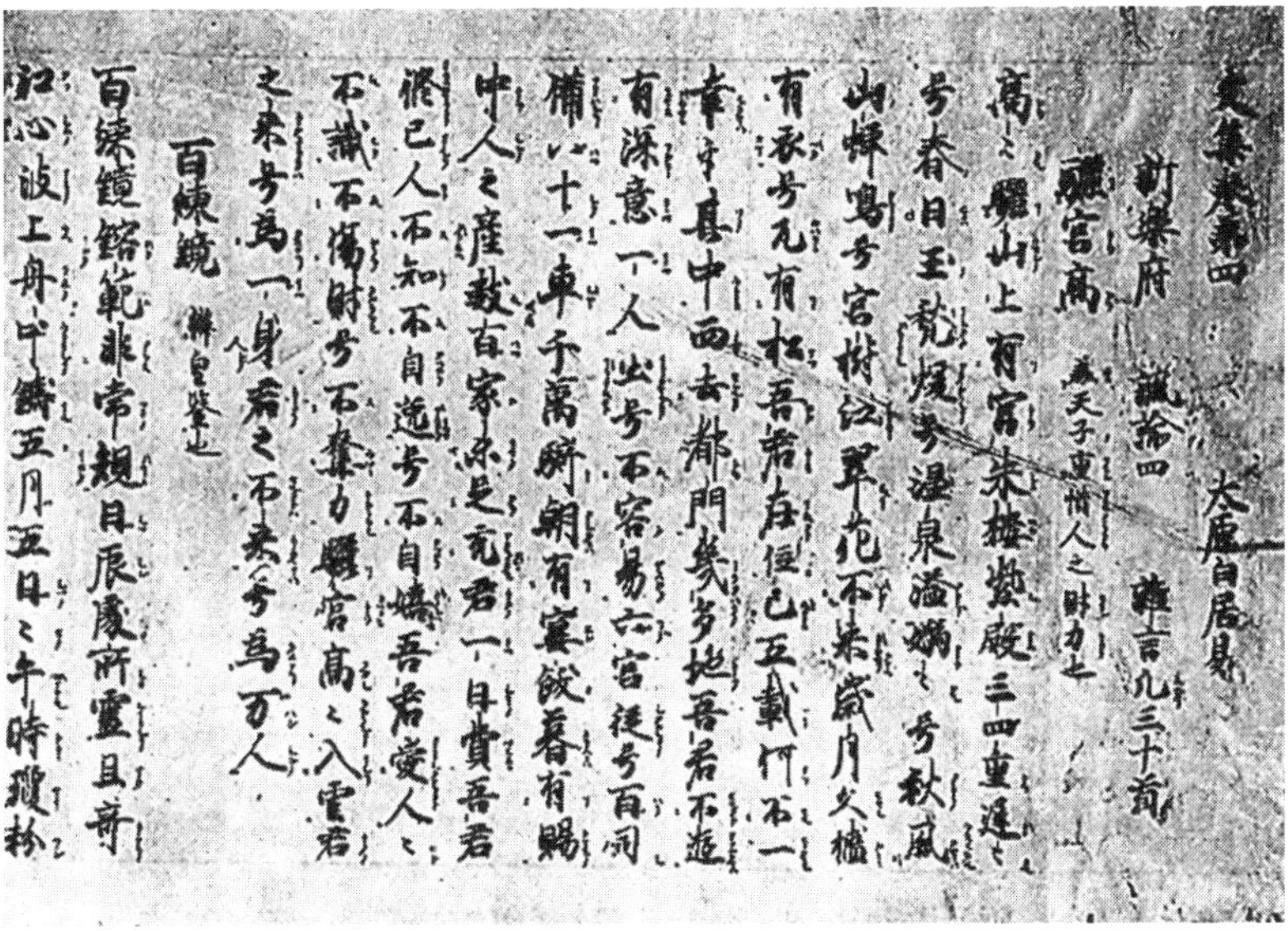

図15　写本の一例　　12世紀の中国語文献だが、日本語で読みの手かがりが与えられ、表意記号の左右に小さな記号が刻まれている。こうした手がかりがあるということは、複数の文字を組み合わせながら、適切な日本語訳になるような語順にして日本語で読まれていたということである。Miller 1967の図版6から許可を得て転載。

カタカナは仏門という禁欲的な世界で生まれたものである。実際のかたちはシンプルで角張っており、余計な飾り気もない。対照的にひらがなは、色っぽく丸みを持っており、華美を日々の旨とする平安貴族たちという洗練された宇宙で生じたものなのだ（図16参照）。〈聖典の真実〉を読む手がかりとしてでなく、〈技芸〉の制作を求められた人々のひとつの書き方として生み出され、表現としても洗練された形にディフォルメされている。それだけに、近代日本語の書き言葉は、このふたつの書記体系と漢字を組み合わせ、さらに多様な音と意味を複雑に積み重ねつつ、その音韻・意味・描画の面で歴史上の起源をも視覚的に表しているのである。この歴史が、他言語の大規模な輸入と、その土着化の多様な手法をつなぎ合わせるものであるならば、歴史そのものが現れ出ていると言っても差し支えなかろう。

ところが、この仮名という書記体系が開発されても、それでも中国語［漢文］はそのあと何百年にもわたって学者・政府における公用語であり続けた。外国から輸入された新語は、中国からのものであれ、のち（十六世紀以降）の西洋からのものであれ、その音を文字で書き表されたのがほとんどだった（たとえばパンといった語のように）。ほかにもタバコといった語は、発音はそのままにしながら、意味がわかるよう漢字を当ててもいる（〈煙草〉と書くように）。さらに綴り方も中国の標準をそのまま倣って、右から縦書きになっていた。十七世紀初めには、徳川幕府が成立し、新儒教たる朱子学が国家公認の教えとして採用されたこともあって、こうしたかたちも含む中国語の使用が強く促されることとなった。この政治・文化上の動きの結果、中国語学習もちょっとした大きな持ち直しがあり、社会階層の最上位を占める武士階級に、中国語がその教育の基礎として教えられたのである。さらにその後押しとなったのが、印刷の登場、私塾の開設（下層階級の者たちがここに通って武士たちに張り合おうとした）、公開講座、そして公務に就いた学者たちが公認思想の指導者として総じて地位向上したことであった。つい最近の十九世紀まで、日本では中国語が正式な学術言語であり、社会的にも認められた言語であり続けたのだ。そのこと自体、自分たちから現地語の改革を叫ぶに至る端緒ともなれば、またその限界ともなったのである。これが始まったのは十八世紀で、いくつかの方向性があったが、主として日本語学習よりも中国語学習が重く見られていたことへの

図16　江戸時代後期（18世紀頃か）の『源氏物語』版本　本文（大きな文字）はひらがなで示され、そこへ大量に添えられているのが本文への註（小さな文字）で、こちらは漢字とひらがなの併用である。Miller 1967の図版8から許可を得て転載。

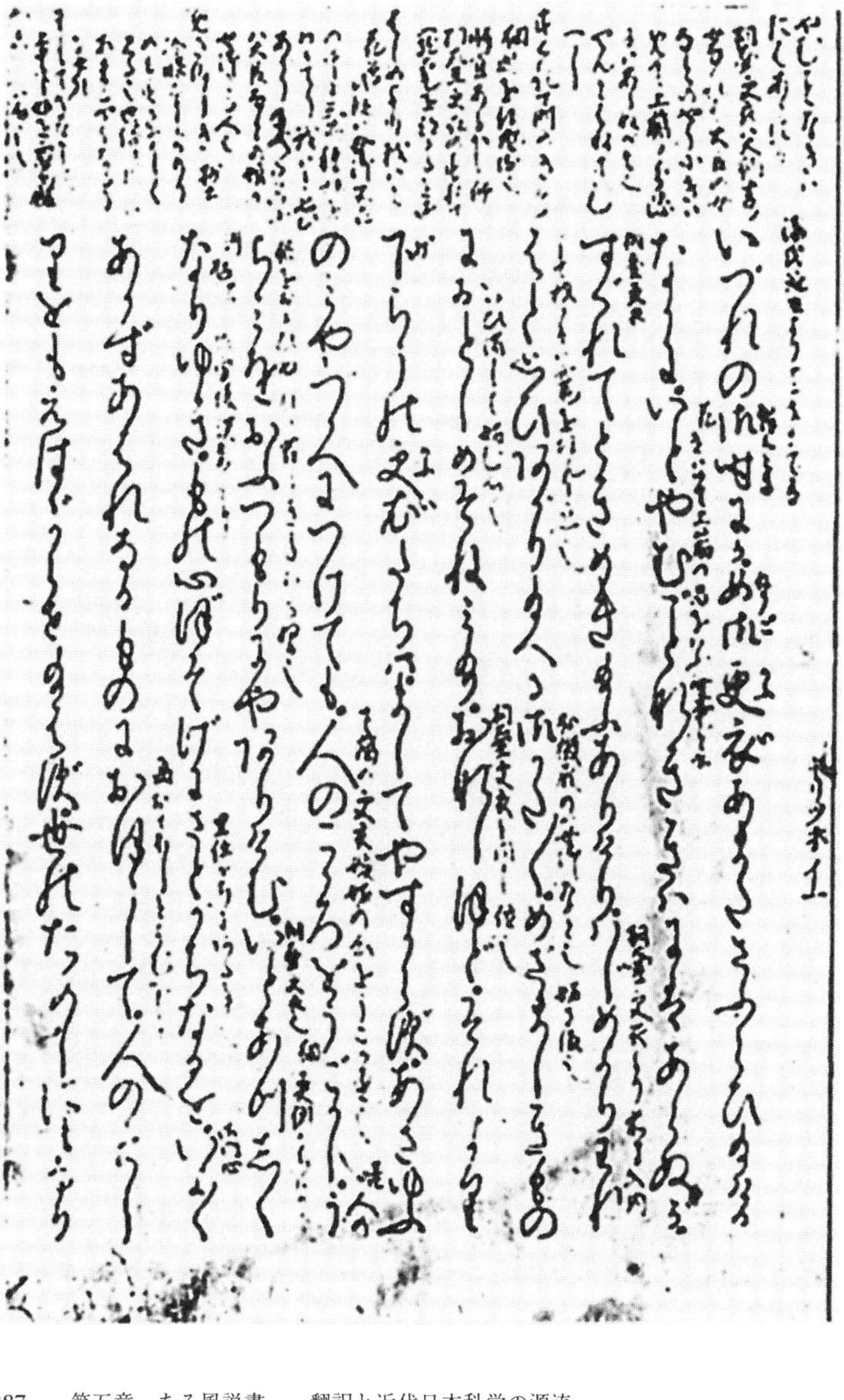

反発のかたちを取ったのだから、皮肉な面がないわけでもない。たとえば、いわゆる〈国学者〉と呼ばれた、〈純粋な日本語〉を提唱した〈国粋的知識人〉たる一群の学者・作家たちは、一切の外国の影響を排し、中世初期のいわゆる日本語の古典のなかで用いられた古い文体を復活させようとした。例を挙げるとその古典とは『古今集』や『万葉集』(八世紀)なのだが、どちらも中国語そのものとかなり近いところにある書き言葉に頼って成り立ったものでもある。かたや台頭する商人階級にあっては、もっと口語に近い日本語を用いた大衆向けの文筆ジャンルとして大いに発展してきたもの、たとえば民話・児童書・好色本・笑劇・連載小説などにその文学趣味が向けられた。

ただそのような文体は、従来の書法に代わるものではなかった。それまでの発展を考えると、彼らがやったのはただ、日本語の慣習としてすでに確立してしまっているものとほぼ一致する(一部矛盾する)書法をいたずらに増やしただけのことで(図16参照)、さらにほかにも同じ事をして導入・再導入する試みが後に絶えなかった。江戸時代の終わり(十九世紀半ば)までには、読み書きの様式が多様化しすぎてしまったため、識字力そのものもしばしば混乱状態にあった。たとえば一文字の語や、簡単な文字の組み合わせでは、あまりに様々な読みが(音・意味の両面で)ありえるため、何かしらの読みの手がかりがなければ正確な解読が不可能なことも多かった。解読に最大級の難易度を誇るのが個人名で(この点は今も変わらないが)、そのため文字のわきに〈ふりがな〉という正確な音(つまり読み)を示すために、小さなひらがなを文書に添えざるをえないこともかなり多かったのである。

海外からの新たなる影響

学術言語としての中国語の高い地位は、また別の方向から挑戦を受けることになる。江戸時代二百六十年のあいだ、日本は他国（とりわけ西欧諸国）との開かれた関係から自らを閉ざしていた。ただこのことが唯一、専門学問の新語を造るのには役に立った。ヨーロッパとの交易がオランダ商人に制限されていたことから、オランダ語は西洋科学との接触初期の媒介として欠かせないもので、だからこそ間違いなくこの分野での学識の伝達手段となりえたのである。一八〇〇年にはこのことがほぼ現実となる。様々な技術機械（望遠鏡・地球儀・銃など）を西洋から輸入したことで、オランダ語に通じた翻訳者たちは、こうしたものを学び理解した上で用いることが求められた。長きにわたる江戸時代、ヨーロッパ人のなした技術発展が少しずつ明らかとなり、たとえ日本がこのまま長々と閉じこもっているにしても、大きな変革がすぐに必要となることは、少なからぬ人には明らかだった。一八五三年にあったペリー代将の〈黒船〉の来航は、日本にアメリカへの通商開国を迫ったものだが、このときは希望を伝えるに留まり、判断を相手に委ねている——その具体的な力を受けて、じかに西洋と自分たちとを比べる機会になったわけだ。続いて一八六七年には帝政が復古するに至り、ヨーロッパを〈近代化〉の手本として国を挙げて向き合うこととなった。

この歴史上の転換が言葉に与えた影響は、そう驚くほどのものではない。すでに自国語化の動きに勢いがあったこともあって、とりわけ自然哲学に関する領域では、中国語の価値が急落することになった。西洋諸語——初期にはオランダ語、少し遅れてドイツ語と英語——があらゆる学知を司るようになり、それが直接の契機となるかたちで、日本語そのものもあらゆる階層・種類の学問に浸透し始めた。それでいて西洋言語に触れたことで、新たな（戸惑うことも少なくない）借用語・音・書字方向（左から右）がたくさん加えられたため、日本語を何らかの形で最終的に標準化し、文語と口語を統合しなければならないという機運が高まることになった。一八六〇年から一九〇〇年までのあいだ、数多くの案が出されている。西洋言語を模範として、書き言葉にはカタカナだけを〔〈日本語のアルファベット〉として〕用いるべしと唱えた者もあれば、元から現地にあった様式はまったく排して、代わりにローマ字で書くべしと推奨した者もあった。結果として採用されたもっと慎重な案を出したのは、〈明治啓蒙〉の有名な指導者である福沢諭吉で、漢字の数を公一般に用いられる範囲に制限し、さらに音・訓の両方を含みうる何らかの枠組みに従ってあらゆる読みを標準化するべきだとした。こうした提案は合理的であったが、数十年も続いた熱い議論に終止符を打つことができず、二十世紀初頭の軍国主義の時代には忘れられたままで、そののち第二次世界大戦後に復活してようやく取り入れられることとなった。このとき、文部省は数年前に決めておいた一連の大々的変革を実行に移し、近代的で比較的安定した統一の書き言葉のようなものを〔困難がなかったわけではないが〕作るに至っている。

ところがこれに先立つずいぶん前、二十世紀初頭には、日本語の書き言葉はすでに様々な影響の坩堝と化していた。これは正書法のレベルでも明らかで、日本語の書き手は、今でも西洋流の句読点〔。、〕のほか、〈?・!〉などの記号も頻繁に使い、書字方向についても、縦書きで右から左〔伝統的な中国流〕、横書きで左から右〔西洋流〕、横書きで右から左〔混交式〕というごく一般的な三通りの仕方から選ぶことができる。R・A・ミラーによると(5)、一九二〇年代後半には、東京の新聞社は七千五百から八千種類の漢字の活字を保持しており、そのうちおよそ五千は〈普通教育を受けた読者層〉には〈わかる〉ものと考えられるという。表意文字であることを考えると、この意味するところは、普通教育を受けた中国人の平均〔ひょっとすると平均以上〕に求められるものと比べても、はるかに高い〈理解度〉であるということだ。時とともに積もり積もった複数の音と意味の付与を通じて、日本語には歴史として同じ文字にも厄介な多様性が残されたわけである。

戦後、いわゆる当用漢字改革が全国の学校で実施されたが、公的な指示をもってしても、昔からあるこの複雑性をすべてなくしてしまうことは無理であった。こんにちでも、文字の読みや組み合わせなどで戦前の表記を用いる作家の例はたやすく見つかる上、文芸・一般誌・技術書などでは様々な綴られ方が見える。国としての関心が占領期に合衆国へと移り、英語がかなりの社会的注目と好感を集めるようになると、またもや新しい複雑性が付け加わることになった。西洋からの外来語を、とくにそれが英語である場合、そのままアルファベットで書いてしまうのである。こんにち、科学分野でこれが特に多く、地質学・天文学・コンピュータサイエンス・バイオテクノロジーといった分野の刊行論文では、今では様々な英語名詞や引用がそのまま挿入されるのが通例となっている。

全体としてみれば、現代の日本語の書き言葉は、数多くの図案や歴史が積み重なった場所であると言えよう。さらに言えばこのことは、題材がどうあれ、書くレベルの如何を問わず揺るぎないのだ。それどころか、この言語の見え方というのが、こんにち書かれているように、その歴史をその袖に通しているようなものと言えたとしても、それは真実を半分しか言い当ててはいない。というのも、それはまた、この歴史の裏にある実際のプロセスも大いに明らかにするものだからだ。書く上では、漢字・仮名二種・アルファベットという様々な種類の書字体系も、あるレベルにおいては互いにせめぎ合っていると言えるだろう。近年改革がなされたにもかかわらず、日本語はいまだ古代と現在がせめぎ合う戦場であり、多様な時代・場所・哲学・起源のどれもがその歴史の跡を残している空間となっているのだ。

日本における科学言説――概説

ここまで日本語一般について語ってきたことは、おそらくどの表現形式以上にもまして、科学言説に当てはまることであろう。このことを理解するには、またこの言説の根底にあるものを理解する必要がある。

学術で用いられる日本語は、西洋諸国の術語とは趣を異にするきわめて印象的な一面がある。高等教育を受けた者であればほぼわかる範囲の表意文字で書かれているため、科学者でなくても、いかに難しい用語でもかなりの部分、その基本的意味が容易く読み解けるのだ。西洋に比べても、一般人が科学の専門用語をはるかに難なく読みこなしていると言えよう（西洋の一般人は今やラテン語やギリシア語は習わないのが普通である）。このことを証明するには、ほんの二例でじゅうぶんだ。pyroclastic および protoxylem という用語は、合衆国ないし英国の平均的文系大学生でも首をかしげるに違いないが、日本語であれば〈火災〉および〈原生木部〉というごく普通の文字だけで書ける――この場合は小学校を卒業すればわかる漢字で表記可能なのだ。とはいえ、あらゆる学術用語でこうした読みやすさが維持されているというわけではない。現代の学術用語の大多数がカタカナで記され、西洋諸語（とりわけ英語）からそのまま音を転写したものとなっている。obduction という用語であれば、日本語では〈オブダクション〉と写されるので、結局は洋の東西を問わず、普通教育を受けただけの一般人にはほとんどわからなくて当然である。ところが漢字の使用が通例となっているような分野（たとえば植物学・数学および地質学・天文学の大部分）では、西洋の標準的な言語状況と比べてみても、学術用語が大衆にわかるものとなっている度合いがきわめて高くなっている。

では文体はどうか。日本の科学言説とは、どういう性質の文章なのか。その独自性の拠り所となる文筆作法とはいかなる原理なのか。こうした問いに答えるには、(これから本書でなすように)手短に答えを出すにしても、まず大きく二つに分けておく必要があるだろう。すなわち日本科学のレトリックとは、日本語一般と同様、二面の基礎から見なければならない。ひとつは実際の文体・意味という側面、もうひとつは描画の面である。もちろんふたつと言っても、現実には複数の意図的な行為が重なって一枚の合板になっていることも多い。

ひとまず描画の面を抜きにして文体だけを見れば、全体的な特徴はかなり単純である。その形成に歴史的経緯があるとすれば、日本語の学術文にはおそらく、予測できうる性質と予期せぬ性質のふたつがあろう。言語上様々に大きな違いがあるにもかかわらず、その文は表現やレトリックの基本的部分では、ドイツ語・オランダ語・フランス語・スペイン語といった西洋諸語、さらには中国語よりも、英語のものとかなり近しいものとなっている。全体として形式的で、文構造も総じて単純なところ、一人称代名詞の使用、引用の方法、論文構造のほか、何よりも専門用語への依存度の高さなど、文章表現の勘所がことごとく似通っているのだ。もちろん差異も重要である。日本語が総じて冗長なところ(個々の単語・用語・語句の繰り返し)は、西洋科学の言葉遣いでは受け入れられないほどくどいものとなっている。ただし、こうした〈風土の〉別を除くと、英語との類似点が際立つのである。フランス語やドイツ語の学術文にも、並列構造などのような複雑な文章テクニックが見つかることも少なくないが、それでいて日本語の学術文を書く者は、できるだけ単刀直入・簡素を旨とする英語の例に従うことが一般的だ。以下に見本を示そう。

> 別府湾は、鮮新世—現在（約5–0Ma）の間に活発な火山活動とグラーベン①形成の進行した豊肥火山地域（Hōhi volcanic zone；Kamata, 1989b）あるいは別府—島原地溝②（松本、1979）の東端にあたる（第1図）。豊肥火山地域では、安山岩質の火山活動と、正断層およびカルデラに伴う陥没運動が連携して起き、その中央部では先第三紀基盤岩が垂直方向に2–3㎞陥没している。（6）

この引用から見ても明らかなのは、こうした文章はただただ単調ながらもしっかりと情報を伝えるもので、英語における現代地質学の言説と同等のものであるということだ。

ただ描画の面、すなわち日本語の字面を考えに入れてみると、まったく別のきわめて豊かなレトリックの宇宙が現れてくる。たとえば英語で書かれたHōhi volcanic zoneという用語は、そのために漢字とひらがなの文から際立って見える。対象についてある種の強調効果があるが、比べてみると西欧諸語の単なる下線やイタリックの使用がつまらないものに見えてくる。同時にこの論文では、数字がすべてアラビア数字で示されているので、扱うものの量的側面も目立ってくる。

一方でgrabenという用語は、同じ文章のなかでひとつならぬ二様の書き方がなされている。②と印をつけたところでは、〈地溝〉という漢字が記され、十九世紀に中国語から借用された用語を採って、その意味を示している。もうひとつ①の例では、カタカナで〈グラーベン〉と音写されているため、西洋語grabenに由来することがはっきりとわかるが、この語はもともと十九世紀初頭にドイツ語の〈溝〉を意味する語から派生した語彙で、断層に限られた長方形ないし菱形の凹地を示すために西洋諸語（英語・フランス語・スペイン語・イタリア語など）で地質用語として用いられているものだ。

上記の日本語文でgrabenに二様の書き方がなされているのは、効果のためだけではない。むしろこの〈地溝〉は、そもそもは十九世紀後半ないし二十世紀初頭かに名付けられた別府—島原地溝という固有名詞の一部なのである。だから同じ文中に、現代の地理言説の用法であるカナカナ書きのグラーベンと記すと、造語の時代も成り立ち方も違うもの——拠り所となる文化が異なるもの——がすぐそばに並ぶことになるわけだ。

さらに特定の地質時代を示す西洋起源の固有名詞PlioceneとTertiaryの二語も、漢字に直されており、それぞれ〈鮮新世〉と〈第三紀〉というが、意味は〈あたらしい世〉および〈三つめの時期〉である。前者と似たものを挙げるなら、日本語にある王朝を示す年代で、〈明治（あかるくおさまる）〉時代や〈昭和（かがやかしくなごやか）〉などが思い出されよう。かたや第三紀は、英語からただ直訳したものである。とすればまた、ふたつの異なる感性から作られた言葉が肩を並べ、そのふたつの選択領域の違いが歴史上の影響をそれぞれあらわにしている次第である。

日本語学術文の表面を見れば、どこにでもこうした複雑性が浮かんでいるのがわかる。ただその言語の使い手は、こうしたことを明らかに気にしていない（気になってしょうがない状況なら〈科学〉のやりようがない）。西洋の科学者が自分の使う言葉の語源をほとんど問題にしないのと同じで、ただなかにいる者はその現実を無視ないし忘却するのに慣れているわけだ。ただし、いま言ったようなことに当てはまる例は、ほかにもたくさん見つかる。西洋の読者にとっては、日本語の学術誌では図・表・チャート・グラフなどの本文外の要素が（ほぼ）すべて英語で示されていることが、どことなく気になる。効果としては想像通り、はっきりと目立つ上になるほど有用である。理解できない異記号の海のなかにふわふわと、西洋の目でもわかるように作られた地図・図表があるとなれば、それは情報をまとめた貴重なオアシスにもなろう。なぜここだけ英語が用いられているのか。二十世紀に入って以来、日本の科学者たちは自分たちの言語が孤立していることを強く自覚しており、自分たちが頑張って作ったものを国際化しようと努めてきた。ところがこの孤立が工夫を可能にもする。図表は英語で作るものという標準があれば、それを読むには英語力しか必要としなくなるから、ほかの多くの国からも専門文書へとアクセスできるようになる。それは（不本意ながら？）、どこの科学者も最新研究を読むときには、要旨に目を通すよりも先に、こんなふうに図版からわかる情報を流し読みすることが多いということでもある。（実際、科学言説の総国際化が進んだのは、執筆様式だけでなく読むスタイルにおいてもそうなのかもしれない）

こうしたことをみな見た上でも、ヨーロッパ諸語にも学術の語り口で同じくらい複雑なものがあると言いたくなる人もあるだろう。こちらの用語もその起源は、ラテン語・ギリシア語・アラビア語・英語・フランス語・ドイツ語・ロシア語、十二世紀・十七世紀・十九世紀・二十世紀とさまざまではないかと。確かにあるし、そのことは学知の内容について多くのことを教えてくれる上に、ある種のテクスト考古学を通じて科学知の歴史的進歩を読み解く力を様々に示唆するものでもある。ところが日本語の場合、描画上の要素こそが、重要となるほどの差異を一度ならず生み出すのだ（ここで言うのは〈エキゾチック〉な差異とは別物である）。この日本語の事例をよく理解するためにも、まったく新種の英語というものを思い浮かべてみてほしい。この新しい科学英語は、ギリシア語やアラビア語の用語を元々の記号体系で書かれたままで備えている。またアングロサクソン語やフリジア語の起源に遡れる用語は、その言語の記号で書かれることになる。さらに、ある語の中世の形と近代の形を、それぞれ描画面の独自性が保たれたまま同時に使うことも想定しなければいけない。要するに、あらゆる語源が〈そのまま可視化〉されている必要があるのだ。

日本の科学――文化としての文脈

近代日本の科学という領域は、十八世紀後半以降にそのほとんどが造られている。禁制であった西洋書籍の輸入が解かれたそのあとの時期に当たるが、この禁令は、幕府初期の政策として西洋諸国との交流が総じて（閉ざされたのではなく）制限されることとなった一六三〇年以降ずっと実施されていた。この時期に最恵国待遇が受けられたのはオランダと中国の二国で、前者は長崎港にある出島という小島の貿易施設・商館の管理を認められていた。ここで荷揚げされた本はいずれもみな、本土の土を踏む前に幕府の検めを受けることになっていた。国内への持ち込みが許される西洋書籍の大半はその中国語訳であったから、キリスト教や天主への言及はその時点ですでにうまく取り除かれていたわけだ。一七六〇年代には、薬学や様々な暦に関するオランダ語書籍も輸入されていた上、日本に舶来された物品のなかには数多くの科学機器（とりわけ望遠鏡）が含まれ、こうしたもののおかげで西洋の学知への興味が高まったと考えられる(7)。

当時こうしたものは、日本で以前から続いていた自然哲学の営みにも魅力的に映ったらしい。昔からあったこの流れは、ふたつの主要な領域に集約できる。植物学（実際は本草につながる薬理）と天文学（何よりも頒暦づくり）である。どちらの分野も、江戸幕府に位置づけられた儒教社会の秩序に深くつながるもので、その頑なな階級構造のために、知的職業では医師・儒学者・僧侶らが支配的な立場にあった。こうした者はみな実際には世襲で、幕府に支援されて朱子学研究と学問は大きく盛り返し、この仕組みがそのまま強化されることとなる。ある意味ではこうして盛り返したことで、中国の学問がどんな分野の知的営みにも必須の基盤となり、中国古典が知恵の源泉かつ徳への道として扱われるようになったと言えよう。薬理や医学一般では、こうした典籍には動植物のことがその効用だけでなく人体の理論・図解も記されたから、その詳細な学習が奨励された。また天文学でも、こうした古代のテクストに刻まれた節気・星座・惑星などに関する記録を、文献として研究することがその基盤にあった。その〈知恵の書〉のうちにあるその出来事と意味に注釈をつけ、そしてしばらくのちには、その説明となる〈理論〉や〈仮説〉を、論じられてきた各所の解釈をもとにおよそ頭の上だけで立てながら、これら現象を分類した新たな参考書がまた生み出されもした。こうしたことはみな、おおまかには（おそらくあやふやには）オランダ商人たちにも知られて（あるいは知らせて）おり、それに応じて〈学知〉の輸入を見繕ったようだ。

とはいえ昔から読まれてきた中国の文献も、知的生活を完全に独占するほどではない。十七世紀後半にはもう、日本の古典（詩と散文の両方）もまた、土着の植物の情報や天文現象・気象関連事象の記述の材源として重要になってきていた。とりわけ中国の暦にあった不備から不満が生じ、そして改暦への機運につながるとともに、西洋天文学の手法や考え方が何か参考になるのではないかと、外へと大きく開くことにも向かった。（西洋の暦づくりの技術に自身感心を寄せていたという）時の将軍たる徳川吉宗によって、一七二〇年にヨーロッパ書籍の禁制を解かれたことで、知識の主たる拠り所が中国からゆっくりとヨーロッパへと転換し始めることとなった。これは中国流の自然哲学がすぐさま凋落したとか、そういうことを意味しているのではない。むしろ十九世紀初頭まで、高度な事実・学問の主な拠り所としての古代古典に、官学・公教育はこだわり続けた。同様に学問全体にとって、こうした作品は生きた思考の枠組みを与えるもので、そのフィルターを通じて西洋思想がいくぶん再構成された形で吸収されることも少なくなかった。そういう意味でも、日本の科学はいくつかのレベルでその学問としての起源をすでに持っていた。学者というエリート集団に限り理解できた一連の権威ある作品をもとに、隔離された知の領域として〈学知〉が現れていたのだ。

およそ一七七〇年より以前に日本に入ってきたヨーロッパ書籍の大多数が、中国在住のイエズス会士による中国語訳ないし中国語による解説であったことが、この点から重要になってくる。こうした本のほとんどが専門的な内容を扱うものであったのも、はっきりとした理由があるのだ。日本の検閲官は、宗教への言及が少しでもないか全文を検めるよう命じられていた。とすれば実際、この検査の合格率が最も高いものは、やはり技術的なことを扱った本になってくる。一七七〇年代以降、この本のなかにオランダ語のものがどんどん増え始める。こうした本を検め、時には求めもしたのが、長崎にある〈通詞会所〉という、幕府の命でオランダ語の訓練を受けた面々であった。一七七六年のある記録によれば、この〈会所〉には、出島にいるオランダ人の補佐役として四十から五十人の通訳が置かれ、そのほか熟練の翻訳者や見習い・学徒もいたようで、一同の「ヨーロッパ人との会話はもっぱら地勢・医学・自然誌に関するもので、これにはヨーロッパ人たちも迷惑したという」[8]。このときまでに、植物学・天文学・外科解剖・鉱業・航海術についての本、さらに数多くの辞書が輸入されていた。こうした通訳者・翻訳者の受けた訓練はせいぜい初級程度ということが少なくなく、その日に見える熱心さとはなるほど不釣り合いなものだったが、それでも〈蘭学〉すなわち一八〇〇年前後まできわめて重要な意味を持つことになる〈オランダ研究〉という新しい学問領域の基礎を作る一助となったのである。

検められたあと（すなわちできる範囲で読まれたあと）、オランダ語書籍は次に江戸にある幕府の文庫へ送られ、そこに収められて一般の流通からは留め置かれた。出島のオランダ官吏の個人蔵書から来た本もあったことだろう。いずれにせよ、中山茂が天文学について論じたことは(9)、西洋科学の他の分野でもこの初期にはまた正しい——すなわち、朱子学という既存の学問体系に影響を及ぼすことはほとんどできなかったのである。だが、やがてこの体系自体が、ヨーロッパから来た専門知識の価値を高める一助となり、果てには蘭学という学問が、西洋への関心の何から何までをほとんど一身に集めるまでになったのである。こうして皮肉なことに、十九世紀初頭に至るまでずっと、「日本人が西洋周辺から集めようとした知識は、ほぼまったく自然科学に限られていた」のである(10)。

江戸時代の自然哲学——中国からの翻案例

十九世紀以前、西洋言語が部分的にでもわかる日本の知識人の数は、中国語の読み書きができる割合に比べると、実質ごくわずかなものだった。ゆえに伝統ばかりか状況という後ろ盾もあって、中国の自然哲学はこの時期の日本思想に大きな影響を与え続けたのである。ただこの哲学も、とても一枚岩の思想と言えるものではなかった。様々な要素があり、その色々のぶつかり合いが他のいずれとも同じく日本での翻案受容に大事なものであったのかもしれない。

そうした要素のひとつが、いわゆる新儒学たる宋明理学から立ち現れ、これに江戸幕府が公認を与えたのである。江戸時代の日本では、新儒教と言えば儒教の改革派である朱子学派のことで、その祖は十二世紀後半の宋王朝の時代に生きて文筆をなした人物だった。日本人に採られた説に従えば、この思想においては、宇宙の本質とそのなかにおける人間の居場所を説く手がかりとなるふたつの基本用語がある。その語のひとつは〈理〉で、宇宙の秩序を定めた存在・道徳の究極原理を示すものである。朱熹によると、物質世界のうち（ないし背後）にある理を知覚することで、人は宇宙を支配する調和に触れることができ、そこから高次の知恵と、倫理の振る舞いに至れるのだという。かたやこの理とともに並べられるのが〈気〉であり、朱熹による記述は曖昧もいいところだが、運動・出現の始原となるエネルギーに関わるもので、その定義は——間違いなくその曖昧さに起因するのだが——自然界に関心を抱いた日本の学者たちによって十七〜十八世紀によく論じられるトピックとなった(11)。その第一人者のひとりが林羅山（一五八三—一六五七年）で、朱子学派のなかでも最大の影響力を誇った人物である。羅山にとって理とは精神をも意味し、根本にあるものとした。かたや気は、物質世界の実際の動き・働きと同等のものであった。気は理の物質化したもので、それを運動の領域へともたらすものとされたのだ(12)。

そのあと百五十年ほどのあいだ、羅山の解釈は数多くの思想家の手で修正・再構成されていった。ただし、もとの説が打ち出した二元論は変わらぬままであった。朱熹を文字通りに読むことにこだわった保守寄りの学者は、理気二元論の理の方を、徳の体現として位置づける向きがあった。ところがそれを成し遂げる手法に重きを置く者もあり、その説だと理とは気が機能する場となる。朱熹はこの種の問いについて多くの金言を残しているが、なかでも最も知られたものが（ここでは日本語の言い方で示すが）次のもの——格物窮理（物に格（いた）って理を窮めていくこと）と即物窮理（物に即してその理を窮めてゆくこと）である。どちらの場合も、調べたり探ったり検（あらた）めたりされる事物が、実際の物理世界と結びつけられている。精神的なものに至るために、そこへ多少なりともつながりうる事物を手段とするわけだ。これらはみな「合理的関係性をもって、この世の神秘主義」を構成するのである(13)。

こうした思想は、その求める専門性が高すぎるために、そのまま翻案となる。日本語では、朱熹が元々なした形而上の考えとも、また大宇宙におけるエネルギー・形成力とされた〈気〉の考え方に結びつけられた現代中国の例とも、かけ離れた思想となっている。朱熹の哲学は、精神的なものと物質的なものの統合を示すものだった。天界についても、数理や実際の観察を伴わない思弁上の天文学を唱えたものであった。中国本土の実践天文学者（宮廷に仕えて天文現象を予測・解説する者たち）からは、この哲学は無用なものとほとんど見向きもされなかった。ゆえに中国の暦やその他の天文著述が輸入されたことは、こうした〈理論〉と実践のあいだにある溝もまた日本に移されたということでもある。羅山らは、その〈気〉の解釈では、理気二元論の物質面の強調を元にした新たな統合を模索したという。

イエズス会と中国——影響における皮肉と強み

日本へ初期に輸入された西洋科学についての書籍は、大半が一六〇〇年代初頭にイエズス会士らが中国語で記したものだった。こうした本は、宣教師たちが中国皇帝やその宮廷と好ましい関係を築くのに用いられ、その実際の効果たるや、ひとかたならぬものだったという。まる百五十年ものあいだ、イエズス会士たちは——時には唯一の——西洋科学思想を中国へと運ぶ主立った翻訳者であったわけだ。これが歴史上重大な位置にあることはじゅうぶん明らかで、宣教師たちはこれをよく自覚していた。先駆者のひとりであるあの有名なマテオ・リッチも、西洋科学とりわけ天文学を扱った著述を個別に三十以上も書いており、十七世紀を通じて続けられたある種のパターンを確立して、イエズス会への格別の引き立てを確保し続けたのである(14)。しかしヨーロッパの宗教人たちと同様、宣教師たちは宗教改革への反撥の影響からは逃れられず、やはりコペルニクスやガリレオに非難の声を向けている。どれだけローマから北京が離れていても、地動説を教えることを禁ずる一六一六年の教会禁令は、西洋の船に乗ってこの距離をやすやすと越えて運ばれてきた。中国科学のその後は、悲劇に近いものだったと思われる。ネイサン・セビンの言葉によると、

イエズス会の宣教師は、十九世紀以前にあって唯一、同時代の科学思想を中国に紹介する立場にあったが、一六一六年以降、太陽中心の惑星体系という概念を論じることは認められていなかった。コペルニクスを尊重したかったがため、その世界体系は誤解を招く形で描かれてしまうことになった。一七六〇年にイエズス会士が正確な記述をする自由を得たときには、中国の科学者はコペルニクスについての以前の説と矛盾するということで、太陽中心説を拒絶してしまう。ヨーロッパの作家が、コペルニクスについての初期の言説には誤りがあると認めたところで、彼らの疑いを晴らすことはできなかった。〔…〕イエズス会の科学上の努力が中国で終わりを迎えるまで、宇宙論のあいだの対立は、天文言説の革新か、それとも計算がどこまでも便利・正確になる手法を採るかという問題にしかならなかった。〔…〕初期近代科学の特質は、イエズス会の著作に依存する中国の科学者には、隠されたままとなった。(15)

コペルニクスやガリレオ、ケプラー、ニュートン、デカルトのほかホイヘンスの作品も、宣教師の手ではじかに中国語訳されることがなかった。その代わり自身で論文を書いて、実際の記録を戦略的に簡略化・改変したのである。まれな例ではあるが、クリストファー・クラヴィウスといったイエズス

会系天文学者による作品を訳したこともあった。最大の〈近代人〉はティコ・ブラーエであると言われているが、一六四〇年頃あるイエズス会士が書いているように、ヨーロッパ天文学の骨子は「その本質において、プトレマイオスに定められた限界を超えられていない」(16)。かたやコペルニクスの歴史における位置も、ティコのためにその誤りが乗り越えられて時代遅れなものとされた中世思想家の一団へ、あとから仲間入りした者という位置づけへと変わっていた。一世紀あと、ニュートンの大作『数理原論(プリンキピア・マテマティカ)』が全ヨーロッパに広まり、知の劣敗・後進性を公に象徴するものとしてローマ教会が久しく非難を浴びていた時代に、中国の人々はコペルニクス以前の宇宙観をいまだ固守し続けた。自身の文章力を通じて——西洋天文学のテクストを訳さずに書き直すという判断を通じて——イエズス会士は、中国において地を静止させるのに一役買ったわけである。

となれば、一六三〇年に日本で始まった西洋書籍の禁輸は、これに対しては有益に働いた点があったのかもしれない。検閲の主たる対象となったものにはいわゆるリッチ文書もきっとあり、そのなかには三十近くもある単著も含まれていたことだろう。とはいえ、こうした方針で書かれた解説文には、明らかな誤りもあったはずである。こうした作品には、数学・天文器具・地図作成といった科目の貴重な論文のほか、(リッチ自身による)エウクレイデス『原論』の部分訳も含まれていた(17)。イエズス会士の手で、正確な形で中国に持ち込まれた西洋科学など、少しもなかったのである。

あいにく日本に来たイエズス会士は、リッチやその後進が中国でやったような知識・教育上の方針を採らなかった。その代わりに伝道の仕事に徹底したのである。こうして日本の知識人に残された選択肢は、朱子学の自然誌と、一六三〇年の禁令以前に届いてそのあと禁制となったイエズス会士によるわずかな西洋科学論のふたつである。後者はとにかく数がなく、西洋科学は当時そこまで大事なものとはなり得なかった。中国の自然哲学は、自然界を概念として捉えるばかりだったが、その地位が揺らぐことはなかった。ただ林羅山といった思想家たちをきっかけに、この哲学はこのあともっと物質面を見る方へと移っていく。実際、あらためて〈物〉に注目することが、次の世紀の目立った特徴となるのである。

三浦梅園――〈近代人〉の成熟

こうした影響が前面に出てきたのは、一七二〇年以後の西洋科学がはじめて大量に輸入され始めた時代である。〈気〉という概念が、自然界の物理運動と実際の現象とに関係づけられるようになった。つまりこの段階で、中国起源のまったくの抽象哲学がますます疎んじられていったのである。三浦梅園（一七二三―一八九年）が次のように書いている。「自然のものを考究する者は、これまでの儒学者みなのように、賢人の言葉をただ遵守して教条主義になるばかりではいけない。真理を会得するには、自然そのものがよき師なのである」(18)。梅園が提示したのは、中国古典の深い素養がありながらも、西洋科学とその器具の独創性に惹かれ、あえて朱子学をそのような関心の合理化に用いたという、十八世紀後半に現れた新しい蘭学者像である。彼独特の朱子学解釈は一種の翻案である。西洋科学についての書物をつぶさに読み込んだ上で、その書をさらに深い問いを追求するための実用的な〈道具〉を提供するものと捉えるようになったのだ。同時に彼は、正統派の朱子学者たちを後進的・閉鎖的だと見て、その思弁ばかりを繰り返す姿勢を非難して、距離をとったのである(19)。かくして梅園は〈古代人〉を批判する〈近代人〉の中心人物のひとりとなった。彼の思想は実作に裏打ちされているが、それというのも天球儀・望遠鏡・顕微鏡といった機器――物として見える自然に目と頭でもっと深く迫るためのあらゆる道具——を自分で制作して用いたごく最初期の人物であるからだ。彼の思考様式からすれば、〈理〉とはプラトンの〈イデア〉やカントの〈ア・プリオリ〉に等しく、〈あるべき〉ものという理想像であった。それでいて〈気〉は現実そのもの、存在するものの力を意味したのである。そしてその探究とは、そのうちにある性・量・質という広く現実を構成する要素を研究することとされた。

こうして梅園は、近代日本科学の発展のおける重要な転機を示している。ある意味では、その原点近くに立っていると言えよう。ここで言及したような彼の概念枠は、物理プロセスという概念やその分析まわりの、いちばん最初の語彙を生む一助となったのである。物質・質量・物体といった物理の基本用語は、遡ると彼に行き着く。これらは自然の捉え方に深い影響を与えた用語であり、これが作られたことで、道徳的宇宙論とはまた異なる形で、言語的に抽象化された物の領域を数多く問えるようになるのだ。こうした単語はあいにく、必ずしも梅園ひとりの創出によるものではなく、昔ながらの儒教から翻案されたものだった。たとえば、〈質〉とは事物の物性を言い表すために、根本にある形而上の原理が二次的に現れたものとして、中国の学者・思想家に久しく使われてきたものだった。これは、中国の学問で哲学・宗教の教義に取り上げられた漢字だったのである。

平賀源内——電気の紹介

梅園が十八世紀後半の新しい哲学の姿勢を示したのであれば、当時彼以上に有名であったもうひとりの著述家は、それを形にするという野心を体現した人物であった。いかなる規準に照らしても、この当代で平賀源内（一七二九—八〇年）ほど途方もなく多芸多才で奇矯な好事家はいない。西洋から刺激を受けて、それをまさに具体的な成功と失敗の見本市へと変えて見せた男である。彼の活動を並び立ててみると、ゆうに十の分野を超える――劇作家・小説家・鉱山技術者・鉱物学者・陶芸家・時事作家・博物学者・好色本作家・画家・興行師。取り上げる学者が異なれば、平賀源内の〈主要な業績〉もまた異なってくる。日本の題材に西洋画の技法を応用した最初の人物、石綿布の発明者、戯作と文学の越えられない壁を早くも横断していた作家、電気を日本に紹介した男。

本書の趣旨からして注目に値するのは、このなかでも最後の〈電気の紹介者〉という側面である。長崎を訪れた平賀は、出島の商館で目にした書籍含む数々のものに心を奪われた。ある記録によると、寝具を含む全財産を売り払ってまで、（オランダ語で書かれた）オランダ動物学の一巻を購ったという。平賀はかつて本草学、すなわち植物薬理学を学んだことがあった。この分野は中国古典の解釈と本文中の植物の議論を伴うため、朱子学者も実践していたのだ。一七五〇年の始めごろ、長崎への初めての旅のあとには、平賀もこうした儒学にまったく幻滅してしまっていた。オランダの著述にさらされたことで、古代中国典籍の扱う範囲を超えて、値打ちある珍品に満ちた広大な世界があることに気づいたようだ。一七五〇年代のあるとき、彼は大衆に見せて驚かせる（中国のものでない）日本の〈産物〉の大展覧会を年に一度催そうという案を思いつく。こうした〈産物〉のなかには、医薬品・土着植物・岩石・鉱石・木材など日本諸島に固有の幅広い物品がさまざまあった。元々の発想ではこうした物品は〈自然の産物〉に限られていたが、各展覧会の目録を見ると、骨董品（たとえば古い寺院の屋根瓦）なども含まれていたことがはっきりとわかる(20)。結果として出来上がったものは、いわゆる驚異の部屋（キャビネ・ド・キュリオジテ）ないし宝物殿（シャッツカマー）の一種であり、日本の驚異を見せつけることを意図した絶品珍品コレクションで、愛国趣味がはっきりと打ち出されていた。

平賀の具体的な目標も、留意しておいて損はない。価値ある物品を集めることは、これまで中国古典という典籍の独擅場であったが、彼はこれを覆そうとした。日本の新しい知識に具体性を持たせようとし、どこにでもはっきりと存在するものを見世物として示すことで、一般大衆にそのような知識を植え付けようとしたのである(21)。平賀はこうした展覧会、すなわち自然の産物を見せる会を〈物産会〉と呼んだ。これら物品のなかでも特に目を引いたものは、医薬の材料となる植物で、本草学の専門家たちが日本の田舎を探検して持ち帰ってきたものである。江戸幕府も支援したこうした活動で、外国産(とりわけ中国産)の医薬品への依存を減らせると、平賀は主張したのだ。

大衆興業と西洋学問へと向かうこうした平賀の趣味が、その果てにひとつになって、まさに斬新な見世物となる。どうやら故障したオランダの船来品を、〈珍品〉コレクションのひとつとして何らかの手段で彼は手に入れたのだが、それは一七七一年以前のどこかで長崎に持ち込まれた、ごく単純な静電気発生器であった。休み休み何年もかけて、熱心に興味をもってそれを動かそうと試み、やがてついに動作する自作器を作るに至って、似たようなものを最低でも十五台は制作したという。元々の発生器は、当時の説明によるとオランダ製であるらしく、人体の患部を熱し暖めるという手立てで医療目的に用いられたものだという(22)。この機器とその生み出す〈人工の火〉のどちらに対しても、平賀は音写された語である〈ヱレキテル〉を当てた。文献にあった短縮形を採用したのだろう。これは〈電気〉に用いられた日本で最初の言葉ともなるようで、オランダ語の elektriciteit という用語、日本では〈ヱレキテルセイト・ゑれきてりせいりてい〉などと書いたものの略形であった。平賀が短縮形を使ったことは、日本の学者がオランダ語の長くややこしい用語によく使った、ある種の言語上の翻案をよく示すものでもある(この独特の翻案手法は今でもよく用いられている)。

この語を造った男は、その晩年も知識の探求者というよりむしろ知識の伝道者であり続けた。エレキテルを〈自分〉の発明だと説く際に平賀が向き合うのは西洋思想でなく、とりわけ真言宗の仏教宇宙観であった。この枠組みのなかでは、宇宙は五つの元素――空・風・地・水・火――で構成され、最後のものを万物の核とした。本質としてエレキテルは、この火が機器に誘発されて実体化したものであると。こうした説は平賀から、同時代の高名な儒学者である石倉新五左衛門(23)に受け継がれた。ただ皮肉なことに、この〈エレキテル〉という語は次の世紀には引き継がれず、その代わり中国語の〈電気〉に取って代わられる。彼の意に反して平賀の後進は、その行為に倣って当該の機器を、学問を刺激しうる道具としてでなく、むしろ主に見世物として用いたのである。こうした電力の〈低級〉な使い方のために、平賀の用語はのちの学者にも低い評価を受けることになったようだ。一八五〇年になるころには、〈電気〉という言葉が科学界で確立してしまっていた。

〈理(サイエンス)〉を訳す

このことは〈学知(サイエンス)〉そのものの問題を提起する。この語は、近世にあってどのように訳されたのか。梅園・平賀そのほか蘭学者たちが用いたように、十九世紀中盤に至るまでこの語は、〈窮理〉以外のなにものでもない――〈理をきわめること〉という朱熹に定められた根本原理である。オランダ語の〈ナトゥールクンデ〉は、日本語読みされた中国哲学の用語を通して、日本の思想家に使えるよう訳されたというわけだ。そのあと江戸時代末期から明治維新(一八六七年)のあいだに、この訳語はドイツ語の〈ヴィッセンシャフト〉の訳である〈科学〉(すなわち科目の学問)に置き換わった。

とはいえ窮理という語が廃用されたわけではない。その代わり、西洋から輸入されたいわゆる〈物理学〉に対する訳語としてしばらく用いられたのだが、それはこの分野が他のあらゆる科学の基盤にあり、それゆえ〈理〉の昔ながらの考え方とつながりがあると信じられたからであった。実際このつながりはまったく絶たれたわけでなく、結果として現在も用いられているこの〈物理〉という訳語は、〈事物〉の理を表す、これもまた中国語からの借用語である(24)。こうして中国と西洋の感性を複雑に混ぜ合わせるのが、日本科学の初期段階に不可欠な側面なのだった。

しかしながらこうした混交から、中国と西洋が両立している、ないし昇華された、などと受け取るのは早合点である。三浦梅園を初めとする思想家たちを見ても、理気二元論のなかで徳と知を互いに区別していこうという強い気運の高まりが見える(25)。十八世紀後半には、オランダ語書籍の国内持ち込みの許される数がますます増え、蘭学者に対する幕府の支援も、関連知識が大事な実利になりうるという考えに基づくところもあってか大きくなった。一七九〇年代初頭にロシアとアメリカの軍艦が来訪したことも、この方針を大いに強めることとなった。かたや保守派の学者は、精神・道徳の力を日本の本質だとして、侵略者を撃退するにはそれだけで十分であり、西洋の知識に触れることはみな汚染であると考えた。こうした二様の思想が生んだのは、結果としてひとつには〈倫理〉から自由な〈知識〉、もうひとつが〈知識〉から切り離された〈道徳〉というものであった。西洋の学知は、ますます実用的な一連の技術として見られるようになり、物質面から現実世界の力となるのがその本分とされたのである。

言語と拠り所——西洋科学翻訳の論点

日本科学の知の源流に簡潔に触れたことで、ようやく中核部分に立ち返れる。日本近世科学史とは、まったくではないにせよ、おおよそのところ翻訳の歴史でもある。科学知識に関して日本が孤立しているのは、当時もそして今に至るまでずっと、地理・政治面での僻地であるということ以上に、言語の問題によることが大きいのである。この根本にある理由ははっきりしている。十九世紀後半以前に、日本語の読み書きのできるヨーロッパの学者は、いたにしてもごくごくわずかだった。そしてそのあとでも、日本語を学んだ貴重な数少ない人のうち、その大半は学者でも技術者でもなく、むしろ芸術・商業・宗教・外交に携わる人々であった。実際このことは今に至るまで変わらず正しい。素人と玄人とを問わず、日本の学者が自分の選んだ分野を追い求めるには外国語を学ぶ必要があり、それが二百年ものあいだ絶えず大事な素養となってきた（日本の専門学術誌がこんにちでも英語で多数出版されていることを思い出してほしい）。二十世紀に入ってからも、日本の〈科学〉は広義の翻訳を意味していた。

西洋科学がまず日本で始まった当時、学問の言語はまだ中国語、正確に言えば中国語と日本語のハイブリッドたる漢文であった。西洋の知識がまず通らねばならなかった表現体系が、この漢文だったのだ。そうなると、当時に造られた術語体系が、中国ないし儒教の影響を強く受けているのは必然であろう。ならば過去を断ち切ること、もっと近代的な物の見方へと最終的に移るということは、どの言語を拠り所とするのかという変化次第であることにもなろう。近代化のために、日本科学は知識を担う新しい言語を見つけなければならなかった。

十八世紀後半に端を発するこの新たな言語とは、オランダ語のことだった。元々〈オランダ語の学習〉という意味の〈蘭学〉という用語について、西洋のこと（とりわけ学問知識）を学ぶなら何でもこう言い習わされることになった点に留意しておくのは、おそらく大事なことである。一八〇〇年代初めには、オランダ語の著作は学術共同体のある域内にそれなりの安住の地を見つけ、ある科学分野のうちでは中国語の著述に取って代わりつつあった。西洋の学問ともっとじかに触れたい、時代遅れの手法・思想を捨ててしまいたいという願望があったのだ。ヨーロッパから学ぶことは主に〈芸術〉(つまり技術)で、ゆえに朱子学の教えに反しないという感覚から、日本の学者には、言語や知識の面で中国・西洋のいずれを採るかという選択の自由が許されたのである。ある歴史家は、この状況を次のように説明している。

少なくとも十八世紀までに日本は中国から文化的支配を受けていたが、政治的支配を受けていたわけではなかった。日本人は、自国という自意識や自らの威信をけっして失ってはいなかった。韓国や安南といった中国の冊封国に比べて、日本は自らの主導で近代化できる良好な立場にあった。日本人は、西洋科学・中国科学のどちらかを好きに選べる自由があったのだ。[さらに]日本に影響力ある哲学が複数あったことが、新しい考え方を正しく評価するための健全な基盤にもなったのである。仏教・儒教・神道がすでにあった。ならば他の道を取れないはずがないではないか。(26)

こうした特徴付けはもちろん単純化しすぎている。自然哲学における知的遺産を手の一振りで払いのけられるほど日本人が自由だったわけではない。一八〇〇年代の終わり近くまで、その混在は続いたはずである。さらに、西洋の熱心な受け入れを、とりわけかつて信じたものを犠牲にしてまですべきだと、あらゆる学者が意見を一にしていたわけでもない。だがこうして複雑なところはあっても、数多くの分野で西洋の科学が中国の〈技術〉よりはるかに優れていると見る捉え方は、めざましいほど急速に広く一般的になっていった。医学（特に解剖・手術）・航海術・天文学の三つは、十八世紀後半に広く認識されるようになった分野で、軍事技術が（とりわけロシア・アメリカの軍艦が来訪したのち）すぐにあとに続いた。江戸時代は総じて日本のナショナリズムが高まった時代だが、平賀源内や三浦梅園の例に見られるように、中国から関心を逸らしていく日本人の多い時代でもあった。十七世紀後半から十八世紀にかけて勢いを持った国学運動では、中国からの輸入品である仏教を土着の宗教である神道に代えて、既存の中国文献とともに学ぶべき日本古典なるものを精選するところに眼目を置いた。賀茂真淵や本居宣長が考えたような国学の学校設立案では、中国の〈混沌〉および〈哲学上のうぬぼれ〉が一貫して非難され、その代わりに日本こそが天地の自然法則に従って自らを治めるものだとした(27)。多くの日本人にとって、中国とはもはや道に迷いながらも威張り散らす教師のようなものであった。中国の学問に従えばそこに重い負債もついてくる上、その負債は知と文化という宇宙の中心から中国を外すことでしか取り除き得なかった。これから愛国意識が先鋭化していくことが避けられない状況になっていたのだ。

これは、中国の自然哲学が捨て去られたということではない。反対に中国哲学は日本の持つ遺産の一部で、土着化した不可欠な要素だと考えられていた。むしろ中国そのものが政治・文化の面で、道徳的な宇宙観という原理・教訓に合わなくなってきていたのである。道に迷って〈正しい道〉を外れ、〈誤った政治〉〈つまらない合理化〉〈詭弁への執着〉に堕してしまったのだと。かたや西洋の知識は、道徳という重荷がついてくることもなく、また意識的に耐えたり抗ったりする必要もない。朱子学の教義というものがかえって、この知識を高次の道徳的宇宙の原理とは別物の〈単なる技術〉と捉える後ろ盾となったのである。とはいえこれは、仕える先を変えることなくその知識を吸収できるということでもある。影響力ある国粋作家・平田篤胤（一七七六―一八四三年）に代表される、あらゆる異国のものを排斥する人々でさえ、西洋科学の肩を持つ発言を残している。

オランダ人は、事物をその奥底に辿り着くまでたいへんねばり強く調べ上げるという、すぐれた国民性を備えている。［…］中国とは異なり、オランダはすばらしい国で、その国民も上っ面の推論に頼りはしない。［…］その者たちの発見も、千年いや二千年にもわたって何百人もの人々が科学上の問題を探究した結果であって、そのことは日本に献じられた書籍のなかにも記載されている。(28)

ここに示したのは、日本の学者にも実になじみやすい物言いで描かれた西洋科学への認識である――すなわち、時代を越えて編纂され受け継がれてきた〈古典籍〉とされたのだ。そう考えると、こうした〈知恵〉は、自ら強くなりたい自立したいと努めれば、日本にも容易く用い得るものであった。たとえこうした作家たちがヨーロッパの学問を意識したくなくとも、中国へなされた反撥の印はいずれも、長い目で見れば西洋科学へと向かう兆しとなるものであった。中国から離れようとすればするほど、西洋へと近づいていくことになるのである。言い換えれば、西洋の学知を学ぶということが、優れた〈中国〉というイメージをうまく日本に捨てさせる、文化・政治上の引き金となったのである。この初期段階ですでに〈野蛮な西洋〉は、独立した国民国家になろうとする日本の助けとなる道具であったわけだ。

高まる議論・不安・思想対立のために、保守的な幕府はさらに一七九〇年、〈異学〉を教えることの禁止を申し渡すこととなった。ただし、この試みが書籍検めに与えた影響は全体として小さなものだった。オランダから国内に持ち込まれる書籍の量は依然として増加傾向にあった。政治・文化の上で正しいとされるものにも、まだまだ抜け道も柔軟性もあったのだ。一七八〇〜九〇年代になるころには、医師および医学に関心を持つ武士たちで、オランダ語の勉強に乗り出す者たちはますます増えていった。この流れに拍車をかけたのが、オランダ語から日本語に訳された初めての書物が一般に向けて刊行されたことであった。元はドイツ人医師によって一七三一年に書かれた『ターヘル・アナトミア』として知られる医学書で、掲載されたたいへん詳細な解剖図の数々は、中国に影響を受けたこれまでの解剖学に、はっきりと新しい視座を与えるものであった。そこから生まれた翻訳『解体新書』が刊行されたのは一七七四年で、「それこそあらゆる種類の蘭学への関心が大きな波として巻き起こったのである」(29)。〈夷人という脅威〉が多方面で尾を引いていたが、西洋の学問は〈単なる技術〉であるという見方、そして実用知識を自国に蓄えたいという気持ちに後押しされて、この新しい関心が生まれたおかげで、オランダ語の新著をたくさん国内に持ち込むことが許される素地ができたのである。

一八一一年、幕府は洋書翻訳のための部局である〈蛮書和解御用〉を設置する。これは、かたやこの新しい知識の内容と拡散をコントロールしようとする試みであると同時に、その高まる存在感・重要性をはっきり認識していたことを表すものでもあった。この機関はいくぶん複雑な経緯を辿り、初期は主に管理局であったのだが、そのあと政情から逆風を受けて一八四〇年代には検閲局となり、ペリー来航後の一八五五年には、オランダ語だけでなく英語・フランス語・ドイツ語を教えるばかりか、さまざまな学科を授ける公的な総合教育機関となるに至った。(最初期に最大の影響力を誇ったのは、間違いなく初の蘭日辞書の刊行であろう。)

十九世紀に入ってからの最初の十年は、オランダ語が西洋科学の言語になっていた。一八六〇年代後半に明治時代が始まり、最終的に倒幕されるまでそれが続いた。そのときまでに日本人の学者・翻訳者・役人らも、初期にはヨーロッパの玄関となっていた所が、実は勝手口のようなものであったことに気づいていた。英国およびアメリカの海事力、フランスの化学と天文学、ドイツの物理学と医学――このいずれもが、大きな魅惑・恐怖・羨望の源となったのである。ところが言葉への関心をあらためて移すまえに、外部からの影響を大きく受け入れる態勢を造らねばならなかった。文化とは言わないまでも、こうした開放へとつながる政治・経済の状況はくり返し触れたから、ここでは改めて論じない。とはいえ、ここでの要点は、近代の技術ひいては科学を手に入れたいと政府が望んだことが、この流れに決着を付けるのに一役買ったということである。

明治維新(一八六七年)より以前、日本の科学はおおよそ制度に組み込まれないままだった。翻訳局を除けば、政府の後援のもとに携わるときでも、やはり蘭学を行うのは主として個人であった。中国については複雑な気持ちがあったが、それでもほとんどの者は、中国を拠り所とするか朱子学を奉じるかしていた。一八三〇年代までは、オランダ語の著作を漢文すなわち古典中国語に訳すことが、蘭学者にとっては普通の営みであった。さらに、(たとえば賀茂真淵などの)中国を批判して外国を嫌うなり、新しい国学を積極的に推し進めるなりした者たちも、中国思想を排斥するほど過激な物言いはせず、また西洋哲学と完全に取って代わるものを打ち出すこともしなかった。こうした思考は中国語そのものと同様、久しく日本の一部であった。その否定に類するものはそののちの、科学が制度として発展する大きな初期段階に入ってからしか現れなかったのだろう。

明治時代の科学

この局面について、これまで多くの歴史家が評したように、神風が吹いて知の流れが変わったかのごとく、近代科学は一八六七年に明治時代とともに始まったとするのは、いくらなんでも単純に過ぎるだろう。政府がこの点をしっかり手綱を取って、科学知識を国家の近代化の鍵と捉え、学生を海外に送り出し、かつ外国人教師を国内に招いたのは、確かに事実であるけれども、このことがすなわち過去とのまったくの断絶を意味するのではない。西洋の著述の翻訳は、幕府・政府の支援・監督下で長きにわたって実行された活動であった。長崎にあった翻訳局は、西洋学問を紹介・伝達するためのある種の機関で、たくさんの翻訳が送られた〈いわば国内追放先の〉江戸の文庫とともに、科学を制度の力でコントロールしようという幕府の大規模な試みの一部であった。幕府が一八五五年に設置した西洋学問のための機関〈開成所〉もまた、そうしたもののひとつだ。こうした試みは、西洋への対応としての明るい側面であるが、やはりシーボルト事件〈一八二八年〉や蛮社の獄〈蛮社とは〈西洋の学問をする連中〉のこと〉といった出来事をはじめ暗い側面もあった。これら事件では有力な蘭学者たちが逮捕・拷問されて自白に追い込まれ、処刑ないし切腹に至っている(30)。この場合、幕府が暴力で応じたのは、情報管理という厳格な方策が破られたと考えた結果なのである。それはとりもなおさず、西洋の知識には大きな力があるという証でもあった〈この力が、人を啓蒙するもの堕落させるものいずれと見なされたにせよ)。

したがって明治時代に政府主導で行われたことは、まさにこの大きな計画の延長線上にある。何を拠り所にするかという論理が今や転じ、西洋の知識を輸入するという方へと軸足が完全に移ったのだとしても、こうした統制の根本にある理由は変わらない。書籍・教師・思想・技術――これらは自国でも全世界のどこでも国力に不可欠な資本であった。この資本を制御しつつ行き渡らせる計画の立案と継続は、当初から政府が自ら決めた課題であった。この試みが長期的にある程度成功していたことこそ、まさに本論の核にしたい点なのだ。すなわち、〈科学〉とは長らく〈翻訳〉と同等のものであったということである。

外国人教師と現地の学生――啓蒙哲学と言語の問題

外国人教師を自国に招き(〈お雇い〉)、才能ある学生を海外へ送る(〈留学生〉)計画が、一八七〇年代から一八八〇年代にかけて開始された。この期間内ほぼずっと、(国内の抵抗がなかったわけではないが)とりわけ技術・文芸・政治の範囲で西洋化への意欲がこれまでになく高まったのである(31)。特に一八七〇年代は日本啓蒙の最盛期で、福沢諭吉をはじめとする思想家・著述家たちが先頭に立って、旧来の封建制度からくる批判を陳腐化する後押しをし、衣服から詩歌に至るまで現実生活のあらゆる分野に西洋流を持ち込むという形で近代化を打ち出した。当時の合い言葉は〈文明〉(古代中国語由来の言葉)と〈進歩〉の二語だった。ただしこれだけではない。儒学者に用いられた旧来の用語も取り上げられ再定義されたのだ。たとえば虚学と実学について言えば、前者は善行を伴わない学問に対して用いられ、後者はその逆を表すものだった。啓蒙作家はある点でこの用語の意味を元々のものとは変えてしまった。虚学は、知識にいつも道徳上の目標があるべきとする（結局のところ儒学の）態度を示すようになり、かたや実学は、日常生活で役立つ実世界の知識を表し、生活・産業の向上や将来を見据えた新しい国家の建設へと向けられるようになった。福沢は、こうした考え方を実地に熱く推し進めた人物で、実学をとりわけ西洋科学と結びつけたのである。この時代を研究するある歴史家が述べたところでは、実のところ、

自然法則への関心を欠いているがために、日本は文明という喜ばしい状態に進歩できていないのだと、福沢は確信していた。日本はある特殊な知識（倫理の知識）を強調しすぎて、倫理上も中立な科学知識を犠牲にしてしまっている。この国は道徳が文明における唯一の要素であるかのように考えているが、〈進歩〉を引き起こすものは［…］道徳でなく知識であることは、どこまでもはっきりしていた。古代以来、道徳から何かが驚くほど進歩したことはなかった。というのも、道徳家も聖人も、キリストや孔子が定めた原理にただ注釈を付けること以上はできないのだから。［…］ところが［科学の］領域では、「古代人が一しか知らないところ我々は百のことを知っている。我らは彼らが恐れたものを蔑み、驚いたものを笑うのである」。(32)

こうした比較は単純なものだったが、明治時代を通じて福沢は導きの声であり続け、その思想は知的領域のほとんどで確固たるものとなった。

とはいえ、こうした影響力を過度に強調するのはこれまでにもよくあることで、この時期は、日本が「ヨーロッパ文化に基づいて自身を再発見」しようとしたものと捉えられることもしばしばであっ

た(33)。ただし当時のイデオロギーはそう単純なものではない。黒板をまったくきれいに拭き取ることはできないのだ。キャロル・グラックの記述にもあるように、「当時にあって文明の伝道者たちは、〈国体および富国のため〉といった類の文言で熱心に推奨し出すことも多かった」(34)。ナショナリズムへと突き動かされる心は、長らく西洋の科学を必要な要素と見なし、それが揺らぐことはなかった。西洋化への動きはこの衝動を強めるだけで、実地の課題・手法を新たに一式授けたのである。こういうことからも、〈文明〉と〈啓蒙〉は、国家統合の象徴たる天皇という復活した公式の偶像崇拝と切り離すことはできない。時間(歴史)を超越して、将来的に(まもなく)日本自身の植民地化という〈冒険〉を正当化してくれるはずの象徴であったのだ。言い換えればナショナリズムとは、他国の出しうる最高のもの、様々な領域で近代の力としてその価値がすでに認められたものを取り込むことで、自国内部の強度を高める行為なのだ。

J・R・バーソロミューによれば(35)、一八七〇年から一九〇〇年のあいだにヨーロッパおよび合衆国から日本に呼ばれた教師は、合計でおよそ八千人しかいなかった。これとは対照的に、何万人もの留学生が海外に送られた。ここには政府の重要な方針が反映されている。できるだけ速やかに、知識・経験についてじかに外国への依存度を減らしたかったのだ。〈お雇い〉教師の生徒たちが、大挙してその教師の立場に取って代わるべく期待されたわけである。一八七二年、政府は全国を八つの学区に分割し、それぞれの頭にヨーロッパの教授を据えた高等教育機関・総合大学を備える計画を開始した。考えとしては、核(ノード)となる点を複数作り、そこから適格な学生たちを外側に広げていって、国全体に新しい知識を浸透させようというものだった(ただしそうした学校として実際に設立されたのは、東京・大阪・長崎の三校だけだった)。かたや海外から帰国した学生たちは、このプロセスを後押しするとともにその域を超えて、豊富な専門知識で統治・軍事・新大学・民間企業を豊かにすることとなる。

内と外の両面から西洋科学を現地化しようとするこの二重の試みは、翻訳の力を盤石な土台とした合理的な一大計画だと理解しなければいけない。西洋科学が常に知られてきたのは、(オランダ語・中国語・日本語への)翻訳を介してこそなのである。このとき、この昔からある接触手段のおかげで、国を外に大きく押し広げ、英語・フランス語・ドイツ語・ロシア語・ラテン語・ギリシア語といった新たな言語を次々と巻き込む形で、この科学が築かれてきた数々の中心地を辿っていったのだと思われる。日本が受け取った西洋科学という経験は、このときにはすでに様々な言語からなり、そのために複数の社会を宿したものでもあった。著述家や役人たちは、そうした経験を単一のものとして語ったかもしれない。はじめは蘭学や蛮書(〈野蛮人の書籍〉の意)、このときは西洋学といったように。しかし日本における科学とは、言語の上でも実地の上でも、これまで以上にきわめて不均質なものであった。この点では、政府の計画のどこにも、外国人教授に日本語を教える件が触れられていないことにも留意しておくべきだろう。日本語を学んだお雇い教師も、その専門の活動での使用は快く思われなかった。こうした教師の著作・論文・講義は、学生たちの手で翻訳されたのであり、したがって、科学言説そのものの発展・活用をうまく制御することで知の国策を実行したのは、その学生たちということになる。つまるところ、西洋人たちがこうした言説へじかに関わることはほとんどなかったのである。

このことはまた、先に触れた言語上の背景とも合致する。十九世紀後半、日本語の書き言葉には数多くの規準が乱立し、正式なもの・略式のもの、古いもの・新しいもの、集団のもの・個人のものと様々な形式が入り乱れて、混乱の渦中にあった。とりわけ一八七〇年代と一八八〇年代は、日本語をどうすべきかについて社会は大きく紛糾し、大いに議論された時代であった。こうした日本語を扱いづらく古くさいもので、西洋の流儀〈とりわけ科学〉の学習には非効率でまったく不適切なものと考える人々は、福沢をはじめかなり多かった。漢字を完全に廃止して、言葉をみなローマ字〈すなわち西洋の表音記号〉で記すべきだという提案もなされた。保守派はまた違って、西洋語・中国語の言葉をすべて日本語に変容させるか、〈外来語〉をまったく捨て去るかして、母語を〈純化〉するよう努めるべきだと主張した(36)。この揉め事も最後には程度問題という形に収まる。結局のところ、西洋科学の知識に国家の未来への鍵があるということで、ほぼ意見の一致が見られたのである。この知識の源を現地化していく最善の道が問題なのであって――日本の〈西洋化〉と西洋の〈日本化〉、そのまま使うか翻案するかの、適切なバランスはどこにあるのかが課題とされたのだ。言語を論ずることは、実用面と象徴としての政治・文化の面の双方を論じることでもあった。とはいえ〈西洋〉――したがって〈科学〉――も、一枚岩のものではない。何とはなしにどれを拠り所とするかで、いくつにも分けられたのである。

移り変わる拠り所――ヨーロッパからアメリカへ

外国人教師のほか留学生までもその人選は場当たり的なことが多かったが(37)、〈派遣先〉となる国は慎重に選ばれていた。日本政府に定められた推奨国は、当時の西洋科学の現状をかなり正確に描き出している。なかでも中山茂は(38)、この推奨国をうまく整理しているので、以下に一部掲げてみよう。

ドイツ――物理学・天文学・地質学・化学・動物学・植物学・医学・薬理学・教育機構・政治学・経済学
フランス――動物学・植物学・天文学・数学・物理学・化学・建築学・外交・公共福祉
英国――機械技術・地質学・採鉱技術・化学・製鉄技術・建築学・造船技術・牧畜技術
合衆国――数学・化学・一般理科・土木技術・産業法・農業技術・牧畜技術・採鉱技術
オランダ――灌漑技術・建築学・造船技術・政治学・経済学

日本は、ドイツとフランスが基礎科学研究の先頭にいると認識していた。十九世紀の初め、フランスの化学（ラヴォアジエ）と博物学（ビュフォンやキュヴィエ）が日本の同分野の基礎を形成していた。明治初年では、化学と物理学は実際、ドイツ語・フランス語・英語という主要三言語で教えられていた。ところが普仏戦争のあと、フランスに認められていた拠り所としての地位は下がってしまう。イギリスとスコットランドの技術者たちは、採鉱・鉄道・舗装では一流だった。ところがとりわけ一八八〇年代以降、ドイツこそがほぼあらゆる分野（特に医学や大学での基礎科学教育）での主たる模範と見なされるようになった。一八八〇年代には、ドイツは日本政府から高等教育の全機構といくつもの政治制度の改革にあたって手本とされたのである。一八七〇年代には遊学先の国にドイツを選ぶ留学生はほんの二七%だったが、この数字が一八九〇年代には六九%に、さらに二十世紀に入って最初の十年には七四%にまで上がることになった(39)。

そのため日本の科学は総じて、おおよそ複数の西洋言語で執り行われていた。新たに生まれた日本の科学者たちは、その各分野で手本とされた国に応じてドイツ語・英語・フランス語などで物を教え、論文や単著を著し、学会を催しまでもした。繰り返しになるがこれは新しい発展を示すものではなく、はじめは中国語に始まり、のちに蘭学の幼年期にはオランダ語も用いるようになったがごとく、昔からやってきた専門知識の取り入れ方をそのまま続けているだけである。ところがこうなると、分野が違えば——それどころか同じ分野内でも派閥が違えば——本当に文字通り、互いに話もできないことにもなる。分野間の相互のやりとりが極端に欠けることも少なくなかった。次の世紀になってようやく日本語が、知識を学び問うための媒介として外国語に取って代わるようになる。

もし大きな発展がなければ、この変化もまだもうすこし時間を要していたことだろう。このとき東京化学会や東京数学物理学会といった学会の設立があって、字書編纂および重要語の標準化を自覚して自らその役を果たしたのである（図17参照）。これら学会は、最初の務めとしてこうした言葉に関わる課題に取り組んだ。教科書をはじめとして新たに訳出された著作も数多かったが、同じ現象に様々な名称を与えてしまうことも少なく（たとえば元素名など）、そのため全体に混乱が広がってしまっていた。たとえば化学の場合、フランス語由来の呼称と、ラテン語を語源とする言葉がきわめて少ないドイツ語から派生した言葉とでは、かなり異なってくる。ゆえにこうした混乱があるということは、社会に言語規範が大きく欠けているということでもある。科学の術語がさまざまであるのは、文筆における書記体系がややこしいほど多いことと同様の問題があるのだ（漢文・変体仮名・中国語・口語日本語のほか数種の正書法など）。ドイツ語や英語の用語（を日本語に音訳したもの）をそれぞれ重視する者のほか、その併用を好む日本の研究者がいるように、古風な文体を選ぶ小説家もいれば、口語にする者もいるし、さらに複雑な雅俗混交体を採る者もあった。大きな社会で書記体系がややこしい

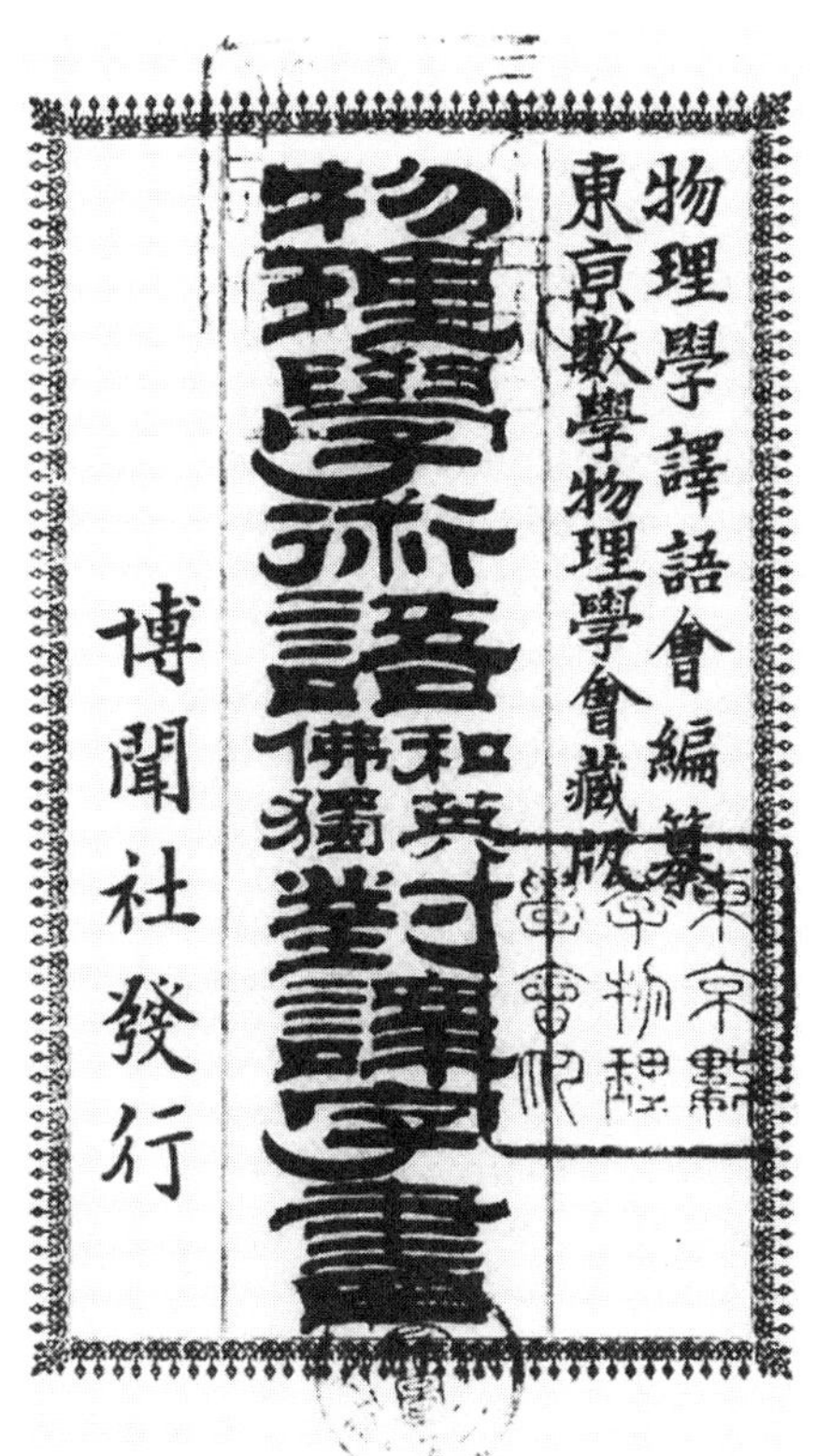

図 17 『物理学術語和英仏独対訳字書』表紙　　1888 年刊、わずか 88 ページの本文編纂に 30 人以上の科学者が数年がかりで仕上げげた（Watanabe 1990）。日本物理学史の大事な一歩を示すもので、幅広い翻訳文献から初めて術語体系をまとめて標準化する一助となった。Watanabe 1990, 14 から許可を得て転載。

ほど多いのであれば、科学で個々の思想・事実を記す手法もやはりややこしいほど多くて当然である。実は科学もまた、文筆という大きな枠組みに不可欠な一部分なのである。実際に標準化が始まったのは、専門家集団が形成されて、混沌とした状況をきっかけに、一定の用語一覧を配って整理しだしてからである。たとえば一八八八年、物理学者の山川健次郎の主導により、日本語・英語・フランス語・ドイツ語で物理学用語をどう言うかをまとめた字書が刊行され(40)、分野統一と教育標準の設定をなしとげる前例のない文書を日本の物理学者たちは手にすることとなった。こうした発展のおかげで、最終的に日本の科学者たちは自分たちの母国語で講義・執筆できるようになったのだ。さらに、これは十九世紀末に〈日本化〉の必要性が高まったことを背景に行われたことでもあり、当時それに先立つ数十年のあいだ熱心に西洋化がなされたことへの反動が広がり始めていて、日本も技術力でおおむね自給自足できるようになったのだから、もはや西洋の言いなりになる必要はないという主張へと流れていく機運があったのである(41)。自国の新たな技術力は、いくら英国(世紀末前後における日本の対欧主要同盟国)の多大な助力で日本の海軍力が整備されたとはいえ、日清戦争(一八九四―九五年)や日露戦争(一九〇四―〇五年)の勝利によってはっきりとした形で証明されたというのだ。

それでいて、こうした新たなナショナリズムから、日本科学の中核としての翻訳が終わりを迎えたということではけっしてない。学生たちは数十年前と変わらずドイツ語や英語の学習が必要とされた。新政府や工業実験については、依然としてその研究の手本はヨーロッパであり、さらに当時はアメリカもそうであった。用語標準化の第一段階は一九〇〇年頃には終わったが、献身的な尽力にもかかわらず、派閥主義をあとに引きずってしまったこともあって、思うほど包括的なものにはならなかった。一方で、西洋の研究速度が絶えず話題・興奮・不安いずれもの種となっていた。制度設計が未熟であったこと、また研究共同体が西洋に比べて小さかったことを考えると、ドイツ物理学やアメリカ工学の最新動向を日本が果たして追えたかどうか。ましてや同じレベルで戦えたかとなれば、なおさらである。こうした実力差のある実情からは、やはり外国から新語を次々と日本語へ持ち込むほかないだろう。それはまた、日本の科学者が外国語に通じてその言葉で研究できねばならない必要性が、まだあるということでもあった。一九二〇年代には、日本にも学術研究会議という研究評議会が設けられ、天文学・物理学・化学・地質学・動物学・植物学という基本分野別にそれぞれ主要学術誌を創刊、これによって科学そのものの今後の方向性が言語面でもはっきり定められた。すなわち、こうした定期刊行物がみな英語で刊行されれば、読者に関する問題はほぼ回避されて国際流通が盛んになると、この研究会議は判断したのである。こうして「日本化学輯報」（一九一九年）、「日本地質学地理学輯報」（一九二二年）、「日本天文学及地球物理学輯報」（一九二〇年）などが生まれた次第である。

ドイツ語がこの試みに採用されなかった点は注目に値する。第一次大戦中および戦後、ドイツは科学の拠り所となる国という地位を失っている。戦争のために、二カ国間の知識・商業面での交流が大きく阻害されてしまい（たとえば日本はドイツから大量の製剤・医薬品・工業薬品を輸入していた）、日本の自給自足と（数年後の）帝国の拡張をねらう政府の思惑に反して、外国への依存度の高いことがかえってあらわになってしまった。さらに戦争が日本政府と日本の科学者・技術者に突きつけたのが、先進国の大部分がどの言語よりも英語を用いていること、とりわけ急速に近代化したアメリカが産業力・軍事力の影響力をますます強めていること、そして物理学・科学・医学といった分野で先頭に立っているのは明らかであったのに、ドイツが戦争で完膚なきまでに敗北し、今もって復興にも深刻な問題があるという事実であった。

かたや一九二〇～三〇年代には、日本の科学研究も、もっぱら軍事・植民を目標として執り行われ発展してきた。政府・軍・民間企業のいずれもが一丸となった結果、一九三一年の〈満州事変〉が引き起こされ、そのおかげで起こった軍需産業の好景気のために世界的な大恐慌の影響も被ることなく、全国の技術者のうちおよそ五〇パーセントが軍事研究に関与し、その残りも大半が（多くの基礎科学研究者とともに）関連活動へ間接的に関わることになったという(42)。いわゆる〈巨大科学〉（大規模研究）が日本の資本主義・帝国主義の中核となり、（難しい案件に限り）ヨーロッパやアメリカの科学技術の成果と本当の意味で肩を並べられるようになったのは、特にこの時代であった。これが動員期から第二次大戦に至るまで続いたことは、言うまでもないだろう。この時期を通してアメリカは、不気味に迫る宿敵と見なされるとともに、その有する世界的な力から羨望の的とされた。

第二次世界大戦で日本が敗北したあと、科学活動はアメリカ占領軍によって軍事から引き揚げられ、アメリカから招かれた科学者による直接の監督のもと、政府運営の各種研究協議会・研究機関へと引き継がれた(43)。日本科学のために新たな制度基盤を構築することは、この国を民主国家へ作り直すにあたって重大な要素であると考えられていたのだ。西洋を手本に、科学活動は軍事部門から民間企業や大学に、やや遅れて新政府の研究所へと移された。日本の科学はこのとき、刺激の源かつ見倣うべき模範として、アメリカに十分な注意を向けることとなった。とはいえ、この転換の詳細や制度設計の効果はここではさして重要ではなく、むしろこのときに選んだ拠り所が、（明治時代全体とほぼ同じ年数の）五十年以上の長きにわたってほとんど変わらずにいるという事実の方が大事である。この期間、二十世紀後半にあって合衆国は、かつてのオランダの役割を果たしていたと言えるのかもしれない。いわば米学（べいがく）という多種多様なもののなかには、きっと蘭学に通じるところが見つかるだろう。

してみると二十世紀は、拠り所とする西洋科学の言語がその発展に合わせて移り変わった時代であった。一九二〇年代にはもうドイツ語が英語へと道を譲り、敵性語にもかかわらずその形が継続され、戦後期に全盛期を迎えることになる。一九四〇年代後半以降、こうした英語への転換は、日本社会一般のなかで、合衆国と英語に好感――複雑な動機から生まれた好感――が持たれるようになったという大きな背景のもとで見なければならない。科学者においても、英語への転換は、単なる知的必要性だけでなく、心理面では分野や個人の事情と絡んだ決断がなされていることとも不可分ではない。もちろん、科学における英語の国際的地位を考えれば、全世界の研究者と同様に、日本の科学者もおよそその必要性を感じてはいる。国際的学術誌において論文の大多数が英語で刊行されるようになって、専門の学会も他言語よりもこの言語で開かれることが頻繁になり、とりわけ日本の場合は、外交・産業・学術の面でもっとも近い関係にあるのが合衆国であるから、英語のそれなりの運用能力が現代科学に必要な要素であると見なされるのも、むべなるかなである。これに加えて、英語が日本社会で得ている高いイメージがある。都会風・国際的な〈流行り〉のもので、価値や独自性はあるけれども田舎くさいと見られがちな〈日本語〉臭のきつい伝統にはとらわれていない、といったイメージだ。とはいえ、これと同じようなことは他の国や文化にもある。ところが日本の場合、戦争・占領というように国が物理的に孤立した状況が続いたことで、英語に対する学習欲に、妙な重みとちょっとした強迫観念が加わってしまったのである。いずれにしても日本の科学者は、こうした大きな文化上の転回に不可欠な要素である。英語の読み書きができる必要があるのは、ただ専門家だからではなく、むしろ大きな歴史の節目に欠かせないからだと考えるべきだ。

要点はこうである。こんにち日本の科学者は、百年前に劣らず翻訳に力を入れていることが非常に多い——外国語の読み書き・聞き取りに、ないし他言語から母国語へ写された情報の消費に没頭しているのだ。こうした活動はもはや日本の科学全体ないし大部分を占めることはないが、いまだ避け得ないものとして中心にある。世界じゅうで英語が優位であるために、およそどこの科学者にも翻訳者の役割が押しつけられているのだとしても、実のところ日本では、ただ何百年も前からやっている昔ながらの現実を今も続けているに過ぎないわけである。

第六章
日本科学の形成——テクストと翻訳者たち

西洋翻訳の黎明期

一七七〇年から一八五〇年にかけて、西洋科学がオランダ語経由で日本に大量に流れ込んだ。コペルニクス説・ニュートン物理学・リンネ分類学・ラヴォアジエ化学・ラプラス＝ラランデ天文学・西洋医学——こうしたものなどがみな、医者や学問に関心ある武士たちに持ち込まれ取り込まれたのである。当然ながら、こうした知識は元からオランダ語で書かれたわけでないのがほとんどだ。とはいえ当時の日本人の大半にとって、オランダはヨーロッパの縮図だと考えるのが通例であったから、オランダ語で書かれた著作こそ最初の情報源だった。〈原語・原典〉でこうした作品を読むのは、科学知識の生まれた瞬間に迫ることにも等しい。だがオランダから輸入された書籍の多くは、実は訳本（の訳本（の訳本））であるというのが現実だった。さらに、西洋思想関連の政治情勢が微妙なこともあって、こうしたテクストやその自らの日本語訳に改変・変更を加えたりした方が得策であると、あるいは（生命の安全のため）その必要があると、蘭学者たちが感じたことも少なくなかったのである。

本木良永と太陽中心説

こうした傾向は、太陽中心説［いわゆる地動説］が日本に紹介される一助となった初期の著作にも実際に現れている。黎明期において最も知られた翻訳者のひとり、本木良永（一七三五—九四年）の手になる『和蘭地球図説』（一七七二年）と題されたテクストである。良永の選んだ底本がそもそも訳本で、一七一五年のルイ・ルナール著『世界全域内航海貿易地図帳（アトラース・ド・ラ・ナヴィガション・エ・ドゥ・コメルス・キ・セ・フェ・ダン・トゥト・レ・パルティ・ドゥ・モンド）』というフランス語原典のオランダ語訳（一七四五年刊）であった(1)。ところが、この『全世界航海貿易地図帳（アトラス・ヴァン・ゼーファルト・エン・コープハンデル・ドール・デ・ヘーレ・ヴェーレルト）』というオランダ語の著作には、数多くの重要な地図のほか、水夫に役立つ手引きも記されていたのに、こうした著作の中核部分は本木の日本語訳からはまったく省かれてしまっている。邦題も〈オランダ版「地球の見え方」〉という大意であるから、結果として（啓発的であっても）不正確であるばかりか、〈図〉の側面がとにかく欠落していたのだ。幕府の検閲・処罰を恐れたこともあってか、地図を省略したというのがおおよそのところだろう。この書に図が欠けているのは、自国を外から隔離したいという——この種の地図から日本をうまく消し去りたいという——幕府の思惑をそのまま表したものとも言い得よう。

本木の用語選択はどのようなものであったか。〈太陽中心説〉を表すために選ばれた語は、その時代と（おそらくは）知をめぐる周辺事情がそのまま現れ出ている。〈太陽窮理〉なる用語は、朱子学の自然哲学ともまったく合致するもので、〈太陽に関する理をきわめること〉を意味している。本木は、大きいことを表す〈太〉と〈陰陽〉の〈陽〉（積極性・男・日などの意）という古い中国語の文字ふたつを組み合わせた、〈太陽〉という昔からの用語の使用を受け入れている。革新性のある新理論が、こうしてまったく昔ながらの言葉を用いて持ち込まれたわけである。このことは別の面からも明らかだ。中山茂によれば(2)、本木の原稿を見ると、出版前の段階では本文中で触れられたギリシアおよびヨーロッパの天文学者の名前を書く際に、またヨーロッパやアフリカ・中東の地名を記すときには、日本語固有の表音文字であるカタカナが実際に用いられていることがわかる。ところが、この著作を刊行する段になると、やむを得ずか、こうした異国を感じさせる書き方はすべて変えられ、慣例に従って漢字で音訳されてしまっている。当時の学者は、蘭学者となる前はやはり中国を研究する者であった。実のところ、昔ながらの朱子学の語彙は、蘭学者がまったく新しい思想体系をひそかに持ち込む手立てとなっていたようなのだ。

本木のような蘭学の翻訳者は、西洋科学を日本語へ訳すプロセスを始めるにあたって、既存の中国語を用いたほか、中国語の辞書・字典から言葉を借りてくるなどしており、古い時代の字書を使うこともあった。(十世紀から十三世紀にかけての宋王朝のものが、高度な大陸文明を示すと考えられて、参考資料として好まれた。)とはいえ、やがて他のやり方が主流になり、目に見えてこの手法は廃れていった。中国語の語彙をすべて合わせても、目の前の課題には不十分であることに、学者たちも速やかに気づいたのだ。既存の用語には少しも当てはまらないような、西洋科学の概念や名称が見つかってくる。そこで日本語の翻訳者は、独自に文字の組み合わせ方を工夫し始めるようになったのである。この模範をまず示したのが、本木の弟子である志筑忠雄(一七六〇―一八〇六年)という、近代日本科学史全体でも最重要の人物のひとりであった。

志筑忠雄――ニュートンと物理学の言葉

志筑こそニュートンの理論と語彙を日本に持ち込んだ人物で、実際に近代物理科学の言葉を創り、したがってその概念をも生み出した者だとも言えよう。これを成し遂げたのは、訳本『暦象新書』を手がけるなかでのことで、邦題そのものが見事な名称の翻案ともなっている。この著作は、一七九八年から一八〇二年にかけて三編刊行されたが、それに先立つ二十年の苦心の集大成と言っても過言ではない。志筑が最終稿の底本として用いたテクストはいくつかあるようだが、その主要な原典は、『真・自然学天文学入門（インレイディング・トト・デ・ヴァーレ・ナテュール・エン・ステレキュンデ）』というヨアン・リュロフスが一七四一年に出したオランダ語テクストであった。この書は、英国人学者ジョン・キールの『真物理学と真天文学への入門（イントロドゥクティオネス・アド・ウェラム・ピュシカム・エト・ウェラム・アストノミアム）』（一七三九年）なるラテン語書籍の翻訳だが、原著は広く読まれてニュートン思想を世に知らしめたもので、さらにその元はキール自身があいにく十数年ほど前に英語版二巻本で出版していた著作であった(3)。著者はこの著作が一般受けするものと確信して、ヨーロッパ知識層に広い読者を得ようとラテン語に訳したのであるが、皮肉なことに、このキールの意図はラテン語版の受容ではなく、リュロフスの訳本のようにヨーロッパ各地のさまざまな現地語に翻訳されたことで、うまく叶えられたのであった。このように、ヨーロッパ内の影響関係ですら、ニュートンのテクストには複雑な歴史があり、翻訳にも複数のレベルと段階があったわけである。

キール作品のリュロフス訳は、オランダ語翻訳の例に漏れず、そのままのところと追記されたところが混在しており、翻訳者は数多くの注釈や解説を追加している。それでも志筑訳では、さらに何重もの翻案［訳述］を加えることが不可欠であった。ニュートンの用いた語には、中国語にも日本語にも対応するものが容易には見つからないような、まったく異質なものが多かったのだ。単に造語の必要があっただけでなく、その内容をうまく表現しなくてはならなかった。それどころか、当時の言語という大きな枠組みの中に、その言葉を入れ込むことも必須だったのである。ある意味で、これが上手くいくかは、まったく異なるふたつの文化・知識体系のあいだに、橋渡しとして機能するものを置き得るかどうか次第だった。

おそらく志筑は念には念を入れて、〈暦〉というカレンダー制作を示す古代中国の用語から、およそ〈天文学〉一般を表す語を感じられるよう、訳題を選んだのだと思われる。ただし、中国古典に由来する専門寄りの用語も当時すでにあった。たとえば、〈天文〉はふつう既存文献の学習を示すものだが、占星術の意にも用いられた。〈天学〉と〈星学〉は、じかに観察することを指すものだった。〈星書〉とは暦作りのこと。〈乾坤〉は、天と地のこと、ひいては男女を示すもので、正反対の被造物を挙げて森羅万象を表す抽象用語である。果てには、『和蘭天説』（司馬江漢著、一七九六年刊）なる初期の作品に由来する〈天説〉という語もあり、これは『暦象新書』の執筆当時に世で用いられていたものだ。志筑も本文中、随所でこうした語のほとんどを使っていた。

実際、『暦象新書』の上中編は古典中国語で記されていた。しかし最後の下編および全体の最終訳では、志筑も日本語で書いており、総じて言うと力点が〈天文〉から〈天学〉に移っていて、すなわちそれは、中国古典・中国暦学を文献から学ぶ〈天文学〉から、天体そのものをもっとじかに調べる〈天文学〉へと変わったということでもある。このときには、この分野が〈天文学〉という今でも標準とされる名称で呼ばれるようになっていたが、古代人と近代人の中間に落としどころがあったのである。

こうした語を用いる際の志筑には、これら二極のあいだのある種のせめぎ合いが見られる。幕府の雇われ通訳という公務に就く者としては、翻訳も一定の仕来りに従うべきだと考えたことだろう――

実のところ、朱子学を奉じる蘭学士としては、中国の思想と自然哲学の価値を強く信じており、数多くの箇所では、ニュートンの原理を、易経〈〈変転の書〉の意〉の主要テクストに当てはめようとすることで、西洋思想と中国哲学との折衷を図っていた。たとえば太陽中心説は、古くさい倫理原則に基づいて正当化が試みられていた。

あらゆるものには常にそれを司る中心がある。個人には心、家庭には父親、藩には幕府、国全体には朝廷、全宇宙には太陽。ゆえに、自らよく振る舞うこと、親孝行に努めること［…］主君に仕えること、天の計り知れない秩序に応じること、［こうしたことこそ］自らの心を太陽の芯に合わせる道なのである。(4)

こうしてニュートンは、孔子の手を借りて日本へと入ったわけである。

ところが志筑は、かなり自覚的な近代人でもあった。当時は日本語にも中国語にも、動力・重力・速力・弾力・引力といった用語に相当するものが存在しなかった。だが、中国語の文字の音を借りて単純に音訳することを絶対に避けたのが志筑であった。その代わり、その漢字を用いて常にはっきりと正確な内容が伝わるよう、意味の上で同等のものを創出したのだ。その意図はひとつに教育的なところがあったようで、すなわちニュートン物理学という新しい科学を理解するための、有用・実用な基礎をこしらえようとしたらしい。いずれにせよ明らかなのは、彼がこの分野でたいへんな努力をし、めざましい創造力を駆使して、ラヴォアジエが化学物質に命名した業績と比肩しうるほどの、本物の術語体系を生み出したことである。

さきほど挙げた用語――動力・重力・速力・弾力・引力――すべてと、さらにたくさんの訳語を、志筑はごくわかりやすい手法に従って造語した。つまり、〈動〉〈重〉〈速〉〈弾〉〈引〉という各字を、〈力〉という字と組み合わせたのである。こうして運動を作り出す力であれば〈動力〉、重さの元となる力であれば〈重力〉というふうになり、あとは同様だ。こうすることで志筑は各用語に、たやすく具体的にわかる意味を与えたわけで、英語とラテン語源のあいだに欠けていた日常経験への直接のつながりまでも作り出した。ニュートン自身はかつて、〈動力〉を神秘で不可知なものとし、ほかの概念でも〈質量〉や〈速力〉といったいくつかのものは数理上の抽象物として記述した。ある意味では、志筑はニュートンの語彙をベーコン風に寄せていた。こうした語彙をむしろ知覚可能な領域のなかへ持ち込んだのであって――たとえば〈重力〉ないし〈引力〉という言い方は、英語の gravity や attraction よりも、はるかに具体的でイメージに結びつきやすいのだ。他の造語にも、同じくこのことを示すものがある。例を挙げるとラテン語源の vacuum を、彼は〈まったくからっぽ〉を意味する〈真空〉という表意文字に訳してしまう。長円の焦点に関しては、〈臍〉という文字で書き表し、長円そのものは、日本の算術家に用いられていた古代中国の用語〈側円〉を排して、〈楕円〉〈細長い円〉に置き換えた。一方で、〈蝕〉についてては昔ながらの中国語を受け入れて、〈日〉や〈月〉という文字に、〈食べる〉という意味の〈蝕〉を組み合わせる詩的寓意を採用している。果てには、ニュートンの corpuscle を、〈小さく分けられたもの〉を意味する〈分子〉という二文字で書き表している。後世になってようやくわかることだが、これは画期的な選択で、この言葉はこのあとまずドルトン説を紹介するにあたって atom の訳語として採用されてから、最終的には十九世紀末に東京化学会の手で、molecule を示す言葉として再利用されて、こんにちに至るのである(5)。

その上、志筑は centrifugal force や centripetal force といったさらに難解な用語までも幅広く造語している。自らの前例に従って、この場合も〈力〉という文字を force に当てて、すなわち接尾辞とした。ここで留意してほしいのは、これは particle に〈子〉を用いるのと同様、ある種の型となってこんにちまで続き、force や particle がつくような自然の基本要素を表す関連用語を造語するときに用いられていることである（たとえば電磁力・電子・陽子など）。centripetal と centrifugal を訳す際、志筑は具体性という自らの好みを捨て、その代わりに詩の領域へと踏み込んだらしい。前者は〈求心〉という文字、すなわち〈中心を求めて近づく〉というふうに描かれ、一方で centrifugal は〈中心から遠ざかる〉ことから〈遠心〉と訳された。志筑ならば、ここで挙げた言葉を記すにもほかのニュートン語彙で行ったように、もっと簡潔・直截な言い方がたやすく見つけられたはずだが、むしろここでは造語の際にもっと〈中国語〉らしいものを選んでいる。この手法は、ニュートン思想を〈気〉という抽象論で解釈しようという彼の一回り大きな試みにも関係してくるだろう。先の短い引用でも示されているように、〈中心〉〈内部〉〈外部〉といった概念は、朱子学の宇宙観には重要なものので、志筑はその範囲内で調和するよう持論を描いたのである。いずれにせよ、こうした用語はみな、物理学の基本語彙として今も変わらず用いられている。三浦梅園に同じく志筑は、物理化学について、日本社会に即した後世にも残る基本語句を造ったのだ。

志筑忠雄について書いた学者はこれまでにも大勢いるが(6)、日本の近代科学は明治時代になるまで始まらなかったという久しく続いた固定観念にとらわれ、この人物を〈前近代〉のカテゴリに入れて過小評価するのが一般的である(7)。そうした考え方が偏狭であることは、先述の記述からもたちまち知れる。昔ながらの中国思想・言語を拠り所にしながらも、志筑は明らかに、近代科学言説の核心部分の端緒を開いており――ニュートンの適切な翻訳者であれば誰でも必然的に行ってきたように――それ以後も基礎となり続ける語彙と言語形成の型を定めたのだ。志筑忠雄のために、科学言語における日本語の流れが、中国語という手本から（まだそれを抱えつつも）著しく離れ始めることとなった。それは、ある種の静かな〈革命〉の幕開けであり、そこから言説面における過去は、唯一の圧倒的な影響元であることをやめ、むしろ現地化という複雑な進化における一要素となって、たちまち同じような他の要素と絡み合うようになる。それゆえ、日本語におけるニュートンの言語は、文化・思想の根底にある拠り所が揺らぐという変容の瞬間にあって、ひとつの凝縮された歴史を示してみせるのである。肥えた目や敏い耳には、こうした言語がこんにち日常で用いられていることは、終わらないバレエのようにこの歴史が繰り返し物語られているように感じられよう。この動きやこのせめぎ合いのダンスは、おそらく幻の名残ほどにかすかなものとなってしまっている。だがそれでも、〈標準化〉という厚いヴェールの裏にだけは残っているのだ。

ダーウィン、〈進化〉、〈生存〉

先にも述べたが、いわゆるお雇い教師が日本語で講義・執筆を行うことはほとんどない。言葉の面では、専門レベルになると〈出国〉することが許されていなかったわけである。アメリカの動物学者エドワード・モースの場合、その著作は優秀な学生のひとり石川千代松の手に預けられ、彼は一八八三年にモースの一連の講義をまとめて『動物進化論』（図18参照）という一冊の本にし、ダーウィンの全容の日本紹介に一役買った(8)。evolution に当てられたこの〈進化〉という用語は、石川自身が造ったか、ないしは一八七〇年代に刊行されたダーウィン思想の先行著作、たとえば有名なものでは一八七九年の伊沢修二訳『生種原始論』（原著者トマス・ハクスリー、原著一八六二年刊）があるが、そのあたりから借用したものであろう。いずれにしても、一八七〇年代以前には、この言葉は日本の科学言説には存在しなかったのである。

とはいえこれは、優れた選択だった。〈進歩〉と〈変化〉を表す文字を組み合わせることで、〈進化〉という言葉は学問で定着するよりも先に科学外で広く普及して、〈文明社会への前進〉はとりわけ西洋科学の後ろ盾でなされるというイメージが持たれるに至ったのである。この語は、まずはダーウィン自身のヴィクトリア朝における進化観と、それから直接には、国家を挙げての文明開化を求めるという日本啓蒙のイデオロギー、このふたつのニュアンスを同時に表現できていると言えよう。それゆえに、ダーウィンの言葉の政治面も、日本の自己イメージという意図に資する形で、正しく保たれたのである。

ところがたいへん興味深いことに、ダーウィン自身のテクストがこの分野で訳されるのがかなり遅れる一因となったのもまた、こうしたナショナリズムなのだ。著者としてのダーウィンその人に、自分の思想を日本で語らせるのは不都合があったのだろう。その代わり、社会進化論の伝道師たるハーバート・スペンサーが進化論の主唱者として受け入れられることとなった。確かに『種の起原』の初訳が一八八九年に現れるまで、スペンサーの著作は少なくとも二十の訳がすでに流通していた。しかもダーウィンの本を訳したのは、生物学者・地質学者・博物学者ではなく、文学者たる立花銑三郎であった（図18参照）。これ以前は、進化論を実際の学問として論じた著作は四つしか出されておらず、うちふたつの原典はハクスリーだった。学術界でも、この時期にあったわずかばかりのダーウィン理解は、間違いなく〈訳を挟んだ〉もので、ダーウィンを解釈した英語圏の人々の著作を通じて持ち込

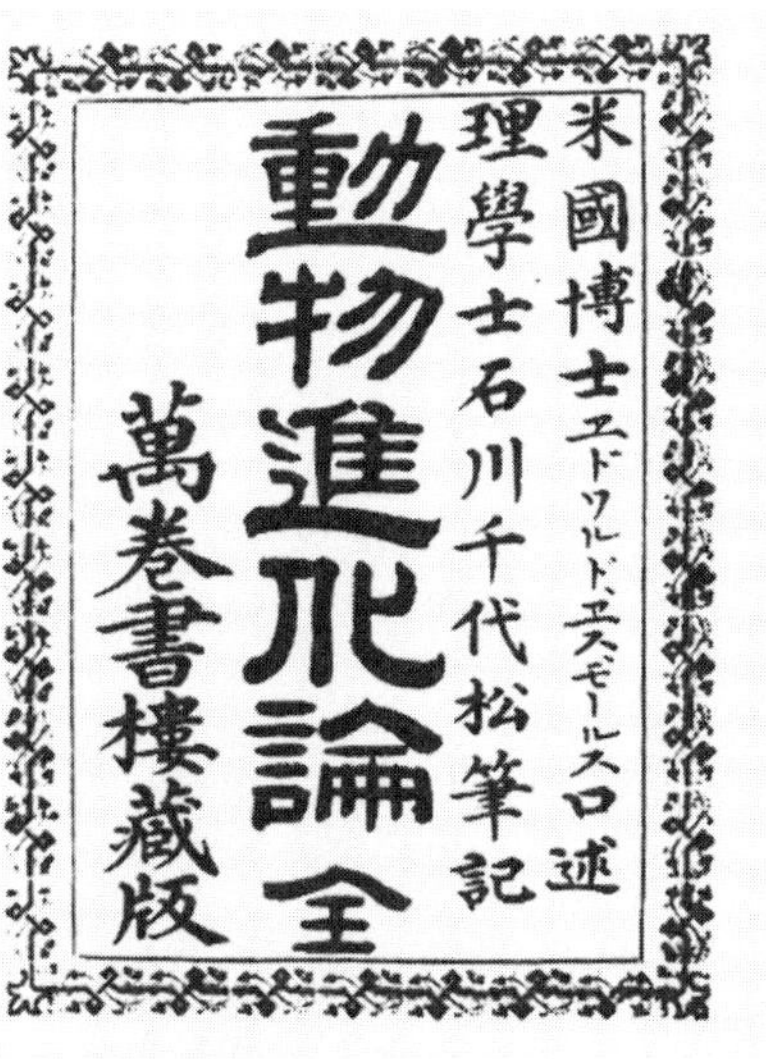

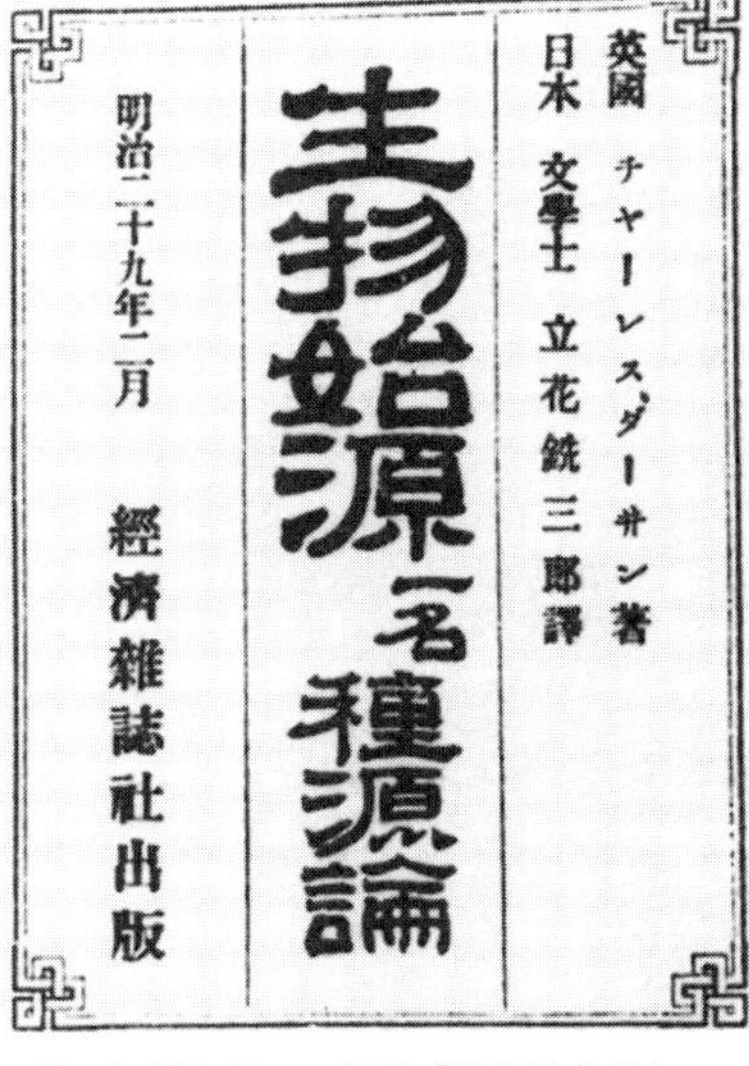

図18　進化論に関する重要な日本語訳書二編の初版表紙　　左は『動物進化論』(1883) の扉で、エドワード・モースの講義を学生の石川千代松が訳したもの。右は『生物始源』(1896) の表紙で、ダーウィン『種の起原』の立花銑三郎による訳である。面白いのは、石川の肩書きが〈理学士〉とされる一方、立花が〈文学士〉となっていることだ。さらにダーウィンの訳書の出版元は、技術出版社ではなく〈経済雑誌社〉という経済誌である。これには、20年先だってその学説が世に知られたハーバート・スペンサーの影響が見え隠れする。Watanabe 1990, 51, 70 から許可を得て転載。

まれたのである。果てには、モースの講義を石川が訳した『動物進化論』にも、全体を通して、動植物の領域から例を挙げてそれを人間の状況に当てはめるという傾向があった(9)。

スペンサーはアメリカという接点を介して日本に持ち込まれた。モースがどうやらそのうちの重要人物なのだとしても、そのほかお雇いのなかでも日本語で執筆・出版活動を行った数少ない人物のひとりに、有名な哲学者・美術評論家・東洋学者のアーネスト・フェノロサがいる。かたや日本の著述家たちはスペンサー思想を取り上げて、政府の支援も得ながらその内容をおびただしい数の文書で大規模に広めたのである。一八八〇年代から一八九〇年代にかけて、日本の知的空気がますます保守およびナショナリズムに流れるにつれて、思想家・官僚・学生の多くは気づくと国家間の闘争という概念にはまり込み、なおかつ〈高等〉種は最後には〈低級〉種に勝利するという考えに魅了されていた(10)。確かにこの説には、さらなる西洋化に反対する人々を少なからず惹きつけるものがあった。一九〇〇年になるまで、進化論は科学の内外で政治的に機能するきらいがあったのである。

その世紀が終わるまで進化にまつわる言葉はひときわ注目を集めた。〈進化〉といった用語は、その生まれた時代、すなわち希望と〈進歩〉に満ちた明治時代初期を反映するものだ。ところが、一八八〇年代後半ないし一八九〇年代初頭までには、ナショナリズムの向かう先は、人々の拠り所たる国家道徳の標準、それと同時に〈帝国〉という点から見た国家の行く末という、もっと保守寄りの関心事へと移っていた。西洋諸国は、またもや植民侵略者、さらに日本の品格・美徳を破壊する代表という、まったく逆の観点から見られるようになった。そこには儒教倫理の力強い復権があり、とりわけ「教育勅語」(一八九〇年)という例にも明らかなように、それは〈美徳〉をそのまま権威・滅私奉公・天皇神性護持への服従へと結びつけるものだった。この空気のなかで、スペンサーそのものも、スペンサー以上に強烈な用語で訳されることがたびたびあった。加藤弘之はその著書『人権新説』(一八八二年)のなかで、当時最大級の影響力を誇ったその最良の一例を見せてくれている。スペンサー哲学の中心にあった survival of the fittest というダーウィンの有名な表現の逐字訳に飽き足らなかった加藤は、もっと強い意味があると考えて、それをもっと伝えなければいけないという義務感に駆られ、これを次のように記している。〈優勝劣敗〉――すなわち、優れた者が勝ち、劣った者が負けるというのだ。彼の主張によると、これは植物・動物の世界だけでなく、人間の世界やその人間の造るあらゆる文化をも支配する〈天の理〉なのだという(11)。ごく短い時期ではあるが、加藤の〈優勝劣敗〉は、実際の生物学の言説にも持ち込まれている。一九二〇年になる頃には、はるかに穏当な訳語〈適者生存〉に換えられてほとんど使われなくなるが、にもかかわらず加藤の表現は、一九二〇年代から一九三〇年代にかけての軍国主義が台頭した時代、日本に優生学がやってきた時期にまた復活することとなる。こんにち、この語はもはや当たり前に使われることはまったくなく、進化生物学の言語としては完全に放逐されている。ただし消えてしまったわけではない。スペンサー自身の生み出した不滅のごとき表現として、いまだ辞書には注釈もなしに記載されているのである。

日本の近代化学の起源——歴史の複雑な要因

日本における近代化学の発展は、日本語表記の周期表をはじめとして、科学言語の領域において文化・政治の影響がぶつかり合うほとんど比類のない例となっている。これはニュートンやダーウィンの語彙に関する事例に匹敵するどころか、それをしのぐ一例である。なぜならば、ここで論点となる事物の命名という行為は、はるかに長い時をかけて発展していったもので、はるかに多くの情報源に関わる問題だからだ。ここに含まれる昔からこの国にある元素名は、一部中国に由来している。鉄・金・銀などといった物質は、その中国語・日本語の名称で久しく知られてきた。その後、元素という概念が導入されると、こうした物質は事実上、新たなカテゴリに分けられて、その昔ながらの呼称が問題視されることとなる。最終的にはその呼称のほとんどがそのまま残されたこの〈土着〉群に加えて、西洋から輸入された新しい元素・物質が一挙に増えてくるが、その名称の幅広さを見ると、十九世紀から二十世紀初頭にかけて、オランダ語・ラテン語・ドイツ語そして最後に英語と、拠り所とする情報源が移り変わってきたことがありありとわかる。この分野における過去・現在・未来が混ざり合っているところから、新しくも対立する命名体系がこれからも現れることを思わせる出来であろう。一八三〇年代から一八九〇年代に至るまで、様々な研究者たちがこうした体系を引き継いできた。西欧諸語・日本語・中国語ないしその混合であろうと、ある体系とはおおよそその制作者の意図によるもので、その意図はたいていいつも、もっと大きなある種の歴史的要因に遡れるものなのだ。

西洋化学がはじめて日本に紹介されたのは十九世紀初頭のことで、薬理学に関心のあった現地の医師を通じてだった。この者たちはみな、中国の薬草をもとにした医学という伝統にならって養成されており、そのため誰しもが中国文献に詳しい者でもあった。実際、彼らが西洋医学に興味を抱いたのも、ある意味ではこうした背景の延長線上にある。ヨーロッパの植物・薬理学の書物のおかげで、秀でた頭脳を持ったこの者たちは、ほどなくして植物学の著作へ辿り着き、やがて薬品の分析・調合には化学の理解が大事であることを悟った。日本の初期作品で最重要のものがいくつも、一八二〇年から一八五〇年にかけて刊行されているが、こうした書物は多くの学者によって詳細に論じられている(12)。ここには、とりわけ蘭学者の著述が三作あり、なかでも最も早いのが、一八二二年に刊行された宇田川玄真とその養子・榕菴による『遠西医方名物考』で、題名は〈遠い西洋の医学で特別に造られたものについて〉と訳せるだろうか。それに次いで知られている書物が、青地林宗による『気海観瀾』で、この詩的な中国語の題名を逐語訳すれば〈大気と海という広大なうねりを観る〉となる（ただしこんにちの学者にはただ〈自然研究〉と訳されることも少なくない）。そして最後の一冊は宇田川榕菴その人の『舎密（せいみ）開宗（かいそう）』——〈舎密〉とはオランダ語の chemie の音訳——で、〈西洋化学の原理〉という意の邦題を持つまさに画期となる書物であり、一八三七年から一八四七年に二十一巻にもわたって刊行された。

このなかで最大の影響力を誇ったのは、確実に『舎密開宗』である。事実この複数巻からなる著作は、とりわけ化学用語の面で、近代日本科学の基礎文献のひとつとして広く認められている。日本化学史の第一人者である田中実は、その重要性をはっきりと次のように記している。

この作品の特徴として最も印象に残るのは、この著者がおおよそ自力で、［ラヴォアジエの］化学術語・用語のほぼすべての日本語訳に成功したということだ。同様に、科学上の結論や化学分析・実験、物質の特性などの正確な記述を、たやすく理解できる語り口と明確な表現に移すことにも成功している。日本のこんにちの化学用語があるのも、主に宇田川の著作のおかげである。一八六七年の倒幕まで、『舎密開宗』は日本科学の化学知識普及に決定的な役割を果たしたのである。(13)

宇田川榕菴は複雑ながらも異彩を放つ人物で、底知れぬ好奇心と旺盛な知性を持ち合わせた碩学であった。その執筆は化学にとどまらず、西洋植物学・動物学・歴史・地理・音楽・言語学・数学についても著作をなした。まだ年若い時分に彼は、津山藩の東洋医で蘭学・翻訳に通じていることでも名高い宇田川家の養子となった。養父は西洋解剖書を三十冊も訳した人物で、榕菴にまず古学派という中国の哲学・文章術を学ぶよう奨め、この若者はそれを熱心に取り組んだ。養父・玄真はこの人物にこう語ったという。「漢文を書く素養を欠けば、医学を修めることもままならない。［…］だが、翻訳というのも大事な仕事で、人が生涯を捧げるに足るものであることを、ゆめ忘れないように」(14)。またここには、こうした忠告にありがちな矛盾点がない。医者であることは、中国医学の聖典を深く理解しているということであるが、当時そのことは、ますます増える西洋医学のテクストの数々をも読みこなせるということでもあって、なかには中国語や漢文でしか読めないものも多かったのだ。宇田川玄真のような者たちにとって、〈漢文を書く素養〉とは、同じく二重の意味があったようである。一方でその素養は、反復と模倣に基づいた昔ながらの修辞的な知識観を表していた。ただそれはまた、西洋科学の著作を日本の学問の言葉に翻訳・解釈することで、知識そのものの蓄積を増やす技量をも意味していた。榕菴がこの忠告をそうした意味で理解したかは定かではないが、ともあれこれを年若いながらも実行に移した。そして二十歳になるまでもなく、オランダ語をおおむね修得した彼は、植物や科学の様々な事物について（日本語で）専門論文を書き始めたのである。

こうした著作のひとつ、植物学関連のある小冊子には、西洋・東洋双方の影響がめざましいほど見事に昇華され、そこから生まれる独創性が現れていた。『西説菩多尼訶経』と題されたこの書物は、まったく文字通り〈西洋植物学の経典〉であり、リンネ植物学を日本へ紹介したきわめて重要な作品であった。昔ながらの仏典の文体で書かれており、その構成は合計わずか七十五行、各行十七字の漢字から成り、実に口承らしくお経のような韻が整えられていた。短いためにリンネの体系はさわりしか伝えられていない作品だが、記述要素から呼称を決めていく専門の体系によってあらゆる植物が命名されるというあり方が、しっかりとわかるものだった。こうして西洋植物学理論の諸概念が、宋王朝（もしくはそれ以前）にまで遡る、韻のあるお経という形式を通して日本に入ってきたのだ。志筑忠雄が孔子の腕のなかにニュートンを置いた一方で、今回は西洋思想を東洋の様式で表したさらに魅力的な一例である。

この作品で宇田川がbotanyに当てた用語〈菩多尼訶〉は、ラテン語のbotanicaを音訳したものだった。ただしわずか数年後にこの語の使用はやめられて、次作の題名『植学独語』（一八二五年）にも見られるように、〈植学〉に換えられた。とはいえこうした日本語への現地化は、その単刀直入ぶりにもかかわらず、一般的用法とはならなかった。その代わり〈植物学〉という言葉に置き換わったのだが、この言葉の出典たる一八五七年の中国語作品が日本で広く流布することになったのは、ヨーロッパおよび中国の薬理学がそこで融合されていたためである(15)。今回の場合、用語は西洋標準に近づいたというよりも、遠ざかる形で発展したわけだ。

『舎密開宗』——訳述の傑作

榕菴の傑作たる『舎密開宗』は、様々なオランダ語書籍とその注釈の翻訳、そして著者自身の実験とをまとめ上げたものである。その序例で榕菴いわく、先の『遠西医方名物考』は自ら養父の執筆の手伝いをしたものだが、専門家向けであり、そのため学習用の教科書・参考書に適したものではなかったと。「初学者には深く難しすぎたので、『舎密開宗』なる自著をさらに平易で親しみやすい言葉でしたためることに決め、簡明な西洋化学書のわかりやすく説く書き方と［同時に］、様々な実験を通じて積み重ねた自らの化学知識を用いたのである」(16)。その意図が、読み書きできる日本人の手に西洋科学を届くようにするという教育目的にあったことは明らかだ。翻訳の原典として選んだ書籍はどれも、もっぱら自然科学の入門書であった(17)。なかでもいちばん重要なのはおそらく『新米好事家のための化学（シェミー・ヴォール・ベギネンデ・リーフヘッベルス）』、これはウィリアム・ヘンリーの『化学概要（エピトミー・オヴ・ケミストリー）』（一八〇三年）のドイツ語版『好事家のための化学（ヒェミー・フューア・ディレッタンテン）』（一八〇三年）からオランダ語訳されたもので、大元の『化学概要』にしてもおおよそラヴォアジエの『化学要論（トレテ・エレマンテール・ド・シミ）』（一七八九年）をわかりやすい英語に移し替えたものだった。こうした書籍はいずれも、一般読者や新米大学生を対象としたもので、ヨーロッパでは人気を博していた。したがって榕菴の選択はよく考えられている。さらに重要なのが、彼が『舎密開宗』を記したのは、従前の慣習通りの中国語ではなく、自らの母国語だったことだ。

　宇田川はelementを〈これ以上分けられない始原の物質〉とはっきり定義した上で、名称体系を提示してみせた。この体系の一部とelementそのものを表す用語は、自らも共著者として関わった『遠西医方』から借用している。そのelementを示す語とは〈元素〉といい、〈大元〉の〈要素（エッセンス）〉という意の文字を用いている。この表意文字の二文字目〈素〉は、まだ名称のなかった数多くの元素に接尾辞として用いられ、たとえば英語でいうhydrogenは水のエッセンスなので〈水素〉、carbonは石炭のエッセンスだから〈炭素〉とされた。

　元素という考え方を論じるのに当てられた『舎密開宗』第一巻には、五十八の名称が辞書のごとくその初めの音の順［いろは順］で並べられている。このうちかなりの数が、すでに知られた金属・物質に当てはまるのなら、昔ながらの呼称もよしとされた。つまり漢字表記され、何百年前の中国語が典拠ながらも、そのあと日本語の発音で読まれるようになった名称のことである。かたやそれ以外の元素は、ラテン語・オランダ語双方からそのまま採られ、音読み（すなわち中国語の音）の体系を通じて漢字に音訳された。ほかの学者と同じように、宇田川も手書き原稿の時点では、こうした名称をはじめは日本の表音記号であるカタカナで記していたようだが、のち出版にあたって旧来からある漢音の体系に換え、正しい発音を示すためその傍らに小さなカタカナを添えている(18)。時としてこれが興味深い〈誤り〉につながることもあった。たとえば中国語には硬音kがないため、chlorineのような語は〈蘇魯林（スロリン）〉と近い音にしかならない。対照的に、とりわけplatinum, bismuth, molybdenumといった三つの元素は、この著者もオランダ語の意味にしっかり基づいて訳している（そのオランダ語が基づくのは昔ながらの土着の錬金術だ）。platinumはオランダ語ではwitgout（〈白い金〉の意）というが、これは宇田川の手で適切な二字〈白金〉と訳出された。molybdenumはwaterloodだが、これは〈水鉛〉とされた。そのほかのちに削られたが、当時は西洋の化学者ら（たとえばベルセーリウス）に提案されていた本来の元素ではないものも、いくつか宇田川の著書には含まれていた。こうしたものはいずれも、〈温素〉のように〈素〉という接尾辞とともに日本語の呼称が与えられていたのである。

elementに与えられた宇田川の訳語〈元素〉と、彼が用いる——のち日本化学の術語の標準的用法となった——〈素〉という接尾辞の直接の手本は、オランダ語の語彙であるが、これも同じく元はドイツ語から来たものである。とりわけオランダ語・ドイツ語の -stoff で終わる語が、榕菴の訳し方にじかに影響を与えた。この語尾は、〈元素〉を意味するオランダ語の Grondstoff やドイツ語の Urstoff でもその〈素〉の部分を記す際に用いられ、そこからたとえば炭素を表す Koolstof や Kohlenstoff などの元素名の多くにも語尾としてつけられている。このことが日本の化学言説全体にとって大事なのは、ただその影響のみならず、文化の継承という点でさらに大きな意味があるからである。事実、宇田川の手法が示しているのは、ヨーロッパで昔から競い合っているふたつの語法のあいだで、どちらを選ぶかという歴史的な決断なのだ。こうした体系のひとつがラヴォアジエのもので、この人物はリンネを範にした命名法をこしらえて、化学の術語を大きく変えてしまった。この体系では、それぞれの元素物質になされた考察が、ギリシア語・ラテン語の語源を通してその呼称にありありと現れている。他の物質と結合して酸化物となることを主原理とする気体（J・プリーストリーのいう〈フロギストンのない空気〉ないし〈活性空気〉）であれば、そこから〈酸を生むもの〉という oxy-gene という語が与えられた（oxy- はギリシア語の〈鋭い〉を意味する oxus が元）。ほかのフランス啓蒙主義の多くの思想家と同様、ラヴォアジエにとって言語とは分析の道具・手法であり、人間が活用・理解しやすい形に整えて用いるために使われるものであった。元素・酸・塩基に等しく用いられたその名称体系は、すぐさま大きな力を持ったようで、ほどなくフランスや英国、そのあとアメリカにも取り入れられた。のちになってドルトンの原子論にラヴォアジエの仕事はかなり修正されるが、後者の術語はそのまま用いられ、今に至るまでいかにも伝わっている。

ところがこの方式とはっきり異なるのが、ドイツの化学・鉱業の伝統で、のちに元素として知られることになる物質にも独自の名称を与えていた。この昔からあるやり方のなかに備わっていたのが、物質を様々な〈原素〉の包含物と見る、主に錬金術をもとにした太古の考え方であった。相互作用の性質に焦点を当てたラヴォアジエの〈化学物質〉という概念とはちがい、このドイツの捉え方は、〈純粋物質〉と〈不純物〉という観点から化学の世界を見るきらいがあり、活動の様々な原理を通して、絶えずその始原の真理を明かそうと努めるものであった。ラヴォアジエが oxygene および hydrogene（水を生むもの）としたものにも、十八世紀のドイツ化学者は Sauerstoff（酸の素）および Wasserstoff（水の素）という語を造っている。フランスの方式には、〈元素〉そのものの本質を定義するような主要な接尾辞は、ついぞ存在しなかった。-stoff といった概念は、性質・交換からなる命名法に居場所がなかったのである。さらに十九世紀初頭、ラヴォアジエの体系はヨーロッパ各地に普及していったが、ドイツの化学者は自分たちの術語を頑として変えようとしなかった。この反応は、ドイツが歴史的にフランスに強い反感を抱いていたことにも関係がある。ナポレオン時代、オーストリアとプロシアはどちらもフランスに敗北するという屈辱を受けており、そうした背景もあって、ドイツの知的生活のあらゆる部分で国粋的な改革が起こっていたのだ。いずれにせよその後の結果として、ドイツ・オランダそのほか北欧諸国は、土着の化学術語体系をけっして捨てなかったわけである。

ひとりの蘭学者として宇田川は、二者択一からオランダ＝ドイツの伝統を受け継いだ。このことは、十七世紀初頭に幕府がオランダを西洋国として日本唯一の主要貿易相手に選んだことで、すでに既定路線ではあった。そうなれば日本へ来るにあたってヨーロッパ科学は、オランダ語のあり方というフィルターを通らざるを得ない。化学の場合これは、ゲルマン語の固有名詞体系に沿った形で、ラヴォアジエが穏やかながらも重く受け止められたということだ。

菅原国香・板倉聖宣の両氏によると(19)、『舎密開宗』では合計して二十三の元素が、中国語の音体系を用いずに、土着の日本語に訳されているという。その内訳は、(一)一文字の昔からある日本語名称(ほとんどの場合が中国語由来)、(二)二文字以上の昔ながらの名称(典拠が中国語のものもあればそうでないものも)、(三)オランダ語からの逐字訳(たとえば先述した白金など)、(四)〈素〉という接尾辞を用いた訳語、となっている。残る三十五のものは、ラテン語(ないし数はそれより少ないがオランダ語)の音素を採って、漢字の音読みを用いて訳されていた。ここで純粋に量の話をすれば、形成のごく初期段階では元素名もほぼ中国に影響されるがままだったので、当時(十九世紀初頭)の学術言語全体としては、まだそちらが幅を利かせていた。ところが重大な変化が起こった。昔ながらの化学という神殿に、新しい物質が大挙して加わっただけでなく、新しい化学のあらゆるものの根本となる用語〈元素〉が、西洋術語にならう形で訳されたのだ。これは、日本の科学界でもそろそろ変革が起きそうだという趨勢を、歴史的に示すものであった。

『気海観瀾』——もうひとつの体系

このことをもっとよく理解するために注意しておくとよいのが、宇田川の術語体系に競合するほかの方式があったことである。一八二六年に刊行された青地林宗『気海観瀾』は、物理現象・化学現象という西洋の基本概念を説明しようと通俗化を試みたものだった。中国語で書かれながらも、論じられた科学の内容がしっかりと理解できる明快な文体で、この書籍は宇田川の著書と同じく蘭学者の標準的参考書となった(20)。大部分はヨハネス・ボイス著『自然科学教本(ナテューールクンダハ・スホールブック)』なるオランダ語の初等教科書の翻訳で、原著は当時の上位レベルの文法学校向けに用いられたものだった。この訳書はのちに『気海観瀾広義』(一八五一年)として、川本幸民の手で日本語に完訳され、さらに注釈も増補されている。

元素に対する命名体系については、林宗もドイツ語・ラテン語の -stoff の流れを汲んでいるが、訳し方が異なっており、element そのものは〈始原の性質〉という意の〈原質〉という二文字に移されていた。こうして林宗は、この〈質〉という接尾辞を宇田川の〈素〉に相当するものとして用いたわけで、たとえば hydrogen は〈水質〉となる。先述の通り〈質〉には、物質・精神の性質を合わせもったようなものを示すために、儒教の抽象哲学のなかで久しく用いられてきた歴史がある。それを使う際にこの著者は、西洋の術語を昔ながらの中国語の形で受け入れるという命名体系を打ち出したわけだ。

この『気海観瀾』の人気ぶりや、川本のような影響力ある書き手の助力があったにもにもかかわらず、林宗の体系は世に用いられなかった。実のところ、宇田川の体系は好まれたのみならず、一八六〇年代には手を加えられ、日本語に昔からある漢字一字の名称も、さらにかなりの数が後に〈素〉という接尾辞を付されて書かれるようになった。さらに一八七〇年代にはもうひとり、重要な化学文献の翻訳者・著述家たる市川〔平岡〕盛三郎が、非金属元素はみなこの形で表すべきという提案をしている。とはいえこの案は採用されなかった。実際にはこれも結果として、一八六〇年から一八八〇年にかけての政治的混乱期に提案された、それこそ無数にある新しい命名法のひとつにすぎず、このときの日本社会全体とりわけ学術共同体は、伝統と近代（西洋）の位置づけとその適切なバランスの面で、大きな変動と混迷を被っていたのである。

元素の命名——十九世紀後半の競合する形式

驚くべきことに、事実この時期には、化学内の術語体系に大きなイデオロギーの問題が形として反映されたものがいくつもある。こうした体系はその数も重なるところも多く、大部分が長くは続かなかった。それぞれが日本化学のある種の理想像を示すとともに、過去の目立ったものを拠り所にするか、それとも未来への希望を頼りにするのか、何が正しいのかを模索していた。こうした観点から見た場合、これらの体系は、その影響元を特徴として五つの基本カテゴリにはっきりと分けられる。（一）中国の影響を受けたもの、（二）日本の伝統に従ったもの、（三）中国と日本のものの融合、（四）西洋の影響下にあるもの、（五）西洋と中国のものの融合、である。異なる体系同士が必ずしもたやすく分割できるわけではない。一著者の一作品内に、ふたつ以上のものが見つかり、様々な元素群に適用されていることもある。すなわち個々の化学者の拠り所とする枠組みが複数あることも少なくないのだ。

中国の影響が見つかるのは、一八六〇年から一八七〇年にかけて提案されたふたつの体系である(21)。ひとつは三崎嘯輔の著作にあるもので、〈気〉という接尾辞を用いているが、これは朱子学の〈陰陽〉自然哲学の中心にあるものと同じ文字であり——さらには、精神・精力・精粋などを意味してまた別の抽象概念へとつながる〈精〉も使っていた。実のところ、宇田川の『舎密開宗』で〈素〉と出てくるところを、三崎がみな意図的に〈気〉と置き換えたのは明らかである(22)。また清原道彦がある中国語書籍(『化学初階』)の邦訳(一八七三年)で示した別の体系では、各元素は独自の表意文字一文字で表すべきとし、場合によっては既存の漢字二文字を組み合わせて新しい文字が造られてもいた。あらかじめ決められた接頭辞[いわゆる偏]に従って、〈石〉という字を用いて〈固体〉、〈水〉という漢字[さんずい偏]を用いて〈液体〉、または〈金〉という字を使って〈金属〉を示すのである。いずれの体系も、その〈標準〉とする中国の要素を取り入れている。ひとつは従来の用語を(たくさんの連想をすべて残したまま)採用しているところ、もう一方は、書記体系そのものにあった創出の仕組み(何百年にもわたって中国・日本の書き手双方がたびたび使ってきたもの)をうまく活用している。いずれにせよ、どちらの案も中国の伝統的な言葉のあり方を通じて、西洋思想を日本へ濾過しようとしたわけだ。ゆえに、拠り所が複数あるように見えるが、言葉の面では中国に偏重しているのである。

かたやナショナリズム感情の表れたまったく異なった形の言語保守主義として、一八七四年に清水卯三郎が独自色のかなり強い奇抜な形式を提案している。その著作は『ものわりのはしご』といい、題名もみなひらがなで書かれているのだが（意は〈分析手順〉あたり）、〈ものわり〉という古い詩語が使われていることからも、こうしなければ科学という分野では成り立ち得ない（役立ち得ない）という著者の意図がはっきり伝わってくる。実のところ清水の考え方は、ほとんどすべての元素名を、古典日本文学の文体――万葉集などの古代の詩集・散文集の日本語――で造語された新しい呼称と置き換えようというものだった。〈元素〉そのものも〈おおね〉と記されたが、つまりは〈大根〉ということだろう。各元素にも〈ね〉という接尾辞が用いられ、前につけられる言葉もひらがなで書かれた古典語であった。この方式では、〈酸素〉は〈すいね〉と訳され（〈酸い〉は〈すっぱい〉と同義）、詩的に解すればこれは〈あらゆる酸味の根源〉ということになる。昔ながらの名称をそのまま保った元素もあり、また、かつては知られていなかった希土類金属については、西洋の音のまま読まれている。とはいえ、あらゆるものが土着の音節文字であるひらがなで記されているからには、古典の伝統という〈風格〉が主たる印象として残ることになる。

かたや中国と日本のどちらにも影響を受けると、想像通りのものが出来上がる。たとえば一八六〇年代、明治維新の直前に上野彦馬という写真家が『舎密局必携』（一八六二年）なる著作を中国語で刊行しているが、そこでは、以前からの日本語名称がある物質についてはすべてそのままとし、ほかのものについてはラテン語から漢音（中国語の音体系）に移すべしと主張されている。ただしこのために、ぎこちない呼称がかなりの数できており、chromium といった単純な名称でさえも、たとえば一音ずつ文字にされて〈格魯密烏母（コロミウム）〉となるように、記すのに五ないし六文字も必要となってしまっている。それでいてラテン語を重視したことで、いくつか独自の改変が行われており、例を挙げると oxygen はラテン語で oxygenium となるから、〈阿幾舎厄紐母〉と計六文字の漢字で記される。こうしたやり方で訳されると、各名称が西洋の何に起源するかが事実上、見えなくなってしまう。さらに、これを読むということは、従前と同じく中国語を学ぶものでなくてはならぬということで、このことは依然として一八六〇年代には化学者の大半にとって事実であったのだが、以降ますますこれが薄れていく。ひいては書名から手引きと思われるのに、上野の著作は、当時すでに最も通用していた宇田川の術語を無視してしまっている。上野が目指したのは、もっと昔ながらの学問に沿った新しい〈必携〉の方式を示すことだったのだろう。

とはいえ、名称案のなかでも複雑性・多様性がいちばん激しいのが、西洋らしさが強く出ている一群である。当たり前といえばそうだろうが、それでもその考え方の多様性には、目を見張るものがある。こうした考え方のいくつかは、当時の日本社会で広く流行していた、新しく時に過激な言語改革案の数々からじかに影響を受けたものとして現れている。たとえば河野禎造『舎密便覧』（一八五六年）では、あらゆる元素名をローマ字アルファベットで書き記すことが提案されている。もちろんそのためには、個々の元素について様々ある綴りのなかから（例を挙げれば英語・フランス語・オランダ語・ドイツ語の呼称から）いずれかを選ぶ必要があるはずだが、いずれにしても欧米の体系をまるごと（その現地のあり方のまま）飲み込むのに等しい。それにひきかえ市川盛三郎は、宇田川の〈素〉をつける名付け方の対象範囲を広げて、かなり多くの物質にまで及ぶようにし、こうして〈素〉というゲルマン的観念を実際に化学言語へと深く浸透させようとした。一八七〇年代以降は、ドイツ科学を奉ずる機運が高まり、そこから以前のオランダ語名称をドイツ語へと置き換え、同じようにラテン語の呼称も相当するドイツ語へと置き換えようとする流れにつながった。英語名称もこのときあたりから使われ始めたが、初めのころはドイツ語と数が変わらなかったのに、そのあと次第に差を付けられていった。少なくとも初期段階で主に対立したのは、特定の名称を漢音で表すかそれともカタカナで表すのかという点である。後者は一八二〇年以来、いくつかの元素を表すために時折用いられることがあったものの、ずっと続けられたわけではない。先にも触れた市川という人物が、ほかならぬ三崎嘯輔の例にならって、一八七〇年代にとうとうこの模範を示すのに一役買ったのである(23)。

一八七四年に三十六歳で没する三崎だが、実はその亡くなる直前の数年間、化学書の翻訳者としてきわめて活動的だった。その著作では、化学の新旧の考え方が術語によく表れ、著しいまでに融合していることがわかる。長崎で学んだ三崎の師は有名なオランダ人科学教師のK・W・ハラタマで、三崎自身が数冊に分けて訳したハラタマの講義録はのちに広く用いられたという。とはいえ、彼の著書のなかでいちばんの影響力を誇ったものが刊行されたのは、長崎を離れて、政府に召し抱えられて東京医学校［大学東校］の物理科学の教授となってからのことだ。その著書とは、ドイツ人化学者C・R・フレゼニウス『定性化学分析入門（アンライトゥング・ツーア・クヴァリタティーフェン・ヒェーミシェン・アナリューゼ）』のオランダ語訳からの翻訳（一八六九年）で、原著はヨーロッパ全土で最も名の知れた化学分析の標準入門書となっていたものである。この著作を日本語へ移したことで、三崎はドルトンの原子論やアヴォガドロの分子仮説をはじめとする重要な新概念を数多く紹介する役を果たした。ところが同時代の人々からただちに注目を集めたのは、化学用語の取り扱い方だった。三崎は元素を二つの基礎群に分け、昔ながらの和名を持つもの（たとえばよく知られた金属）と、ヨーロッパから持ち込まれたもの（ラテン語のカタカナ訳）があるとした。この表のそばには、英語・仮名さらに漢音でも対応するものが記されてあり、漢音では当時の化学者にたいへんよく用いられた中国語音の組み合わせが表記として選ばれている。東洋と西洋の名称を併置・混在させるこの方式は、ハラタマの講義録の翻訳（とりわけ一八七〇年刊『理化新説』）でも以前用いたもので、ここから市川盛三郎が自らの著書『理化日記』（一八七二年）の着想を引き出したことは明らかだ。三崎の表は化学教本の標準要素になり、役立つ参考文献として欠かせないものとなった。フレゼニウスの教科書の三崎訳も、日本全国で基礎文献として広く採用されるようになり、chemistry を表す用語そのものにまつわる議論を巻き起こすきっかけともなった。実は、三崎と市川はオランダ語由来の〈舎密〉という古い言葉を捨て、中国語からの借用語に日本語の発音を載せた〈化学〉（変化の学問）という新しい訳語を推したのである。

三崎と市川は、新世代の翻訳者＝科学者を代表した人物である。このふたりもまた、宇田川などの初期化学者たちと同様、代々一家の長がある種の医務官をつとめた家の生まれだった。ただし、明治啓蒙時代に成人した若者たちの例に漏れず、実際面でも精神面でもその身の立て方は家業とは異なるものとなった。公務のために雇われたのだが、訳者としてのみならず教師としてでもあり、すなわち大阪と東京にできた新しい科学研究所におけるお雇い外国人の交替人員であった。宇田川や林宗以上に幅広い言語資料と日常的に触れ合ったこの者たちの拠り所は、ヨーロッパ科学とその日本語による理解の両方であり——西洋の術語をカタカナの形で受け入れたことにも見られるように、昔ながらの中国語をしばしば犠牲にしながら——このことが一時は高次の〈文明〉の証となったのである。一八八〇年代に入ってもなお、これに反対して漢音の体系にこだわり続けた人々は、おおむね医師の職にとどまった年配の者で、彼らは西洋の治療技術を採用することに加えて、中国伝統の言葉に実務面でも哲学面でもつながる昔ながらの本草学・薬理学を引き継いでいた。化学共同体のなかではこの方面も、いかに勢いが落ち着いていたとはいえ、それでも日本の学術全体の力関係においては、激しい対立がじかに現れていたのである。

おおよそこの時点以降、日本の化学言語の物語が転機を迎える。中国語の音体系（漢音）は急速に使われなくなる一方で、ますますドイツ語・英語の言葉が流入するのだが、これは知識に関する政治・文化の拠り所が大きく変わったことを映し出すものだ。中国語の使用が少なくなったのは日本全国でも事実で、日本の事物とりわけ日本語に基づいて日本の主体性を高めようという国粋運動の結果である。教育レベルでは、政府も学校設立とカリキュラム制定という仕事を引き続き行っていたが、そこでは日本古典の学習と、〈外国のもの〉という点では西洋言語、特にドイツ語・英語の修得が優先されがちであった。このときには、ドイツと英国も学術・軍事の両面でヨーロッパでも最大の有力国と見なされていた。日本の目から見れば、中国が貶められる決定打となったのは、一八九四〜九五年の日清戦争において日本の近代軍に速やかな敗北を喫したことである。

一八八〇年から一九〇〇年あたりにかけての時期に、文化の一大基準点としての威信を、中国はほぼ完全に失うことになった。日本の知的生活がまったく現地語で行えるようになったのも、ヨーロッパ科学の紹介と同様、このときに〈古い〉ものからの自由という屋根のもと、〈新しい〉ものを抱きしめることができたからこそであった。一八八〇年代以降、日本の化学者は（一般社会と同じく）独自の言説をその手に摑もうと奮闘した。その努力のあとが、一八八六年から一九〇〇年にかけて全国有数の専門化学者団体たる東京化学会によって出された、三本の主要な声明書に刻まれている。この一連の文書において、中国語の音体系が元素名の記述法としては原則却下され、漢音で表されたこうした名称に代わって、〈素〉という接尾辞を用いた宇田川の体系を含む日本語名称が用いられることとなり、さらに〈素〉の用法はハロゲン族全体にまで拡げられている(24)。それ以外の名称はみなカタカナで記されているが、その由来となる語源には三種類あった。ラテン語・ドイツ語・英語で共通しているヨーロッパでの呼称、英語でのみ用いられている名称、そしてドイツ語のみの名称の三つである。この三本出された標準化案を詳細に調べた菅原・板倉両氏の論文では(25)、重点の移り変わりが時期別にカテゴリ分けされている（表1参照）。

	一八八六年	一八九一年	一九〇〇年
日本語	一六種	二三種	二三種
羅英独共通	二四種	二六種	三一種
英語固有	一三種	一二種	○
独語固有	一一種	一三種	一八種

表1　日本語元素名の語源となる言語

ここに示された変動が映してみせるのは、当時の日本化学の置かれた一回り大きな政治状況である。〈お雇い〉というシステムのもと、日本では二種類の化学者グループが出来上がった。ひとつは英国やアメリカから来た英語話者の教師についた人々、もうひとつはドイツ語圏から来た教師に教えられた人々である。現実社会がこうなっているため、東京化学会もどこかで折り合いをつけなければならないと考えたようだ。ただ表1に現れた数字で最も印象深いところは、英語名称がなくなってしまった点、それからドイツ語名称が増えている点である（さらに付け足してよければ、オランダ語名称がまったくひとつもない点も）。もっと一般化して見ると、化学言説においてはこの当時、化学式の表現にローマ字アルファベットが初めて使われ、またありふれた化学物質の命名にドイツ語の体系が採用されてもいる。たとえばsilicateならば〈珪酸塩〉と記されるが、これはドイツ語のkieselsaures Salz（玉の酸の塩）の直訳であるし、sodium bicarbonateを〈重炭酸ナトリウム〉とするのは、doppelkohlensaures Natron（二重の炭の酸のナトロン）の逐字訳である。基礎科学とりわけ物理学・化学のほぼすべてにおいて、ドイツがますます好ましいとされたことが、こうした点でもはっきりしている。明治期のナショナリズムはビスマルク時代のプロイセンに優れた範を見出しており、そのしっかりとした教育集中システムや、知識人の公務員登用、それから精神力や国家の運命を語る帝国の言説を手本とした。つまるところドイツはその百年を強みに変えたのである。十九世紀初頭フランスに負けて苦汁をなめさせられたが、一八七一年以後は立場を逆転させ、ヨーロッパでも随一の新しい軍事・知識・文化の力を持つ国となった。こうした経緯であれば、伝え聞く話がどれだけ簡略されたところで、やはり日本としては憧れの対象となっただろうし、これはある面、日本そのものを神格化したい政府の思惑を裏で支える物語としても役に立つ。

ところが、ドイツという模範は長くは続かず、新しい世紀になると瓦解してしまう。二十世紀直前に、ドイツがロシアやフランスとともに〈三国干渉〉に参加し、日清戦争（一八九四〜九五年）後の中国占領地の返還を日本に求めたことは、苦い後味を残すことになった。第一次大戦中、日本は化学薬品という貴重輸出品の供給をドイツに停止され、そのことで国内経済の一部は大損失を被ってしまう(26)。さらに太平洋側では、日本も英国と海軍問題から長期の同盟を結び、（わずかながら）太平洋におけるドイツの影響力を打ち砕く手助けをしている。一般論にすれば第一次世界大戦の結果、いわば手本としてのドイツは崩れ去った。ビルマルクの描いた将来像は崩壊し、ひもじい負け犬となったのである。これ以後は英国が、やや遅れて合衆国が日本の模範となり、そして英語が国際科学の点でも重要言語であると認識され始めたこともあって、カタカナ表記の周期表でもドイツ語が次第に置き換えられていった。一九三〇年代の異国排斥の時代には、日本の学術のあらゆる分野から〈蛮語〉を排除せよという多少の騒ぎはあったものの、政府・学術共同体もこれをまったくまともには取り合わなかった。第二次世界大戦後の早い時期に、さまざまな理由から言語全体を簡略化・標準化しようという言語改革が進められ、書くには複雑な漢字やあまり使われていない漢字の多くが廃止されることとなった。そのため科学でも、特定の文字で書かれたものは、対応するカタカナ表記に換えることになった。合衆国への関心が高まると、この流れから昔ながらの和名をみな英語名称に換えようと言い出す化学者も出たが、この案は採用されずに終わった。一九四九年と一九五五年には、文部省が学校教育用に科学言語の標準化をねらった一連の用語集・出版物を刊行している。化学分野ではいくつかの元素名が変更され（弗素→沸素→フッ素、砒素→比素→ヒ素、硫黄→硫黄→イオウ）、一九四九年時には従来の文字の使用をやめて簡略化された字（新しい当用漢字表にあるもの）に換え、その後一九五五年にはとうとうカナ表記にされた[27]。当時の用語集は、とりわけ専門分野のものになると、その序文で「欧米に互する国力の発展に寄与」[28]するためにと、あらゆるレベルで教育・知識を〈合理化〉ないし〈改善〉する必要の説かれることが多かった。元素名におけるこの近年の小さな変化というのは、日本の近代科学の基礎にあるレトリックがけっして揺るがなかったことを示す、ただ最後の足跡なのだろう。

エピローグ

日本の科学史、その国際的な側面は、この科学がこんにち記されている言語のうちに見つかるはずだ。このことは、どの言語における科学にとっても当然ながら真である。ここでいうレトリックや術語の命名には、ほかの場合と同様、何世紀にもわたる言葉の積み重ねがある。ところが日本の場合、こうした積み重ねを読み解くために必要な言語運用能力とは、政治・文芸・哲学・科学の発展という、その展開から文化の拠り所が根本からどう変動したのかがわかるような、大きな言語の文脈のうちにあるあらゆるものを解明できねばならないものなのだ。だが、ここにはそれ以外の何かもある。翻訳への依存という形で現れる日本科学の国際性、その実情をまさしくあらわにするのは、その科学史がこんにち日本人自身にどう書かれているかという点である。この領域の学問に関心のある者はきっと、日本人著者によって書かれた四～五カ国語（日本語・中国語・英語・ドイツ語・フランス語）の論文・書籍をさまざま読まざるを得ない。さらに、それぞれの言語は、昔からとりわけ大きな影響力を持ってきた分野次第で、各分野に別れていく傾向にある。たとえば田中実の手で書かれた多くの日本化学史の評論・論文は、ほぼすべてがドイツ語であり、また中山茂による天文学史は英語でなされているのだ。

この種のことが、西洋のどこで起こりえようか。中国自然哲学の発展をドイツ語で書く有名な日本人著者(29)と同等の人物を、どこで見出し得るというのか。あるいは、オリエントにおけるヨーロッパ科学の拡散をフランス語で論じる日本人(30)に対抗しうる人物ならばどうだ。国を越えた読者へ届けるために、自分自身のものとはまったく異なる声を用いる必要が、アメリカやヨーロッパのどこで感じられるというのか。さらに近年、日本の歴史系学術誌では、フランス語・ドイツ語の論文が少なくなり、英語で出される論文の数がますます増える傾向にある。このことはまた、日本科学全体として英語を国際的模範にしようという、もっと大きな長期の流れともはっきりと合致するものだ。日本の学問の現状がこうであるからこそ、やはり歴史をその袖に通していると言えよう。であれば、この分野に立ち入ろうとする者も、この衣服を身につけねばならないし、その色・模様・流行に染まらなければいけない。形はどうあれ翻訳とは、科学の実践者・研究者いずれに対しても、日本科学の内容・経験の中核にあり続けるものなのである。

第三部　現代の視点から――変化と差異のリアリティ

第七章　科学翻訳研究の現状

まえおき

その歴史的な複雑性・重要性という点から考察すると、翻訳が科学知識の成立過程における形成要因となることはおのずから明らかである。このことは科学史からも（おそらくはっきりと）示されたと思われる。天文学の場合ははるか古代からルネサンス黎明期へと話を進め、日本科学の事例では中世後期から二十世紀にわたる物語を展開した。あと残るは、現代科学への問いを始めることだ。

こんにちの世界では科学の表現が実に多様であることを考えると、このことは多少厄介ではあっても幅広く豊かな問いを見せるであろう。実際、日本科学の事例はそれだけでも数多くの問いを示すものだ。ゆえに以下では、数種類の言語や科学文化について争点・論点をしぼってみた。包括的であることが本書の目的ではけっしてない。むしろ、様々なアプローチを用いることの有効性を示したいと考えている。翻訳の力というのは、対象を変容させる力を孕んでおり、科学言説が専門語化・標準化を絶えず進めたとしても、この現代でも弱まっていない。そのことが以下の章節で明らかになることだろう。

とはいえまず、ある問題に注目しておく必要がある。ここで深く根を下ろした偏見が関わってこざるを得ないのだが、それはこんにちの科学言説の性質上、言語を越えたその移転が重要な著述行為とは見なされず、ただある者の手からほかの者の手にコインを渡す程度のものと考えられているという点である。この偏見のもとにはまた別個の意識があり、それこそ科学言説を普遍的だと当然視する考え方なのだ。いかなる言語にもまだその根幹を触れられたことのない知識言説が現れたとして、それがすぐさま日々の局面で――執筆・発話・聴取の際に――〈自然と〉用いられ、さらに世界中の主要言語すべてに難なく普及させられる、そんな想像は何よりも神話と言うほかないだろう。考えてもみてほしい。本当に科学が言説の普遍形であるのなら、翻訳に関するあらゆる問いは〈正確性という問題を除くと〉些細なものとなる。かたや科学言説がこんにちむしろ文芸や哲学に近いもので、現地の言語現象への何かしらの依存を免れないとするなら、言語・文化を越えた移転には複雑な点が残ることになる。はっきり言って、科学言説が言語という壁を越えたとき〈多少〉なりとも内容の変化を被るのであれば、翻訳は現代の専門知識についてそれ自体判断を迫るものとして受け止められなければならないのだ。

この問いを解く一助として、普遍性という論点からふたつの検討材料を取り上げて考えてみたい。ひとつめは数学テクストという問題、そしてふたつめは、科学著作におけるこんにちの〈共通語〉としての英語という事例である。

文芸としての数学

数学の著作はその用いる記号体系の性質のために、科学（さらにおそらくはあらゆる分野）における普遍的表現の極端な事例を示していると言ってもいいだろう。すなわちこうしたテクストは、言語間の大きな変化を被ることがないように見えるのだ。数学言説は科学論理の最も純粋な形で、人間の通常発話というかなり面倒な位相を越えたところにある。

とはいえ現実では、その通りというわけにいかない。どれだけ数理の緻密な研究であっても、言葉の文脈のなかで生じるものなのだ。このことは、理論物理学・生物統計学・物理化学・宇宙論といった領域のみならず数学内のあらゆる分野においても、論文・単著・教科書を一目見るだけで、たやすく確認できることである。あらゆる等式・数式・命題・計量・英数字・幾何表現は、記述された説明文・論述文の枠内に置かれたものだということがわかるはずだ。これは避け得ないことで、今のところ数学表現は、（少なくとも人間のあいだでは）それ自体で完全に自立可能なコミュニケーション体系になり得ていない。

このことを読者にわかってもらう一助とするため、ここでランダムに、数理物理学の最近の研究報告から、順序ベクトル空間に関する部分を少し引いてみよう(1)。

1.1. In a fundamental investigation [2] Ernst Ruch proposed an interesting extension of Felix Klein's geometry programme for affine geometries based on normed real vector spaces V. Defining the figure of an (*oriented*) *angle* as an ordered pair $([x], [y])$ of directions (rays, $[x] := \{\lambda x | \lambda > 0\}$ for $x \neq 0$), two angles are called *norm-equivalent*, $([x], [y]) \sim ([x'], [y'])$, if there exists a linear map that sends $[x] \cup [y]$ onto $[x'] \cup [y']$ such that corresponding pairs of points are equidistant: $\|\alpha x_0 - \beta y_0\| = \|\alpha x'_0 - \beta y'_0\|$ for all $\alpha, \beta, \in \mathrm{IR}^+$. (Here $x_0 := x/\|x\|$, etc.).

The *direction distance* $d[x/y]$ (from x to y) is defined as the family of distances $\|\alpha x_0 - \beta y_0\|$. This is succinctly summarized in terms of the map

(1) d: $([x], [y]) \to d[x/y]$, $d[x/y]$: $\mathrm{IR}^+ \times \mathrm{IR}^+ \to \mathrm{IR}^+$, $(\alpha, \beta) \to \|\alpha x_0 - \beta y_0\|$.

The direction distance induces an ordering of the classes of norm-equivalent angles via

(2) $d[x/y] > d[x'/y'] : \Longleftrightarrow \forall \alpha\beta \in \mathrm{IR}^+ : \|\alpha x_0 - \beta y_0\| \geq \|\alpha x'_0 - \beta y'_0\|$.

ここで英語の文章も重要な役割を果たしていることは明らかである。各基本要素は様々な式が実行に移される前にまず定義づけされねばならないのだから、そうした文章がなければ、用いられている記号体系も実質無意味となるだろう。さらに各記号の定義や条件も、いわば物語の流れのなかにある金属の塊のようなもので、手順を進めて大きくまとめ、〈関数〉なり数式なりにするためには書かれたテクストが必要となる。

数学の報告文における言語表現の正確な役割、すなわちそのレトリックと構成の全体像は、おそらく科学言説のなかでも独特の領域、つまり今までさほど深くは考察されてこなかったものを定めているようだ。とはいえ、こうした役割の存在はほとんど疑い得ない。結局のところ、書かれた言葉への依存がこうして中核にあることを考えれば、数学をもとにした科学も、本書で示した翻訳上の変容という主たる考察をおおよそ（ないしすべて）踏まえなければいけない。先の一節の論理がいかに簡潔直截であっても、言語間の移転のあいだには変化・変容の余地が大いにあるのだ。normed real vector や family of distances といった用語の表現内容が微妙に変わったり、interesting, sends, succinctly, induces のような言葉を訳す際にニュアンスがずれたりすることは、皆ありうるばかりか避けられ得ない。これは経験や理論からもわかる。言語間の術語体系には、絶対的な一対一対応のようなものはありえない。おおよそ以下に述べることが、これを証明する助けとなるはずだ。

科学の共通語としての英語――何が適切であるのか

科学というものが世界のいかなる言語でも普遍的で、表現の一般・専門どちらの標準も揺るぎないとするなら、あるひとつの言語において意味のある揺らぎはきっと、ほとんどないし何も示されないはずである。このことが正しいかどうか確かめるには、特定の言語をひとつ――たとえば最も広く用いられているもの――に取り組む必要があるだろう。実のところこんにちの科学においては、国際的な言語をひとつ挙げるならばあれに決まっていると、誰しも広く認識しているきらいがある。もちろんそれは英語で、専門的なことを扱う領域でも年を追うごとに、ますます世界的な広がりを見せている。英語が全世界で科学の成果を示すための〈新たなラテン語〉となっているという考えに、間違いなく否定できない側面があることは、たとえば大量の出版物がある点、技術分野・技術交流において英語が用いられている点、世界じゅうの科学技術分野の学生が学ぶ一番人気の外国語である点、科学翻訳の起点言語となるのが最も多い点、そのほか数多くの根拠があることからも確かである(2)。さらに事実上、世界じゅうの英語ユーザーは計二十億人以上おり、ネイティヴスピーカーはその五分の一に届く程度だと見積もられている(3)。

こうした人々、そしてそのなかの科学者・技術者は、みな同じ英語を話しているのか。この言語のアメリカおよび英国でのあり方が、例外なく隅々まで行き渡っていると言えるのか。すぐに思いつくのはおそらく、カナダ・オーストラリア・ニュージーランド・マルタなどの英連邦諸国であろう。だがインド・香港・シンガポール・ナイジェリア・パキスタンはどうか。英語のあり方は、こうした社会でもまた本質的に同一であるのか。植民地時代に幅を利かせたほかの言語――たとえばフランス語（ハイチ・西アフリカ・ケベック州・アルジェリア）やスペイン語（メキシコ・スペインサハラ・アルゼンチン・フィリピン）――について明らかに多様な形が存在することを考えれば、これはありそうにもない。あいにく、人はただの〈世界英語〉を話しているのではなく、むしろ複数の〈世界英語群〉を用いているのだ(4)。

英語を用いる共同体がどこにあるにせよ、共同体としてのじゅうぶんな規模と安定性があるなら、そこには現地化された形の英語（ＬＦＥ）が、文法・語彙・発音・談話・文体の独特の混交を通じて識別可能かつ定義可能なものとして生じるはずである。［…］ＬＦＥは種類も多様で様式も数多い。たくさんの下位区分を持つ複雑なものもある。〈インド英語〉は、インドにそれこそたくさんあるＬＦＥを区別することなく一般的に捉えるときの名称だ。［…］〈フィリピン英語〉も、その内側には実に多様な幅がある。〈シエラレオネ英語〉は多様性こそ少ないが、共同体としてのシエラレオネ特有の歴史があるゆえに［…］〈インド英語〉と〈シエラレオネ英語〉はともにＬＦＥでありながら、いわばその詳細な体内構造はかなり異なってくるのである。(5)

ここ二十年のあいだに、この言語のアメリカないし英国の標準形も、それよりはるかに大きな語族となっているものの一種にすぎないと認識されるようになってきた。用いられる範囲に応じてLFEは、外国語のままのこともあれば（中国）、本当の第二言語として機能することもあるが（インド）、そのなかでは教育を受けたエリート層でのコミュニケーション形態となるのが普通である。ただいずれの場合も、正しいとされる文法・発音・文構造・統語・語用の標準形——要するに文章におけるあらゆる主要構成要素——は、英国やアメリカのものとはかなり異なっている。それでいて、こうした標準をただの〈間違い〉〈誤用〉〈逸脱〉とするかどうかという根強い問題は、言葉の問題などではなく文化の問題なのである(6)。たとえば誇り高い語学者であれば、ケベックやハイチのフランス語を、フランス語の〈劣化した〉形だとは誰も考えないだろう。こうした現地語化は、生きた国際語の宿命だと言えよう。

ならば科学を表すための〈世界英語群〉とは何を意味するのか。論点はいくつか立てられよう。第一に、外国語としてであれ第二言語としてであれ、あらゆる技術領域で英語が等しく好まれているわけではない。いくつかの研究が示すところによれば、物理学・生物学・工学において国際的に科学成果を公表する際には、英語が好まれる傾向にあるが（主要な要旨・書誌サービスの計算ではおよそ八〇%以上）、化学や数学はそれよりもやや低く（平均五五%）、現地語で記されることも多いという(7)。ドイツ・フランス・ロシア・日本などの国は今も特定分野での業績に定評があるため、こうした分野の研究者はそれぞれの母国語で成果を公表し続けている。

第二にさらなる要点としてわかるのは、科学文で英語を用いる際に規範とされる文法・構文・語彙が、実はLFEによってかなり異なっているということで、このことは学術誌や単行本によく現れている。たとえば中国・マレーシア・インドで刊行された学術誌に現れる論文や抄録を比較してみても、標準的な科学文といったものではまったく論じられておらず、何か専門語の連続に近いもので書かれており、その内容も暗に明に、各個別の言語共同体の流儀に合わせられているのだ。この現状は、専門分野ごとでもばらつきがある。科学分野が異なれば、英語であっても術語の標準化のレベルは様々なのである。この種のものは、そのほか各文化の背景に特有の幅広い要素から構成され、様々な分野において相対的にどれくらい〈近代化〉しているか、昔ながらの学問（たとえば植物学・天文学）では新旧の用語がややこしくも混在している、などの点も否応なく含んでいる。いずれの場合も――〈科学〉のおかげで、書き言葉・話し言葉を土台に、我々が何かしらの分野の知識・努力がわかるようになるのだとしても――様々な〈英語群〉がゆゆしきほどに様々な科学を生み出しているわけである。

インドにおける科学英語――数例

とはいえ、こうした主張をするには、証拠を示すことが必要だろう。次の例は、インドの高名な化学研究者の著作の一節で、この点のよい例証となってくれよう。

In India many plants are multipurpose ones and their various parts are used. For example, the mango tree yields a delicious fruit, its wood is of high value and even its leaves were at one time used for feeding cows and for obtaining a dye called "Indian yellow" from their urine. Many such cases may be mentioned. All are familiar with the principle of cross breeding in order to obtain better results. In the case of sugar cane the crossing of the noble ones with reed canes resulted in better varieties ... It was at one time visualised that crossing of potato and tomato would result in potomato yielding edible tubers and edible fruits; this has not been so successful. But in Nature there are many plants of this multipurpose type. *Pachyrrhizus erosus* called in India "Sankh alu" comes under this category. *Pachyrrhizus erosus* is cultivated throughout India, but not known in a wild state. The tuberous root resembles a turnip in taste and consistence ... Eight compounds in all have been isolated from [the beans of this plant] which thus constitute remarkable source of chemicals of complex type.(8)

この文章には、アメリカないし英国の科学英語のネイティヴスピーカーなら妙だ変だと感じるところが多いと思われる。そのふしぎな文体に加えて、文法ミス・冠詞欠落が見つかるほか、文が冗長で繋ぎ方も下手、言葉の選択までが誤っている（たとえば consistency と書くべきところを consistence としている）。著者はまた、不要かつ散漫で、科学と無関係なことまで記しており、たとえば冒頭にマンゴーの木の説明（化学には直接関係ない）や、葛芋（*Pachyrrhizus erosus*）の〈味や粘度〉にも触れている。

ただしインド化学の英語文を調べてみると、こうした一見間違っているものも、適切な用法のうちに入ることがわかってくる。容認されうるばかりか、こうであることが求められるのだ。とりわけインドの読者の経験と知識に訴えかけるには、何度も細かいところを記すだけでなく、対象とする種のヒンディー語名称にも著者が言及すると、たいへん印象的になる。確かに、〈インディアン・イエロー〉の染料や、それが古代で神聖・世俗どちらの織物にも用いられたという宗教・文化上の含意は、西洋の読者にはほとんど意味がないだろう。ただテクストをつぶさに読めば、こうした含意が、示されている議論、すなわち化学分析と土着植物種の農業面の改良に関する論題の中心にあることがわかる。B・B・カチュルーの定義にならえば、こうした標準は逸脱ではなく多様性をなすもので、現代インド科学の文脈内ではまったく理に適ったものなのである。

一種の実験として、北米ないし英国の学術誌に受け入れられるような科学文にするには、どうすればいいのか考えてみよう。次のようにできるかもしれない。

> There exist in India a large number of plants with multiple uses. The mango tree, for example, yields fruit, wood, and, via cow urine, the dye "Indian yellow." Such uses can be enhanced through cross breeding, as demonstrated by the case of drought- and cold-resistant sugar cane. Another example is *Pachyrrhizus erosus*, known only in its cultivated form. To date, eight crystalline compounds have been isolated from the seeds of this plant ...

ふたつの文章の違いについては、ことさらコメントする必要はないだろう。これだけで、いわゆる〈認知内容〉も、あらゆる事例で同一であるとは限らない、ということが十分示し得る。

これが例外的なものと思われては困るので、さらにふたつの例を出してみよう。どちらも、インドの現代科学で最も成果公表の盛んな領域のひとつ——地質学のものから引用する。ひとつめの文は、インド北西部における地殻の性質についての重要な研究論文から採った。この地域においては大陸衝突が今も続いているため、地質学コミュニティでは国際的に大きな関心が持たれている主題である。

ここに論文の冒頭部を掲げる。

The Precambrian terrains of the shield areas record complicated geological and tectonic development history. In the Indian subcontinent, the cratonic areas of the major segments in south, central, western and eastern areas have developed through crustal interaction processes whose responses are discernible in the geological and geophysical attributes of the rock components of each segment. In deciphering the nature of these crustal segments, it has become necessary to relate surface geological features with those of deeper crustal parts. The information pertaining to the latter is derived in recent years through deeper geophysical probes. With this idea in view, a project was launched by the Department of Science and Technology, New Delhi, on deep continental studies in relation to Rajasthan Precambrian shield. In order to have a clear focus on the problems and their resolution the studies were conducted along a transect ... that cuts across most of the important lithological and tectonic units of Rajasthan Precambrians.(9)

ここでもまた、こうした文章がアメリカ地質学特有の文体と異なっていることをまざまざと示すためにも、これを次の形に書き換えてみよう。

Precambrian shield terrains record complex histories of geological events. In the Indian subcontinent, major cratonal segments have developed through crustal interactions recorded in the geological and geophysical properties of their respective rocks. Deciphering the nature of these segments requires that surface geology be interpreted in light of deep crustal features recently identifed from geophysical surveys. With this goal in mind, a project focusing on the Rajasthan shield was launched by the Department of Science and Technology, New Delhi. In an attempt to resolve as many important questions as possible, a transect (Nagaur-Jhalwar transect, or N-J) was conducted across the most significant lithological units and tectonic boundaries of the Rajasthan Precambrian terrain.

編集後の文章で略語が多く見られるのは、アメリカ（ないし英国）の地質学言説から見て冗長かつ不要で紛らわしいと思われる言葉を削ったためである。たとえばこの文例の二文目では、（紛らわしいので）areaという単語、（特定の何かを指してはいないので）south, west, east, centralといった方向を示す用語、（冗長なので）うしろのsegmentの繰り返しを取り除いている。用語の変更もあって、地球物理学のprobesはsurveysとなり、地殻のpartsはfeaturesに換え、地質構造のunitsはboundariesに修正されている等々。成句・熟語も整えられており、With this idea in viewはWith this goal in mindへと訂正された。そのほかのものも含め、こうした〈翻訳〉全体の要点は、西洋の研究者に意味として馴染みのある一般的な用法・表現になるよう、もっと正確な文章にすることだけに留まらない。認識・審美の両面では、単なる曖昧性以上に〈失われた〉ものも実にたくさんあるのだ。

ひとつ例を挙げると、probeをsurveyに換えたことで、迫真性という含意はまったく消えてしまっている。名詞としての probe には、動詞形のときの動作の含意がかなり備わっているので、その言葉は真剣かつ懸命でおせっかいですらある試みとして、著者個人の探りたいという欲求を描き出し、選ばれたその媒体に深く突き刺さるものであることが感じられる。こうした著者の気持ちが見えてくる側面は、はるかに穏当でよそよそしい survey という言葉にはまったくなく、もっと遠い別のうわべだけの立場をほのめかすだけだ。実際この変更のために、科学言説そのものに内在するもっと大きな歴史の動きを反映するような活動から、著者はかなり遠ざかってしまうこととなり、もともと〈I（わたし）〉という経験が詰まっていた言葉も、無生物とプロセスがほぼ全文で主語となるような話法へと変わってしまう。

術語の違いもまた別方面へと広がるものだ。インド地質学の学術用語には、アメリカや英国の科学用語にはないが、英語の組み替え体と言ってもいいようなものが見受けられる。例としては lithoassociation や lithounit といった言葉があり、これは litho［岩石の］という接頭辞（lithotype, lithofacies, lithostratigraphy などと使うもの）を新たな用法に応用している。しかし他の科学や数学からの独特な翻案もある。たとえば近年のある論文では、とある層序境界を、surface ではなく時間斜交する plane[10] と呼んでいる（そうした境界はその形態からほとんど平坦ではないのに）。さらに sedimentaries という用語を The sedimentaries varying in age between 1700 and 700 Ma crop out in seven separate basins[11] というふうに使ったりもしている。こうした言葉は英米の地質学には存在せず、類似の用語であれば sedimentary rocks, strata もしくは（やや不正確ながらも一般的な）sediments がある。ほかの事例として、西洋の地質学言説にも見つかる言葉が、少し違った意味で用いられることがあり、たとえば（formations や phenomena の代わりに）dominant geologic expressions と言ったりする。いくぶん目を引く例が現れるのが、T・M・マハーデーヴァンによる“Deep Continental Structure of North-Western and Central Indian Peninsular Shield—A Review”という題の論文である。この論文の結論部の題は“Directions of New Thrust”というのだが、これは西洋の地質学者からすると一種のだじゃれにしか読めない。というのもthrustという用語は特定の地質構造を指し示すものだからだ（が、この著者にそのような意図がないのは明らかである）。しかしこの結論部の最終段落は、語の選択・用法がよくわかるものとして、ここに引用するに値するものだ。

> While adequate expertise is available in the country in achieving the above objectives, there is a need to generate high resolution geological and geophysical data that will enhance greatly the values of modeling. Investments in these investigations/studies are necessary to evolve not only wholesome models of crustal structure and evolution but also to provide the much-needed new innovative approaches to mineral exploration and planning seismic environmental safety.(12)

values, investments, wholesome——これらは、アメリカ＝英国の地質学を形作る語彙ではない。seismic environmental safetyという用語も、英米の研究者がその正確な意味・含意をただちに認識・理解できるものではない。実際、西洋英語の専門用語としてはseismic riskであり、これならばそのまま地震発生率を言わんとすることができる。それにひきかえseismic safetyは、地震学の実際の研究に結びつくところがない。むしろ発想としては逆のものであり、反対の言葉で記されたとすればおそらく筋は通るが、対応する科学的内容が欠けてしまっている。とはいえ、seismic safety という語（ないし類語のたとえば security, immunity など）を用いることで、地震発生率が最小に近かった特定の時期を定義しようという、そのような内容が付け加えられている可能性はなきにしもあらずだ。ゆえにインド地質学およびインド科学一般の基盤にあるのは、それだけ独自の特徴を持つがために個別の内容も有するという、そういう種類の英語なのだ。インド英語における地質学は、標準形とくだけた形の言葉が入り交じったところに生じた共有知識であるから、正直なところアメリカやイギリス（ないし香港）英語における地質学と同等視することはできない。

文化・言語面の現実が、科学を含む言説の普遍形に避けようのない抵抗を突きつけている。〈英語〉は、そのネイティヴスピーカーだけのものではない。この言葉がまさしく国際的な言語となってゆくほど、ますます多様に翻案されるようになり、ゆえにその標準における普遍性がさらに下がっていくのだ。

インターネット科学と英語のグローバル化

世界じゅうの科学者のあいだでインターネットの利用が増えていることは、英語が相対的に優位である点にも重大な影響を与えている。一九九〇年代後半に多くの分野で確立され始めたのが、オンラインジャーナルやプレプリントアーカイヴ、学会記録（論旨・予稿・論集）とあらゆる種類の主要データベース、教育リソースなどである。こうした情報の圧倒的大半が、英語で書かれている。これには、インターネットがまず合衆国で発展し、一八八〇年代中盤から後半にかけて学術・産業の科学者によって大きく改善・活用されてきたというわかりやすい事実が、少なからず背景にある。その後の十年のあいだに、主に英語をネイティヴで話す国々――合衆国・オーストラリア・英国・カナダ――の研究共同体がこの新しいメディアを大々的に使い始め、以来それを日々の科学活動に組み込もうと邁進してきた。一九九〇年代におけるワールドワイドウェブの拡大に伴って、ほかの言語でも同様のサイトがたくさん見られるようになった。まずはドイツ語・フランス語・スペイン語で、日本語や中国語もぐんと数が増えてくる。ただし、こうしたサイトも英語版コンテンツを提供しているのが大多数で、はじめに英語を画面に出してから、そのあと他言語版へのリンクをつけるというのが、こうしたサイトでいくぶん一般的なこととなっていた。オンライン会議、ネットでのポスターセッションや索引・目録、電子ジャーナルのほか色々のリソースも、国を越えた電子メールの交換に同じく英語が記されている。言い換えればインターネットが、世界じゅうの科学コミュニケーションの中核にすぐにでもなりうる新しいメディアとして、科学英語のグローバル化における強力な因子でもあるのは明らかなのだ。

このことが実際に意味するのは、翻訳者たることを余儀なくされる科学者がこれまで以上に多くなるということだ。ただし、まさしくこの事実のために、用いられるインターネット英語の標準はひとつに留まらず、その代わり複数の英語が織りなす豊かな多様性が、専門科学という空間をいっぱいに満たすことだろう。インターネットは様々な科学英語を発達（おそらくは拡大も）させる新たな機会を与えるだけでなく、強いられた翻訳の所産として、新しい（おそらくは一時的な）〈方言〉を生み出す一助ともなっている。たとえばドイツ語やフランス語のネイティヴスピーカーがよくやる誤用も、すでにインターネットの科学文では通常の要素となっている。これはグローバル化へ向かう大きな力から見ればささいなことに思えるかもしれないし、この種の〈方言〉がほどなく消滅してしまうというのも、ほぼ確実に正しい。ただし大事なこととして認識しておくべきなのは、こうした言葉も英語一般の複数性と同様に、絶対的な標準化に対して必ず起こる言語の抵抗の一部を示すものだということだ。

フランス語および英語における地質学

ならば、単一の分野で言語を越えた際に起こる変化についてはどうか。これらも、かなりつぶさに読めば実証可能なのか。こうした問いを取り上げることで、科学における言語間変容が一見些末なことであるように述べたブルームフィールドの呪縛を、完全に断ち切ることができよう。とはいえこうしたことを始めるには、やはり証拠を出す必要がある。

次にふたつ抜粋引用するが、どちらも近年の研究論文で、アフリカ地質学で著名な研究者の手によるものだ。文章は古生代前期（六億～四億五千年前）に起こったアフリカ大陸の形成に関するものである。ここではまず原文を示してから、原文のいかなる要素も過度に専門化ないし敷衍することなくフランス語から厳密に逐語訳した拙訳を掲げることにする。

L’histoire de l’Afrique au Paléozoique se déroule toute entière dans le cadre du super-continent de Gondwana. Ceiui ci, on le sait, s’était constitué comme tel aux environs de 600 MA, au cours de l’événement thermo-tectonique panafricain. Il ne se disloquera qu’au cours du Mésozoique, 450 MA plus tard. On doit, par conséquent, penser l’histoire de l’Afrique, durant cette période, comme déterminée à la fois par [quelques] facteurs principaux: l'héritage panafricain, la destruction des chaines formées, leur pénéplanation, puis le “souvenir” de ces chaines.(13)

〔Translation〕 The history of Africa in the Paleozoic unfolds entirely within the frame of the supercontinent of Gondwana. The latter, one knows, was formed somewhere in the vicinity of 600 Ma [million years ago], during the pan-African thermotectonic event. It broke apart only during the Mesozoic, around 450 Ma. One should, as a result, conceive the history of Africa during this period as determined simultaneously by [several] principal factors: the legacy of the pan-African event, the destruction of the mountain chains that had been formed, their peneplanation, and the “memory” of these chains.

これと同様の英語文とを比べてみる前にいったん立ち止まって、この引用文そのものについて、いくつかの側面を考えてみるのも大事である。技術用語が多用されているのに、この文章にはっきりと文学味があることは、legacy, destruction, memoryといった心に訴える用語（転用語といった方がいいか）からも明らかだ。文の長さも様々で、（引用符にくくられてはいるが）意識的にメタファーを用いたり、劇的な効果を印象づけるため調子に変化をつけたりもしている。これを念頭において、関連する次の英語文をよく読んでほしい。

A review of the Palaeozoic stratigraphic record of western Gondwana reveals that for the purposes of rigorous reconstruction the information from many localities is sparse, and some of the relevant interpretations appear to be inconsistent or contradictory. Palaeozoic sedimentary rocks of western Gondwana are preserved on the broad northern and narrow southern margins of Africa. In describing these deposits we refer to basins principally as the geographical location of the record, without implying a particular Palaeozoic tectonic framework.(14)

現代英国の地球科学者であれば、この一節をまさに説得力ある良い科学文の一例と捉えるだろう。思わせぶりなことも過度なメタファーも、あるいは〈余分〉なものも含まれていない。文の調子も無駄がなく、文法も明快、用語・構文の選択も実用に適している。叙述も、読者の気を一時そらすあからさまな文学趣味もなく、よどみなく進められている。その意図が、〈文体〉を最小限にして専門的内容を最大限伝えることにあるのは明らかだ。

それゆえフランス語文の選択に作家性――美しく語を用いるという根強い意識――があるとすれば、英語文でもやはり同じなのだが、ただその標準は前者に比べてずいぶん控えめなものとなる。こうした標準は、そのまま〈内容〉に避けられない影響を与えるものなのだ。この点ではフランス語の抜粋文もけっして空疎なわけではないことがわかるし、むしろ一行ごとに測れば、純然たる情報の密度は一定ないしほぼ一定である。ただし、ふたつめの文章にはまったく見られない言外の意味を含みながらも、議論の流れや筋から切り離せない要素も現れている。このことは、先のフランス語の例を科学英語の標準的レトリックに合わせて再び書き直すと、次のような結果となることからもわかるだろう。

The Paleozoic history of Africa took place within the context of the Gondwana supercontinent, formed approximately 600 Ma during the pan-African thermotectonic event and subsequently rifted apart around 450 million years later in the Mesozoic. The geologic evolution of Africa during this period should be viewed in terms of several principal factors. These include: (1) the tectonic imprint of the pan-African event; (2) the erosion and peneplanation of related orogenic systems; and (3) the influence of these systems on subsequent events.

ここで試みられた類の翻訳では、元のフランス語文にあった修辞上の方針が変更されている。元の方針では、言い切る文と思わせぶりな文を混ぜ合わせることを基礎として、はっきりと伝えるよりも、読者を雄弁に説得して納得させようとしている。かたや書き換え後のテクストでは、もっと率直に事実を示す方へと寄った科学となっている。ここでの地質学は、けっして岩石の遺産・滅亡・記憶を研究するものではなく——すなわち領域全体の基礎にある哲学という基盤をじかに呼び起こすような用語を使うものではなく——むしろ出来事と影響関係を調査するものなのである。

ほかにも微妙に異なる点がある。仏語文にある histoire という語は、普通の文では Paleozoic history というように専門的な形容詞や特定の語句に修飾されて用いられるものだ。このことからこの語をもっと広く読むことも可能で、語としては一般的な〈歴史〉と、語られる〈物語〉というニュアンスの両方を含んでおり、何かをまとめ上げて作り話にまで仕上げ、それから大勢の聞き手を魅了したいと思うさる話し手から再び語られたとも捉えられるのである。二種類の歴史を作るものとしてアフリカをまとめ上げるという、このニュアンスはまた、科学としての地質学に豊かな意味を持たせるものでもある。この言葉からわかるのは、古生代に広がっていたゴンドワナ大陸としても知られるいわゆる超大陸という南方大陸の大きな集合体に特有のある存在を独特の〈物語〉で考察することで、アフリカに現代から分析を加えようという何かしらの意図である。L'histoire de l'Afrique という表現が指し示すのは、この存在を読み書きする行為や現代の言葉でその生成を語る行為、それに引きつけられた解釈行為の周辺に集まる読者の共同体である。地質史とそれを組み上げるデータのどちらもが、希望に満ちながらも定まらない物語をする場に、その場かぎりという性質を認めるものになっているのだ。

ゆえに、どちらの英語文にも欠けているのは、地質科学という大きな神話彫刻とも言える内容について、こうした可能性を見せてくれるような観点なのだ。この点には異論もあるだろう――平均的な科学者が、学術誌の論文を読みながらこの種の内容を感じ取ることが本当にあるのか、と。答えとしては、おそらく科学者が感じることはないが、そんなことはこの問いとはほとんど無関係である、となる。読書という営みでは、科学書だろうが文芸書だろうが、その対象の内容をけっして論じ尽くせない。そこまで論じ尽くすことは、ある意味で学術文献を記す専門家の目標かもしれないが、科学言説研究の全分野が示しているように、その達成は不可能である。実際、近年のこうした研究から生じた考察の多くを否定することも、またさらに一般的な話としては、実は科学文も、文芸作品に試みられるのと変わらない（解釈学・ジャンル分析・読者反応批評・記号論などを含む）数々の分析的アプローチにも開かれているという認識を否定することも、今さらばかげたことだろう。効率性という近代のきらめきの下に目をやれば、科学テクストにも、レトリックの機微や論理の踏み外し、思わせぶりな用語に半端な繋ぎ方、大きな社会への訴えのほか、これまで見てきたような哲学表現や美的技巧にあふれているのだ。

この点を別の形で攻めるためにも、ここである専門文献の要旨文とその訳文を検討してみよう。ここから、文章はできるだけ実用に適すことを〈旨〉とし、理想として各言語間の一対一対応をはっきりとした目標にするという場があることが見えてくる。こんにち国際ジャーナルの多くでは、母国語で書かれたアブストラクトのあとに英訳が続き、そのほかフランス語・スペイン語・ドイツ語のものが置かれることもある。ゆえにこうした例文が、各分野内の標準的な文体・内容がどう変わるかを調べるにはうってつけの〈対照群〉を提示してくれる。だからこそ、ここでもうひとつ、北アフリカ地質学（今回は中央チュニジアについて）の近年の論文につけられた要旨の抜粋を次に掲げるので、ぜひ注目してほしい。

En effet, quel que soit le site initial des séries les plus compétentes, cellesci ont finalement tendance à occuper une position structurale haute en fin de déformation.(15)

〔Translation〕Therefore, whatever the initial setting of the most competent strata, these have a tendency, finally, to occupy a high structural position at the end of deformation.

〔Article version in English〕Therefore, despite the initial configuration, the most competent strata will reach the highest structural position at the end of deformation.(16)

比べてみてフランス語文の方に文学性があることは、またも明らかだ。たとえば注目してほしいのは、ont finalement tendance à occuper が will reach なる平板な表現に訳されているところだ。これ以外にも、quel que soit という仮定法のフレーズで不確定性を示しているところが despite に変わっていたり、une position structurale haute が the highest structural position と実際に誤訳されていたりするのがわかるだろう。一文のなかで、意味と文体の大きな変更が繰り返し現れることさえある。

英語は、遠慮なくひたすら事実絶対主義に向かうところがある。かたやフランス語は、揺るぎない事実よりもその場の思いつきと結びついて、あれこれ気を遣いながら回りくどくなりやすい。ここでもまた、土台にある考え方の違いが示されている。事実を重んじれば、誰もが一致する意見というものを考える。思いつきを大事にすれば、考えながら直していくことになる。どちらの考え方にも動きがある上に生み出す力もあり、本質的なものだ。しかし双方の物の見方やその伝達手法はまったく異なっており、このことからも認識を記す言葉遣いにも様々なものがあって、ただひとつの統合された〈科学〉があるのではないことが十分わかってもらえよう。

非西洋言語における科学の諸相——中国の引用

先述の例では、科学や文化における言語上の境界という問いに、早くも答えを出しているところがある。しかしその証拠を一段階深めるためにも、通用口ながらそこを通って、実際の翻訳という領域に立ち入ってみよう。

引用は現代科学の大事な要素である。研究論文・報告書・単行本など各種文書のなかで引用を使うことは、著作性・先人・協調性・独創性という取り決めと大いに関わりがある。何よりも引用は、扱う専門知識に著者がどれだけ詳しいかを確かめる助けとなるもので、また敬意を表する手立てを授けてくれるものでもある。ならば、ある文化・言語の共同体に特有な科学上の引用スタイルが、ほかのものへ移されたときにはどうなるのか。そうした移転はどのように現れるのか。いかにも科学がその言説において本当に普遍的であったのなら、その答えは簡単だろう。大したことは何も起こらない、とすればよいのだから。

英語を学ぼうとする外国人学生のうちでは、人文学よりも自然科学における方が、剽窃がはるかに多いことが大規模研究で確認されている(17)。さらに、大多数の事例でこうした試みをやりおおせており、引用の採用を断固として拒んで、出典をパラフレーズしただけの科学の学生は、〈ひどい対価〉を支払うことも実に多かった。すなわちこうした翻案が、「出典となる文章の意味をぼかしたり改めたり」して、実際に意図されたものが「わからなくなる」あるいはそれとは「正反対となる」結果を生むような「パラフレーズを行った」だけに終わることが、あまりにも多かったのである(18)。剽窃がこうした状態になるのも、数多くの要因があるためらしく、それには科学英語術語の複雑性や語の使い方が正確である必要性、それから言語をまだ習得していない者にまで働くアカデミアの圧力などがある。

あいにく剽窃についての非難は、どうやらとりわけ中国の書き手に浴びせられているようだ。このことから何か文化要素があるのかもしれないと、すなわち中国語の文章法におけるレトリックの伝統には、科学言説に対して歴史的に大きな影響を与えているような文化要素があるのかもしれないとも思えてくる。この問題は、それなりの注意・関心を集めており、教育学・異文化言語学習に関心のある数多くの学者の手で研究されている(19)。テクストを借用するという行為においては〈著作性〉に中心的な役割があることを踏まえた上で、こうした研究では、中国とアメリカのアカデミックな書き手が（引用の使い方含め）自分の文章の中でどのように他人の作品を扱っているかが比較されている。様々な統計分析が行われた末、こうした研究から主として出された結論がいくつかある。

- 英語で執筆する科学者は、五年以内の出典を引用したがる傾向がかなり強く、一方で中国の科学者は五年から十五年経った作品をよく引用し、五年以内に出版された作品への参照数の二倍以上の数を示している。
- 英米の研究者に比べて、中国の科学者は引用に重点を置きたがらない。すなわち、同僚とは違う意見を持つ場合でも、論文・単行本でその人物のことを公に批判したがらない。こうした消極性は、英語テクストで引用の重要度が高まる論文の導入部できわめて強くなる。それでいて論文の本文では引用に力点が置かれることもあるが、英語文に比べてその度合いはかなり低い。
- 個別の論述の背景説明として用いられる引用が、論文の末尾近くにたくさん集中することが多い。これは中国の書き手が、主たる論述そのものを論文の後半部まで後回しにするような、いくぶん回りくどい論文構成を用いるからである。
- 科学論文の導入部に、マルクスやエンゲルス、レーニンのほか毛沢東といった書き手の引用を含むことが、かなり多い。

こうして出た結論には、中国の科学者が科学テクストを生み出す際の重要な要素が映し出されている。文章が回りくどい点、安全がはっきりするまでは公に揉め事が起きそうなことは避ける点、政治的正しさの表明が一般に求められている点――これらの因子が示すのは、北米やヨーロッパに存在するものとはまったく別物である〈科学〉修辞の枠組みだ。たとえばアメリカの研究者の目からすれば、中国の専門的文章は、自分たちが正当な科学としていつも受け入れているものよりもはるかに重い、社会・政治面の文脈をその袖に通しているように見える。もっと紙幅があれば先述の結論を、儒教哲学の役割や封建的教育という伝統、先例の尊重のほか文化大革命の影響を問うことにも、実りある形でつなげられたかもしれない。ひとまず要点を述べておくと、もしこうした研究を行えばおそらく結果として、〈著作性〉のみならず中国科学の特異性にも触れた結論を記していたことと思われる。

むすび

科学というものを、常に深い言語性を伴う幅広い活動を含むものとして考えることができれば、言語史――さらに言語群の歴史なるもの――は科学史に欠かせないものとなる。もちろんそうなれば翻訳史も同様だ。というのもここまでの数例が示すように、またこれまでの章で例証しようとしてきた通り、文化・言語の境界を越えた科学知識の移転は、いつも実質上の変化を伴うものだからである――新しい語彙の創出、認識内容の追加・削除、論理・構成の変更、説得のレトリックにおける大きな変化、〈事実〉の表明と実在可能性の示唆の対立といった根深い考え方の違いまでも。

このような領域は、科学の〈真の中身〉なるものとは少しも（ないし何も）関係がないと述べるのは、ナイーヴにすぎるであろう。知識もまたその形式から逃れることができず、同様に形式にもその判断や付随物があると認識しなければならない。認識の核は常に穢れなく言葉という現実にも侵されていないはずだという、かつての実証主義の信念が基盤としていた（今も固執している）ものは、言語への不信感、そこに御しがたい欠陥があるというイメージなのである。だからこそ人工的な（あるいは人工的に制約された）言説だけが、語句と事実、言葉と意図通りの意味の一対一対応という夢を成し遂げるものと期待されたのだ。

かつてギリシア人が知っていたように、言語と認識というふたつの領域を単純に区別することができないことは、こんにちの人間もわかっている。確かに今、知識の研究はのどの渇いた旅人よろしく、言語研究という水のわき出る井戸に戻ってきている。なぜなら、文芸に向かうにせよ科学に向かうにせよ、人間の言語運用という複雑かつ複層的な形式と向き合うことになるからだ。科学は〈人工的な言説〉であると、何か重い意味をこめて呼ぶことができるのか。その答えは、まったくの〈否〉となるはずだ。何百万もの人々が、研究室・野外・廊下・教室・浴室で、毎日この言説を様々な形で、話し読み書きしている。科学というものが表すのは、生きた言語の集大成であり、ゆえにある意味では同様に複数の〈科学群〉なのである。翻訳は、近代においても大昔においても、この真実を確かなものとする歴史的プロセスであり続けてきた。人を越えて時を超えて専門知識を移動可能なものとする際、翻訳は今に至るまでずっと、学知の創出および絶えざる再興の裏にある重大な力であったのだ。

第八章
結　論――翻訳の際に得られるもの

現代の抱える知識の相違が問題を孕むように見えるのは、古代の夢という観点においてのみである。すなわち言説統一という夢、あらゆる差異を埋め、知性によるいかなる成果をも集めて、人間の理性にどこまでも役立つよう秩序と方向性を与えうる、普遍の〈科学言語（リンガ・スキエンティア）〉という理想像だ。この夢は古くからあるものだが、専門家にとっては死んだ理念の墓場というだけではない。十七世紀に始まり少なくとも二十世紀後半あたりまで続いた〈近代〉と呼び習わされた時代をほぼ通して、この妄想から自然科学の普遍性を達成しようと試みられてきたのである。夢はたやすく薄れたり消えたりはしないし、おそらくそうあるべきでもない。過去数十年のあいだに、計算機科学（複雑性理論）や素粒子物理学などに関連する形で、科学そのもののなかに新たに大きな総合体を提起する理想として、その都度くりかえし夢がふくらんできた。その熱狂が時として究極の統合というこの夢を支持しているように見えるとしても、これがすぐに反対の主たる理由になるわけではない。なぜなら過去・現在ともにいわゆる〈学知（サイエンス）〉なるものが、何よりも言葉という実体――文章・発話コミュニケーションという媒介を通じて生産・共有・活用された知識――であるともっと冷静に認めうるとするなら、こうした夢は、もったいぶった便利な幻想という地位に追いやられているはずだからだ。

正しく言えるとすれば――近年の学術界はこのことの証明にかなりのことをしてきているが――その範囲がいかに幅広くとも専門的でも、その形式からまったく切り離された知識の領域はない。表現のスタイルや技巧なしでは文芸はありえないし、視覚表象の様式なくしての芸術もまたありえず、そして人間の認識という世界に具象化させる筆記・発話という様々な言説がなければ、科学も存在しえない。こうした事実を歴史として語ろうとすれば、本書が示そうと試みているように、一般に思われている以上に広汎かつ複雑なものとなる。レトリックや知的文化、それにまつわるあらゆる複雑性の歴史となるばかりか、言語共同体全体の歴史だけでなく、ひいては時を越えた共同体間の移りゆく相互作用・交流の歴史ともなるのだ。科学分野が翻訳を頼りとしている度合いは、文芸・哲学・宗教にも劣らない。実際たとえばインド・中国・日本など数多くの主要文化では、近代科学も翻訳とは不可分であり、実のところ翻訳として始まっているのであって、それ自体が言語間の衝突および個々の専門言説間の混交・競争の元となるのであるから、普遍性への望みなど一切ないのである。日本の場合にはこの証拠も大いにあり、一七五〇年から一八六〇年にかけて翻訳は科学という営みの大部分を構成するもので、科学者の大半が実験・フィールドワーク・理論研究に従事する前にまず翻訳者であることをひとえに期待された。この時期には、何よりもテクストという富の収められる図書館を大きくすることが、日本科学における〈貢献〉ということになったのだ。海外の作品を取り込むことで、基盤となる科学思想の文章を増やすのが最重要の課題というのである。そしてこの試みから生まれた数々の言説のそれぞれが持つ内容も、昔ながらの朱子学の自然哲学のほか、中国科学・西洋科学、こうした各出典を土着の日本語で敷衍したものを元にするなど様々であった。さらに各分野は、政治・文化面での拠り所が日本の科学者のあいだで特定の西洋国家へと移り変わっていった直接の結果として、たとえば十八世紀のオランダから、十九世紀はフランス・ドイツ、そのあと二十世紀には英国・合衆国というように、それぞれ言語上・認識上の発展を遂げたのである。

その発展の大部分を占める、こんにち我々が〈科学〉と呼ぶ営みの内実はきわめて多様であった。（各種領域のうちでも何よりも）文芸・哲学・宗教のあり方へ綾なすごとく深く織り込まれていたのが、プトレマイオス『アルマゲスト』、コペルニクス『天球回転論』、ラヴォアジエ『化学要論』といった基礎テクストであった。この内容の具体的な織り方についてはその糸と同じく、言語と言語のあいだで（時として抜本的でありえないほどの）変容を受けがちであった。プトレマイオスもアラビア語では一神教の形を与えられ、ニュートンも日本語では朱子学の含意を抱くようになったが、このふたつもこの現象の一例にすぎない。文化・言語の境界を越えた科学知識の移転は、つねに内実の変容を伴うもので——新語彙の創出、認識内容の追加削除、名称・時代・場所の改変、論理・構成の変更、説得形式の変化などがある。とすれば〈翻訳時の喪失（ロスト・イン・トランスレーション）〉という表現は、こうした歴史上の現実とは関係のない気の抜けた常套句（クリシェ）のようにも思えてくる。ある人々からほかの人々へと実際に知識を移す際には、莫大な事物が得られるというのが事実なのだから。

差異と普遍性という問題——概念と論点の簡単な整理

古代・中世・近代のいつであれ、科学の形成における翻訳の役割は確かに計り知れないが、それは差異の存在を絶えず示す証でもある。本書で見せた例はいずれも、科学言説を表現の普遍形とする考え方には少なくとも問題があることをはっきり示すものである。そうは言っても、発話・執筆・交流上の決まり事にいくぶん縛られながらも、国を越えた科学の世界が存在するという事実を、こうした結論があるからといって疑問視できるわけでもない。この共同体は確かに存在し、こんにちこれまで以上にかなり強固なもので、表現の規準もまた確かにある。ただ、このように国を越えた規準（コード）や決まり事があるから話はそれでおしまい、とはまずならない。ボストンの物理学者は、同じ街の人文学者や一般人よりも、モスクワや北京の同業者との方がはるかに互いにわかり合えるものがあるだろう。とはいえ、ことわざにもある通り、人生はそれだけではない。ほかにも人生は、深いところにある理解力や背景のほか日々の認知や感情の動きとともに、否応なく言語に強く縛られている。各言語には必ず、その話者に現地化という圧力をかけ、またその言葉を媒介に生じた事物までも現地に縛ろうとする作用があるが、専門の言説がいかに力強くとも、それらすべてに抗えるほどの力を有することはないのだ。

とはいえこうした結論は、科学について従来から根強くある書き方・考え方とは相容れない。このことは以前にも触れてはいるが、昔から支持されてきた普遍性とは具体的にどんなもので、どんな意味があるのかは、まだ論じていなかったので、ここで扱っておこう。この考え方がいかに根強いもので、いかに広まっているかを示すためにも、この論点に注目した小論を紹介したい。こうした研究の嚆矢とも言えるのが、スペインの哲学者ホセ・オルテガ・イ・ガセットで、彼の書いた「翻訳の悲哀と栄光」と題する評論は、科学をじかに取り上げたものとしてよく引用されている。

> ある科学書が訳しやすい理由を自らに問うなら、すぐさま気づくのは、そうした書物では著者自身がまず、自分が〈生活・活動・存在〉している本物の言語から、著者自身がその書のなかで定義するはずの人工言語たる専門用語で作られた疑似言語へと訳しているということだ。[…]それは、その学問領域を育んでいる人々のあいだであえて作られた決まり事によって確立された一種の人工的な国際語なのである。そうした理由から、これらの書物はある言語から他の言語へと訳しやすいわけだ。実際、あらゆる国でこれらはほぼまったく同じ言語で書かれている。(1)

つまり科学は必ずしも言語ではなくむしろ一種の符号（コード）であるから、同じく科学書の翻訳も必ずしも翻訳ではなくほかの何か——複製の制作であるということだ。ガセットにとって、これは科学言説の普遍性を定義づけるものでもある。この著者が言うには、科学における〈本当の〉翻訳は、元の科学テクストが書かれる瞬間だけに起こるものであり、この場合は解釈や移転による負荷がかからないというのである。

　ガセットがこの評論を著したのと同時期（一九三〇年代）からそのあと十年以上にわたって、アメリカの言語研究を主導したのはレナード・ブルームフィールドの仕事であり、彼自身の書いた著作はおそらく、専門の言語学者による科学言語についての唯一の広汎な論文だろう。ブルームフィールドはその書物でまず次のことを強調している。

> 科学の発話が通常の発話と異なる点は、話し手ないし聞き手の人物の内的事情[…]すなわち科学者の〈概念〉〈理念〉〈観念〉、腹痛のほかコミュニケーションに役立たないものに基づいたぶ

れを、規準通りの反応としては認めず、話されたことがただ額面通りに受け取られる点である。(2)

この考えによれば、科学はあらゆる心理状態を抜きにした発話形式ということになる。こうして主観がなくなれば、話し手と聞き手のあいだの理想的なやりとりも可能になる。これは翻訳という観点ではどういう意味になるのか。ブルームフィールドの考えは明確で、こと科学に関する限り、「(英語・フランス語・ドイツ語などの)言語間の差異は、広範囲で根強いものであっても、ごく一部のコミュニケーション上の不純物を構成するにすぎない。科学言説は翻訳可能だと言えるし、このことから[…]言語間の差異は[…]科学に何の影響も及ぼさないと考えられる」(3)。これは、科学言説に普遍性があるという信念の核心となるものだ。専門の言葉というものは、それが現れるいかなる言語・個人とも独立した状態にあり——言い換えれば、ギリシアの詩神が詩人という奉納されたからっぽの器を満たすと考えられていたように、主に伝えるという目的のために話し手が言葉に所有される(取り憑かれる)ということなのである。

似たような考え方は、多分野の学者の文章にもにじみ出ている。現代の翻訳学者のなかでも大いに評価されているルーイ・ケリーから、近年、力強い高度な論述が出されている。言語学・文学理論・哲学からの見識を組み合わせることで、ケリーはこれから観点・影響ともに抜きんでていくはずの翻訳理論史をひとつ打ち出している(4)。ケリーの考える技術翻訳は、いくつかの箇所で示されているが、ここでは一例を挙げてみよう。

言語が〈客体中心〉ないし純粋な情報を表すものとするなら、翻訳者は記号以外のいかなる意図も黙殺することになり、したがって文字操作に何らかの理由を見いだせるようになるだろう。この技術重視のアプローチは、技術翻訳に限定されるものではない。［…］言語記号を本質的に客観性のあるものとする想定は、ユダヤ教徒・キリスト教徒の神学議論、ロマン派の芸術理論、科学者の需要によっても支えられてきたのである［…］(5)

歴史の正確性という面で疑いようがないというのが、ここで重要な点である。絶対に忠実たろうとする翻訳者の思考様式は、言葉が文字通り正しいという宗教然としたこだわりにそもそもの大元があるといった、ある種の言語原理主義から来るものだ。ところがケリーはそのほかの点では誤っている。あいにくこうした原理主義は、言語を〈客体中心〉とする考え方から出てきたものではなく、むしろある種の神秘主義から来ている。言葉に授けられた究極の聖性から言葉は神の存在形式として表されるという信仰、それが言語の形式を、または修辞力・雄弁の主たる手本を焚きつけたのである。聖ヒエロニュムスやシリア後期の福音書訳者が、すでに述べたように前者の好例となる一方で、ローマ初期にギリシア文芸を訳した者は後者の考え方をはっきりと例証するものだ。

聖典、ロマン派の純粋芸術という概念、そして科学知識の翻訳、この三つが本当につながるとすれば、そこには不変の内容という理念が関わってくるはずで、その普遍性を保証するのはおそらく、ある種の自然法則ないし神学上の掟（いずれにせよ高次かつ内在的な決まり）であろう。科学の場合、〈言語記号の客観性〉に関するこの決まりは、どうやら科学言説そのものの性質から現れたらしく、それも表面的には〈情報〉としてでなく、〈知識〉――概念・仮説・解釈のほか事実や様々な観察結果——として論じられているところがあるからだろう。最大限の逐字解釈以外は何もかも抑制を強いられる科学翻訳者こそ本質とするケリーの捉え方には、また別の主張が根底にあり、これは身近な実際の問題を明らかにするものでもある。「翻訳理論が昔から意図に焦点を当ててきたことを考えると、これまで理論構築は文人の領域であった。意図の多様性を受け止めると、問いが現れる。問いから、判断や理論が生まれる。理論からは実験である。したがって創造的翻訳の技巧も幅広い」(6)。この種の説が歴史上の科学翻訳の現実とどれだけ合致しているかを明らかにするのが、本書の主要な目的のひとつであるが——文学と比べて、おそらくそれ以上ではなく、きっとそれ以下でもないだろう。

文系知識人が科学文書の翻訳を複製の問題と捉えがちであるとするなら、当の技術翻訳者は自分たちの技をどう論じるのか。まったく別種の態度が主流となっていることも考えられよう。はるかに複雑で、自画自賛したものが現れるかもしれない。ただ、事実はそうでない。ここでは代表的なものを二例抜き出してみよう。ひとつめは、一九九三年にインドのハイデラバードにあるオスマニア大学の言語学高等研究センターで開かれたシンポジウムから採ったもので、そこで発表された「科学および技術テクストの訳出時における諸問題」という論題のペーパーには、次のような認識が示されている。

> 科学・技術テクストの翻訳と、文芸テクストの翻訳を大いに異ならしめているのが、概念・用語の一対一対応の確率の高さである。[…] エドガー・アラン・ポオ「大鴉」のごとく一一〇行ほどのあいだに様々な含意を示すようなものとは、起こる確率がまったく違うのである。解釈の問題は起こりようがない。(7)

ここでの普遍性という概念は、言語間で完璧に近い言語対応ができるという信仰という観点に、さらなる具体性を与えるものである。

この種の例をもっと示してみせるのは、いかにもたやすいことだろう。読者にこうした立証責任を預けないためにも、とりあえず最後にひとつ別の分野にも触れておきたい。機械翻訳という分野（通称〈MT〉）は、一九五〇年代にはじめて大きく花開いたが、その大元にあったのは〈自動翻訳者〉という概念で、一九三〇年代にフランスおよびロシアの技術者がまず先駆けて取得した特許でもすでに示されていた(8)。とはいえ一九五〇年代後半にはコンピュータもようやく登場し、ノーム・チョムスキーの『統辞構造論』（一九五七年）も刊行されたことで、アメリカの言語学の様相は完全に一変してしまう。高度な技術とアルゴリズムじみた〈変形文法〉の組み合わせが、真の〈翻訳科学〉を打ち立てるものとして利用できると考えられたのだ(9)。チョムスキー本人は問題があるとして反論したが（彼によれば、言語の普遍性は構造・形式面でのことであって、構文・意味においてではなく、それだけでは対応する翻訳理論への道を示せる望みはないというのだが）、それでもMTを推進する者たちを止めることはできなかった。この者たちを支える思想によれば、まったく合理的に、

［逐語的な自動翻訳においては］起点言語のパターンと目標言語のパターンが、ある種の意味を保ったまま対応物に置き換え可能になることのほか、パターン転換の簡単なコツも同じくそのうち明らかになることもじゅうぶん期待できる。理想として、結果判明したプロセスを経て得られた翻訳の文体は、人間の翻訳者が生み出した最良のものに匹敵するほどの品質を持つことになるは

ずなのだ。(10)

こと文芸に関しては、あるいは複雑かつ慣用的な語法の多い類の文章となれば、この種の移転では千年経ったとしても説得力ある有用な結果はけっして生まれ得ないだろう。こうした努力をしたところで、意味不明なものを生むか、噴飯物を作るか、もしくはそのどちらもであろう。だが〈文芸〉は壊れるにしても、科学ならばそんなことは起こらないというのか。問いが再び投げかけられる。「こうした自動辞書から生成されたものを翻訳と呼ぶのは妥当なのか」。答えはこうだ。「実験結果を見る限り、科学テクストへの答えはイエスだ」。さらにこう続けられる。「訳出テクストのテーマに詳しい専門家であれば、単一言語しか使えない読者でも、ほとんどの事例でこの粗い翻訳から原典の内容の核心を、二言語わかる一般人よりもたいてい正確に引き出すことが可能なはずである」(11)。

実のところ、この説は間違っているとしても示唆に富んでいる。(重要度が十分に高いものならば、多少用語が誤訳されても学術テクストが一応わかるものとなりうるのは、現役翻訳者の知る通りである。)ガセットやブルームフィールドと同様、用いる言説が個々の言語共同体の地域性を越えた言説であることからすれば、科学者は事実上ある種のめずらしい国際人だと考えられる。結局はMTをはじめに支持した者たちも、また今も受け継いでいる人々の一部も(ほとんどが今はもっと控えめな立場をとっているが)、文系知識人が持っているのとほとんど変わらない科学言語観を主張してきた。機械仕掛けのロゼッタストーンへの夢は奇妙な仲間まで生んでいる。確かに技術史が示すように、最新の機械が古代の夢を呼び覚ますことは多い。ところが変わらぬ事実は――からくりへの愛ではなく――おそらく言語哲学こそがいつも翻訳プロセスの自動化という大望の根底にあるということなのだ。

ここで最後にひとつ断っておく必要がある。科学言説に純粋な意味でも実用面でも普遍性があるとは考えられないとするなら、知識としての科学はどうなるのか。科学の理解は――たとえば分子遺伝学や惑星天文学の概念・事実・データなどの理解も――大幅に現地化される〈さだめ〉だと考えねばならないのか。ここで短く答えておけば（紙幅の問題もあるので）、その問いはあまりにも複雑で、いささか簡単には答えられない、となる。〈知識はその形式次第である〉と述べたところで、これらが同一であるという宣言にはならない。ほかに何と言われようとも、科学知識やその技術製品には客観性のある部分がかなり多いと考えるほかない。実際、どの言語共同体でも共有されうる概念・機会を作る力というのは、近代世界の社会構造・慣行に及ぼす影響力の土台近くにある。プレートテクトニクスの根本原理を形作る基本の考え方は、中国でも英国と同じだ。作用の正確な説明が異なっていても、レーザーは日本でもポーランドやカナダでも同じように動作する。よって問うべきは、知識と表現のあいだの、正確でありながら多様であることを免れ得ない（諸）関係となる。これは確かに理論の問題だが、認知の問題でもある。科学には変わらない〈内容〉があると主張するだけでは不十分だろう。この〈内容〉というものが、あらゆる個別事例で再定義されないかぎりは、充分ではないのである。

翻訳と科学の進展

科学言説には絶対に普遍性があるという考えをいったん横に置けば、大事な歴史上のテーマの多くにも扉が開かれる。科学史のなかで翻訳が果たしてきた役割には多くの側面があり、本書はそのごく一部を指摘したにすぎない。科学はこれまでも——いま現在も——言語間・集団間で改変を被ってお り、そうした変異の詳細から明らかになったのが、まさしく研究を続ける価値のあるテーマの数々である。そのなかでの第一のものはおそらく、十七世紀以前の——そして以後の一部の国（とりわけ日本）の——科学知識がおおよそテクストとして具象化されていたこと、巻物・冊子体・書籍という媒体内に事実・思想の内容が収まっていたというテーマであろう。これは口承の重要性をまったく否定するものではない。とりわけ教育や講演では、口承も伝達様式として大事なものであった。ただしこうしたやり方の場合、口承というそもそもの性質上、専門的な主要テクスト（およびその便覧・梗概）も概説・要約——言い換えれば口頭での模造——せざるを得ず、それはそのテクストがアリストテレスのものでもアウィケンナのものでも変わらない。

科学を扱った古文書で繰り返し出くわすのがこのことだ——〈知恵（ハキム）〉とは何よりも太古に確立した賢者の言葉に宿るもので、〈後代〉の手で必ずしも乗り越えられるわけではないが、改善・継続さらには修正されうるものであった。たとえばプトレマイオスはイスラムの天文学者からさまざま改訂を加えられたが、それでも『アルマゲスト』「簡易数表」『惑星仮説』に抱かれる深い敬意がなくなることも弱まることもなかった。こうしたテクストを修正することで、原典のすばらしさが完全なものに近づきこそすれ、それが覆ることはなかったのだ。ゆえにこの主要テクストは単なる知識の記念碑以上のものであって、不動ながらも高くなり続ける高い山、変わりうるが存在感を保ち続けるもののごとくで、学問にとって登っては下りてこなくてはならない場所なのである。

こうして翻訳は、昔ながらのテーマ——科学発展のプロセス——に新たな光のようなものをもたらす。例を挙げると、西洋近代天文学の土台がただ繰り返される知識と革新のプロセスの結果のみから、つまり各天体の新発見が積み上がっただけで出来上がったのでないことは明らかである。当時のテクストそのもののあり方として、新たなテクストや新規読者のほか執筆・文書の新しい様式を生み出す力を伴った数々の労作に、天文学の発展がかかっていたのだ。この種の労作ほど、翻訳・再翻訳の大きな出来事が絡んでくると考えられるものはないだろう。中世初期アラビア科学および中世後期ヨーロッパ科学にとって、まさしく新たに紹介された資料の洪水であり、既存の天文思想を大規模に定義し直すことにも直接つながるテクストという巨富の移転ということでもあった。また特定の重要テクストを折々繰り返して訳すことにもなったがゆえに、新しい世代の学者たちの思想を誘引・養育・活性化することができたのである。

こうしたプロセスが、天文学史を〈飛び飛び〉の流れに、すなわち翻訳がほとんどなく比較的安定していた時代ごとに分けて、大きな断絶たる〈飛躍〉がたびたび挟まれるという形にする（作り直す）わけではない。むしろ手稿文化のなかでは、およそ不連続であることの方がしばしば予期せぬ結果として絶えずあり続けたのだ。写本制作の仕事は賃金の安い写字生の手で行われたが、その者たちの教育にはしばしばむらがあり、その意識も純粋とは言いがたいところがあったため、一作品のなかに改悪・誤写など様々な改変が紛れ込むおそれがあるのが常であった。この種の変容は翻訳からも生じていた。とはいえこの場合は――おそらく一般的にも――優れた学術の営みを妨げる不幸な事故として、あるいは単なる興味深い珍品などと、ひと絡げに見なすことはやめた方がいいだろう。むしろそれは翻案の痕跡のひとつであり、ある集団・文化から別のところへと移転させる行為ではテクスト作品に必然的に起こることなのだ。もちろんここまで論じてきたように、翻案にはほかにも追加・リライト・削除・注解など多くの種類があり、翻訳者は選んだ作品に対してそれを頻繁に行ってきたわけである。簡単に言うと、こうした改変の大半は意図的な作り直しの結果だった。ましてや科学史における翻訳者は、文学の場合よりもはるかに実際は編集者に近かったのである（時として容赦ない編集者のこともあった）。これはクレモナのゲラルドゥスのような〈逐字主義者〉にも、またキケロといった意訳のアプローチを採る者についても、同様に当てはまる。

確かにローマ科学という個別事例では、新しい文化の素を生み出す選別力として翻訳の力が示された。この力に不可欠なのが、ある部分の知識は黙殺や過小評価をしながら、ほかの知識については重要視するという能力である。ローマ時代の翻訳者は――そもそもの背景上の限界から、またその文化上の優越主義から、さらには帝国に有用かつ有意義となるものを求める意識から余儀なく――ギリシアの数理科学の大半を無視するという選択をした。結果として、この科学はラテン語から閉め出され、ゆえに中世初期には手の届かないものとなってしまった。このことがヨーロッパに与えた影響は言うまでもないだろう。

文化プロセスとしての変位

多くの歴史事例に広く関わるもうひとつのテーマは、訳出物の現地化プロセスによく現れる要素としての〈変位〉である。受容文化内では起点文化に拠る点が過剰に出過ぎないようその痕跡を消したり薄くしたりすることがあり、その変移の集積たるものが〈変位〉とされる。

こうした変位が起こる世俗化のレベルも様々で、それぞれの形の翻案を通じて生じており、注釈・再構成のほか元々の名称・呼称・用語の置き換えなどのテクスト内の内容変更などの形をとる。ローマ科学の事例のように、異国の知識を既知の知識へと変移させ、まったく新しくも好ましい見た目を許容しつつ、その異質性そのものを征服・植民地化してしまうという作用が働くこともある。この場合にもっぱら試みられるのが、〈原典〉の効果的な破壊である。たとえば、アラトスがギリシア語で描いた星座たちを、キケロはラテン語で作られたかのようにうまく訳したため、後代にはアラトス自身にじかに触れる必要性が感じられることはほとんどなかった。このことはギリシア語およびシリア語の著作がアラビア語訳されたときにもきっと当てはまるはずで、またギリシア＝アラビア科学が中世後期にラテン語訳されたときにも真であることは、おそらくもっと明らかなことだろう。初期ヨーロッパ科学の形成に決定的な影響を与えたアラビア語の著作群が、じかに恩を感じる対象から徐々に外れていき、源流としてははるかに遠いが〈安心できる〉ギリシアと置き換わっていったという事実は、本書で示してきた以上にもっと詳しく突き詰めて考察する価値のある物語なのだ。

恩義の感覚をかき消す要因となった様式にはほかにも、有名著作を便覧や梗概に要約するという行為があり、そうした訳本がのちに原典と置き換わることになる。そのほか著作をいくつにもばらばらに割って、細分化されたテーマについての数々の新作に取り込んでしまうというやり方もまたある。注釈の執筆も、慎重に見なければならないが、変位の一形態にまず数えられよう。なぜなら、注釈というのは豊かなものを生む食客であったことも少なくなく、その主人に（少なくともしばらくは）さらなる名声と貫禄を授けて、よい気分にさせるものであるからだ。〈賢者〉ないし〈古代人〉という概念も、この点でそれなりの効果があった事例がある。複数の言語をすでに経由してきた科学作品を、遡って原典の著者に結びつけるという敬意のこもった行為そのものが、それまでに通過してきたもの、それまでにお世話になってきたあらゆるもののはっきりとした痕跡を、何もかも消してしまう結果となったのだ。十一世紀ないし十二世紀にプトレマイオスを読んだイスラムの知識人たちが、目の前にある言葉の連なりがシリア語やペルシア語、ひょっとするとヒンドゥー語をも経由してきたものであることを知らなくても、仕方がないと言えよう。

受容文化内で釈意訳から逐字訳への移り変わりや、その逆が様々起こることは、文化上の変位というこのプロセスでもひとつの役割を果たしている。すなわちどちらのアプローチも、ある特定の作品の旧訳の価値を貶めた上で、その新訳を生み出すために用いられ、かくして古言語の〈原典〉とある時代の学者の仲立ちとなる一連の訳文を効果的に構築してきたのだ。〈訂正〉〈精緻化〉して旧訳をさらに〈正確〉なものとし、個々の作品に立ち返って後代の〈よりよい〉翻訳者たちという名の下にその作品を占有する必要性が自覚されると、ある世代はほかの成果の正当性を認めようとしなかったり、またそれを修正しようとしたりすることが非常に多い。こうした場合、旧訳が不正確だと見なされるのは、受容文化内で言語上の変容が起こった結果であることも一部ないではない。いかに標準化されていても、またとりわけ何かしらのイデオロギーが長期間幅を利かせてその影響下にあったとしても、長きにわたって絶えずぐらつかない言語・言説というものはない。となればやはり、現地化のプロセスにも変位が伴っているのである。

テクストの不安定性

この電子テクストの時代にあって、印刷された言葉は〈固定〉されて〈安定〉したものと好んで呼ばれている。いったんページにインクがつけられて著者や印刷者の手の届かない読者へと広く届けられると、言葉が長持ちする上、信頼できる形態で保たれうると考えられた。〈印刷文化〉は、継続と保存の文化であると、重々しくも安心できるものとしてしばしば言及される。

　これがごく最近に作られた神話だということを指摘する書き手は、ひとりに留まらない(12)。過去・未来のアリストテレスの物語は、こうした反論を支持する強力な証拠となるだろう。とりわけ書籍は、おそらく博物館のケースのなかでミイラ化されて文字通りのオブジェとならない限り、けっして永遠の代物ではない。小説・詩・学術論文・旅行記など何であれ、旧作の新版はいつもかなりの追加・削除とともに現れるものである。「ひとつの本の刷り版違いでいかに異同が起こりうるかは驚くべきことで、その作品が古典であれば、長い時期にわたって様々な会社で何度も刷られると、その読みの異同が急増していく度合いは、手稿で書写された作品の場合にも匹敵しかねない」(13)。いわゆる〈定本・決定版（オソリテイティヴ・エディション）〉を確立しようとする果てしない努力も、書籍が実は不安定であることを理解しなければ、何の意味もない。〈古典〉へそれぞれ物申す必要性があると次世代にも絶えず感じられて、精選されたテクスト編集の出版が認められていくのだ。久しく〈定本〉という用語が、ある作品を〈一時的に定めたもの〉という意味であり続けているというのは、テクスト史の皮肉というものである。

　不安定性そのもののあり方をさらにもっと深めていくこととしよう。十五世紀後半（印刷技術の登場）以前に書かれた作品は、ほぼいずれも――同じく以後に現れた作品の多くも――様々な版の写本の各種断片を継ぎ合わせて出来上がったテクストとして、こんにち存在している。ギリシア・ローマの古典作品についてはとりわけその通りで、そのうち元々の原資料に近い形でさえも残っておらず、その代わりに中世写本ないし印刷初期の版本から精選しながらも、多くは確かとは言い切れないやり方で継ぎはぎされてきた。特にプトレマイオスの場合と、アリストテレスについてもこのことに触れてきたが、古代の有名な書き手であれば全員に等しく当てはまることである。なるほど、そのような思想家の作品全集に付された序論を読むのは、用いられた版の議論がされているならば、時としてたいへんためになる。たとえば、大ラテン語学者のハワード・ラッカムがローブ古典叢書版の大プリニウス『博物誌』冒頭に何と書いているか、ここに掲げてみよう。

プリニウス『博物誌』の手稿写本は多数保存されており、最古のものは紀元後九世紀もしくはおそらく八世紀にまで遡れる。これらは学者の手で良本の順に分類されるが、比して正確度が高いと思えるものであっても、傑出して信頼できるとも、また実際に疑義のある箇所で多くの一致を見せているとも言えないのであって、科学の細目や用語にしても大半が［…］写字生の誤りや識者の推測による訂正をどうしても被ってしまっている。テクスト上の問題の多くは、明らかに解決不能なのだ。(14)

興味を持たれた読者の方には、テクスト批判の実践をじかに扱った論述もある。あやふやなところも少なくないが、この分野で簡潔にまとめられた優れたものが、ギリシア・ラテン文学の伝播を論じた名著『古典の継承者たち』に収められている。この本の著者たちが強調している示唆に富んだ点とは、写本の影響関係をたどる際にはほとんどの場合、誤記・改悪・脱落などの一致や修正を出発点にすることである。

プラトンやキケロのほかプリニウスなどの作品を、これら思想家の生きた時代から最低でも七百年は離れた写本から編纂するとなれば、格別の意味がある。こんにち学習の対象となっているのは、熱気こもる教室で読み上げるにせよ、または薄暗く静かな図書館で読むにせよ、ギリシア・ローマ作家のプラトンやプリニウスではなく、むしろ複雑なテクスト上の産物としての〈プラトン〉や〈プリニウス〉なのである。この元の人物と仮構のあいだの正確な関係は見定めようもない。両者のあいだには、あまりにもたくさんの仲介者が挟まれており、その仲介者にしても消えがたいおのれの痕跡を残してしまっている者が多すぎるのだ。文字通りの意味で、この領域には〈定本〉といったものはありえない。ある作品がたどってきた歴史とは、その作品の校本をひとつ定めようとしたところで、なかったことにもなりえない。いつでもまたさらなるものが、ひょっとするとフランケンシュタインがやったようなつぎはぎの怪物までもが生まれる可能性があるのだ。ここで〈怪物〉と言っても、こうした作業には純粋なる原典を再構築できる可能性がないという事実を指し示したいのではない。歴史・時間・使用のために、実物としての原典は滅んでしまっている。生き残っているのは、その伝播の断片を寄せ集めたものなのである。

ほかにも不安定なところが、手書き・印刷双方のテクスト文化にある。よく指摘されているのが、版面のほか単語の分綴、段落分けに句読点の使い方といった要素などが、ごく近年の改変だけでもかなりあり、それどころかそれぞれがなお絶えず発展を続けていることだ(15)。例としては、ヴィクトリア朝の人々が用いる句読点ですら、こんにちの使い方とはかなり異なっており、この影響は、十九世紀半ばに出版された版で多くの古典作品を見てみるとよくわかる。百年遡るだけで、綴りや文法のほか構文といった要素でさえも、こんにちのものと必ずしも同じではないのだ。現実には、印刷があることで標準化もされれば、同時に絶えず変化していくことにもなるわけで——となれば印刷のせいで、定本なるものも受け継がれる前に消えてしまう歴史のあだ花にすぎないことになる。

ただし、テクストの不安定性に対する最大の証拠は、まさしく本書の扱うテーマ、翻訳そのものである。ホメロスからカフカ、エウクレイデスに始まりリンネに至るまで、偉大な書き手というのは、このプロセスが現実に行われたことで、きりがないほど千変万化に訳されており、常にそうであることが運命づけられているようでもある。翻訳者が有名作品を作り直すやり方から、ニーチェは各時代の特徴が明らかになると見たが、彼がそのようなことを述べた最初の人物ではない。それどころか、この考え方に形成という観点からひねりを加えた書き手が、もうひとりドイツにいたのだ。

おそらく文芸批評家・評論家のヴァルター・ベンヤミンほど、広く引用されて熱心に論じられるばかりか、繰り返し再解釈された翻訳論の書き手はいないだろう。一九三四年に出されたわずか十数ページの小論から端を発する点が、この名声をいっそう印象深いものとしている。ベンヤミンがものした美しくも解きがたい「翻訳者の課題」という文章は、もとは自ら行ったボードレールのドイツ語訳の序文であった。そのなかで、翻訳者の活動の本質と意義に関する根本的な問いがいくつか触れられており、この関心のおかげでこの評論はそこまでの広い関連性を持つに至っている。その主要概念のひとつが、〈文芸・言語の研究者のあいだで大いに注目を集めたのもむべなるというべき〉作品の〈死後の生〉〈生き延びた生命〉という概念で、作品は翻訳という行為と結果によって現実に呼び戻されるのだとされた。テクストというモノは時間・空間・名声・逆境を越えて続いてゆく力を有している。核となる必須の何かを——ただ生き残るのに必要なものだけでなく、成長・変化・喪失・再生それから死・消失という常なる脅威に関わる耐久力を——有機現象に分け与えているのだ。

翻訳とは、書かれた言葉が歴史を獲得していくプロセスである。さらに、これが文字通りの意味で受け取られるべきとするベンヤミンの定義を受け入れるのは、さほど想像の飛躍でも放棄でもない。伝記文学というジャンルは、当該の作家をその主題かつ終点として、その人物が相応の名声を体現するものであると読者に信じ込ませるものである、と言っても差し支えなかろう。しかし誠実たろうとすれば、実際には作家ではなくそのテクストこそがあとに残って影響力を持つこと、確かにテクストがその生みの親からまったく独立した形で延命されることを認めざるを得ない。おそらくベンヤミン自身の結論によれば、その関係とは吸血鬼のようなもので、作品のある時点での真実の生について描くことでのみ、作家は死んだ後も我々のなかでなお歩くことができるのだ。とはいえ文学研究という大きな領域内となると、テクストの生命を保存できる伝記ジャンルのようなものはない。はっきりと通用するようなもの、詩やフィクションといった作品に限らないものは、まだないのである。ニュートンの『数理原論』の伝播、すなわち後世の科学者・数学者たちによるその理解と吸収、その普及のほかもちろんヨーロッパ諸語・非ヨーロッパ諸語など様々な現地語への翻訳という過程をたどることができれば、知識史にとっていかに価値あることであろうか。

学者たちは、〈死後の生〉というベンヤミンの思想を様々にふくらませて用いている。そのひとつでは、「翻訳者の透明性を裏書きしている〈原典〉と〈翻訳〉という二項対立の打破」(16)が試みられている(17)。その上、翻訳はもはや複製品でも代替品でもなく発達段階であって、最初のテクストが生み出した表現としての生命が育っていくにあたっての、さらなる一歩なのだとされた。ポスト構造主義の論者たち、なかでもジャック・デリダとポール・ド・マンはここからさらに踏み込んで、ベンヤミンの思想を借りながら、翻訳の深い意義とは、〈不安定性〉〈不完全性〉〈流動性〉があらゆる原典に内在する属性であることを明らかにする点にあると考えるに至っている(18)。歴史という文脈のなかで、こうした見解がもっぱら再構築するのは、翻訳はいつも先行作品の解釈を伴うもので、ゆえにある程度の不満や補足も付いてくるものだという事実である。それでもこの種の考え方が評価できるのは、〈独創性〉〈模倣〉といった使い古された概念に問いを突きつける後ろ盾になるという点だ。このことから、多くの有名作品が長期にわかって生き延びたのは、本来その作品が優れていただけ（ゆえ）ではなく、翻訳がその作品を神格化したからだということが容易にわかるだろう——歴史におけるひとつの現実だが、ゆえにそれは原典の絶対不変の特異性という概念に、建設的な疑問を突きつけるのである。

ベンヤミンが信じているのは、翻訳者の行動の基本単位としての、言葉の根本的重要性である。この考え方はもはや神秘的にも思えるが、そのあとで本人がわかりやすくも過激な例を持ち出している。

諸外国語の単語・文・文の連なりといった個々の要素は両立することはないが、これらの言語はそれらが志向する方向において補完し合っているのだ。［…］ドイツ語の〈ブロート〉とフランス語の〈パン〉とでは、たしかに意味されるものは同じだが、意味の仕方は同じではない。この意味の仕方の違いから明らかなのは、二つの単語がドイツ人とフランス人にとって異なったものを意味していること、これらはドイツ人、フランス人にとっては交換できないものであること、つまるところ、互いに排除しあうものだということである。しかし意味されるものを絶対の焦点として考えるなら、これらの語が意味するものは同一で重なり合っているのである。［…］個々の言語、つまり補完されていない言語においては、それらの意味されるものは、個々の語とか文のように相対的に自立した形で現れることはない。それはむしろ純粋言語としてあの意味の仕方

すべての調和から現れ出るまで、絶えず変化するものと見えるだけなのである。(19)

ベンヤミンがここで使っている用語には、きわめて示唆に富むところがある。つまり、ある言語の言葉と別の言語のそれとのあいだには、いくらその〈意味された〉対象が具体的でありふれたものであっても、まったくの等価性はありえないということなのだ。結局のところ、こうした等価性が求めるのは、各言語の文脈が完全に欠落していること——ある時代のある人々をある話法でうまく表現できるようにする、あらゆる個性的な要素（音・構文・歴史・感性）の欠落なのであろう。ベンヤミンの言うところではおそらく、意味とは少なくとも用語体系の上ではいずれも、いかなる時であっても硬直・固定しないものだと思われる。言葉とはいつもその正確な総量が〈流動〉する大海の一部であり、このことは人間に用いられる日常の発話といういかなる入江・湾・河口にも当てはまる。等価に近いものが現れるとすればただ、言語を駆動させる必要・刺激が同じであること、さらに意味へ向かう人間の基本本能に埋め込まれた〈類縁〉が言葉に働く調整具合が、手に取るようにわかるような超越的な意味空間においてのみなのである。

ここ、このどうにも風通しがよく見える交点でこそ、ベンヤミン思想が全力で科学と翻訳の問いに向けられうる。たとえば、ベンヤミンの言う〈ブロート〉と〈パン〉を、［酸素を意味する］Sauerstoff と oxygene、ないし［慣性・怠惰を示す］Trägheit と inertie などの言葉に置き換えるという衝動には到底逆らえない。この目の前にあるものは、正確な等価物だと言えるのか。同じ基礎現象を意味するはずのこうした用語は、外延・内包のニュアンスも正確に同じで、言語の存在としても感覚が同じであれば、あらゆる文章でもあらゆる表現においても、まったく同じような意味になるのか。その通りだと主張する方が普通なのかもしれないが、そのためには、こんにちの言語研究でも強く迫られ高く評価されているこうした問いのすべてを、科学の場合にだけまったく無視ないし否認する必要がある。とはいえ、言葉のあいだに正確な等価性がないというのは、〈原典〉（ないし最初のテクスト）と〈翻訳〉とのあいだにも同じく欠けていることの縮図であり、これをベンヤミンはほかの箇所で「ある器のかけら」[20]と表現している。あらゆる翻訳は文芸・科学いずれにしても、言われうるものという大きな可能性のまったく新たな〈かけら〉だ。こうした〈かけら〉は新作、つまりそれ自体の未来と歴史を伴った新しい〈文芸の出来事〉であり、〈多くの場合〉最初のテクストのものに匹敵もしくはそれを越えさえする究極の影響力を有するのである。したがってそこには、ベンヤミンが問うたと思しき、関心の根本的なずれ、すなわち〈原典〉とそこから現れて時を超えた生命力・影響力を得た未来の〈原典〉とのずれがあるのだ。ゆえに結局はベンヤミンの思想も、歴史の文脈では翻訳という場を離れることはない。

著作家と原典

翻訳とは、複数の言語間および言語内において、多くのテクストと多種の訳本、すなわち作品の数をどこまでも増やし続ける可能性のことである。このことから立ち返るのは、〈原典〉（一次資料テクスト）という考え方であり、そのテクストの重要性が——ないしその存在までもが——近年では認識論の対象となっている。テクストが〈生き延びる〉というヴァルター・ベンヤミンの思想からある程度の刺激を得ながらも、本書で論じられたような歴史からさらに深くわかるのは、この概念にまた別の観点があるとするなら、単一の〈原典〉は論題としても不要ないし見当違いだと考え得るのではないかということだ。その理由としてひとつには、多くの場合で一次資料に近いものですらもはや物理的に存在しない点である。とはいえもっと重要なのが、たとえば『アルマゲスト』など影響力を持つある作品のあり方が、その伝播による豊かさや複雑さからでしか測り得ないという理由である。この伝播という運動が、文字通りにも抽象的にも、複数の言語で受け継いだ真の〈原典群〉というひとつの宝庫（ライブラリ）を生み出したのである。四世紀ギリシアの『数理全書』は、六世紀シリア、九世紀アラビア、十二世紀ラテン世界に存在した同書とは別物であった。実際これらのテクストは、同じ題名を共有してもいなかったし、その文体・用語・構成・事実内容のほか神学の面でさえも互いに異なっていた。各訳本はそれぞれの言語で一次資料として機能したのだ。プトレマイオス自身の手にはもはや〈原典〉が存在しないということが、純粋な文書保存の面では大事なのである。もっと適切に言うならば、その歴史上の多様性や最初期の変容・翻案・改悪など、作品を絶えず織られていく存在とする点に、そのようなテクストのおかげで光が当たるという意味では大事である。結局のところ、そのような作品の〈影響〉の内実を正確に測るのは、その名のもとに、あるいは関連する名称のもとに集まった〈原典群〉の数なのだ。

　中世初期イスラムの偉大な翻訳者フナイン・イブン・イスハークは、〈ギリシアの知識という財宝〉を求めてビザンツとシリアのあらゆる図書館をめぐる遍歴の旅に乗り出した。ただし見つかったテクストはいずれも、何百年と保存されたものが少なくはなかったが、原著者の生きた時代から五百年以上離れた時期に制作されたものでもあった。こうした作品はすでに、書写文化という不確かな道筋を通って、幾人もの手を経てきたものだったのだ。とはいえそれらは、フナインにとっては〈原典〉であって、この概念にいつも結びつけられてきた〈富〉というあらゆる感覚を帯びたものであった。だが、そのような概念をもってしても、フナインに何らかの形で改変を加えさせるのを止められなかった。多くの場合、ひとつの作品でも色々なギリシア語版を集めることが可能だったので、まさしく始原の底本を見つけるという考えのもとに、その様々な写本から部分ごとに最も信頼が置けると思われる箇所を取り出していき、それらを継ぎ合わせて決定版たる始原のテクストを作ったのである。かくしてフナインは、まったく具体的なやり方で自らの〈原典〉を生み出したわけだが、このことから（も）わかるのは、そのような底本はほとんど無限に作り得るということだ。ほぼ四百年後、現存する文献を信じるならば、クレモナのゲラルドゥスは同じようにスペインへの長旅に出て、結果『アルマゲスト』を発見して、ラテン文化のために訳出したという。だがそれは、どの『アルマゲスト』のことなのか。わかっているのは、先人たるフナインと同様、ゲラルドゥスはいくつかの訳本を用い、そのそれぞれには個別の成立史があったことだ。こうした訳本にはギリシア語からアラビア語に訳されたものもあったし、またシリア語からのものもあり、そのふたつを合わせたものを底本として訳出されたものもあっただろう。

重要なこととして踏まえておいてほしいのは、フナインとゲラルドゥスは多くの同類と同じく、そして近代的な意味での翻訳者とは異なって、すっかり〈権威〉として正典入りしており、すなわち計り知れない影響力がその後も続くような、時を超えた主要作品の著者・創造者たちの殿堂に入れられたという点である。これはとりわけフナインについてはその通りで、彼は何百年にもわたって文芸の様式や合理的思考のほか科学権威の模範であり続けたばかりか、翻訳技術の標準となったのである。中世の翻訳者はイスラムでもヨーロッパでも、テクストの見えない運び手とはほど遠い存在だった。

この者たちもまたある種の〈原典〉だったのである。実際、十二〜十三世紀のヨーロッパでは翻訳に広く逐字訳——翻訳者の活動は精密機械の働きと同等であることを基本理念とする（聖ヒエロニュムス以来の）アプローチ——の需要があったにもかかわらず、このことは事実であった。コンスタンティヌス・アフリカヌスやバースのアデラードといった人々が得た名声は、中世の翻訳観が一般に考えられている以上に複雑であったことを示している。そのような人々に認められた評価は、この者たちがラテン文化に授けた作品との関連からじかに基づくのである。その時代以前には、執筆とはむしろ既存の知識を保存・再利用・拡大する手段であることが多く、時には様々な形式が乱立していた。この体系を枠組みとして、カッシオドルスやマルティアヌス・カペッラ、ドゥンス・スコトゥスのほかベーダなどの人々は、著作家としての影響力が多様な頂点に達しており、たいていは先の時代の労作・産物を再紹介・再説明して再注目させた書き手と見なされていた。かくして一方では、アデラードやクレモナのゲラルドゥスといった翻訳者たちが、洗練度の高い文化のテクストの積み重ね（アーカイヴ）をいわばまるごと転移させたことに対して、同じレベルでの敬意を集めたとしても何ら驚くべきことではないだろう。

ただし、これですべてではない。ロジェ・シャルチエが鋭く指摘しているように、「十二世紀は決定的な断絶を残している。というのもそのとき、文筆は厳然とした保存と記録の手段であることをやめ、知の営みと解される読書のために制作・複写されるものとなったからである」(21)。新しいテクスト資料が前例のないほど流入してきたことで、ヨーロッパの人々にも、著述という行為がそれまでの想像以上に幅広く多様で拡大していく領域であることが明らかになった。その後に生じた文筆の大きな広まり——新しい主題と新しい書き手の急増——は、ある意味ではこれに対する直接の反応、すなわちある種の必然な模倣であった。書かれた言葉から神秘的要素は取り除かれ、書籍の生産は修道院から都市や町へと移り、このとき学者に読み尽くすことが求められた文書資料もかなり膨大・多彩なものとなったから、注釈・増補の必要がでてくる。ついに登場した新しいタイプの学者兼作家――ロジャー・ベーコン、トマス・アクィナス、アルベルトゥス・マグヌス、ロバート・グロステスト――は様々に兼ねており、評論家・編集者・研究者・神学者・哲学者・教育者・名文家・聖職者・画家でもあったのだ。その及ぶ範囲は、先立つ数百年の注釈者たちの守備範囲をはるかに越えている。生み出したものにも、単に個別作品ないし簡便な便覧だけでなく、その時代の何もかもを網羅しようとはるかに大きな世界を有した大規模集成までもがあった。もはや聖なる力を持った個々のテクストにも縛られず、東方からのテクストという富によって定められた〈著述行為〉という広大な平原を自由にさまよい歩く。大事なこととして強調しておきたいのは、新しいタイプのテクスト生産者――こんにち〈著作家〉と知られているものの元祖である人々――が翻訳の結果として現れたことである。実際、そうした概念が初めて現れたのは、自らの翻訳に注解・定義づけ・疑義を書き入れてなおかつ多くの論題について自説をものした、バースのアデラードやコンスタンティヌス・アフリカヌス、ドミニクス・グンディサリヌスなどの翻訳者といった人たちからであった。著作家という近代の概念が生まれた、翻訳の物語のまさに冒頭にあるものである。

重大な違いはあるけれども、同じことが中世初期のイスラム社会でも言い得る場合がある。全体として、なされた変容は同じく印象深いものだったようだ。その重要性を十分認めるなら、翻訳が与えた根本的な影響にはふたつあって、ひとつは大きな力、おそらく口承文化から書記文化への移行を促す大きな力になった点、もうひとつは、ここでもまさしく著作家という考え方を、文章を書くという試みのために多くのテーマから選択する力がある者として確立させる後押しとなった点である。とはいえイスラムでは、この考えに謙虚という独特の感覚が付随することが多く、学者の営みは既存のものの継続・完成という仕事だった。これは、ヨーロッパ中世における著述の両極であった注釈者＝保存者と原典＝著者のあいだのどこかにある立場であった。

〈通約不可能性〉と異質なるもの

ゆえに、科学史において繰り返し見受けられるのがこのプロセス、すなわち古いものから新しい〈原典〉を作り出す行為なのである。このことは、長く論じられてきた高次のテーマたる通約不可能性をどこに残すというのか（たとえば、かなりの量の事実・理論・手法が本当に、あるいはどの程度、異言語の異質性を越えて正確に転移されうるのか）(22)。確かに何かしら難しい局面にある。というのも、翻訳が本当に定まらないものだとして、文語でも口語でもいわば裏表からそれがいつもある程度の再解釈を被るのだとすれば、不変の〈意味〉や〈意義〉という問題はたいへんややこしくなるからだ。ただ実際はせいぜいが〈認知内容〉——歴史からも免れてあらゆる形式からも切り離された、変容にも揺るがない固体のごとき内容——という流砂の周囲に残る薄い葉程度のものだ。まさしく翻訳の可能性というものは、そのような内容を支持する主要な論拠として引き合いに出されることが多い。というのも、ひとつの作品が複数の言語で存在しえるならば、各言語で共有されてそのすべてをうまく統合する何か認識の本質となるものが存在しているはずだからだ。とはいえそのような考えも、本書で論じられた観点からすれば異議を差し挟めるものである。すなわち、そうした場合に扱っているのは、何度か複製された単一不変の出典を扱っているのではなく、むしろ変容・発展し続ける出典の一大集成であり、そのひとつひとつがさらに新しい訳へと翻案・再創造されうる可能性を持っているということなのだ。翻訳を通じて暴かれた認識上の決定論という信仰も、科学史において本当に存在するのはそれぞれの言語・文化上の場に適した多数の〈原典群〉であるというしなやかな考え方を前にしては、崩れざるをえない。さらに、科学史が示すように、ある作品の被った変容がいくぶん意図した結果であったとするなら――すなわち、言語発展および手稿文化そのもの（科学知識が文字として書かれるようになった時代の大部分で書記言語を支配していた技術）の結果として現れた変容が多いのであれば――〈通約可能性〉の定義そのものが、議論として新しい文脈を受け入れざるをえなくなるに違いない。

要するに、論題としての〈通約不可能性〉は、手稿文化・印刷文化というこのふたつの文脈という観点から見極めねばならない。おそらくは近代以前の（手稿による）科学の議論では、打ち捨てられるべき問題であり、その面ではやすやすと泥沼から出られるだろう。しかし、近年の歴史のごく一部としてこの問題をわきに置くのは、その考えそのものに埋め込まれた知性の普遍性にとっては不誠実な扱いとなろう。ただし、ここで心の迷いを揺さぶられて仕方ないからと〈現象を救う〉気持ちになってはならない。異質なテクストをなじみのあるものに変えることが翻訳の目標であるとする思い込み（持論）は、あまりにも偏狭で、どうあっても実際の記録に上手くは（少なくとも一様には）当てはまらない。十二世紀の翻訳者たちの手でラテン語に訳されたきわめて複雑なアラビア語作品の多くがもたらしたテクストは、そこに含まれた資料の異質性・難解性、持ち込まれたそれまで知られていない新しい用語体系、示された（ないし時として陥った）当時のラテン語の崩れ具合を考え合わせると、まずもってほとんど使用に耐えず、部分的には読めないところすらあるものだった。これら翻訳者が主に目指したのは、ローマの翻訳者たちには通例の、なじみのある自国風のものを生み出すやり方ではなかった。この者たちがかなり熱心に行ったのは、〈アラブ人〉の莫大なテクストの資源を、どんなに難解複雑なものでも入手可能なら探し当てて持ち帰ることだけだったのだ。あとで誰かが不純物を取り除いて解釈して書き足さねばならぬような、片端だけ掘り出された大きな塊としての資源を残すことがこれらの訳業には多かったのだとすれば、熱意ある勤勉と複雑な資料がぶつかったところにこうした結果が生まれるのは必然である。この知識の新しさ・巨大さ、つまりその力強さや規模のために、ラテン語のなかでさえもラテン文化にひどく〈抵抗感〉を抱かせることになり、このことから主に学習者向けの教科書・梗概などの新しいテクストは総じて、親近感あるものとならねばならなくなった。この翻訳者たちが生み出したものには、第二鉄のような側面がいくつもあったのだ。さらに、クレモナのゲラルドゥスといった中世の翻訳者が採った逐字訳の評価もまた、全面的に見直されるべきだろう。なぜなら、テクストそのものが明らかにしているように、忠実主義も結果として、どこまでも好き勝手な釈意訳以上に――新語や改悪、無理ないし不格好な構文などで――かえって内実が変わることが多いからである。これまでに幾度となく証明されているが、逐字訳はそれ自体が変容を前提とするものだ。その理由は簡単で、よく知られてもいる。すなわち翻訳者が〈原典〉への忠実を追い求めるほど、二言語間のどこかに存在する混交言語を作り出すことを余儀なくされるのである。

　科学史における同様の翻訳のあり方から示されるのは、訳本は発信言語ないし受容言語のいずれかに偏るというありふれた二元論を越えた、多様な解釈の枠組みが求められるということなのだ。認識の意図と結果を伴った文化行為として考えると、翻訳という行為が関わってくるのは、ふたつの異言語――それがなければ全面的に触れあうことのなかった言語同士――の意図的な接触であり、それは翻訳家によって生み出された特定の作品のなかに具現化されると言えるだろう。したがってその作品は、その誕生時にはどちらの言語にも異質なのである。生き延びて幾度となく作り直されながら、それは言語の一方（できれば受容言語）に対するその異質性を最後には失うのだ。だが、そうなるまでの期間では、これら言語間の隔絶があらわにならざるをえないし、親近感に抗うのは独創性のしるしでもある。これも〈影響〉の意義の一部である。翻訳とは、言語間の交合、すなわち子作りを生じさせるものということだ。このような利点から考えると、〈通約性〉の問題の重要性はかなりなくなってくる。歴史的な意味では、これは〈認知内容〉という太陽神話を遠ざけ、その代わりに通約不可能性を既知の事実として受け入れる大きな助けになるだろう。少なくともこのことから、翻訳プロセスに伴うある程度の変容は、〈等価〉の重要度に比べてもはるかに大きく重大なのが常なのだから、ことさらにあげつらうのはおかしいと気兼ねなく認めてもよかろう。

翻訳の時代――文化変動の時代

集団間で絶えず言葉の接触が続けられている背景として、翻訳活動が知の営みの主たる中心となるほどに盛り上がり、ある言語へ新たなテクスト資料をおびただしいほどもたらす出来事があったことは、歴史的事実として過小評価すべきでない。本書で見てきたように、様々な幅広い状況で数多く起こったこうした出来事には、はっきりと科学（および哲学）の資料が関わってきており、実際その目的の中心にあったのは、専門知識の新しい基盤を作ることであった。

ゆえにこう問うひともあろう。こうした出来事の文化における役割はどのようなものだったのか、と。主だった翻訳の時代にはそれぞれ――ギリシア語からシリア語、アラビア語からラテン語、オランダ語から日本語などどの時代であれ――必ず、結果として受容言語に大きな発展があり、ひいてはそれぞれの人々が活用できる意味の総量にも影響を与えている。だが、ここで言うべきことはまだまだある。本書で検討してきたこうした時代のほとんどがそれ自体、大規模な文化変動期の一部でありながら、裏ではその力の中軸となるもので、とりわけここには主要都市社会の創出が関わってくる。たとえば八～九世紀のイスラム、十二～十三世紀のヨーロッパ、十九世紀の日本など。翻訳という出来事がそれぞれにおいて、テクスト文化の多様化と制度化の基礎であったことを示しており――イスラムの場合にはまず書記文化への移行と執筆の新たな様式の創出、ヨーロッパでは大学の創設と著者概念の速やかな広まり、日本では知的文化全体の現地語化があった。

ほかにも考慮すべき側面がある。翻訳というのは、異国の影響という動向を促進もすれば操りもする、いくぶんは管理もする力強い手立てであってきた。このことが、日本の近代科学の基礎をそのあと形作ることとなったオランダ語からの翻訳を、徳川幕府が支援した際の意図であることは間違いない。これは、アッバース朝初期のカリフたちが、築きたい文化の一大理想像を抱いて〈知恵の館（バイト・アル・ヒクマ）〉を必要な知識を得る具体的な手段として設立した、もともとの動機でもあった。アラビア語からラテン語への翻訳の場合はいくぶん異なっており、こうした試みを支えるような中核的計画は存在しなかった。ただ、その著作を見る限り、ラテン語翻訳者は自覚的な門番であり、その個々の営みには、ヨーロッパではまだ読めないが最も必要ないし有用な異国の名著であると自らが考えたものを〈運用〉することも含まれていたと考えた方が正確だろう。そのような側面があったからこそ、その者たちもやり遂げることに対して熱狂にも近い態度を、さらには強烈な優越感を持ち得たのだろう。

口承もまた、科学翻訳の時代に関連する文化変容のなかで多様な役割を持っていた。初期イスラムのようなある事例では、昔ながらの口承が、詩や天文学という長く続くジャンルのなかで確立しており、それがクルアーンの暗記にも関わる宗教の範囲へ広がり、テクスト性や異質性の強い知識の流入への抵抗として機能した。ただし同時に、この口承という側面そのものが、この流入の規模・質の両面を保証する中心的役割をも果たしたのだ。ここで重要だと思われるのは、アラビア語への翻訳やのちにはラテン語へ翻訳される際にも、多くのテクストが各目標言語へ入るまでの過程で重訳されていたことである。最初の段階では、〈原典〉は中間言語に口頭で訳出され（前者の訳ではシリア語、後者の訳出ではカタロニア語・スペイン語そしておそらくイタリア語が用いられ）、そのあと最終的な目標言語において文章の形に訳されたのだ。よく用いられるこの〈中間〉という語は、おそらく語の選択としては不十分であり、プロセスの実情としては（文書から口頭そのあと口頭から文書という）二重の翻訳で、口から手へと移し替えられる方に重点が置かれているのが本当は大事なのである。これは作業を早く進めるための便法であった可能性が高い。熟考する時間がほとんどなく、その場で語の選択がなされねばならないことから、技巧としては逐字訳が奨励されたことは疑い得ない。〈出典〉と〈翻訳〉との関係について、これまでのことから示されるのは何か。その複雑性は、少なくとも第一級の文芸作品に相当する幅広さと魅力を持っている。

科学史において偉大な思想家がいたならば、偉大なテクストもまたあった。確かに、その著者をまったく飲み込んでしまい、かつて生きた生物学的な男なり女なりを、題名の末尾にある単なる感嘆符としてしまうほど長きにわたる影響力をもったテクストもあった。影響の現実というのは伝播のあり方であって、著作行為の運命というのはある作品の運命、ひいては翻訳の運命と不可分である。権威あるテクストとして比類ない形で具現化されたアリストテレスが、おおむね――まったくではないにせよ――死後はある種の構築物であるとするなら、意味は異なってもこのことはプトレマイオスやエウクレイデスそしてニュートンにも同じように当てはまる。日本におけるニュートン思想のあり方は、中世バグダードにおけるプトレマイオス天文学と同様、こうした個々の〈偉人たち〉の原著者性とは無関係であった。ニュートン思想がその存在の拠り所としたのは、ニュートンの支持者であるジョン・キールの一般書のオランダ語訳を、朱子学の立場から創造的に翻案したものだった。プトレマイオス天文学がイスラム社会へ入る際に通ったのは、かなり曲がりくねって入り組んだ長い道で、そこにはプトレマイオス自身のテクストの書き直しや翻訳ばかりか、その翻案も関わっており、少なくとも四つの様々な言語でなされていたのだ。学知の大図書館は、〈必読古典〉という最後には棚で埃をかぶる寄せ集めよりも、はるかに大きなものである。その歴史のなかでしばしば、科学知識は成長するための最大の刺激と養分を翻訳から受け取ってきた。規模はもっと限定されるが、間違いなくこのことがこんにちも真実であることを示す例がいくつもある。翻訳は、時を経るごとに学知を倍々に増やしていく大きな存在であることを自ら証明しており、人間の言語という大きな舞台のなかで、そのテクストひいてはその言説の数・範囲・多様性を大きくしていくことで、その必然として常に学知を増やしているのだ。

科学史の核となるひとつ（あるいは一連）のプロセスとして翻訳は、これまで学問で取り上げられたまっとうなテーマのなかでも、かなり広く注目されてしかるべきだ。類書がないというならば、本書はまずその議論の土台を支えてみようという試みになる。まだ積み残しとして数え切れないほどの問いがある。翻訳の影響が様々な学問領域のあいだでいかに広まったのか。コペルニクスやガリレオまたはケプラーといった思想家は、翻訳資料をどのように利用したのか。科学翻訳の時代と文芸翻訳の時代のあいだには、どんな重要な類似点・相違点・交点がありうるのか。翻訳活動を行う集団・共同体の社会構造とはいかなるものであったか。異なる時代の比較研究から、文化・言語面でまた別のテーマ（たとえば変位・口承性など）が見つかりうるのか。イスラムの知識人は、自らの作品がラテン語訳されたことをどう見ていたのか。一八八〇年から一九二〇年にかけて、近代素粒子物理学の構築に果たした翻訳の役割とは。書物史・読書そのほか書かれた言葉に関する事物に対して、科学テクストの広がりが与えた影響とは何か、などなど。

このような問いに答える試みは、人から借りた知恵や古い論題の焼き直しよりもはるかに大きなものをもたらすだろう。学知（サイエンス）の大図書館は――その多様な棚のいたるところで実現しているように――一大研究施設でもあるのだ。そうした各棚の目的には、新たな理解の形成が関わってくることこそ望ましい。翻訳というものは、科学という学問の喜びと難しさに新しい視点を投げかけることもやすやすとできる。その目を通せば、知識の転移が過去・現在の科学のあり方に欠かせないものであり、またその理解にとっても不可欠であることが見極められるのである。

あとがき

心のもやもやと愉悦——このふたつの心情を満たすために書かれるのが本だと言われている。私自身の場合これが、ある種の本がまだ存在していないことに気づいて、その本が欲しくてたまらないという気持ち、一方でそのような本を自分が作りたいという意欲につながった。このことは別段まれなことでもないと思われる。作家でもある研究者（ないし研究助成金に手をつけたりする作家）は、同じような心持ちになることが少なくないはずだ。とはいえ、この著作を世に送り出すにあたって、私はとりわけふたりの人物から得た支援に対して、感謝を申し述べたい。当初からこの計画を応援してくれたスティーヴ・フラーと、その知性・熱意・忍耐力によって編集術のお手本となったスーザン・エイブラムズに。

この本は、複数の意図と努力が相まって出来上がったものだ。何よりもまず大事な趣旨とは、簡単に言えば、翻訳が古代・中世・近代を貫く学知の歴史において不可欠な役割を果たし、様々な研究に値する主題たりうることを、認めさせることである。第二に、多彩な事例研究を通して、西洋科学の確立のなかで翻訳が大きな力を発揮してきたことを明らかにし、この主張の正当性を証明せんとすることだ。その過程で言及・詳述すべき題目は多岐にわたるが、少なくとも将来的にこの翻訳史という領域の幅を広げるような研究を示していければと思っている。

告白すると、実は私自身、兼業ではあるが十年以上も科学翻訳という肉体労働に従事してきた。なまじ技術に詳しかったために、物理化学や地質学に始まり、コピー機の特許のほか医療技術マニュアルに天文学関連の回顧録、さらには供述書から広告に至るまで、それこそ考えられる限りありとあらゆる翻訳案件をこなす羽目になった。そしてこうした経験のおかげで、科学知識の産出と流通にはあらゆるレベルで翻訳が関わっているのだということがはっきりとわかった。ただ、その翻訳を扱ったり読んだりする者にとっては、機械のなかの幽霊（ゴースト）と同じで、役に立つものであってもその中身のことはわからないままなのだ。学術翻訳で通史が試みられた形跡もなければ、科学史において翻訳に現在どんな意義があり、これまでどんな意義があったのかを研究する領域も分野もない。文学研究での〈翻訳者の不可視性〉という考えを受け入れる――のが妥当である――としても、学知の〈移転（トランスラティオ）〉の場合は二重にその姿が消えてしまっていることを認めざるを得ない。このテーマの間隙は注目すべきであるし、本書はその穴をまず埋めようとする試みなのである。

ここまで広範でまだまだ未踏の主題に踏み込んだ著作となれば、それ自体誤りや瑕疵は免れ得ない。著者としては、つとめて幅広い資料や分野から直接証拠・状況証拠の双方を集めたが、そのなかで劣らず重要なテーマや作品などをつい見逃したり見落としたりしているにちがいない。たとえば第一部の第四章では、中世後期におけるユダヤ人学者による科学書の（ヘブライ語・ラテン語への）翻訳という大事な議論が抜け落ちている。またギリシアの技術書がペルシア語に訳されたことや、ラテン語の科学文献がヨーロッパの現地語へ訳出されたことも、簡単にしか触れられなかった。こうした重要な点の割愛については、紙幅・テーマ上の制限や自らの非才を詫びるほかない。

翻訳は、思い通りになりがたい主題である。意味論の研究一般によくある問題というよりは、むしろ検討する対象が多岐にわたるからである。確かに歴史学の用語だけでは扱いきれないような――たとえば著述行為・文化的変位・オリジナリティ・テキスト伝達・識字率・口承といった概念をじかに用いることになる。こうした概念は、詳細に研究するとなると複雑に絡み合うこともあれば、私にはただ概略図しか描けないような大きな領域へと広がっていくものもある。ゆえに、ここでひとつ示しておきたい趣旨とは、テーマとしての〈翻訳〉は、文芸・歴史・文化の面から科学研究の知見を総合する豊かな機会を与えてくれるものであるということだ。ルーイ・ケリーが、その幅広く評価された著書『真の仲介者』ではっきりと断言し、世界じゅうの翻訳研究者から喝采を浴びた主張とは、ヨーロッパの文明が起こりえたのも多分に翻訳のおかげである、というものだ。確かに、科学がこの文明の発展のなかで重要な位置を占めることは認めなければならない。

本書の文章は、もとは個々の関心から書かれたものであった。第一部の第三章と第二部の第五章・第六章の一部は、学術誌「文化としての科学」（*Science as Culture*）にそれぞれ違った形で発表されたものである。各論文に対して有益なコメントをくれたレス・レヴィドーに感謝したい。かたや第三部の第七章と第八章は、先に出た拙著『科学の声』（*The Scientific Voice*, Guilford）の記事を加筆・再構成したものである。元の原稿を読んでくれた匿名の査読者たちにも謝意を表したい。そのコメント・批判・校正のおかげでたいへん立派な著作となり、私も不当にも無能の烙印を押されずに済んだ。本にまとめる段階では、全米人文科学基金・独立研究者向け助成金プログラム（一九九八）の寛大なる支援にたいへんお世話になった。

最後にやはり、わが家族であるマリリン、カイル、キャメロンに最大限の感謝を。人の心の弱さを、これまでにないほど理解かつ忍耐してくれたと思う。

訳者あとがき

今わたしのシャツの袖口には、アストロラーベを象（かたど）ったカフスボタンが付けられている。アストロラーベとは、古代から中世にかけて星空の計測に用いられた器具で、古代中国の渾天儀にも似た現代で言う星座早見盤に近いものだ。円盤状で目盛りがあり、針を動かしながら測定することがこの模造品からもわかるのだが、その起源としては古代アレクサンドリアの哲学者ヒュパティアに発明されたという伝説がある。真偽のほどはわからないが、算術と天文のみならず理知に秀でていたがゆえに誅殺された彼女に結びつけられたのも、アストロラーベをある種の学問の象徴と看做そうという意識があったからだろう。わたしがこのカフスを購ったのは、かつて英国オックスフォードを訪れた折に何気なく立ち寄った科学史博物館でのことだった。てっきり近代以降のものばかりあるのだろうと思い込んでいたわたしは、所狭しと並べられた古代・中世の器具に驚いたのだが、なかでもいちばんに心奪われたのが、黄金色に輝くアストロラーベの数々だった。近世エリザベス朝の英国製も素晴らしかったが、中世アラビア世界で造られたものは、格別精緻な美しさがあった。この博物館にはほかにも様々な科学や実験の器具が展示されていたが、わたしはその空間に不思議な既視感を抱いていた。

理知の学問に必要な道具がこうして目映く並べられているさまを眺めながら、そのときにふと思い出したのが、日本の長崎にある出島の拝礼筆者蘭人部屋である。かの場所にもまた〈蘭学館〉として、近代日本に持ち込まれた計測機器がやはり並べられており、学術面で役立つとともに〈あるいは科学に実用的であるがゆえに）美しい文物が展覧されていた。かねてより長崎通詞に親しみを覚えていたわたしが、人に「長崎に来たのは出島へ行きたいから」と言うと珍しがられたものだが、オックスフォードで偶然に科学史博物館へ入ったとき、以前からの興味も相まってそこへ導かれたような心持ちになった。古代ギリシア・ローマから、中世アラビア世界とラテン世界を経て、近代日本までがひとつにつながるようなそのときの感覚を、わたしの袖にあるアストロラーベは旅の記念品としてあらためて思い起こさせてくれる。

こうした理知の学問が〈翻訳〉という行為を通して古代・中世・近代にかけて脈々と続けられ、その歴史のなかでそれぞれ変容と発展を繰り返してきたことを、その作品のみならず携わった翻訳者たちにも注目して描き出した一書が本書、スコット・L・モンゴメリ『翻訳のダイナミズム――時代と文化を貫く知の運動』（Scott L. Montgomery, *Science in Translation: Movements of Knowledge through Cultures and Time*, The University of Chicago Press, 2000）である。著者のスコット・L・モンゴメリは、日本在住経験もあるアメリカの地質学者・エネルギーコンサルタント・科学史家・翻訳家・教育者で、資源地質学を専攻しながらその広い知識と世界各国での経験を生かして多岐にわたる著述活動を行っているが（とりわけ『月』（*Moon: A Tribute to Earth's Nearest Neighbour*, 2008）はフランス・ドイツ・オランダ・イタリア・スペイン・フィンランドなど各国で出版されている）、ジョン・ベンジャミンズ社刊の『翻訳研究ハンドブック』（*Handbook of Translation Studies*, 2010–2014）にも本書と同様のテーマの一文を寄稿している。

学知の翻訳は、学術＝科学そのものと同じくらい古くからある。知識の収集・拡散のどちらをも行うというその役割を考えると、学問の進歩においては教育や研究に劣らず、これまで絶えず不可欠なものであった。［…］歴史の観点から見れば、自然科学は特定の時期に大きく栄えている――古代ギリシア、中世イスラム、宋代の中国、中世後期および近世ヨーロッパ、そして現代のグローバル科学で、いずれも翻訳が直接の契機となっている。二十一世紀には、言葉という境界を越えて、科学知識の伝播がこれまでにない規模に広がっているが、その一因は、非西洋世界の大部分でグローバリゼーションと経済発展が起こっていることにある。これまで以上の国家・機関・施設がこの知識の利用者となり、ひいてはその翻訳を活用するようになっている。

ここに掲げたのは“Scientific translation”と題されたその寄稿文の冒頭部であり、第一文も“Translation of science is as old as science itself.”というものだが、この“science”は日本語の〈科学〉とはなかなか一致しない。近代以降の系統化された科目の学問というよりは、むしろ古代ラテン語の〈知（スキエンティア）〉に由来し、理性によって追究された学問上の知識や、その知ろうとする学究的行為そのものを指すからである。よって本訳書でも文脈によって〈学知〉〈学問〉〈学術〉そして〈科学〉と訳し分けざるを得なかった。

だがそれ以上に原著者モンゴメリが強調するのは、その学問上の知恵が〈知〉として言葉に記されることで、その知識が〈移動可能〉となる点である。言語化された知識は、元の人物や文化を越えて伝播されてゆくのだが、原著者は「この知識を移動可能にしてきたものこそ翻訳である」と言う。文化や学術が栄える時と場所には、必ずその直前に旺盛な翻訳が行われている。ラテン語で〈学問の転移（トランスラティオ・ステュディイ）〉とも称されるこの現象は、〈知の移転〉であるとしてその重要性がつとに意識されてきた。本書は学問知識の翻訳をテーマとして、古代ヘレニズム世界とローマに始まり古代シリア・ペルシア、そして中世アラビア世界や中世ラテン世界、そして江戸・明治期の日本に至る知の移植の実情を詳述してその全世界的な知の伝播の系譜に迫り、そして現代の学術翻訳の問題にも切り込む意欲的な作品である。物理学や天文学・博物学のほか化学の知識は、古代ギリシア・ローマから直接西洋近代へと至ったのではなく、（二〇一〇年以降混迷と戦乱を深めているものの）長らく知の核となっていたシリア・アラビア世界での〈翻訳〉を経て、中世および近世の西洋に再発見されて復活したものだ。〈訳して学ぶ〉という文化のダイナミズムを活写した本書は、人文書でありながら知的好奇心をくすぐるノンフィクションの歴史物語としても楽しめるだろう。

本書は翻訳を通じた知的交流を大きな題目としつつ、テーマ別に三部構成となっている。まずは序章で、近代日本科学における翻訳語を話の枕として、翻訳が知識の運搬になることを説き起こし、古代アレクサンドリアで図書館建設を進言した哲学者デメトリオスの挿話から、書物の収集とその内容の変容・伝播における翻訳の持つ歴史上の重要性と有効性を力説している。そして第一部では、ギリシア・ローマから近東およびアラビア世界そしてスペイン・イタリア経由で、古代から中世にかけて叡智が〈再興〉されていった過程について、星座・星位など天文知識の移転を軸にして追いかけ、キケロのほかフナイン・イブン・イスハークやクレモナのゲラルドゥスなど各時代の主立った翻訳者に触れつつ、ジュンディーシャープールやバグダードといった知と翻訳の中心となった諸都市の紹介も忘れていない。第二部では、近代日本における科学の輸入と発展が主題となり、江戸時代における長崎出島の蘭語通事たち（先駆的訳者でもある本木良永や志筑忠雄など）、三浦梅園・平賀源内・宇田川榕菴といった人々を手がかりとしつつ、幕末の〈蘭学〉の発展と〈和解〉の運動そして明治初期の科学用語導入に至るまで、近代日本で学問の専門知識が獲得されていった過程を描いているが、海外読者へ向けて丁寧に近代日本の言語や事情が詳述されているため、その点がかえって日本の一般読者にもわかりやすいものになっている。第三部では、現代科学における言葉の問題が〈翻訳〉という観点から考察され、翻訳の介在が研究の内容やスタイル等に与える影響、あるいはグローバル社会における差異と普遍の問題を取り上げながら、翻訳の歴史・文化・叡智における意義が説かれている。

原書は書評での評価も高く、とりわけ世界の翻訳研究を代表する二大ジャーナルの『バベル』および『メタ』でも好評であった。研究者であるアンドレ・クラは本書を「読むだけでなく再読に値する本」として、こうした翻訳史こそ「我々そのものであり、我々の歴史なのだ」と激賞する。また『天文学史ジャーナル』や『学際史ジャーナル』といった歴史学側の学術誌をはじめ、科学系の研究者やウェブサイトからも相次いで良書として紹介されており、また扱われたテーマのひとつであるアラビア語にも翻訳されている。かつて高山宏は「変換文化と翻訳」（『英語青年』一九九六年十一月号）において、学術文化史における翻訳の重要性を取り上げ、「ユークリッド幾何、アリストテレス哲学、ヒッポクラテスの医学、プトレマイオス天文学」は「トレド翻訳集団の介在がなければ今日にはおそらく伝わっていない」として、古代ギリシア・ローマからアラビア経由で西洋に訳学されたことを強調するとともに、その知の変容の有様の描けない当時の翻訳論は面白くないと一刀両断しているが、まさに本書はその言葉に応える一書であると言えよう。

しかし大部の著作であるとはいえ、広汎な題材を論じていることから概説的にならざる得ない側面があり、その点は原著者も自覚してか折々文中で断りを入れている。ただし個々の課題は原著者のその後の著作へと発展的につながっており、とりわけ第一部の古代から中世にかけての科学史については、各地の古代文明に対象を広げて、古代エジプト・メソポタミアのほか古代インド・中国などのアジア圏、さらにインカ・マヤ・アステカ文明など全世界を包括的に捉えた古代〜中世の科学史を描き出す共著『世界文化における科学史――知識の声』（*A History of Science in World Cultures: Voices of Knowledge*, 2016）に結実し、また単著『科学にグローバル言語は必要か？――英語と研究の未来』（*Does Science Need a Global Language?: English and the Future of Research*, 2013）は本書第三部の議論の発展形として好評を以て迎えられている。それぞれ適切な訳者を得て翻訳されることを期待したい。

そのほかの章についてさらなる読書を進めるのであれば、いずれも原著刊行後の著作で未訳だが、第三章には物理学者ジム・アル＝カリーリの『知恵の館――いかにしてアラビア科学は古代の知識を救って我らにルネサンスをもたらしたか』（*The House of Wisdom: How Arabic Science Saved Ancient Knowledge and Gave Us the Renaissance*, 2010）があり、また第四章のトレド翻訳運動については翻訳研究者アンソニー・ピムによるスペイン翻訳史の著述『フロンティアを抜けて――スペイン史における翻訳者と相互文化』（*Negotiating the Frontier: Translators and Intercultures in Hispanic History*, 2000）、第五章・第六章で扱われた江戸時代の翻訳にもリベカ・クレメンツ『近世日本の翻訳文化史』（*A Cultural History of Translation in Early Modern Japan*, 2015）といった書籍がある。もちろん和書では、古代末期から中世にかけての科学史を扱った伊東俊太郎氏の著作（『近代科学の源流』『十二世紀ルネサンス』）があり、また中世アラビア世界の天文学を論じたものとしては山本啓二氏の著訳が参考になるだろうし、近代日本についてはまず本書でも名前が挙がっている中山茂氏の『日本の天文学』、長崎通詞と蘭学に関しては片桐一男氏や杉本つとむ氏の各種著述など、そして平賀源内は田中優子氏の評論が良き入り口となってくれるだろう。

なかでも古典時代の文化・学問について中世アラビア世界の知の積み重ねを経た上で吸収した一大翻訳時代たる〈十二世紀ルネサンス〉の再評価は、二十世紀初めにC・H・ハスキンズがあらためて取り組んですでに久しいが、本書でも繰り返し触れられるプトレマイオス『数理全書／大全書（アルマゲスト）』は、シリア語・アラビア語訳を経てラテン語訳に復活するという歴史上の伝承経路も相まって、その現代における〈復権〉の象徴的な書物でもあった。ハスキンズは一九一〇年頃から、のちに主著『十二世紀ルネサンス』（*The Renaissance of the Twelfth Century*, 1927）として大成される各論文を立て続けに発表し始めるが、その当時の知的空気に大きく影響を受けた二十世紀の一大潮流は、むしろ研究ではなく、現在〈クトゥルー神話〉として知られる一連の創作活動であろう。ハスキンズの同時代である一九二〇年代のアメリカを起源とするこの創作神話は、主要小道具たる書籍『ネクロノミコン』を架空のアラブ人アブドゥル・アルハザードによって書かれたものと設定した上で、その成立に関しては『アルマゲスト』の伝承を顚倒させている。

> ネクロノミコンという名は、［…］ギリシア語の題名を有する書物にアラビアの著者をあてがう際、ギリシアのプトレマイオスによる不朽の天文著作（『数理全書』）がアラビア語名の『アルマゲスト』（正確には『タブリル（ママ）・アル・マゲスティ』）で周知されているという事情を気まぐれに反転させたものである［…］

この文章の書き手で、クトゥルー神話創作の中心人物であったアメリカの幻想怪奇小説家H・P・ラヴクラフトは、『ネクロノミコン』の原題を『アル＝アジフ』と定め、十二世紀ルネサンス後の中世にギリシア語訳の写本が再発見されてラテン語訳されたという歴史的経緯までをも模作し、かくしてアラビア世界を由来とする魔術・錬金術・占星術・秘儀が中世経由のオカルトとして小説世界を盛んに彩ることとなった。『アルマゲスト』は、二十世紀アメリカにあって再び翻案され、様々な創作を刺激することでさらに図書館の蔵書を富ませたのである。

ここで言う〈図書館〉とは、実際の図書館であるとともに、本書のなかで再三持ち出されるように〈人類の総蔵書量〉の比喩でもある。近代の図書館とは意味合いをやや異にし、これまでに人間が生み出した知識や文化の総量として〈図書館〉がイメージされており、翻訳・翻案することで各文化の知識量が豊かに増えていくというわけだ。この始原の図書館を語る際、原著者は現代の電子文書館（デジタルアーカイヴ）を引き合いに出しているが、こうした図書館のあり方はフランスの電子図書館よりも、日本のデジタルアーカイヴの草分けたる〈青空文庫〉にこそよく当てはまる。青空文庫は一九九七年に始められたインターネット上のボランティア活動で、著作権保護期間の満了した過去の作品や自由利用可能な著作・翻訳を、「誰にでもアクセスできる自由な電子本」として「図書館のようにインターネット上に集めようとする」運動体である。自分たちの手元・手近にある本ないし遠くの古書店から求めた書籍や図書館の書庫に収められた絶版本などを、おのおのが自発的に電子化するわけだが、紙の本をあらためてコンピュータへ再入力するのだから、これはある意味では〈電子写本〉とも言うべき作業であり、現代の図書館員よりも古代~中世の写字生や司書の趣がある。そしてそれら電子写本を一箇所に集めて図書館のように提供するインターネット黎明期の各種デジタルアーカイヴは、自然発生的に生まれたものであったからか、偶然にも近代に生まれた図書館の成立を電脳世界で再現するかのような試みもであった。ただし青空文庫がそのほかの活動と異なっていた点は、〈新しい翻訳〉を受け入れて蔵書を増やすことができるという、まさしく本書が翻訳の効用として描いた側面なのである。

原著者モンゴメリは、本書序章の二八〜二九頁で次のように述べている。

究極の司書の役を果たしてきたのは、学者ではなく翻訳者なのである。テクストの選び手・守り手として、テクストを保存するだけでなく、新しい蔵書の可能性を絶えず創出するために、新しい環境でそのテクストの数・形・寿命を増やしていく力そのものとして、翻訳者はあり続けてきたのだ。翻訳者は、書かれた言葉を揺るがせることで守りつつ、同時に言葉の力を独占することなく高めてゆく者でもある。実務という観点で見れば、（世界の記憶としての）全知の図書館を考えるにあたって、その核となる翻訳の役割を抜きにしてしまうのは、まったく論外だ。翻訳がなければ、多種多様な言語で書かれてきたものへアクセスすることもできないのである。

訳者自身も、青空文庫の創設初期に高校一年生で参加したときから、写字生のみならず司書と翻訳者を兼ねてきた。自ら図書館に収める（足りない）書物を見出して、選んだ上で自分の手で訳出し、自由な蔵書の一部とすることでその電子文書館の可能性を広げてきたのである。電子化された新たな翻訳は、自由な利用が許され、また電子テクストという簡便な形態に翻案されたこともあってか、そのあと様々に活用された。あるミュージカル作品が百数十年ぶりに再演されることさえあった。こうした翻訳・翻案と図書館との始原の関係性を訳者自身が経験できたのは、インターネットという未開の空間に自然発生するかたちで図書館が現れたことと、無知な若者として疑いを差し挟むこともなく、本能的に司書＝翻訳者というあり方を取れたことが、大きな要因として考えられよう。

ひとつの翻訳はわずかながら世界を変容させる。翻訳が行われたあと未知のことが既知のようになり、それまで知らなかったことをまるで以前から知っていたかのように人々が振る舞い始めるという事態は、翻訳に携わる者ならきっと覚えがあるはずだ。ある文化において〈知〉が増えるというのは、おそらくこうした未知から既知への転換であり、普通は自らが〈変容させせられた〉ことすら意識しない。〈知の転移〉は、あえて意識しなければ行われないが、またあえて注目しなければ気づかれないものなのである。翻訳の歴史を紡ぐことは、自分自身の変容を自覚していく作業にほかならない。

本書の翻訳に当たっては、一般書として平易明快であることを旨とした。訳出とは、訳者本人が原著の読んだ結果を出すことである。とりわけ人文書の翻訳であれば、原著者の思考をトレースしていくことになる。思考の過程を追いかけて同じように考えつつ、自身の知識を深めて広げていくことでもある。そのため、自分にわかったことしか訳せないし、わからなければやはり訳せておらず、不可解な訳文となる。原典の誤記は直す一方で、原著者の誤解は極力そのままに留め、説明の必要なところは注記を加えてある。それでも誤訳があるならば、むろんその点は訳者が理解できなかった点、ないし訳者自身が思い込んで変われなかった箇所にほかならず、おのれの不明を恥じるしかない。

本書上梓に際して、担当編集者の稲井洋介氏にはひとかたならぬお世話になった。この訳書の編集をもって白水社を退職される氏に、翻訳書の価値を高らかに謳う本書が、良き送辞となってくれれば幸いである。そしてまた、きっと喜んで読んでくれるであろう青空文庫の創設者で『本の未来』の著者・富田倫生氏にも、この訳書を捧げることとしたい。

二〇一六年八月十六日　琵琶湖のほとりにて　　訳者識

人名索引

ア　行

カ 行

サ 行

タ　行

ナ　行

ハ　行

マ　行

ヤ　行

ラ　行

作品名・事項索引

＊事項では，「翻訳，翻訳家」「科学，知，学知」「伝播」「中世」「外国語」「ギリシア（語）」「アラビア（語）」「ラテン語」等，本書の基本的テーマとなるものは割愛した。

サ 行

タ 行

ナ 行

ハ 行

マ 行

ヤ 行

ラ 行

ワ 行

序章

1　菅原・板倉 1989, 193: 補足は原著者による。［訳注：原著の西暦年数表記は誤り。］

2［訳注：アレクサンドリア図書館の建設を、プトレマイオス1世・2世のどちらに帰すかは、諸説ある。］

3　この点および関連事項については、Canfora 1990 および Paul Moraux による二著（1951, 1973）に詳細がある。とりわけ〈著作性〉を扱った同様の議論が、Moraux and Wiesner 1983 およびもっと近年では Delia 1992 で取り上げられている。古典文芸の保存と移転に関連する一般的事実を知りたいなら、基礎資料としては Reynolds and Wilison 1991 が最良。この著述に大きな限界があるとすれば、考察の対象を従来通り文芸作品に限っている点だ（リウィウスやユウェナリウスに多くのページが割かれ、ヒッパルコスやアルキメデスにはほとんど触れられていない）。ただ結局はこの近年の研究も、百年以上前にリチャード・シュートが辿り着いた結論を、最近のよく練られた言葉で言い直しているにすぎないのではないかと、どうしても思えてしまう。

「要するに、この師の教えの原型に近いものへできるだけ迫ろうと試みながら、師の実際の発言を再現したいと思うのは、虚栄心・衒学心によるものでは必ずしもないだろう。［…］なぜなら我々の手にあるアリストテレスが、他者の知性というフィルターを通したもの、他者の声で表現されたものであるという疑念（というよりもほぼ確信）からけっして解放されえないことを、我々はよく知っているからである。」(Shute 1888, 178)

4　この新図書館の詳細は、計画の経緯や骨子も含めて、インターネット上で閲覧可能［というのは刊行当時の事情で、現在、原著に示されたページは存在しない］。

5　Jamet and Waysbord 1995, 78.

6　Bloch and Hesse 1995, I.

第一部

第1章

1　Kenner 1989, 68–69.

2　Plunket 1903.

3　たとえば Lloyd（1991, 270）は次のような見解を述べている。「明らかなのは、ある概念・知識・神話・技術の伝わり方、そして楽に伝わるものと実にゆっくりとしか伝わらないものがある理由とは、まさしく個別に解決すべき問題であるということだ。実は、文化の接触があったときの伝播の〈失敗〉につい

ては、伝播の成功と同じ数だけ興味深い問題があるのである［…

4 Kunitzsch 1974, 170.

5 Reynolds and Wilson 1991.

6 Stock 1983.

7 Jones 1990.

8 Neugebauer 1975, 5.

9 Pedersen 1978, 303.

10 やや古びているが、Clagett 1957 は今もこの分野の優れた情報源である。この時期の天文学の概観としては、North 1995 が最新の資料。

11 Green 1990.

12 Dihle 1994, 281.

13 Harris 1989.

14 Harris 1989, 126 を参照のこと。

15 Marrou 1956; Bowen 1973.

16 この点および関連トピックのさらなる議論については、Jaeger 1939-1945（特に第三巻）および Peters 1973（185-221）を参照のこと。

17 Dihle 1994, 283.

18 Stahl 1962, 45-53.

19 たとえば Stahl 1962（55）や Green 1990（642）のほか、Laffranque 1964 および Edelstein and Kidd 1972 におけるさらなる議論も参照のこと。

20 Stahl 1962, 55.

21 Hutchinson 1988, 214-36; Green 1990, 183-86.

22 Aratus 1955, 243.

23 前掲書 227.

24 Sale 1966.

25 Aratus 1955, 190-94 を参照のこと。

26 Neugebauer 1975.

27 *Epistles*, II. 1. 157-59. ラテン語原文は、Graecia capta ferum victorem cepit et artis intulit agresti Latio.

28 D'Alton 1962.

29 Copeland 1991, 29-32.

30 Jones 1994.

31 Barton 1995.

32 Laffranque 1964.

33 Cicero, *De Oratore* II. xxii. 91. ラテン語原文は、Nihil est facilius quam amictum imitari alicuius, aut statum, aut motum.

34 D'Alton 1962; Gärtner 1988; Fuhrmann 1973.

35 *Ars Poetica*, 128-35.［訳注：原著に付された英訳は、原著者が諸訳を組み合わせて作ったものだが、ここでは訳者が自身の論文で原典から訳したものを引

用する。]
36　Kenney 1982.
37　I. 136-41.
38　Kennedy 1972.
39　*De Oratore*, I. 12.
40　Cicero, *De Oratore*, I. 155.
41　Quintilian, *Institutio Oratoria*, X. iv. 3.
42　*De Officiis*, I. 6.
43　X. v. 5.
44　*Epistulae*, VII. 9. 1-4.
45　Copeland 1991, 31.
46　たとえばCicero, *De Oratore*, I. xi-xvi. さらに近年の議論については、Kenney 1982を参照のこと。
47　Quintilian, *Institutio Oratoria*, II. xviii も参照のこと
48　*De Officiis*, I. vi. 19.
49　*De Officiis*, I. xliii. 153.
50　I. i.
51　Borst 1994.
52　数学という科目に対するプリニウスの態度は、実際にはかなり複雑である。とはいえ天文学になると、あからさまに自信たっぷりで、その結果を論じている途中でも数学者の努力を盛大に嘲り笑う傾向がある。*Naturalis Historia* II. xxi. 85-88も参照のこと。
53　共和政末期から帝政初期の書き手におけるギリシア作品一般の地位と、普通（間違いなく不十分であっても）持っているギリシアの知識を考えると、ローマの作家たちがヘレニズム天文学のテクストには直接なじみがないと（現代の学者がよくするような）仮定をするのも不要かと思われる。ギリシアのテクストを収める大きな私設文庫も教養ある貴族ならばありふれた現象で、ルクレティウスやセネカといった名声ある作家たちは、最重要なギリシア作品の写本は自分で持っていたにちがいない。ここでもっと大事な真実に立ち返ると、こうした作品は翻訳されてはいないようで、結果としてきらびやかな引用へと貶められてしまっていた。
54　Borst 1994.
55　ウァッロのギリシア語の知識と、自著にギリシア語作品を用いる周到さは、その『メンニプス諷刺詩』（前三世紀のメンニプスの諷刺詩のラテン語翻案）の断片からも確認できる。話を拡げると、ウァッロとキケロは前二世紀末に教育を受けているが、そのときギリシア語の学習はありふれたもので、知的エリートには必須でさえあった。ローマ文化におけるギリシア語の移り変わる地位を、帝政下の衰退も含めてまとめたものは、Marrou 1956（255-64）を参照のこと。

56 Stahl 1962.
57 ギリシア語底本からのさらなる訳数種を含む重要なラテン語訳の有用なリストは、Clagett（1957, 155–56）.
58 こうした書き手の名前を細かく挙げると、まずオウィディウス、ウェルギリウス、カトゥルス、ヒュギヌス、ウィトルウィウス、クインティリアヌス、マニリウス、大プリニウス、それから中世初期に大事な仲介役となったマルティアヌス・カペッラとマクロビウスなどの後世の作家たちである。一覧については、Le Boeuffle 1987（13）および Kenney 1982（2. 2. 2–3 and 72–73）.
59 Le Boeuffle 1987, 19.
60 Barton 1995.
61 Le Boeuffle 1987, 19 n. 55
62 Le Boeuffle 1987, 170.
63 Cicero's Dream of Scipio, in *De Re Republica*, xxii も比較すること。宇宙における人の居場所を簡潔かつ哀歌風に扱ったこの一節は、*De Re Republica*（ix–xxvi）の最終セクションを構成しており――プラトンの有名な『国家』のローマ版として意識された作品で――中世～ルネサンス期およびそれ以後も、これだけで単独作品としてよく抜粋されて読まれたものである。
64 ひとつ例を引くと、ウィトルウィウスは『建築論』の第九書まるごとを用いて宇宙論を記しており、そこでキケロの語彙をかなり沢山用いているが、彼自身の変更や追加もいくつかある。
65 Le Boeuffle 1977, 1987.
66 これに関連してギリシア語とラテン語の本質的な差異に由来する要素もある。エウドクサスやヒッパルコスといったギリシアの天文学者たちが、天文現象を表すために高度な言語を発展させたという。
67 Le Boeuffle 1977.
68 キケロのテクストの大部分は、ラテン語訳アラトスの中世初期（とりわけカロリング朝時代）の様々な写本に保存されている。たとえば Dorey 1965 を参照のこと。
69 *De Natura Deorum*, I. iv. 7.
70 *De Natura Deorum*, I. iv. 8.
71 Goodyear 1982, 174.
72 *Prefatio* 14.
73 *Prefatio*, 11–12.
74 Beagon 1995.
75 ストア派哲学には受け入れられない占星術の側面として、個人の運命や個々の惑星・星座の割り当て、それから人生への影響などがある。これは自由意思や道徳的振る舞いなどの倫理的な点に関するストア派の信念に反するものなのだ。このトピックに対するプリニウスの態度は次も参照のこと。Book II. v. 28.（pp. 187–89 in the Rackam translation, Loeb Classical Library）.

76　同時にorbisはウェルギリウスやオウィディウスのような詩人にも、地球や宇宙を示すために用いられるようになり、そうした用例の観点からプリニウスはもっと平凡で意味としても狭いcirculusやambitusを選んだのかもしれない。
77　II. xxi. 89.
78　II. xxii. 89-90.
79　II. vi. 46.
80　II. xii. 63.
81　*Lingua Latina*, vi. 8.
82　*Nat. Hist.* II. iii. 8.
83　*Nat. Hist.* II. v. 28.
84　II. vi. 34.
85　II. vi. 38.
86　最もよく用いられた〈標準〉版はK. Mayhoffによるもので、その写本の選択について詳細に論じられている。Mayhoff 1933も参照のこと。
87　H. Rackam, "Introduction"（in Pliny 1942, I. xii）.
88　*De Natura Deorum*, as translated by H. Rackam, II. 116. 233.
89　Stahl 1962, 9-10.
90　Stahl, Johnson, and Burge 1972, 1977.
91　Stahl 1962, 53.
92　Stahl, Johnson, and Burge 1972, 1977, 2. 320.
93　Stahl, Johnson, and Burge 1972, 1977, 2. 331.
94　Eastwood 1993.
95　Kren 1983.
96　マクロビウスとカルキディウスの天文学が影響力を持った時代については、いくつかの議論がある。おそらく最良の底本を収めているのは、Duhem 1913-1959（esp. 3. 44-162）.
97　I. xiv. 21-26.
98　Le Boeuffle 1977を参照のこと。
99　I. xix. 18.
100　I. xix. 19.
101　たとえばKren 1983.
102　もちろんこれだけではほかの作家や作品の名声を概観できない。たとえばカッシオドルスやセビリャのイシドルスといった人々がいた。
103　McCluskey 1998.
104　Eastwood 1987, 1993.
105　Eastwood 1993, 165.
106　II. xxii. 89-90.
107　Dall'Olmo 1982.

第二章

1　Wright 1966; Brock 1992.

2　たとえば、ギリシア作品の翻訳を優れたかたちで広く取り扱っている近年の三著にも、こうした研究が欠けていることに注意。Ragep and Ragep 1996, Nasr and Leaman 1996（esp. vol. 1）, and Butzer and Lohrmann 1993.

3　Hugonnard Roche 1989.

4　Brock 1984b, 1992.

5　Brock 1975, 1977.

6　Brock 1992.

7　Wright 1966, 61-63.

8　Cameron 1993, 185.

9　Schall 1960; Brock 1977, 1992.

10　Bowersock 1990; Brock 1994.

11　たとえばJones 1994.

12　Bowersock 1990, 1-13.

13　Bowersock 1990, 9.

14　Brock 1982; Drijvers 1984. 読者が留意すべきは、*Syriac Perspectives* 内の論集でも例証されているように、セバスチャン・ブロックの著作が古代後期のシリア語学問・翻訳の様々な側面についての貴重な情報源となっている点である。

15　Brock 1982, 17.

16　Meyerhof 1930; Peters 1968, 1996.

17　Brock 1982, 20.

18　Budge 1894 も参照のこと。

19　Brock 1982, 1994.

20　Drijvers 1984; Kennedy and Liebeschuetz 1987.

21　Brock 1994, 159. 賢明にもブロックはシリア語を用いる共同体のなかで、ギリシア語をまだ話せる人々と、その読み書きしか出来ない、たとえば〈ギリシア人の知恵〉で教育を受けただけの人々とを区別している。ブロックによれば「後者の集団ははるかに小さいものであっただろう」（1994, 160）。

22　Brock 1977, 9-10.

23　Brock 1984a, 75. "A History of Syriac Translation Technique"（1983, 1-14）におけるブロックの近年の評価も参照のこと。

24　Brock 1982, 23-24.

25　この翻訳という出来事の別の解釈は、Wright 1966, 140-41 も参照のこと。また文法書や辞書の制作についてはアラビアでも七〜八世紀頃に始まっている。たとえばFleisch 1994 も参照のこと。

26　Brock 1975.

27　セルギオスについての文献も重要。たとえばH. Hugonnard Roche 1989; Sherwood 1952; Baumstark 1894; Ryssel 1880-1881; Furlani 1923 も参照のこ

と。セルギオスの著作と信じられているものについては、Peters 1968（58 n. 3）; Baumstark 1894; Baumstark の訂正後の意見については Baumstark 1922; Wright 1966（88-93）も参照。またこの議論のまとめについては、Hugonnard Roche 1989（esp. 1-7）.

28　Ryssel（1880-1881）によるドイツ語への部分訳と注釈がある。

29　Furlani（1923）にイタリア語訳。

30　セルギオスのこの作品には現代語訳が存在しないようである。Sachau 1870（101-24）も参照のこと。

31　Tithon 1993.

32　Tithon 1993; Pingree 1989.

33　Lorimer 1924.

34　Ryssel 1880-1881; Furlani 1923.

35　Brock 1975, 1977.

36　Ryssel 1880-1881.

37　Degen 1981.

38　Nau 1910.

39　Nau 1910.

40　Nau 1929-1932.

41　Nau 1929-1932, 344.

42　Nau 1929-1932, 345-6.

43　Brock 1982（25）からの孫引き。

44　Peters 1968.

45　Peters 1996, 50.

46　Peters 1996, 50-51.

47　Corbin 1993.

48　これは同時代のイスラム知識史の学者にも広く認識された事実で、ギリシアの影響をかつて賞賛しすぎたことに対して貴重な批判を近年加えている者もある。たとえば Saliba 1994（特に chapter 1）および Sabra 1987 も参照のこと。

49　Haq 1996.

50　東洋学者デヴィッド・ピングリーの著作がこの分野の研究に絶対に必須である点に留意すること。本書の要約はおおむね次の研究をまとめたものである。Haq 1996 および Pingree 1973, 1976, 1978, 1981.

51　この都市の初期の歴史についての詳細が見つかるのは、Nöldeke 1973（32-34）.

52　Cameron 1993, 22.

53　Rashed 1996, v. 3.

54　Dunlop 1971, 204-5.

55　Pingree 1968, 7-13.

56　Pingree 1973, 35-36.

57　Pingree 1973, 38.
58　Pingree 1970.
59　Dunlop 1971, 216–17.
60　Subbarayappa and Sarma 1985, xxvii.
61　Subbarayappa and Sarma 1985, 31, 25.
62　Subbarayappa and Sarma 1985, 143.
63　たとえばPingree 1971; 1981（7–10）も参照のこと。この影響の特徴を簡単にまとめたものについては、Morelon 1996（esp. 8）も参照のこと。
64　Chattopadhyaya 1986.
65　Prakash 1968.
66　Subbarayappa and Sarma 1985, 4.
67　Pedersen 1993, 152–53.
68　Pedersen 1993, 153.
69　Nadim 1970, 2. 644–45.
70　この意識は繰り返し認識されており、現代の歴史家もはっきりと述べている。「ヘレニズムの数学と天文学の起源を再構成しようとすると必ずぶつからざるをえないのが、ユークリッドの『原論』とプトレマイオスの『アルマゲスト』がそれらに先行する書物を単なる「歴史的興味」の対象にしてしまって、あとに残る機会すら与えなかったという事実である。かつてヒルベルトが言ったように、科学的な著作の重要性は、その本の出現のおかげで読む必要がなくなったそれ以前の出版物の数によって測ることができる。」（Neugebauer 1969, 145）
ただし最後の一文は、むしろ同時代の意識を浅ましく投影するものとして、歴史記述の点で誠実ではない。

第三章

1　こうした言葉が引き続き使用された一例が見つかるのは、そのほかに優れた論たるGoodman（1990）.
2　ドイツ語の原題*Das Fortleben der Antike im Islam*は、平板な英語版よりも示唆に富んでおり、実のところ何かしらの手強さが感じられる。正確に英訳すれば"the survival of classical antiquity in Islam"で、Fortlebenという語には"afterlife"という意もある。
3　Rosenthal 1975, 2.
4　p. 16.
5　p. 3.
6　p. 10.
7　Berggren 1996, 265.
8　この新しい考え方で中心的な役割を果たしたのが、Sabra（1987）で、そのほかRagep and Ragep 1996や、また書誌にあるDavid A. Kingの著作と、

Rashed（1989）も参照のこと。
9　Sabra 1987, 225-26.
10　King 1996, 143.
11　Sabra 1987, 228.
12　Lapidus 1988（81）. 続く論述のほとんどは、この優れた研究のほか次の著作に基づいている。Hitti 1989, Hodgson 1974, Kennedy 1981 および Gibb et al. 1960-1994.
13　Kennedy 1981.
14　Davis 1912-1913, 2. 365-67.
15　Endress 1982.
16　Peters 1968; Rosenthal 1975.
17　King 1996.
18　Carter 1990.
19　Peters 1968; Rosenthal 1975.
20　Dunlop 1971, 108-9.
21　Dunlop 1971, 50.
22　Dunlop 1971, 50.
23　Dunlop 1971, 51.
24　Lecomte 1965.
25　Tibawi 1954; Nakosteen 1964.
26　Peters 1968; Nakosteen 1964.
27　この主題については Honigmann 1950 も参照のこと。
28　Hitti 1989（403）.
29　Bosworth 1990.
30　Horovitz 1927.
31　Dunlop 1971, 99.
32　Netton 1992, 31.
33　音楽方面の著作もあるアル＝ファーラービーは、オルペウスのイメージでも語られる。Netton 1992（5-6）も参照のこと。
34　Hitti 1970, 414-15.
35　Nakosteen 1964.
36　Carter 1990.
37　Rosenthal 1975, 1-14; Endress 1989; Carter 1990.
38　Hitti 1989.
39　同じような一節を集めたのは Nasr 1976（6-8）.
40　Rosenthal 1970.
41　al-Andalusi 1991, 9.
42　Peters 1968.
43　Clagett 1964-1976, vol. 1.

44 Endress 1982.
45 O'Leary 1949; Rosenthal 1975; Endress 1982.［訳注：後世の偽造という説もある。］
46 King 1996.
47 Nadīm 1970, 639.
48 Kunitzsch 1974.
49 Kunitzsch 1974.
50 イスラムの図書館（とその破壊）について短いながらも優れた議論が見つかるのは、Nakosteen 1964, Shalaby 1954 および Thompson 1939.
51 Carter 1990.
52 Rosenthal 1970, 8.
53 Bergsträsser 1913.
54 Kunitzsch 1974, 1996.
55 Nadīm 1970, 2. 585-86.
56 King 1993, 1996.
57 King 1997; Kunitzsch 1989; Morelon 1996.
58 Kunitzsch 1993, 214.
59 Kunitzsch 1974, 66.
60 Kunitzsch 1974, 174-75.
61 Endress 1982, 1989.
62 Endress 1982.
63 Kunitzsch 1974, 68.
64 Bergsträsser 1925.
65 伝記情報によると、フナインはシリア語の母語話者で、ギリシア語を習得するためアレクサンドリアとコンスタンティノープルに滞在したあと、バグダードに戻ってさらにアラビア語に磨きをかけてから、訳業を始めたという。フナインの生涯にはさまざまな伝説がある。Hitti 1989（312-14）, Moussa 1980, Meyerhof 1930 も参照のこと。
66 Kunitzsch 1974.
67 Endress 1989.
68 Bergstrasser 1925.
69 Rosenthal 1975, 17.
70 Mattock 1989; Endress 1989.
71 Versteegh 1977.
72 Endress 1989; Kunitzsch 1974.
73 Mattock 1989.
74 Mattock 1989, 81.
75 『目録』には、古代の学知の本がこの国にたくさんある理由ともされる、アリストテレスがアル＝マアムーンの夢枕に立って問答するエピソードがある。

Dodge 1970, 2. 583-84; Rosenthal 1975, 48-49 を参照のこと。

76 al-Andalusi 1991, 21.

77 Sufi 1953.

78 Dunlop 1971. 228.

79 Saxl 1932.

80 Kunitzsch 1993, 209.

81 Kunitzsch 1974.

82 Kunitzsch 1974, 169- 203.

83 前掲書 198.

84 al-Andalusi 1991, 21.

85 Rosenthal 1970, 373.

86 Nadīm 1970, 639.

87 Nasr 1987, 33.

88 前掲書 33.

89 Netton 1992.

90 Rosenthal 1970.

91 こうした語の詳細な議論がなされているのは、Rosenthal（1970, 164-68）.

92 Nasr 1987.

93 Kunitzsch 1974, 17-18.

94 Endress 1989.

95 Carter 1990, 119.

96 Kunitzsch 1996.

97 Versteegh 1977.

98 Allen 1998.

99 Ashtiany et al. 1990 も参照のこと。

100 Kunitzsch 1989, 4. 264.

101 Sufi 1953.

102 Gray 1994.

103 Kunitzsch 1989.

104 Cantor 1993, 359.

第四章

1 Welborn 1931.

2 Thompson 1929.

3 Burnett 1998.

4 この用語は Haskins（1927）で確立されたもので、ラテン翻訳時代に関する彼の著作は、この時期の研究に大きな影響を与えた。ハスキンスの思想の概観とその後の論争・修正については、とりわけ Al-Daffa and Stroyls 1984 および d’Alverny 1982.

5　続く箇所では数多くの典拠から引っ張ってきており、その一部はLe Goff 1997, Cipolla 1994, Benson, Constable, and Lanham 1982, Long 1985, Stiefel 1985, Stock 1978, 1983, Weimar 1981, Southern 1962, White 1962, Gimpel 1983およびGies and Gies 1994.
6　Waddell 1934; Ridder-Symoens 1992b.
7　Ong 1977; Saenger 1982; Stock 1983.
8　Pirenne 1952, 231.
9　このプロセスに関して興味深く詳細を論じているのは、Bäuml 1980, Clanchy 1979およびOng 1977.
10　McMurtrie 1943.
11　Febvre and Martin 1958; Eisenstein 1979; Martin 1988.
12　Diringer 1982.
13　Ridder-Symoens 1992b, 282.
14　*Metalogicon* III, 4.
15　Classen 1981, 25-26.
16　D'Alverny 1982.
17　Jolivet 1988.
18　D'Alverny 1982, 444-46.
19　Haskins 1927.
20　Haskins 1927, 1929も参照のこと。
21　Stock 1983; Classen 1981; Burnett 1998.
22　D'Alverny 1982.
23　Lemay 1962; Classen 1981; Ferruolo 1984; Stiefel 1985.
24　Thorndike 1923, 2. 20.
25　Jolivet 1988; Kritzeck 1964.
26　Tolan 1993, 175.
27　Jolivet 1988, 142.
28　このトピックについて書かれたものはたくさんあるが、基本的には現在の議論の外側にある。いくつか関連する研究として参照すべきは、White 1948, Lindberg 1978およびWeimar 1981所収の各論そしてBenson, Constable, and Lanham 1982所収のもの、とりわけLadner, Benton, d'Alverny, Martin, Dronke, KitzingerおよびSauerlander.
29　John of Salisbury 1955; Colish 1997.
30　Thorndike 1923, 2. 172-73も参照のこと。
31　Burnett 1997, 61.
32　Daniels 1975, 266.
33　Tolan 1993, 174.
34　こうした序文を数多く（主にラテン語で）引用しているのがHaskins (1927).

35 Lindberg 1992, 200.
36 Lemay 1978.
37 Opelt 1959; Murdoch 1968; Lindberg 1978; Busard 1977.
38 Kunitzsch 1974.
39 Lemay 1978.
40 Murdoch 1968.
41 McVaugh 1973; Clagett 1953, 1972; Jolivet 1988; Burnett 1985, 1998.
42 Clagett 1953, 1972; Busard 1977.
43 Lindberg 1978, 78.
44 Lemay 1978.
45 Copeland 1991.
46 Lefevere 1992a, 47.［訳注：原典からの拙訳。聖なる書物には語順にも隠された神の意図があるとされ、聖書全体のこととも読めるが、彼の実際の訳し方や、同書簡で七十人訳聖書およびマタイ福音書の意訳例を引用して弁護している点から見ると、限定して黙示録などのみを例外とした可能性がある。］
47 主に聖書と文芸テクストで論じられている通り、この議論には微妙なところが多々あり、その様々な学術的議論が示されているのは、Ellis 1989 および Beer 1989, 1997.
48 Copeland 1991, 45–55.
49 Schwartz 1944.
50 Copeland 1990, 52.
51 Stock 1983, 243.
52 たとえば Rashdall 1936; Delhaye 1947; Curtius 1953.
53 Speer 1995.
54 Curtius 1953.
55 Kelly 1997; Dembowski 1997; Shore 1995.
56 Amos 1920.
57 この一節は現代英語に直して引用しているが、元の出典は Amos 1920（3-4）で、その典拠は Hargrove 1904（2-3）. 興味ある読者でこの一節からさらなる議論したい場合は両方の著作を参照すること。
58 Millás Vallicrosa 1963.
59 Southern 1962.
60 Lemay 1978.
61 Sudhoff 1914; Grant 1974; Lemay 1978; d'Alverny 1982.
62 Lemay 1978, 176.
63 Opelt 1959; Kunitzsch 1974.
64 Lemay 1978, 174.
65 Sudhoff 1914.
66 d'Alverny 1982, 453.

67　Lemay 1978, 188.
68　Burnett 1997, 71.
69　Burnett 1997.
70　ゲラルドゥスの天文学作品に対する詳細な研究が見つかるのは、Opelt 1959 および Kunitzsch 1974. 翻訳手法については Minio-Paluello 1961.
71　Kunitzsch 1974, 104.
72　Opelt 1959.
73　Opelt 1959, 150–51.
74　d'Alverny 1982, 434.
75　Kunitzsch 1993, 56.
76　Kunitzsch 1974.
77　Kunitzsch 1974, 107.
78　pp. 108, 160–62.
79　たとえばプリニウス『博物誌』第二書では、pars を惑星運動に関して同じ文脈で頻繁に用いている。
80　p. 171.
81　Burnett 1997, 41.
82　Burnett 1997.
83　Burnett 1997, his plate 4 を参照のこと。
84　ここでの主たる例のひとつは、尊者ピエールが主導してカリンティアのヘルマンとケットンのロバートが取り組んだ著作群で、なかにはクルアーンも含まれている。(d'Alverny 1982, 429)
85　Southern 1962, 7.
86　Daniels 1975, 270.
87　Grant 1992; Pedersen 1978.
88　Grant 1996, 45 も参照のこと。
89　Pedersen 1978.
90　Pedersen 1978, 318–19.
91　その著書 *Treatise on the Astrolabe* も参照のこと。チョーサーが息子の教育用に記した教科書。
92　Burnett 1997; North 1992.
93　Thorndike 1923, 2. 599–600 も参照のこと。
94　Crombie 1957, 35.
95　Lefevere 1992b, 49–50.
96　Ruegg 1992; Freibergs 1989.
97　Edgren 1945.
98　Shore 1989, 302–3.
99　Shore 1989.
100　Dembowski 1997.

101 Menut and Denomy 1968.
102 Dembowski 1997.
103 Menut and Denomy 1968, 156.
104 North 1992.
105 Ross and McLaughlin 1949, 619.
106 Thorndike 1923, 636.
107 Daniel 1975, 275.
108 North 1992.
109 エドワード・グラントも近年こう書いている。
「写本に依存するということは、同じ論考のパリ版・オックスフォード版がかなり異なるかもしれないということにもなりかねない。[…] 誤写が科学テクストにもあふれていたし、[…] 知識も、得られやすいと同時に失われやすいものだったのだ。単に現状を維持するのにも、あるいはギリシア＝アラビアの底本から受け継がれたテクストを修復するのにも、多大な努力が必要とされた。中世科学に対する有害な影響がどの程度か測るのは難しいかもしれないが、[…] それがかなりのものであったとは判断してよいと思われる。ヨーロッパに印刷技術が持ち込まれてまもなく科学革命が始まったのは、単なる偶然ではないのである。」(Grant 1992, 367-68)
110 Toomer 1996; Feingold 1996
111 Sabra 1987.
112 Kunitzsch 1974, 1983, 1989.
113 Kunitzsch 1986b; Poulle 1988, North 1995.
114 Kunitzsch 1983.
115 Pedersen 1978, 330.
116 Swerdlow 1996.
117 Swerdlow 1996, 190.
118 Kunitzsch 1983.
119 Kunitzsch 1987.
120 Montgomery 1996 も参照のこと。
121 Haskins 1927; Martin 1982; Bloch 1982.
122 Lindberg 1978, 74.

第二部
第五章

1 続く論述は主に次の典拠による。Miller 1967, Habein 1984 および Coulmas 1989.
2 Habein 1984, 22.
3 Miller 1967, 101-11.
4 数多くの具体例が見つかるのは、Miller 1967 (111) および Coulmas 1989

(126).

5　Miller 1967, 133.

6　鎌田 1993, 39.

7　MacLean 1974.

8　MacLean 1974, 18.

9　Nakayama 1969.

10　Blacker 1969, 14.

11　Saigusa 1962; Nakayama 1969.

12　Saigusa 1962, 53.

13　Craig 1965, 139.

14　イエズス会士の生涯や中国での執筆活動について詳しい情報が見つかるのは、Bernard 1945.

15　Sivin 1995, 4. 1.

16　Sivin 1995, 4. 21.

17　Nakayama 1969.

18　Saigusa 1962, 55.［訳注：『多賀墨卿君にこたふる書』には、「此故に天地達観の位には、聖人と称し、仏陀と号するも、もとより人なれば、畢竟、我請求討論の友にして、師とするものは天地なり」もしくは「天地をしるは我私の意を入れず、あるままに天地に従ひて、天地を師とするにしくはなく候」という一節がある。］

19　中山 1964.

20　Maës 1970.

21　Maës 1970.

22　Maës 1970, 152.

23　［訳注：源内自身の著作『放屁論後編』に登場する儒家で、〈石頭の田舎者〉の意の名を持つ架空の人物。］

24　中山 1992.

25　Craig 1965.

26　Nakayama 1969, 230.

27　Keene 1968.

28　Tsunoda, de Bary, and Keene 1958, 41-42.［訳注：平田篤胤『古道大意下』には「阿蘭陀と云ふ国は。［…］気を長く物を考へる国風で。底の底まで物を考へる。［…］然れども殊勝な国で。唐などのやうに。推量の上すべりなことは云はぬ。［…］其通にして。千年二千年の間。数百人の人々が。考に考へて。煎じ詰たる説どもが。書物にして。此御国へも貢ぎ奉て有る故に。其を見て今かやうに申のでござる」とある。］

29　Keene 1968, 24.

30　とりわけシーボルト事件は、潜在的な脅威を認識した際の政府の弾圧的対応を示すものとして、歴史家たちが指摘するものである。フィリップ・フラン

ツ・フォン・シーボルトは、日本に入国して教育を許された最初のヨーロッパ人のひとり。1823年にドイツからオランダ商館付きの医師としてやってきて、1829年まで長崎で医学と植物学の教授を許された。1828年、サハリン島の地図を描く仕事を託された幕府天文方の高橋景保はオランダ側の情報を得ようと考えて、シーボルトと連絡を取り、日本沿岸の測量地図と引き替えにドイツの地図を見せてもらおうと情報交換を持ちかけた。このことは禁制であるから、幕府はそれに気づくと極端な反応を起こして、周辺関係者の数多くが牢獄に送られ、高橋自身はわずか数カ月後にそこで自刃したのち息絶えた。シーボルトは数カ月拘束されたあとヨーロッパへと強制送還された。最終的に、長崎にいたシーボルトの学生全員が逮捕されている。

31 Gluck 1985.

32 Blacker 1969, 54.

33 Kobori 1964, 3.

34 Gluck 1985, 254.

35 Bartholomew 1993.

36 Miller 1967.

37 Bartholomew 1989を参照のこと。

38 Nakayama 1977.

39 Bartholomew 1989, 71.

40 Watanabe 1990を参照のこと。

41 Gluck 1985.

42 Nakayama 1977; 廣重 1973.

43 Yoshikawa and Kauffman 1994.

第六章

1 Nakayama 1969.

2 中山 1992.

3 Knight 1972.

4 Nakayama 1969, 185.［訳注：志筑忠雄『暦象新書　中』には「人の霊妙不測の神は在らずと云ふ所なくして、而も必ず心を以て都とす。天の霊妙不測の神は在らずと云う処無くして、則ち太陽を以て都とす。是を以て、一身の用は悉く心より出で、一家の務は悉く父より出で、一国の事は悉く公府より出で、天下の政は悉く朝廷より出で、天地造化の妙用は悉く太陽より出づ。是の故に能く其の身を修め、能く其の父に孝あり、能く其の君に事へて、神妙不測の天命を恐れ慎しむときは、我が心を以て太陽の心に冥合す。是ぞ宇宙の至尊に奉ずる所以なるべき」とある。］

5 菅原・中村・板倉 1986.

6 たとえばOhmori 1964a and b; Nakayama 1969および所収のレファレンスも参照のこと。

7　この問題についての優れた議論は Low 1989 を参照のこと。［訳注：本邦ではむろん、杉本つとむの著書などを参考のこと。］

8　Watanabe 1990 を参照のこと。

9　Watanabe（1990, 69）が、1880 年代に自然科学・社会科学・人文学で進化論を取り扱った記事の割合を示す興味深いグラフを提示している。そのグラフは『東洋学芸雑誌』という 19 世紀の *the American Journal of Science* におそらく匹敵する主要な科学刊行物に的を絞ったもので、進化論が現れるのは社会科学記事が 26% と、自然科学の 5% および人文学の 1% に比べてはるかに頻度が高いことが、そのデータからわかる。

10　Nagazumi 1983.

11　Watanabe 1990, 71-74 を参照のこと。

12　菅原・板倉 1990a and b; Tanaka 1964, 1965, 1967, 1976; Doke 1973.

13　Tanaka 1976, 97.

14　Doke 1973, 104.［訳注：宇田川榕菴『自叙』には「先是欲修胥之学　先人不許曰　家学漢土大章為主　文章不成則家学亦不能成［…］不必別学　至翻訳則終身之大業也」とある。］

15　中山 1992.

16　Doke 1973, 113.［訳注：宇田川榕菴『舎密開宗』には「原書本ト卓然正大意旨淵深ニシテ往々初学ニ在テハ解シ易カラザル者アリ故ニ釈義ヲ他書ニ採リ或ハ予カ曽テ学ビ親ラ試ル処ニ拠テ愚者ノ一得ヲ述フ」とある。］

17　この議論については Tanaka 1976 を参照のこと、またこの 20 年のあいだにさらなる議論があった模様。

18　菅原・板倉 1989.

19　菅原・板倉 1989.

20　Tanaka 1967.

21　ここでの〈影響〉という考え方は条件付きにしておく必要がある。結局のところ元素という概念は、中国では 1870 年代まで受け入れられなかった模様で（菅原・板倉 1990b）、これは日本で受け入れられてからずいぶん後となる。

22　菅原・板倉 1990a.

23　菅原 1984.

24　菅原・板倉 1990a.

25　菅原・板倉 1990a.

26　Bartholomew 1993.

27　菅原・板倉 1990b.

28　間宮 1952, v.

29　Saigusa 1962.

30　Kobori 1964.

第三部

第七章

1 Busch 1998, 2.［訳注：本文では、科学英語の文体が論点となっているため、文体を示すために引用された文章については、あえて訳出しない。この箇所では、数式の間にも英文が挿入され、文章がなければ数式も読みとれない点に留意すること。］

2 Strevens 1992.

3 Crystal 1985.

4 たとえば *World Englishes* や *English Worldwide: A Journal of Varieties of English* などのジャーナルを参照のこと。

5 Strevens 1992, 34.

6 この論点は関連文献でも盛んに論じられている。読者にお勧めするのは Kachru 1992 所収の様々な各論とレファレンス。

7 Michel 1982; Swales 1985.

8 Seshadri 1968, 16–17.［訳注：インド産植物の用途が多様であることを述べた文章で、マンゴーの木と葛芋が例として挙げられているが、元の文と改稿が文量として 2 倍以上の差があることにも注意せよ。］

9 Sinha-Roy, Malhotra, and Guha 1995, 63–64.［訳注：先カンブリア時代の岩石でできた楯状地についての記述で、とりわけインド亜大陸の地質の重要性を説いているもの。］

10 Bhat and Chatterji 1979, 197.

11 Chakraborty et al. 1996, 101.

12 Mahadevan Kochi 1995, 30.［訳注：同じくインドの楯状地の論文で、副題の Thrust とはおそらく〈要点〉ないし〈目的〉の意だが、地質学では〈衝上断層〉を示す語であるため、図らずも掛け言葉のようになってしまっている。］

13 Fabre 1987, 2–3.［訳注：仮説上のゴンドワナという超大陸が古生代から中生代にかけて分離して、アフリカをはじめいくつかの大陸に分かれて形成されたことに触れたもの。］

14 Van Houten and Hargraves 1985, 345.［訳注：同上。］

15 Turki et al. 1988, 399.［訳注：地層の変形に関する文章。］

16 Turki et al. 1988, 399.

17 Braine 1995.

18 Braine 1995, 127.

19 Bloch and Chi 1995; Taylor and Chen 1989.

第八章

1 Gasset 1992, 95; 強調は原著。

2 Bloomfield 1987, 208.

3 Bloomfield 1939, 4.

4 Kelly 1978.
5 Kelly 1978, 220.
6 Kelly 1978, 221.
7 Chandra Rose 1994, 63.
8 Hutchins 1986.
9 Nida 1964; Newmeyer 1980.
10 Oettinger 1959, 250.
11 Oettinger 1959, 257-58.
12 Johns 1998; O'Donnell 1998.
13 O'Donnell 1998, 44.
14 Rackham 1942, xii.
15 Martin 1988.
16 Venuti 1992, 6.
17 ローレンス・ヴェヌーティは、この問題に関して最も勢力的で多くの執筆を行っている人物で、十六世紀から現代にかけて文芸分野での歴史を追いかけている。Venuti 1995 も参照のこと。
18 Derrida 1985; de Man 1986.
19 Benjamin 1977, 54-55.
20 Benjamin 1977, 59.
21 Chartier 1995, 16.
22 このトピックについての有益な議論は、翻訳の伝統的な概念という点から Fuller（1988, 32-40）が提供している。

本注釈の作成にあたっては、原著の本文注・脚注を巻末注へとまとめる都合上、一定の整理・割愛をおこなった。あらかじめご宥恕願いたい。

参考文献

Al-Daffa, A. A., and J. J. Stroyls. 1984. *Studies in the Exact Sciences in Medieval Islam*. Dhahran, Saudi Arabia: University of Petroleum and Minerals.

Al-Andalusi, Sa'id. 1991. *Science in the Medieval World*: "Book of the Categories of Nations." Trans. S. I. Salem and A. Kumar. Austin: University of Texas Press.

Allen, R. 1998. *The Arabic Literary Heritage*. Cambridge: Cambridge University Press.

Amos, F. R. 1920. *Early Theories of Translation*. New York: Columbia University Press.

Aratus. 1955. *Phaenomena*. Trans. G. R. Mair. In *Callimachus, Lycophron, Aratus*, 185–299. Cambridge: Harvard University Press, Loeb Classical Library. ［アラトス，ニカンドロス，オッピアノス『ギリシア教訓叙事詩集（西洋古典叢書）』京都大学学術出版会（2007）伊藤照夫訳］

Aristotle. 1939. *De Caelo (On the Heavens)*. Trans. W K. C. Guthrie. Cambridge: Harvard University Press, Loeb Classical Library. ［アリストテレス『天体論 生成消滅論（アリストテレス全集）』岩波書店（1968）村治能就，戸塚七郎訳］

——. 1952. *Meteorologica*. Trans. H. D. P. Lee. Cambridge: Harvard University Press, Loeb Classical Library. ［アリストテレス『気象論 宇宙論（アリストテレス全集）』岩波書店（1968）泉治典，村治能就訳］

——. 1984. *The Complete Works of Aristotle*. 2 vols. Ed. J. Barnes. Princeton, N. J.: Princeton University Press. ［アリストテレス全集，岩波書店（1968–1973）出隆監修，山本光雄編］

Ashtiany, J., T. M. Johnstone, J. D. Latham, and R. B. Serjeant, eds. 1990. *Abbasid Belles-Lettres*. Cambridge: Cambridge University Press.

Bailey, R. W. 1996. *Nineteenth-century English*. Ann Arbor: University of Michigan Press.

Bakaya, R. M. 1973. The place of English in science translation courses in India. *Language and Literature in Society: Journal of the School of Languages* (winter): 115–20.

Barnstone, W 1993. *The Poetics of Translation*. New Haven, Conn.: Yale University Press.

Bartholomew, J. R. 1993. *The Formation of Science in Japan*. New Haven, Conn.: Yale University Press.

Bartlett, J. R. 1985. *Jews in the Hellenistic World*. New York: Cambridge University Press.

Barton, T. 1995. *Power and Knowledge: Astrology, Physiognomies, and Medicine under the Roman Empire*. Ann Arbor: University of Michigan Press.
Bassnett-McGuire, S. 1991. *Translation Studies*. Rev. ed. London: Routledge.
Bäuml, F. H. 1980. Varieties and consequences of medieval literacy and illiteracy. *Speculum* 55: 237–65.
Baumstark, A. 1 894. Lucubrationes Syro-Gracae. *Jahrbücher für klassische Philologie Supplement* 21: 358–84.
——. 1922. *Geschichte der syrischen Literatur*. Bonn: Marcus and Webers.
Beagon, M. 1995. *Roman Nature: The Thought of Pliny the Elder*. Oxford: Oxford University Press.
Beaujouan, G. 1982. The transformation of the quadrivium. In *Renaissance and Renewal in the Twelfth Century*, ed. R. L. Benson, G. Constable, and C. D. Lanham, 463–86. Cambridge: Harvard University Press.
Beer, J., ed. 1989. *Medieval Translators and Their Craft*. Lansing: Western Michigan University.
——. 1997. *Translation Theory and Practice in the Middle Ages*. Kalamazoo: Western Michigan University.
Beer, J., and K. Lloyd-Jones, eds. 1995. *Translation and the Transmission of Culture Between 1300 and 1600*. Kalamazoo: Western Michigan University.
Benjamin, W. 1977. Die Aufgabe des Übersetzers. In *Illuminationen: Ausgewahlte Schriften*, 50–62. Frankfurt: Suhrkamp.［ベンヤミン「翻訳者の課題」『思想としての翻訳――ゲーテからベンヤミン、ブロッホまで』白水社（2008）三ッ木道夫訳］
Benson, R. L., G. Constable, and C. D. Lanham, eds. 1982. *Renaissance and Renewal in the Twelfth Century*. Cambridge: Harvard University Press.
Berggren, J. L. 1996. Islamic acquisition of the foreign sciences: A cultural perspective. In *Tradition, Transmission, Transformation*, ed. F. J. Ragep and S. P. Ragep, 263–83. Leiden: E. J. Brill.
Bergsträsser, G. 1913. *Ḥunain ibn Isḥāq und seine Schule*. Leiden: Brill.
——. 1925. *Ḥunain ibn Isḥāq über die Syrischen und Arabischen Galen-Übersetzungen*. Abhandlungen für die Kunde des Morgenlandes 17, no. 2.
Bernard, H. 1945. Les adaptations chinoises d'ouvrages européens. Bibliographie chronologique depuis la venue des Portugais à Canton jusqu'à la Mission française de Pékin, 1514–1688. *Monumenta serica* 10: 1–57, 309–88.
Bhat, D. K., and A. K. Chatterji. 1979. The Karewa deposits of Kashmir Valley-a reappraisal. *Himalayan Geology Seminar*, Geological Survey of India Miscellaneous Publications 41, Part 1: 191–200.
Bischoff, B. 1961. The study of foreign languages in the Middle Ages. *Speculum* 36: 209–23.

Blacker, C. 1969. *The Japanese Enlightenment*. Cambridge: Cambridge University Press.

Bloch, H. 1982. The new fascination with ancient Rome. In *Renaissance and Renewal in the Twelfth Century*, ed. R. L. Benson, G. Constable, and C. D. Lanham, 615–36. Cambridge: Harvard University Press.

Bloch, J., and L. Chi. 1995. A comparison of the use of citations in Chinese and English academic discourse. In *Academic Writing in a Second Language*, ed. D. Belcher and G. Braine, 231–74. Norwood, N. J.: Ablex Publishing Corp.

Bloch, R. H., and C. Hesse. 1995. *Future Libraries*. Berkeley: University of California Press.

Bloomfield, L. 1939. Linguistic Aspects of Science. *International Encyclopedia of Unified Science* 1, no. 4. Chicago: University of Chicago Press.

——. 1987. Linguistic aspects of science. *In A Leonard Bloomfield Anthology*, 205–19. Chicago: University of Chicago Press. First published in *Philosophy of Science* 2 (1935): 499–517.

Boll, F. 1903. *Sphaera: Neue griechische Texte und Untersuchungen zur Geschichte der Sternbilder*. Hildesheim: Georg alms.

Bonn, A. M., and E. Weber. 1938. *History of Syriac Literature*. Leiden: E. J. Brill.

Borst, A. 1994. Das Buch der Naturgeschichte: Plinius und seine Leser im Zeitalter des Pergaments. In *Abhandlungen der Heidelberger Akademie der Wissenschaften: Philosophisch-historische Klasse*. Abhandlung 2. Heldelberg: Universitätsverlag Carl Winter.

Bosworth, C. E. 1990. Administrative literature. In M. J. L. Young, J. D. Latham, and R. B. Serjeant, *Religion, Learning and Science in the 'Abbasid Period*, 155–67. Cambridge: Cambridge University Press.

Bovie, S. P. 1959. *Satires and Epistles of Horace*. Chicago: University of Chicago Press.

Bowen, J. 1973. *A History of Western Education, Vol. 1: The Ancient World*. New York: St. Martin's.

Bowersock, G. W. 1990. *Hellenism in Late Antiquity*. Ann Arbor: University of Michigan Press.

Braine, G. 1995. Writing in the natural sciences and engineering. In *Academic Writing in a Second Language*, ed. D. Belcher and G. Braine. Norwood, N. J.: Ablex Publishing Corp.

Brock, S. 1975. Some aspects of Greek words in Syriac. In *Synkretismus im syrisch-persischen Kulturgebiet. Abhandlungen der Akademie der Wissenschaften in Göttingen, Philologisch-Historische Klasse, Dritte Folge*, 96, ed. A. Dietrich. Göttingen: Vandenhoeck & Ruprecht. Reprinted in *Syriac Perspectives on Late Antiquity* (London: Variorum, 1984), 80–108.

——. 1977. Greek into Syriac and Syriac into Greek. *Journal of the Syriac Academy* 3: 422–39. Reprinted in *Syriac Perspectives on Late Antiquity* (London: Variorum, 1984), 2. 1–17.

——. 1982. From antagonism to assimilation: Syriac attitudes to Greek learning. In *East of Byzantium: Syria and Armenia in the Formative Period*, ed. S. Garsoian, T. Mathews, and R. Thompson. Washington, D. C.: Dumbarton Oaks. Reprinted in *Syriac Perspectives on Late Antiquity* (London: Variorum, 1984), 5. 17–34.

——. 1983. A history of Syriac translation technique. *Orientalia Christiana Analecta* 221: 1–14.

——. 1984a. Aspects of translation technique in antiquity. In *Syriac Perspectives on Late Antiquity*, vol. 3, 69–87. London: Variorum.

——. 1984b. Syriac attitudes to Greek learning. In *Syriac Perspectives on Late Antiquity*, vol. 7, 20–35. London: Variorum.

——. 1984c. *Syriac Perspectives on Late Antiquity*. London: Variorum.

——. 1992. *Studies in Syriac Christianity: History, Literature, and Theology*. London: Variorum.

——. 1994. Greek and Syriac in Late Antique Syria. In *Literacy and Power in the Ancient World*, ed. A. K. Bowman and G. Woolf, 149–60. Cambridge: Cambridge University Press.

Brockelmann, C. 1943-1949. *Geschichte der Arabischen Literatur*. 2 vols. Leiden: E. J. Brill.

Budge, E. A. W., ed. and trans. 1 894. *The Discourses of Philoxenus*. London: Duckworth.

Burke, R. B., ed. and trans. 1928. *Opus Majus of Roger Bacon*. Philadelphia: University of Pennsylvania Press.

Burnett, C. S. F. 1978. Arabic into Latin in twelfth-century Spain: The works of Hermann of Carinthia. *Mittellateinisches Jahrbuch* 13: 100–134.

——. 1985. Some comments on the translating of works from Arabic into Latin. *Miscellanea Mediaevalia* 17: 161–71.

——. 1997. *The Introduction of Arabic Learning into England*. Toronto: University of Toronto Press.

——, ed. 1987. *Adelard of Bath: An English Scientist and Arabist of the Early Twelfth Century*. Warburg Institute Surveys and Texts 14. London: University of London Press.

Busard, H. L. L. 1977. *The Translation of the Elements of Euclid from the Arabic into Latin by Hermann of Carinthia (?)*, Books VII–XII. Amsterdam: Mathematisch Centrum.

Busch, P. 1998. Orthogonality and disjointedness in spaces of measures. *Letters*

in Mathematical Physics, Paper 9804005, 11 pp.

Butzer, P. L., and D. Lohrmann, eds. 1993. *Science in Western and Eastern Civilization in Carolingian Times*. Boston: Birkhauser.

Cameron, A. 1993. *The Mediterranean World in Late Antiquity A. D. 395–600*. London: Routledge.

Cameron, A., and L. I. Conrad, eds. 1992. *The Byzantine and Early Islamic Near East*. Princeton, N. J.: Darwin Press.

Canfora, L. 1990. *The Vanished Library: A Wonder of the Ancient World*. Berkeley: University of California Press. ［ルチャーノ・カンフォラ『アレクサンドリア図書館の謎：古代の知の宝庫を読み解く』工作舎（1999）竹山博英訳］

Cantor, N. F. 1993. *The Civilization of the Middle Ages*. Revised edition. New York: HarperCollins.

Carmody, F. J. 1956. *Arabic Astronomical and Astrological Sciences in Latin Translation: A Critical Bibliography*. Berkeley: University of California Press.

Carpenter, R. L. 1989. Translation among English, French, German, Russian, and Japanese. *The Social Science Journal* 26, no. 2: 199–204.

Carter, M. G. 1990. Arabic grammar. In M. J. L. Young, J. D. Latham, and R. B. Serjeant, *Religion, Learning and Science in the 'Abbasid Period*, 118–38. Cambridge: Cambridge University Press.

Chakraborty, T., S. Sarkar, A. K. Chaudhuri, and S. D. Gupta. 1996. Depositional environment of Vindhyan and other Purana basins: A reappraisal in the light of recent findings. *Memoir Geological Society of India* 36: 101–26.

Chandra Rose, P. 1994. Problems in translating scientific and technical texts with special reference to texts on computer science. In *Art and Science of Translation*, ed. J. V. Sastry, 62–72. Hyderabad: Booklinks Corp.

Chartrier, R., ed. 1987. *Les usages de l'imprimé (XVe–XIXe siècle)*. Paris: Fayard.

——. 1995. *Forms and Meanings*. Philadelphia: University of Pennsylvania Press.

Chattopadhyaya, D. 1986. *History of Science and Technology in Ancient India*. Calcutta: Firma KLM. ［デービプラサド=チャットーパーディヤーヤ『古代インドの科学と技術の歴史』東方出版（1992-1993）佐藤任訳］

Chomsky, N. 1957. *Syntactic Structures*. The Hague: Mouton. ［チョムスキー『統辞構造論』岩波書店（2014）福井直樹，辻子美保子訳］

Cicero. 1913. *De Officiis*. Trans. W Miller. Cambridge: Harvard University Press, Loeb Classical Library. ［キケロー『大カトー・老年について ラエリウス・友情について 義務について（キケロー選集 9）』岩波書店（1999）中務哲郎，高橋宏幸訳］

——. 1914. *De Finibus*. Trans. H. Rackham. Cambridge: Harvard University Press, Loeb Classical Library.［キケロー『善と悪の究極について（キケロー選集 10)』岩波書店（2000）永田康昭，兼利琢也，岩崎務訳］
——. 1928. *De Re Publica, De Legibus*. Trans. C. W Keyes. Cambridge: Harvard University Press, Loeb Classical Library.［キケロー『国家について 法律について（キケロー選集 8)』岩波書店（1999）岡道男訳］
——. 1933. *De Natura Deorum, Academica*. Trans. H. Rackham. Cambridge: Harvard University Press, Loeb Classical Library.［キケロー『神々の本性について 運命について（キケロー選集 11)』岩波書店（2000）山下太郎，五之治昌比呂訳］
——. 1942. *De Oratore*. Trans. E. W Sutton and H. Rackham. Cambridge: Harvard University Press, Loeb Classical Library.［キケロー『弁論家について』岩波書店（2005）大西英文訳］
Cipolla, C. M. 1994. *Before the Industrial Revolution: European Society and Economy 1000–1700*. New York: W W. Norton.
Clagett, M. 1953. The medieval Latin translations from the Arabic of the Elements of Euclid, with special emphasis on the versions of Adelart of Bath. *Isis* 44: 16–42.
——. 1957. *Greek Science in Antiquity*. London: Abelard-Schuman.
——. 1964–1976. *Archimedes in the Middle Ages*. 5 vols. Madison: University of Wisconsin Press.
——. 1972. Adelard of Bath. In *Dictionary of Scientific Biography*, vol. 1: 61–64. New York: Scribner's.
Clanchy, M. T. 1979. *From Memory to Written Record: England, 1066–1307*. Cambridge: Harvard University Press.
Classen, P. 1981. Die geistesgeschichtliche Lage Anstösse und Möglichkeiten. In *Die Renaissance der Wissenschaften im 12. Jahrhundert*, ed. P. Weimar, 11–33. Zurich: Artemis.
Cluver, A. D. de V 1990. The role of the translator in the information society. In *Übersetzungswissenschaft: Ergebnisse und Perspektiven*, ed. R. Arntz and G. Thome, 476–88. Tiibingen: Narr.
Colish, M. L. 1997. *Medieval Foundations of the Western Intellectual Tradition, 400–1400*. New Haven, Conn.: Yale University Press.
Copeland. R. 1991. *Rhetoric, Hermeneutics, and Translation in the Middle Ages*. Cambridge: Cambridge University Press.
Corbin, H. 1993. *History of Islamic Philosophy*. Trans. L. Sherrard. London: Kegan Paul.［アンリ・コルバン『イスラーム哲学史』岩波書店（1974）黒田壽郎，柏木英彦訳］
Coulmas, F. 1989. *The Writing Systems of the World*. Oxford: Blackwell.

Coyaud, M. 1977. *Études sur le lexique Japonais de l'histoire naturelle et de biologie*. Paris: Presses Universitaires de France.
Craig, A. M. 1965. Science and Confucianism in Tokugawa Japan. In *Changing Japanese Attitudes towards Modernization*, ed. M. B. Jansen, 133–60. Rutland, Vt.: Charles E. Tuttle.［マリウス・B・ジャンセン編『日本における近代化の問題』岩波書店（1968）細谷千博編訳］
——. 1969. Fukuzawa Yukichi: The philosophical foundations of Meiji nationalism. In *Political Development in Modern Japan*, ed. R. E. Ward, 22–39. Princeton, N. J.: Princeton University Press.
Crawford, E., T. Shinn, and S. Sorlin. 1993. *Denationalizing Science*. Dordrecht: D. Reidel.
Crombie, A. C. 1957. *Medieval and Early Modern Science*. Vol. 1. New York: Anchor.［A・C・クロムビー『中世から近代への科学史』コロナ社（1962–1968）渡辺正雄，青木靖三訳］
Crystal, D. 1985. How many millions? The statistics of English today. *English Today* 1: 1–8.
Curtius, E. 1953. *European Literature and the Latin Middle Ages*. Trans. W. Trask. Princeton, N. J.: Princeton University Press.［E・R・クルツィウス『ヨーロッパ文学とラテン中世』みすず書房（1971）南大路振一，岸本通夫，中村善也訳］
Dallal, A. 1995. *An Islamic Response to Greek Astronomy*. Leiden: E. J. Brill.
Dall'Olmo, U. 1982. Latin terminology relating to aurorae, comets, meteors, and novae. *Journal for the History of Astronomy* 11: 10–27.
D'Alton, J. F. 1962. *Roman Literary Theory and Criticism*. New York: Russell & Russell.
D'Alverny, M.-T. 1982. Translations and translators. In *Renaissance and Renewal in the Twelfth Century*, ed. R. L. Benson, G. Constable, and C. D. Lanham, 421–61. Cambridge: Harvard University Press.
D'Alverny, M.-T., and C. Burnett, eds. 1994. *La transmission des textes philosophiques et scientifiques au Moyen Age*. London: Variorum.
Daniels, N. 1975. *The Arabs and Mediaeval Europe*. London: Longman.
Davis, W. S., ed. 1912–1913. *Readings in Ancient History: Illustrative Extracts from the Sources*. 2 vols. Boston: Allyn and Bacon.
de Man, P. 1986. *The Resistance to Theory*. Minneapolis: University of Minnesota Press.［ポール・ド・マン『理論への抵抗』国文社（1992）大河内昌，富山太佳夫訳］
Dear, P., ed. 1991. *The Literary Structure of Scientific Argument*. Philadelphia: University of Pennsylvania Press.
Degen, R. 1981. Galen im Syrischen: Eine Übersicht über die syrischen

Überlieferung der Werke Galens. In *Galen: Problems and Prospects*, ed. V. Nutton, 131–66. London: Blackwell.

Delhaye, P. 1947. L'organisation scola ire au XXIIe siècle. *Traditio* 5: 211–68.

Delia, D. 1992. From romance to rhetoric: The Alexandrian library in classical and Islamic traditions. *American Historical Review* 97: 1449–67.

Dembowski, P. F. 1997. Scientific translation and translator's glossing in four medieval French translators. In *Translation Theory and Practice in the Middle Ages*, ed. J. Beer, 113–34. Kalamazoo: Western Michigan University.

Derrida, J. 1985. Des Tour de Babel. In *Difference in Translation*, ed. J. Graham, 196–242. Ithaca, N. Y.: Cornell University Press. ［ジャック・デリダ『他者の言語：デリダの日本講演』法政大学出版局（2011）高橋允昭編訳］

Dicks, D. R. 1970. *Early Greek Astronomy to Aristotle*. Ithaca, N. Y.: Cornell University Press.

Dihle, A. 1994. *A History of Greek Literature*. Trans. C. Krojzl. London: Routledge.

Diringer, D. 1982. *The Book before Printing: Ancient, Medieval, and Oriental*. New York: Dover.

Doke, T. 1973. Yoan Udagawa — a pioneer scientist of early 19th century feudalistic Japan. *Japanese Studies in the History of Science* 12: 99–120. ［宇田川榕菴『舎密開宗：復刻と現代語訳・注』講談社（1975）田中実校注］

Dorey, T. A., ed. 1965. Cicero: *Studies in Latin Literature and its Influence*. London: Duckworth.

Drijvers, H. 1984. *East of Antioch*. London: Variorum Reprints.

Duhem, P. 1913–1959. *Le système du monde: Histoire des doctrines cosmologiques de Platon à Copernic*. 10 vols. Paris: Hermann.

Dunlop, D. M. 1971. *Arab Civilization to A. D. 1500*. New York: Praeger.

Eastwood, B. 1987. Plinian astronomical diagrams in the early Middle Ages. In *Mathematics and its Applications to Science and Natural Philosophy in the Middle Ages*, ed. E. Grant and J. Murdoch, 141–72. Cambridge: Cambridge University Press.

——. 1993. The astronomies of Pliny, Martianus Capella and Isidore of Seville in the Carolingian world. In *Science in Western and Eastern Civilization in Carolingian Times*, ed. P. L. Butzer and D. Lohrmann, 161–80. Boston: Birkhäuser.

——. 1997. Astronomy in Christian Latin Europe, c. 500–c. 1150. *Journal for the History of Astronomy* 28: 235–58.

Edelstein, L., and I. G. Kidd. 1972. *Posidonius*: The Fragments. Cambridge: Cambridge University Press.

Edgren, R., ed. 1945. *Les methaeres d'Aristote; traduction du XIIIe siècle par*

Mahieu Le Vilain. Uppsala: Almqvist & Wiksells.
Eisenstein, E. 1979. *The Printing Press as an Agent of Change*. Cambridge: Cambridge University Press.
Ellis, R., ed. 1989. *The Medieval Translator: The Theory and Practice of Translation in the Middle Ages*. Cambridge: D. S. Brewer.
Endress, G. 1982. Die wissenschaftliche Literatur. In *Grundriss der arabischen Philologie*, ed. W Fischer, 2. 400–506, 3. 3–152. 3 vols. Wiesbaden: Reichert.
——. 1989. Die Griechisch-Arabischen Übersetzungen und die Sprache der Arabischen Wissenschaften. In *Symposium Graeco-Arabicum II*, ed. G. Endress. Amsterdam: B. R. Grunder.
Endress, G., and D. Gutas, 1992–. *A Greek and Arabic Lexicon. Materials for a Dictionary of the Mediaeval Translations from Greek into Arabic*. Leiden: E. J. Brill.
Fabre, J. 1987. Les séries paléozoique d'Afrique: Une approche. *Journal of African Earth Sciences* 7, no. 1: 1–40.
Fakhry, M. 1994. *Philosophy, Dogma and the Impact of Greek Thought in Islam*. London: Variorum.
Febvre, L., and H.-J. Martin. 1958. *L'apparition du Livre*. Paris: Éditions Abin Michel. [L・フェーヴル, H=J・マルタン『書物の出現』筑摩書房（1998）関根素子ほか訳]
Feingold, M. 1996. Decline and fall: Arabic science in seventeenth-century England. In *Tradition, Transmission, Transformation*, ed. F. J. Ragep and S. P. Ragep, 441–69. Leiden: E. J. Brill.
Ferruolo, S. C. 1984. The twelfth-century renaissance. In *Renaissances before the Renaissance*, ed. W Treadgold, 25–47. Stanford, Calif.: Stanford University Press.
Fischbach, H. 1978. Translation, the great pollinator of science. *Babel, Revue Internationale de la Traduction* 38, no. 4: 193–202.
Fleisch, H. 1994. Arabic linguistics. In *History of Linguistics, Volume 1: The Eastern Traditions of Linguistics*, ed. G. Lepschy, 164–84. London: Longman.
Freibergs, G. 1989. The knowledge of Greek in Western Europe in the fourteenth century. In J. A. S. Evans and R. W. Unger, *Studies in Medieval and Renaissance History*, 71–85. New York: AMS Press.
Freudenthal, G. 1995. Science in the medieval Jewish culture of southern France. *History of Science* 33: 23–58.
Fuhrmann, M. 1973. *Einführung in de antike Dichtungstheorie*. Darmstadt: Wissenschaftliche Buchgesellschaft.
——. 1984. *Die antike Rhetorik: Eine Einführung*. Munich: Artemis.
Fuller, S. 1988. *Social Epistemology*. Bloomington: Indiana University Press.

Furlani, G. 1923. Il trattato di Sergio de Rêśayná, sull'universo. *Rivista trimestrale di studi filosofici e religiosi* 4: 1–22.

Ganzenmiiller, W. 1914. *Das Naturgefühl im Mittelalter*. Leipzig: B. G. Teubner.

Gärtner, H. A., ed. 1988. *Die römische Literatur in Text und Darstellung*. Vol. 5: Kaiserzeit. Stuttgart: Akademische Verlagsgesellschaft.

Gasset, J. O. y. 1992. The misery and the splendor of translation. In *Theories of Translation: An Anthology of Essays from Dryden to Derrida*, ed. Rainer Schulte and John Biguenet, 93–112. Chicago: University of Chicago Press.

Gentzler, E. 1993. *Contemporary Translation Theories*. London: Routledge.

Gibb, H. R., et al., eds. 1960–1994. *Encyclopedia of Islam*. Leiden: E. J. Brill.

Gies, E, and J. Gies. 1994. *Cathedral, Forge, and Waterwheel: Technology and Invention in the Middle Ages*. New York: HarperCollins. ［ジョゼフ＆フランシス・ギース『大聖堂・製鉄・水車：中世ヨーロッパのテクノロジー』講談社（2012）栗原泉訳］

Gimpel, Jean. 1983. *The Medieval Machine*. New York: Penguin.

Gluck, C. 1985. *Japan's Modern Myths: Ideology in the Late Meiji Period*. Princeton, N. J.: Princeton University Press.

Goldstein, B. R. 1979. The survival of Arabic astronomy in Hebrew. *Journal for the History of Arabic Science* 3: 31–39.

Goodman, L. E. 1990. The translation of Greek materials into Arabic. In M. J. L. Young, J. D. Latham, and R. B. Serjeant, *Religion, Learning and Science in the 'Abbasid Period*, 477–97. Cambridge: Cambridge University Press.

Goodyear, F. R. D. 1982. Technical writing. In *The Cambridge History of Classical Literature*. Vol. II, part 4: *The Early Principate*, ed. E. J. Kenney, 171–78. Cambridge: Cambridge University Press.

Graf, G. 1944–1953. *Geschichte der christlichen arabischen Literatur*. 5 vols. Vatican City: Biblioteca Apostolica Vaticana.

Grant, E., ed. 1974. *A Sourcebook in Medieval Science*. Cambridge: Harvard University Press.

——. 1984. Science and the medieval university. In *Rebirth, Reform and Resilience: Universities in Transition, 1300–1700*, ed. J. M. Kittelson and P. J. Tansue. Columbus: Ohio State University Press.

——. 1992. *Planets, Stars, and Orbs: The Medieval Cosmos, 1200–1687*. Cambridge: Cambridge University Press.

——. 1996. *The Foundations of Modern Science in the Middle Ages*. Cambridge: Cambridge University Press. ［E・グラント『中世における科学の基礎づけ：その宗教的，制度的，知的背景』知泉書館（2007）小林剛訳］

Gray, B. 1994. Saljuq-style painting and a fragmentary copy of al-Sufi's "Fixed Stars." In *The Art of the Saljuqs in Iran and Anatolia*, ed. R. Hillenbrand.

Costa Mesa, Calif.: Mazda Publishers.
Green, P. 1990. *Alexander to Actium: The Historical Evolution of the Hellenistic Age*. Berkeley: University of California Press.
Grunebaum, G. E. 1976. *Islam and Medieval Hellenism: Social and Cultural Perspectives*. London: Variorum.
Habein, Y. S. 1984. *The History of the Japanese Written Language*. Tokyo: University of Tokyo Press.
Hadas, M. 1951. *Aristeas to Philocrates; Letter of Aristeas*, ed. and trans. M. Hadas. New York: Harper, for the Dropsie College for Hebrew and Cognate Learning.
Haq, S. N. 1996. The Indian and Persian background. In *History of Islamic Philosophy*, ed. S. H. Nasr and O. Leaman, 1. 52–70. London: Routledge.
Hargrove, H. L. 1904. *King Alfred's Old English Version of St. Augustine's Soliloquies, Turned into Modern English*. New York: Henry Holt and Co.
Haring, N. M. 1964. Thierry of Chartres and Dominicus Gundissalinus. *Medieval Studies* 26: 271–86.
Harris, M. H. 1995. *History of Libraries in the Western World*. 4th edition. Metchuen, N. J.: Scarecrow Press. ［E・D・ジョンソン『西欧の図書館史』帝国地方行政学会（1974）小野泰博訳］
Harris, W. V. 1989. *Ancient Literacy*. Cambridge: Harvard University Press.
Haskins, C. H. 1925. Arabic science in western Europe. *Isis* 7: 478–85.
――. 1927. *The Renaissance of the 12th Century*. Cambridge: Harvard University Press. ［C・H・ハスキンズ『十二世紀ルネサンス』みすず書房（1997）別宮貞徳，朝倉文市訳］
――. 1929. *Studies in Medieval Science*. Cambridge: Harvard University Press.
――. 1957. *Rise of the Universities*. Ithaca, N. Y.: Cornell University Press. ［C・H・ハスキンズ『大学の起源』八坂書房（2009）青木靖三，三浦常司訳］
Heylen, R. 1992. *Translation, Poetics and the Stage*. London: Routledge.
廣重徹 . 1973.『科学の社会史：近代日本の科学体制』東京：中央公論社
廣田鋼藏 . 1988.『明治の化学者：その抗争と苦渋』東京：東京化学同人
Hitti, P. K. 1989. *History of the Arabs*. 10th ed. London: Macmillan. ［フィリップ・K・ヒッティ『アラブの歴史』講談社（1982–1983）岩永博訳］
Hodgson, M. G. S. 1974. *The Venture of Islam*. 3 vols. Chicago: University of Chicago Press.
Hollister, C. w., ed. 1969. *The Twelfth Century Renaissance*. New York: Wiley.
Honigmann, E. 1950. The Arabic translation of Aratus. *Isis* 41: 30–31.
Horace. 1926. *Satires, Epistles, and Ars poetica*. Trans. H. R. Fairclough. Cambridge: Harvard University Press. ［アリストテレース，ホラーティウス『詩学 詩論』岩波書店（1997）松本仁助，岡道男訳］

——. 1959. *Satires and Epistles of Horace*. Trans. S. P. Bovie. Chicago: University of Chicago Press. ［大久保友博「近代英国翻訳論——解題と訳文　ホラーティウス『詩論』（抄）とその受容」『翻訳研究への招待』11: 35-44.］

Hornblower, S., and A. Spawforth, eds. 1996. *The Oxford Classical Dictionary*. 3d ed. Oxford: Oxford University Press.

Horovitz, J. 1927. The origins of "The Arabian Nights." *Islamic Culture* 1: 36-57.

Hugonnard Roche, H. 1989. Aux origines de l'exégèse orientale de la logique d'Aristotle: Sergius de Reš'aina. *Journal Asiatique* 277: 1-17.

Humphreys, R. S. 1991. *Islamic History: A Framework for Inquiry*. Princeton, N. J.: Princeton University Press.

Hutchins, W. J. 1986. *Machine Translation: Past, Present, Future*. New York: Halsted Press.

Hutchinson, G. O. 1988. *Hellenistic Poetry*. Oxford: Oxford University Press.

Isocrates. 1928. *Discourses*. Trans. G. Norlin. Cambridge: Harvard University Press, Loeb Classical Library. ［イソクラテス『弁論集』京都大学学術出版会（1998）小池澄夫訳］

Jacquart, D., ed. 1994. *La formation du vocabulaire scientifique et intellectual dans le monde arabe*. Turnhout: Brepols.

——. 1997. *Les voies de la science grecque: études sur la transmission des textes de l'Antiquite au dix-neuvième siècie*. Geneva: Librairie Droz.

Jaeger, W. 1939-1945. *Paideia: The Ideals of Greek Culture*. 3 vols. Oxford: Blackwell.

Jamet, D., and H. Waysbord. 1995. History, philosophy, and ambitions of the Bibliotheque de France. In R. H. Bloch and C. Hesse, *Future Libraries*. Berkeley: University of California Press.

John of Salisbury（d. 1180). 1955. *The Metalogicon, a Twelfth-Century Defense of the Verbal and Logical Arts of the Trivium*. Trans. Daniel D. McGarry. Berkeley: University of California Press. ［『シャルトル学派（中世思想原典集成 8)』平凡社（2002）上智大学中世思想研究所編訳・監修］

Johns, A. 1998. *The Nature of the Book: Print and Knowledge in the Making*. Chicago: University of Chicago Press.

Johnson, M. C. 1936. Manuscripts of the Baghdad astronomers, 769-1000 A. D. *The Observatory* 59: 215-26.

Jolivet, J. 1988. The Arabic inheritance. In *A History of Twelfth Century Western Philosophy*, ed. P. Dronke, 113-48. Cambridge: Cambridge University Press.

Jones, A. 1990. Ptolemy's first commentator. *Transactions of the American Philosophical Society* 80, pt. 7.

——. 1994. The place of astronomy in Roman Egypt. In *The Sciences in Greco-Roman Society*, ed. T. D. Barnes, 25–51. Edmonton, Alberta: Academic Printing & Publishing.

Joosten, J. 1996. *The Syriac Language of the Peshitta and Old Syriac Versions of Matthew*. Leiden: E. J. Brill.

Kachru, B. B., ed. 1992. *The Other Tongue: English across Cultures*. 2d ed. Urbana: University of Illinois Press.

鎌田浩毅. 1993.「別府湾および周辺地域の深部地下構造とその成因」『地質學雜誌』99, no. 1: 39–46.

Keene, D. 1968. *The Japanese Discovery of Europe, 1720–1830*. Stanford, Calif.: Stanford University Press.［ドナルド・キーン『日本人の西洋発見』中央公論社（1968）芳賀徹訳］

Kelly, D. 1997. Fidus Interpres: Aid or impediment to medieval translation and Translatio? *In Translation Theory and Practice in the Middle Ages*, ed. J. Beer. Kalamazoo: Western Michigan University.

Kelly, L. G. 1978. *The True Interpreter: A History of Translation Theory and Practice*. Oxford: Blackwell.

Kennedy, E. S. 1956. *A Survey of Islamic Astronomical Tables*. Philadelphia: American Philosophical Society.

Kennedy, G. 1972. *The Art of Rhetoric in the Roman World*. Princeton, N. J.: Princeton University Press.

Kennedy, H. 1981. *The Early Abbasid Caliphate*. London: Croom Helm Publishers.

Kennedy, H., and J. H. Liebeschuetz. 1987. Antioch and the villages of Northern Syria in the fifth and sixth centuries A. D.: Trends and problems. *Nottingham Medieval Studies* 32: 65–90.

Kenner, H. 1989. *Mazes*. San Francisco: North Point.

Kenney, E. J., ed. 1982. *The Cambridge History of Classical Literature*. Vol. II, parts 1–4: *The Early Republic—The Early Principate*. Cambridge: Cambridge University Press.

King, D. 1993. *Astronomy in the Service of Islam*. Aldershot: Variorum.

——. 1996. Islamic astronomy. In *Astronomy before the Telescope*, ed. C. Walker, 143–74. New York: St. Martin's Press.［クリストファー・ウォーカー編『望遠鏡以前の天文学：古代からケプラーまで』恒星社厚生閣（2008）山本啓二，川和田晶子訳］

——. 1997. Astronomy in the Islamic world. In *Encyclopaedia of the History of Science, Technology, and Medicine in Non-Western Cultures*, 125–33. Dordrecht: Kluwer.

Kluxen, W. 1981. Der Begriff der Wissenschaft. In *Die Renaissance der Wissen-*

schaften im 12. Jahrhundert, ed. P. Weimar, 273-93. Zurich: Artemis.
Knight, D. 1972. *Natural Science Books in English, 1600-1900*. London: Portman Books.
Kobori, A. 1964. Un aspect de l'histoire de la diffusion des sciences europeennes au Japon. *Japanese Studies in the History of Science* 3: 1-5.
Kren, C. 1983. Astronomy. In *The Seven Liberal Arts in the Middle Ages*, ed. David L. Wagner, 218-47. Bloomington: Indiana University Press.
Kritzeck, J. 1964. *Peter the Venerable and Islam*. Princeton, N. J.: Princeton University Press.
Kunitzsch, P. 1959. *Arabische Sternnamen in Europa*. Wiesbaden: Otto Harrasowitz.
——. 1974. *Der Almagest: die* Syntaxis Mathematica *des Claudius Ptolemaus in Arabisch-Lateinischer Überlieferung*. Wiesbaden: Otto Harrasowitz.
——. 1983. How we got our "Arabic" star names. *Sky and Telescope* 65: 20-22.
——. 1986a. *Der Sternkatalog des* Almagest. *Die arabisch-mittelalterliche Tradition von Claudius Ptolemäus*. Wiesbaden: Otto Harrassowitz.
——. 1986b. The star catalogue commonly appended to the Alfonsine Tables. *Journal for the History of Astronomy* 17: 89-98.
——. 1986c. John of London and his unknown Arabic source. *Journal for the History of Astronomy* 17: 51-57.
——. 1987. Peter Apian and "Azophi" Arabic constellations in Renaissance astronomy. *Journal for the History of Astronomy* 18: 117-24.
——. 1989. *The Arabs and the Stars: Texts and Traditions on the Fixed Stars and Their Influence in Medieval Europe*. Northampton: Variorum.
——. 1993. Arabische Astronomie im 8. bis 10. Jahrhundert. In *Science in Western and Eastern Civilization in Carolingian Times*, ed. P. L. Butzer and D. Lohrmann, 205-20. Basel: Birkhauser.
Laffranque, M. 1964. *Poseidonios d'Apamée: Essai de mise au point*. Paris: Corti.
Lapidus, I. M. 1988. *A History of Islamic Societies*. Cambridge: Cambridge University Press.
Large, A. 1985. *The Artificial Language Movement*. Oxford and New York: Basil Blackwell. [アンドリュー・ラージ『国際共通語の探求：歴史・現状・展望』大村書店（1995）水野義明訳]
Le Bœuffle, A. 1977. *Les noms latins d'astres et de constellations*. Paris: Société d'Édition "Les Belles Lettres."
——. 1987. *Astronomie, astrologie, lexique latin*. Paris: Picard.
Lecomte, G. 1965. *Ibn Qutayba (mort en 276/889); l'homme, son œuvre, ses idées*. Damascus: Institut français de Damas.
Lefevere, A. 1992a. *Translation, History, Culture: A Sourcebook*. London: Rout-

ledge.［高畑時子「〈翻訳〉ヒエロニュムス著「翻訳の最高種について」（書簡57「パンマキウス宛の手紙」）」『近畿大学教養・外国語教育センター紀要 外国語編』6（1): 153-171］

——. 1992b. *Translation, Rewriting, and the Manipulation of Literary Fame*. London: Routledge.

Lefevere, A., and S. Bassnett-McGuire, eds. 1990. *Translation, History, and Culture*. London: Pinter.

Le Goff, J., ed. 1997. *The Medieval World*. Trans. L. G. Cochrane. London: Parkgate.［ジャック・ル・ゴフ編『中世の人間：ヨーロッパ人の精神構造と創造力』法政大学出版局（1999）鎌田博夫訳］

Lemay, R. 1962. *Abu Ma'shar and Latin Aristotelianism in the Twelfth Century*. Beirut: American University of Beirut.

——. 1976. The teaching of astronomy in medieval universities, principally at Paris in the 14th century. *Manuscripta* 20: 197-217.

——. 1978 . Gerard of Cremona. In *Dictionary of Scientific Biography*, 15. 173-92. New York: Scribner's.

Levy, T. 1997. The establishment of the mathematical bookshelf of the medieval Hebrew scholar: Translations and translators. *Science in Context* 10, no. 3: 43 1-51.

Lindberg, D. C. 1978. The transmission of Greek and Arabic learning to the West. In *Science in the Middle Ages*, ed. D. C. Lindberg. Chicago: University of Chicago Press.

——. 1992. *The Beginnings of Western Science: The European Scientific Tradition in Philosophical, Religious, and Institutional Context, 600 B. C. to A. D. 1450*. Chicago: University of Chicago Press.［David C. Lindberg『近代科学の源をたどる：先史時代から中世まで』朝倉書店（2011）高橋憲一訳］

Lloyd, G. E. R. 1970. *Early Greek Science: Thales to Aristotle*. New York: W. W. Norton.［G・E・R・ロイド『初期ギリシア科学：タレスからアリストテレスまで』法政大学出版局（1994）山野耕治，山口義久訳］

——. 1987. *The Revolutions of Wisdom: Studies in the Claims and Practice of Ancient Greek Science*. Berkeley: University of California Press.

——. 1991. *Methods and Problems in Greek Science*. Cambridge: Cambridge University Press.

Long, P. O., ed. 1985. Science and technology in medieval society. *Annals of the New York Academy of Sciences* 441.

Lorimer, W. L. 1924. *The Text Tradition of Pseudo-Aristotle "De Mundo."* St. Andrews University Publications 18. London: Oxford University Press.

Loveday, L. J. 1996. *Language Contact in Japan: A Sociolinguistic History*. Oxford: Oxford University Press.

Low, M. F. 1989. The butterfly and the frigate: Social studies of science in Japan. *Social Studies of Science* 19: 313–42.
MacLean, J. 1974. The introduction of books and scientific instruments into Japan, 1 712–1854. *Japanese Studies in the History of Science* 13: 9–68.
Macrobius. 1952. *Commentary on the Dream of Scipio*. Trans. W. H. Stahl. New York: Columbia University Press.
Maës, H. 1970. *Hiraga Gennai et son Temps*. Paris: École française d'Extrême-Orient.
Mahadevan Kochi, T. M. 1995. Deep continental structure of north-western and central Indian peninsular shield—a review. *Memoir Geological Society of India* 31: 1–35.
Maier, A. 1949. *Die Vorläufer Galileis im 14. Jahrhundert. Studien zur Naturphilosophie der Spätscholastik*. Rome: Edizioni di Storia e Letteratura.
Mair, G. R., ed. and trans. 1955. *Callimachus, Lycophron, Aratus*. Cambridge: Harvard University Press, Loeb Classical Library.［アラトス，ニカンドロス，オッピアノス『ギリシア教訓叙事詩集（西洋古典叢書)』京都大学学術出版会（2007）伊藤照夫訳］
Makdisi, G. 1981. *The Rise of Colleges: Institutions of Learning in Islam and the West*. Edinburgh: Edinburgh University Press.
間宮不二雄．1952.『歐・中・和對譯圖書館大辭典：圖書館–書誌–印刷–製本用語』東京：ジャパンライブラリービューロー
Manilius. 1977. *Astronomica*. Trans. G. P. Goold. Cambridge: Harvard University Press, Loeb Classical Library.［マルクス・マニリウス『占星術または天の聖なる学』白水社（1993）有田忠郎訳］
Marrou, H. 1956. *A History of Education in Antiquity*. Trans. G. Lamb. New York: Sheed and Ward.［H・I・マルー『古代教育文化史』岩波書店（1985）横尾壮英ほか訳］
Martin, H.-J. 1988. *L'histoire et pouvoirs de l'ecrit*. Paris: Librarie Academique.
Martin, J. 1982. Classicism and style in Latin literature. In *Renaissance and Renewal in the Twelfth Century*, ed. R. L. Benson, G. Constable, and C. D. Lanham, 537–66. Cambridge: Harvard University Press.
Mattock, J. N. 1989. The early translations from the Greek into Arabic: An experiment in comparative assessment. In *Symposium Graeco-Arabicum II*, ed. G. Endress. Amsterdam: B. R. Grunder.
Mayhoff, K. 1933. *Naturalis Historia von Pliny*. Books I–VI. Munich: Teubner.［プリニウス『プリニウスの博物誌』雄山閣（2012–2013）中野定雄，中野里美，中野美代訳］
McCluskey, S. C. 1998. *Astronomies and Cultures in Early Medieval Europe*. Cambridge: Cambridge University Press.

McKnight, G. H. 1968. *The Evolution of the English Language: From Chaucer to the 20th Century.* New York: Dover.

McMurtrie, D. C. 1943. *Book: The Story of Printing and Bookmaking.* New York: Dorset Press.

McVaugh, M. 1973. Constantine the African. In *Dictionary of Scientific Biography,* 3. 393–95. New York: Scribner's.

Menut, A. D., and A. J. Denomy, eds. 1968. *Nicolas Oresme: le livre du ciel et du monde.* Madison: University of Wisconsin Press.

Meyerhof, M. 1930. Von Alexandrien nach Baghdad: Ein Beitrag zur Geschichte des philosophischen und medizinischen Unterrichts bei den Arabern. *Sitzungsberichte der preussischen Akademie der Wissenschaften,* Berlin, Philos.-Histor. Klasse, 389–429.

Michel, J. 1982. Linguistic and political barriers in the international transfer of information in science and technology. *Journal of Information Science* 5: 131–35.

Millás Vallicrosa, J. M. 1963. Translations of Oriental scientific works. In *The Evolution of Science,* ed. G. S. Metraux and F. Crouzet, 128–67. New York: Mentor.

Miller, R. A. 1967. *The Japanese Language.* Chicago: University of Chicago Press. [ロイ・アンドリュー・ミラー『日本語：歴史と構造』三省堂（1972）小黒昌一訳]

Minio-Paluello, L. 1961. *Aristoteles Latinus, codices; supplementa altera.* Bruges: De Brouwer.

Montgomery, S. L. 1996. *The Scientific Voice.* New York: Guilford.

Moraux, P. 1951. *Les listes anciennes des ouvrages d'Aristote.* Louvain: Éditions universitaires de Louvain.

——. 1973. *Der Aristotelismus bei den Griechen: von Andronikos bis Alexander von Aphrodisias.* Berlin and New York: de Gruyter.

Moraux, P., and J. Wiesner, eds. 1983. *Zweifelhaftes im Corpus Aristotelicum.* Akten des 9. Symposium Aristotelicum. Berlin: de Gruyter.

Morelon, R. 1996. General survey of Arabic astronomy. In *Encyclopedia of the History of Arabic Science,* ed. R. Rashed, 1–19. London: Routledge.

Moussa, G. M. 1980. *Questions on Medicine for Scholars by Hunayn ibn Ishaq.* Critical edition. Cairo: al-Ahram Center for Scientific Translations.

Murdoch, John. 1984. *Album of Science: Antiquity and the Middle Ages.* New York: Scribner's. [ジョン・E・マードック編『古代・中世（「マクミラン」世界科学史百科図鑑)』原書房（1994）伊東俊太郎監訳，三浦伸夫訳]

——. 1968. The medieval Euclid: Salient aspects of the translations of the Elements by Adelard of Bath and Campanus of Novara. *Revue de Synthèse,* se-

ries 3, nos. 49-52: 69-74.
Nadīm, al-. 1970. *The Fihrist of al-Nadim: A Tenth-Century Survey of Muslim Culture*. Trans. B. Dodge. 2 vols. New York: Columbia University Press.
Nagazumi, A. 1983. The diffusion of the idea of social Darwinism in east and southeast Asia. *Historia Scientiarum* 24: 1-17.
Nakayama, S［中山茂］. 1964.「江戸時代における儒者の科学観」『科学史研究』(72): 157-68.
——. 1969. *A History of Japanese Astronomy: Chinese Background and Western Impact*. Cambridge: Harvard University Press.
——. 1977. *Characteristics of Scientific Development in Japan*. New Delhi: Centre for the Study of Science, Technology, and Development.
——. 1987. Japanese scientific thought. In *Dictionary of Scientific Biography*, Supplement 1, 15. 728-58. New York: Scribner's.
——. 1992.「近代西洋科学用語の中日貸借対照表」『科学史研究』第 II 期 31 (181): 1-8.
Nakosteen, M. 1964. *History of Islamic Origins of Western Education, A. D. 800-1350*. Boulder: University of Colorado Press.
Nasr, S. H. 1976. *Islamic Science: An Illustrated History*. Kent: World of Islam Festival Publishing and Westerham Press.
——. 1987. *Science and Civilization in Islam*. 2d edition. Cambridge: Islamic Texts Society.
Nasr, S. H., and O. Leaman, eds. 1996. *History of Islamic Philosophy*. 2 vols. London: Routledge.
Nau, F. 1910. La cosmographie au VIIe siècle chez les Syriens. *Revue d'Orient Chrétien* 15: 249.
——. 1929-1932. Le traité sur les constellations écrit en 661 par Severe Sebokt. *Revue d'Orient Chrétien* 27: 327-410, 28: 85-100.
Netton, I. R. 1992. *Al-Farabi and His School*. London: Routledge.
Neugebauer, O. 1969. *The Exact Sciences in Antiquity*. 2d ed. New York: Dover. ［O・ノイゲバウアー『古代の精密科学』恒星社厚生閣（1990）矢野道雄，斎藤潔訳］
——. 1975. *A History of Ancient Mathematical Astronomy*. 3 vols. Berlin: Springer Verlag.
Newman, W. R. 1991. *The Summa Perfectionis of Pseudo-Geber*. Leiden: E. J. Brill.
Newmeyer, F. 1980. *Linguistic Theory in America*. New York: Academic Press. ［フレデリック・J・ニューマイヤー『現代アメリカ言語学史』英潮社（1997）松田徳一郎ほか訳］
Nida, E. 1964. *Towards a Science of Translating*. Leiden: E. J. Brill. ［ユージン・

A・ナイダ『翻訳学序説』開文社出版（1972）成瀬武史訳］
Nöldeke, T. 1973. *Geschichte der Perser und Araber zur Zeit der Sasaniden.* Leiden: E. J. Brill.
North, J. 1992. The quadrivium. In *A History of the University in Europe I: Universities in the Middle Ages*, ed. H. de Ridder-Symoens, 337-59. Cambridge: Cambridge University Press.
——. 1995. *Norton History of Astronomy and Cosmology.* New York: W. W. Norton.
O'Donnell, J. J. 1998. *Avatars of the Word: From Papyrus to Cyberspace.* Cambridge: Harvard University Press.
Oettinger, A. G. 1959. Automatic (transference, translation, remittance, shunting). In *On Translation*, ed. R. Brower, 240-67. Cambridge: Harvard University Press. ［ルーベン・A・ブロアー編『翻訳のすべて』丸善（1970）日本科学技術翻訳協会訳編］
Ohmori, M. 1964a. A study on the Rekisho Shinso, part 1. *Japanese Studies in the History of Science* 2: 1 8-26.
——. 1964b. A study on the Rekisho Shinso, part 2. *Japanese Studies in the History of Science* 3: 81-88.
O'Leary, D. L. 1949. *How Greek Science Passed to the Arabs.* London: Routledge and Kegan Paul.
Ong, W. J. 1977. *Interfaces of the Word.* Ithaca, N. Y.: Cornell University Press.
Opelt, I. 1959. Zur Übersetzungstechnik des Gerhard von Cremona. *Glotta* 38, no. 112: 135-60.
Pedersen, O. 1978. Astronomy. In *Science in the Middle Ages*, ed. D. C. Lindberg. Chicago: University of Chicago Press.
——. 1993. *Early Physics and Astronomy.* Rev. ed. Cambridge: Cambridge University Press.
Peters, F. E. 1968. *Aristotle and the Arabs.* New York: New York University Press.
——. 1973. Allah's Commonwealth: *A History of Islam in the Near East, 600-1100 A. D.* New York: Simon & Schuster.
——. 1996. The Greek and Syriac background. In *History of Islamic Philosophy*, ed. S. H. Nasr and O. Leaman. 2 vols. London: Routledge.
Pfeiffer, R. 1968. *History of Classical Scholarship from the Beginnings to the End of the Hellenistic Age.* Oxford: Clarendon Press.
Pingree, D. 1968. *The Thousands of Abu-Mashar.* London: Warburg Institute.
——. 1970. The fragments of the works of al-Fazari. *Journal of Near Eastern Studies* 29: 103-23.
——. 1971. On the Greek origin of the Indian planetary model employing a dou-

ble epicycle. *Journal for the History of Astronomy* 2: 80–85.

——. 1973. The Greek influence on early Islamic mathematical astronomy. *Journal for the American Oriental Society* 93, no. 1: 32–43.

——. 1976. The recovery of early Greek astronomy from India. *Journal for the History of Astronomy* 7: 109–23.

——. 1978. History of mathematical astronomy in India. In *Dictionary of Scientific Biography*, 15. 533–633. New York: Scribner's.

——. 1981. *Jyotihsastra: Astral and Mathematical Literature*. Vol. IV of *A History of Indian Literature*. Wiesbaden: Otto Harrassowitz.

——. 1989. Classical and Byzantine astrology in Sassanian Persia. *Dumbarton Oaks Papers* 43: 227–39.

——. 1990. Astrology. In M. J. L. Young, J. D. Latham, and R. B. Serjeant, *Religion, Learning and Science in the 'Abbasid Period, 290–300*. Cambridge: Cambridge University Press.

Pinto, O. 1959. Libraries of the Arabs during the time of the Abbasides. *Pakistan Library Review* 2: 44–72.

Pirenne, H. 1952. *Medieval Cities*. Trans. F. D. Halsey. Princeton, N. J.: Princeton University Press. ［アンリ・ピレンヌ『中世都市：社会経済史的試論』創文社（1970）佐々木克巳訳］

Plato. 1957. *Plato's Cosmology. The Timaeus*. Trans. F. M. Cornford. New York: Liberal Arts. ［プラトン『ティマイオス クリティアス（プラトン全集）』岩波書店（1975）種山恭子，田之頭安彦訳］

Pliny the Elder. 1942a. *Pliny: Natural History*. Vol. 1, books I–II. Trans. H. Rackam. Cambridge: Harvard University Press, Loeb Classical Library. ［プリニウス『プリニウスの博物誌』雄山閣（2012–2013）中野定雄，中野里美，中野美代訳］

——. 1942b. *Natural History*. Vol. 2, books III–VII. Trans. H. Rackam. Cambridge: Harvard University Press, Loeb Classical Library. ［同上］

Plunket, E. 1903. *Calendars and Constellations of the Ancient World*. London: John Murray.

Poulle, E. 1988. The Alfonsine Tables and Alfonso X of Castile. *Journal for the History of Astronomy* 19: 97–113.

Prakash, S. 1968. *A Critical Study of Brahmagupta and His Works*. New Delhi: Indian Institute of Astronomical and Sanskrit Research.

Ptolemy (Cladius Ptolemius). 1940. *Tetrabiblos*. Trans. F. E. Robbins. Cambridge: Harvard University Press, Loeb Classical Library.

——. 1967. The Arabic version of Ptolemy's *Planetary Hypotheses*. Trans. B. R. Goldstein. *Transactions of the American Philosophical Society* 57, pt. 4.

——. 1984. *The Almagest*. Trans. G. J. Toomer. New York: Springer-Verlag. ［プ

トレマイオス『アルマゲスト』恒星社厚生閣（1993）藪内清訳]
Quine, W. V. O. 1959. Meaning and translation. In *On Translation*, ed. R. Brower, 148-72. Cambridge: Harvard University Press.［ルーベン・A・ブロアー編『翻訳のすべて』丸善（1970）日本科学技術翻訳協会訳編］
Quintilian. 1920. *Institutio Oratoria*. Books I-III. Trans. H. E. Butler. Cambridge: Harvard University Press, Loeb Classical Library.［クインティリアヌス『弁論家の教育』京都大学学術出版会（2005-）森谷宇一ほか訳］
——. 1922. *Institutio Oratoria*. Books X-XII. Trans. H. E. Butler. Cambridge: Harvard University Press, Loeb Classical Library.［同上］
Ragep, F. J., and S. P. Ragep, eds. 1996. *Tradition, Transmission, Transformation*. Leiden: E. J. Brill.
Rashdall, H. 1936. *The Universities of Europe in the Middle Ages*. 3 vols. Oxford: Clarendon Press.［ヘースティングズ・ラシュドール『大学の起源：ヨーロッパ中世大学史』東洋館出版社（1966-1968）横尾壮英訳］
Rashed, R. 1989. Problems of the transmission of Greek scientific thought into Arabic: Examples from mathematics and optics. *History of Science* 27: 199-209.
——., ed. 1996. *Encyclopedia of the History of Arabic Science*. 3 vols. London: Routledge.
Reynolds, L. D., and N. G. Wilson. 1991. *Scribes & Scholars: A Guide to the Transmission of Greek and Latin Literature*. 3d ed. Oxford: Clarendon Press.［L・D・レイノルズ，N・G・ウィルソン『古典の継承者たち：ギリシア・ラテン語テクストの伝承にみる文化史』国文社（1996）西村賀子，吉武純夫訳］
Ridder-Symoens, H., ed. 1992a. *A History of the University in Europe*. Cambridge: Cambridge University Press.
——. 1992b. Mobility. In *A History of the University in Europe*, ed. H. Ridder-Symoens. Cambridge: Cambridge University Press.
Rosenthal, E. 1970. *Knowledge Triumphant: The Concept of Knowledge in Medieval Islam*. Leiden: E. J. Brill.
——. 1975. *The Classical Heritage in Islam*. London: Routledge and Kegan Paul.
Ross, J. B., and M. M. McLaughlin. 1949. *The Portable Medieval Reader*. New York: Penguin.
Rouse, R. H., and M. A. Rouse. 1982. *Statim invenire*: Schools, preachers, and new attitudes to the page. In *Renaissance and Renewal in the Twelfth Century*, ed. R. L. Benson, G. Constable, and C. D. Lanham, 201-27. Cambridge: Harvard University Press.
Ruegg, W. 1992. The rise of humanism. In *A History of the University in Europe*. Volume I: *Universities in the Middle Ages*, ed. H. de Ridder-Symoens, 442-68. Cambridge: Cambridge University Press.

Ryssel, V. 1880-1881. *Über den textkritischen Werth der syrischen Übersetzungen griechischer Klassiker* I (1880), pp. 4-48 and II (1881), pp. 1-29. Leipzig: B. G. Teubner.
Sabra, A. I. 1987. The appropriation and subsequent naturalization of Greek science in medieval Islam: A preliminary statement. *History of Science* 25: 223-43.
Sachau, E., ed. 1870. *Inedita Syriaca.* Vienna: Thyxs.
Sacrobosco (John of). 1949. *The "Sphere" of Sacrobosco and Its Commentators.* Trans. L. Thorndike. Chicago: University of Chicago Press.
Saenger, P. 1982. Silent reading: Its impact on late medieval script and society. *Viator: Medieval and Renaissance Studies* 13: 367-414.
Saigusa, H. 1962. Die Entwicklung der Theorien vom "Ki" (Ch'i), also Grundproblem der Natur-"Philosophie" im alten Japan. *Japanese Studies in the History of Science* 4, 51-56.
三枝博音，清水幾太郎編．1955-1957.『日本哲學思想全書』東京：平凡社
坂口正男．1964.「「舎密開宗」の研究-2・3-」『科学史研究』(72): 145-51.
——. 1968.「「舎密開宗」における化学命名法」『科学史研究』7 (85): 10-21.
崎川範行編 . 1975.『英和科学用語辞典』東京：講談社
Sale, W. 1966. The popularity of Aratus. Classical Journal 61: 160-64.
Saliba, G. 1982. The development of astronomy in medieval Islamic society. *Arab Studies Quarterly* 4: 21 1-25.
——. 1990. Al-Biruni and the sciences of his time. In M. J. L. Young, J. D. Latham, and R. B. Serjeant, *Religion, Learning and Science in the 'Abbasid Period*, 405-23. Cambridge: Cambridge University Press.
——. 1994. *A History of Arabic Astronomy.* New York: New York University Press.
Salmon, D. 1939. The medieval translations of Alfarabi's works. *New Scholasticism* 13: 245-61.
Salmon, V. 1979. *The Study of Language in 17th-century England.* Amsterdam: John Benjamins.
Samsó, J. 1994. *Islamic Astronomy and Medieval Spain.* London: Variorum.
Saxl, F. 1932. The zodiac of Qusayr Amra. In *Early Muslim Architecture,* ed. K. C. Creswell, 1. 289-95. London: Oxford University Press.
Schall, A. 1960. *Studien über griechische Fremdwörter im Syrischen.* Darmstadt: W. Mies.
Schulte, R., and J. Biguenet, eds. 1992. *Theories of Translation: An Anthology of Essays from Dryden to Derrida.* Chicago: University of Chicago Press.
Schwartz, W. 1944. The meaning of *fidus interpres* in medieval translation. *Journal of Theological Studies* 45: 73-78.

Seneca. 1971. *Naturales Quaestiones*, book 1. Trans. T. H. Corcoran. Cambridge: Harvard University Press, Loeb Classical Library. [セネカ『自然論集（セネカ哲学全集 3-4)』岩波書店（2005-2006）土屋睦廣訳]

Seshadri, T. R. 1968. *Three Lectures on Chemistry*. Mysore: Prasaranga Manasagangotri.

Sezgin, F. 1967-. *Geschichte des arabischen Schriftums*. 9 vols. Leiden: E. J. Brill.

Shalaby, A. 1954. *History of Muslim Education*. Beirut: Dar al-Kashshaf.

Shayegan, Y. 1996. The transmission of Greek philosophy to the Islamic world. In *History of Islamic Philosophy*, ed. S. H. Nasr and O. Leaman, 89-104. 2 vols. London: Routledge.

Sherwood, P. 1952. Sergius of Reshaina and the Syriac versions of the Pseudo-Denis. *Sacris Erudiri* 4: 171-84.

Shore, L. A. 1989. A case study in medieval non-literary translation: Scientific texts from Latin to French. In *Medieval Translators and Their Craft*, ed. J. Beer, 297-327. Kalamazoo: Western Michigan University.

——. 1995. The continuum of translation as seen in three middle French treatises on comets. In *Translation and the Transmission of Culture Between 1300 and 1600*, ed. J. Beer and K. Lloyd-Jones, 1-54. Kalamazoo: Western Michigan University.

Shute, R. 1888. *On the History of the Process by which the Aristotelian Writings Arrived at Their Present Form*. Oxford: Clarendon Press.

Sinha-Roy, S., G. Malhotra, and D. B. Guha. 1995. A transect across Rejasthan Precambrian terrain in relation to geology, tectonics and crustal evolution of south-central Rajasthan. *Memoir Geological Society of India* 31: 63-89.

Sivin, N. 1995. *Science in Ancient China: Researches and Reflections*. Aldershot, U. K.: Variorum.

Snell-Hornby, M. 1988. *Translation Studies: An Integrated Approach*. Amsterdam: John Benjamins.

Sourdel, D. 1954. Bayt al-hikma. In *Encyclopedia of Islam*, 1. 1141. Leiden: E. J. Brill.

Southern, R. W. 1962. *Western Views of Islam in the Middle Ages*. New York: Vintage. [R・W・サザーン『ヨーロッパとイスラム世界』岩波書店（1980）鈴木利章訳]

Speer, A. 1995. *Die entdeckte Natur: Untersuchungen zu Begründungsversuchen einer "scientia naturalis" im 12. Jahrhundert*. Leiden: E. J. Brill.

Stahl, W. H. 1962. *Roman Science: Origins, Development, and Influence on the Later Middle Ages*. Madison: University of Wisconsin Press.

Stahl, W. H., R. Johnson, and E. L. Burge. 1972, 1977. *Martianus and the Seven Liberal Arts*. New York: Columbia University Press.

Steiner, G. 1975. *After Babel*. London: Oxford University Press.［ジョージ・スタイナー『バベルの後に：言葉と翻訳の諸相』法政大学出版局（1999-2009）亀山健吉訳］

Steiner, T. R. 1975. *English Translation Theory: 1650-1800*. Amsterdam: Van Gorcum.

Steinschneider, M. 1889-1893. *Die arabischen Übersetzungen aus dem Griechischen*. Leipzig: O. Harrassowitz.

——. 1956. *Die europäischen Übersetzungen aus dem Arabischen bis Mitte des 17. Jahrhunderts*. Graz: Akademische Druck- u. Verlagsanstalt.

——. 1966. *Al-Farabi (Alpharabius); des arabischen Philosophen Leben und Schriften, mit besonderer Rücksicht auf die Geschichte der griechischen Wissenschaft unter den Arabern*. Amsterdam, Philo Press.

Stiefel, T. 1985. *The Intellectual Revolution in Twelfth-Century Europe*. London: Croom Helm.

Stock, B. 1978. Science, technology, and economic progress in the early Middle Ages. In *Science in the Middle Ages*, ed. D. C. Lindberg, 1-51. Chicago: University of Chicago Press.

——. 1983. *The Implications of Literacy: Written Language and Models of Interpretation in the Eleventh and Twelfth Centuries*. Princeton, N. J.: Princeton University Press.

Strevens, P. 1992. English as an international language: Directions in the 1990s. In *The Other Tongue: English Across Cultures*, 2d ed., 27-47. Urbana: University of Illinois Press.

Subbarayappa, B. V., and K. V. Sarma. 1985. *Indian Astronomy*: A Source Book. Bombay: Nehru Centre.

Sudhoff, K. 1914. Die kurze “Vita” und das Verzeichnis der Arbeiten Gerhards von Cremona. *Archiv für Geschichte der Medizin* 8: 73-84.

Sufi, Abd al-Rahman ibn Umar（A. D. 903-986）. 1953. *Kitab Suwar al-kawakib al-Thamaniyah a-al-Arbain*. India: Dairat al-Maarif al-Uthmaniyah.

菅原国香．1984.「三崎嘯輔の化学者としての活動」『科学史研究』第 II 期 23（149）: 20-27.

菅原国香，板倉聖宣．1989.「幕末・明治初期における日本語の元素名（I）：元素の日本語名の成立過程の研究（1）」『科学史研究』第 II 期 28（172）: 193-202.

——. 1990a.「幕末・明治初期における日本語の元素名（II）：元素の日本語名の成立過程の研究」『科学史研究』第 II 期 29（173）: 13-20.

——. 1990b.「東京化学会における元素名の統一過程：元素の日本語名の成立過程の研究（2）」『科学史研究』第 II 期 29（175）: 136-49.

菅原国香，中村邦光，板倉聖宣．1986.「atom の訳語の形成過程」『科学史研

究』第II期25（157）: 34–45.

Swales, J. 1985. English as the international language of research. *RELC Journal* 16: 1–7.

Swerdlow, N. S. 1996. Astronomy in the Renaissance. In *Astronomy before the Telescope*, ed. C. Walker, 187–230. New York: St. Martin's. ［クリストファー・ウォーカー編『望遠鏡以前の天文学：古代からケプラーまで』恒星社厚生閣（2008）山本啓二，川和田晶子訳］

Taher, M. 1992. Mosque libraries: A bibliographic essay. *Libraries and Culture* 27: 43–48.

Tanaka, M［田中実］. 1964. Hundert Jahre der Chemie in Japan, Studien über den Prozess der Verpflanzung und Selbständigung der Naturwissenschaften als wesentlicher Teil des Werdegangs modernen Japans（Mitteilung I）. *Japanese Studies in the History of Science* 3: 89–107.

——. 1965. Hundert Jahre der Chemie in Japan（Mitteilung II）: Die Art und Weise der Selbständigung chemischer Forschungen während der Periode 1901–1930. *Japanese Studies in the History of Science* 4: 162–76.

——. 1967. Einige Probleme der Vorgeschichte der Chemie in Japan. Einführung und Aufnahme der modernen Materienbegriffe. *Japanese Studies in the History of Science* 6: 96–114.

——. 1976. Rezeption chemischer Grundbegriffe bein dem ersten Chemiker Japans, Udagawa Yoan（1798–1846）, in seinem Werk, *Seimi Kaiso*. Beiträge zur Geschichte der Chemie in Japan. *Japanese Studies in the History of Science* 15: 97–109.

Taylor, G., and T. G. Chen. 1989. Linguistic, cultural, and subcultural issues in contrastive discourse analysis: Anglo-American and Chinese scientific texts. *Applied Linguistics* 12: 319–36.

Theorica planitarum（anonymous）. 1974. Trans. O. Pedersen. In *A Source Book in Medieval Science*, ed. E. Grant, 451–65. Cambridge: Harvard University Press.

Thompson, J. W. 1929. The introduction of Arabic science into Lorrain in the 10th century. *Isis* 12, no. 38: 184–93.

——. 1939. *The Medieval Library*. Chicago: University of Chicago Press.

Thorndike, Lynn. 1923. *A History of Magic and Experimental Science*. 2 vols. New York: Columbia University Press.

Tibawi, A. L. 1954. Muslim education in the golden age of the Caliphates. *Islamic Culture* 28: 41 8–38.

Tithon, A. 1993. L'astronomie à Byzance à l'époque iconoclaste（VIIIe–IXe siècles）. In *Science in Western and Eastern Civilization in Carolingian Times*, ed. P. L. Butzer and D. Lohrmann, 1 81–203. Basel and Boston: Birkhauser.

Tolan, J. 1993. *Petrus Alfonsi and His Medieval Readers.* Gainesville: University Press of Florida.

Toomer, G. J. 1996. *Eastern Wisdom and Learning: The Study of Arabic in Seventeenth-Century England.* Oxford: Clarendon Press.

La traduction littéraire, scientifique, et technique. 1991. Paris: La Tilv.

Tritton, A. S. 1953. Muslim education in the Middle Ages (circa 600-800 A. H.). *Muslim World* 43: 82-94.

Tsunoda, R., W. T. de Bary, and D. Keene. 1958. *Sources of Japanese Tradition.* Vol. 2. New York: Columbia University Press.

Turki, M. M., J. Delteil, R. Truillet, and C. Yaich. 1988. Les inversions tectoniques de la Tunisie centro-septentrionale. *Bulletin Géologique de la Société de la France,* series 8, vol. 4, no. 3: 399-406.

Unger, J. M. 1996. *Literacy and Script Reform in Occupation Japan: Reading between the Lines.* Oxford: Oxford University Press. [J・マーシャル・アンガー『占領下日本の表記改革：忘れられたローマ字による教育実験』三元社 (2001) 奥村睦世訳]

Van Bekkum, W., J. Houben, I. Sluiter, and K. Versteegh, eds. 1997. *The Emergence of Semantics in Four Linguistic Traditions: Hebrew, Sanskrit, Greek, Arabic.* London: John Benjamins.

Van Houten, F. B., and R. B. Hargraves. 1985. Palaeozoic drift of Gondwana: Palaeomagnetic and stratigraphic constraints. *Geological Journal* 22: 341-59.

Van Leuven-Zwart, K., and T. Naaijkens, eds. 1991. *Translation Studies: The State of the Art.* Amsterdam: Rodopi.

Vaux, R. de. 1933. La première entrée d'Averro's chez les latins. *Revue des Sciences Philosophiques et Théologiques* 22: 193-245.

Venuti, L. 1992. *Rethinking Translation: Discourse, Subjectivity, Ideology.* London: Routledge.

——. 1995. *The Translator's Invisibility.* London: Routledge.

Versteegh, C. H. 1977. *Greek Elements in Arabic Linguistic Thinking.* Leiden: Brill.

Waddell, H. 1934. *The Wandering Scholars.* 7th edition. London: Constable.

Watanabe, M. 1990. *The Japanese and Western Science.* Trans. O. T. Benfey. Philadelphia: University of Pennsylvania Press. [渡辺正雄『日本人と近代科学：西洋への対応と課題』岩波書店 (1976)]

Weimar, P., ed. 1981. *Die Renaissance der Wissenschaften im 12. Jahrhundert.* Zurich: Artemis.

Weissbord, D., ed. 1989. *Translating Poetry: The Double Labyrinth.* Iowa City: University of Iowa Press.

Welborn, M. C. 1931. Lotharingia as a center of Arabic and scientific influence

in the eleventh century. *Isis* 16: 188–99.

White, Lynn Jr. 1948. Natural science and naturalistic art in the Middle Ages. American *Historical Review* 52, no. 3: 421–35.

——. 1962. *Medieval Technology and Social Change*. London: Oxford University Press. ［リン・ホワイト Jr.『中世の技術と社会変動』思索社（1985）内田星美訳］

Wickens, G. M., ed. 1952. *Avicenna: Scientist and Philosopher*. London: Luzac and Co.

Witty, F. J. 1974. Reference books of antiquity. *Journal of Library History* 9: 101–19.

Wright, W. 1966. *A Short History of Syriac Literature*. Amsterdam: Philo Press.

Yoshikawa, H., and J. Kauffman. 1994. *Science Has No National Borders*. Cambridge, Mass.: The MIT Press. ［吉川秀夫『科学は国境を越えて：ケリー博士評伝』三田出版会（1987）］

Young, M. J. L., J. D. Latham, and R. B. Serjeant. 1990. *Religion, Learning and Science in the ʻAbbasid Period*. Cambridge: Cambridge University Press.

Yourcenar, M. 1951. *Mémoires d'Hadrien*. Paris: Plon. ［マルグリット・ユルスナール『ハドリアス帝の回想』白水社（1964, 2001）多田智満子訳］

本参考文献には、邦語訳書・関連抄訳ないし邦語原典も加え、訳出の際にも各書をたいへん参考にさせていただいた。ただし原著者がラテン語原文から直接訳出したものには、参考文献表に掲示されていないものもあり、なかでもルクレティウス『物の本性について』は樋口勝彦訳（岩波書店 1961）および藤沢令夫・岩田義一訳（筑摩書房 1976）、小プリニウス書簡に関しては國原吉之助訳『プリニウス書簡集：ローマ帝国一貴紳の生活と信条』（講談社 1999）も参考にした。

訳者紹介
大久保友博（おおくぼ ともひろ）
1982年滋賀県生まれ。2015年京都大学大学院博士後期課程修了。翻訳論・翻訳史専攻。博士（人間・環境学）。同志社大学ほかで非常勤講師。大久保ゆう名義ではエンターテイメント系の翻訳のほか、近代文学やデジタルアーカイブ等の評論も手がける。日本通訳翻訳学会会員。
主要論文
「翻訳論から見た英国17世紀の翻訳者たち―― 古典を訳した人間とその環境」（博士論文、2015）
「ドライデンの翻訳論と中庸の修辞」（『十七世紀英文学を歴史的に読む』金星堂、2015）
主要訳書
ラヴクラフト『クトゥルフ神話』（パンローリング、2012）
ストゥルーザン『コンプリート ワークス オブ ドゥルー・ストゥルーザン』（マール社、2015）
シェラット『ヒトラーと哲学者』（共訳、白水社、2015）
ウィットラッチ『幻獣キャラクターを創る』（マール社、2016）など

翻訳のダイナミズム―― 時代と文化を貫く知の運動

2016年9月10日 印刷
2016年9月30日 発行

著　者　スコット・L・モンゴメリ
訳　者　大 久 保 友 博

発行者　及 川 直 志
印刷所　株 式 会 社 三 秀 舎

発行所　株 式 会 社 白 水 社
101-0052東京都千代田区神田小川町3の24
電話 03-3291-7811（営業部），7821（編集部）
http://www.hakusuisha.co.jp
乱丁・落丁本は、送料小社負担にてお取り替えいたします。

振替 00190-5-33228　Printed in Japan　誠製本株式会社

ISBN978-4-560-09510-2